음주단속, 과속 측정의 허상

안성수

머나먼 메저랜드

박영사

서문

• 사람은 그 누구의 삶도 귀한 삶이다. 자비심 없는 사람은 인간이 아니다. 막연한 법을 도구 삼아 사람을 착취해서는 안 된다. 법의 끝은 관용이다.

책 발간에 도움을 준 친구 KAIST 물리학과 이학박사 이길호, 국민 건강을 위해 열심인 동광종합물산 한재국에게 특히 감사하는 마음을 전한다.

든든한 힘이 되어 주는 사랑하는 가족에게도 고마운 가슴 가득하다.

늘 관심을 가지고 도와주시는 선후배, 박영사 여러분에게도 고마움을 받든다.

2023. 12.
저자 씀

목차

X 음주 측정의 불확도

XI 위드마크 공식과 역추산

악마는 디테일이 없는 데 있다.

 음주 운전 관련 대한민국 판례

I

프롤로그

어머니는 며칠째 김장을 하고 있다. 오늘은 절인 배추에 빨간 속을 넣는 날이다.

'그냥 사 먹어도 될 텐데, 뭐 하러 사서 고생을 하시나?'

어머니의 머리카락에는 군데군데 흰 눈이 내려앉아 있다. 60세가 넘으면서, 나이는 머리 위에 하얀 꽃을 피웠다.

퇴근길의 A는 어머니의 주름진 얼굴이 떠올랐다. 혼자서 땀 흘리며, 고생하고 있을 어머니가 안쓰러웠다.

저녁 8시. 집 앞 편의점에 들렀다. 맥주 4캔을 샀다. A는 지방간이 있다. 그래서 술을 잘 못 마신다. 그래도 그날은 김장을 마치는 날이니, 어머니와 축배를 들고 싶었다.

맥주를 봉지에 담아 들고, 집안에 들어섰다. 어머니가 배춧속을 넣고 있다. A는 가방을 방에 던져두고, 재빨리 바지와 윗옷을 갈아입었다. 어머니 옆에 앉아 배춧속을 넣기 시작했다. 소금에 잘 절인 노란 배추는 눈으로 보기에도 아삭아삭 소리를 낼 것 같다.

시간은 시나브로 흘렀다. 어느새 마지막 속까지 채워 넣었다. 김치냉장고가 새 김치로 가득 찼다.

「엄마. 고생했어요. 지금부터 축하 파티 타임. 하하」

A는 맥주 2캔을 집어 들었다.

「아이고. 우리 딸 고맙다. 최고야. 회사에서 고생했을 텐데. 이렇게 파티도 해 주고. 하하」

A는 맥주 1캔을 마셨다. 어머니는 맥주를 다 마시지 않았다. A는 남아 있는 맥주의 반 정도를 마저 마셨다. 노곤한 몸에 잠이 덮쳐 오기 시작했다.

얼마나 지났을까. 희미한 빛이 감은 눈꺼풀 위로 내려앉았다.

오랜만의 숙면이다. 창문 앞으로 다가갔다. 창문을 열자 시원하게 부는 바람이 들어왔다. 양치질을 하고, 입 냄새를 맡아 보았다. 알코올 냄새도 전혀 나지 않았다. 오랜만의 깊은 잠인 만큼 컨디션이 좋았다. 어제의 숙면 때문이리라.

아침 7시. 평소대로 운전석에 올랐다. 도로는 막히지 않았고, 날씨도 좋았다. 차들이 몇 대 앞서 달리고 있었지만, 특별한 움직임은 없었다.

'좀 있으면 도착하겠구나.'

A는 교차로에서 우회전한 다음 앞으로 진행했다. 순간 뒤에서 충격이 느껴졌다. '쿵.'

교차로 왼쪽에서 직진하던 차량이 멈추지 않고 그대로 달려와 A 차의 뒤를 들이받은 것이다. A는 브레이크를 밟고 멈추었다.

'아니. 이 사람은 도대체 뭐야. 차로도 3차로나 되는데, 충분히 피할 수 있는 속도인데, 그대로 뒤에서 들이받다니. 보험사기 아니야?'

A는 상대방이 일부러 들이받았다고 생각했다. 상대방은 자기는 신호에 따라 그대로 달렸을 뿐이라고 했다. 오히려 A가 좌우를 살피지 않고 갑자기 우회전하면서 3차로가 아닌 2차로로 들어와서 사고가 났다고 화를 냈다. A의 잘못이라는 말이다.

A는 보험회사에 연락했다. 경찰차가 왔다. 경찰관은 A에게도 음주 측정을 요구했다. '피해자인데도 측정을 해요?'라고 물었다. 경찰관은 '사고가 나면 모두 다 하게 되어 있다.'라고 했다.

간이용 측정기에서 음주 반응이 나왔다.

A는 깜짝 놀랐다.

'어제저녁 8시에 맥주 1캔 반 정도를 마셨을 뿐인데……'

경찰관도 좀 이상하다는 표정이었다. 하지만, 곧 호흡 음주 측정기를 들었다.

「삑 소리가 나게 길게 부세요.」

경찰관의 지시에 따라 A는 측정기 안으로 힘껏 호흡을 내쉬었다.

「0.04 퍼센트입니다. 음주 운전이네요. 여기 서명하세요.」

A는 정신이 번쩍 들었다.

'아니. 아무런 냄새도 나지 않고, 전혀 느낌도 없는데……'

믿기지 않았다.

'다시 측정해달라고 해야 하나. 그랬다가 더 높은 수치가 나오면 어떻게 하지. 혈액을 측정해달라고 해야 하나.'

언젠가 혈액 측정을 하면 수치가 더 나온다는 말을 들었었다. 다시 분다고 해서 수치가 크게 달라질 것 같지도 않았다. 괜히 더 높은 수치가 나오면 오히려 손해라는 생각도 들었다. 까다로운 사람이라는 인상을 주고 싶지도 않았다. 멀쩡한데 수치가 나왔다는 말은 해 보아도 소용이 없을 게 뻔했다.

'측정기에서 수치가 나오지 않았나?'

오히려 알 만한 사람이 측정 수치를 받아들이지 않는다고 공격받을 것도 같았다.

'깨끗이 인정하는 게 그나마 수고를 면하는 길이다.'

경찰관은 보고서에 A의 '눈이 빨갛고, 혀가 꼬여 발음이 정확하지 않다.'라고 적었다. 그러나 사고 운전자들은 A가 멀쩡하고, 아무렇지도 않았다고 했다. A는 이 사실을 나중에 알게 되었다.

'술을 먹은 다음 날 아침 0.04라는 수치는 과연 사람의 눈이 빨갛고, 발음이 정확하지 않게 할 정도인가?'

A는 경찰관의 기재가 믿기지 않았다.

'어쩔 수 없다. 하지만 사고당한 것도 억울한데, 운 없이 사고를 당했다는 이유로 음주 측정까지 당해야 하나.'

A는 한편으로는 포기하는 심정이었지만, 다른 한편으로는 억울함에 화가 치밀었다.

음주단속, 과속 측정의 허상

2 체온은 32℃

이른 아침 사무실에 도착했다. 나는 교통 사정상 새벽에 출근한다.

건물 출입구에 전자 체온계가 있다. 코비드-19 때문이었다. 그 앞에 서면, 숫자와 함께 사람 목소리가 나온다. 체온계의 파란색으로 표시된 숫자는 '32℃'이다.[1] 기계음이 울린다. 「비정상」.

순간 웃음이 나온다.

'아니 32도라니. 32℃는 살아 있는 사람의 체온일 수 없어. 그래, 기계라고 항상 정확하지는 않아.'

값이 싼 체온계는 정확성이 떨어진다는 말이 기억났다. 체온계 판매업자한테서 들었었다.

「혈중 알코올 농도 0.04% 음주 운전 사건이라 단순합니다.」

담당 수사관은 두껍지 않은 음주 운전 기록을 책상에 놓았다.

나는 기록을 검토하기 시작했다.

A가 지방간이 있다는 진단서와 전날 밤 맥주 4캔을 산 영수증이 있었다. 음주 운전을 비롯해 전과도 없었다.

거기에 사고 당시 블랙박스 영상을 볼 때, 마신 술의 양을 거짓말하지는 않았을 것 같았다.

---

1) "당신이 주장하는 것을 측정해서 수(number)로 표시할 수 있다면, 당신은 그것에 대해 알고 있다고 할 수 있다. 그러나 당신이 그것을 측정할 수 없어 수로 표시할 수 없다면, 당신의 지식은 빈약하고 만족할만한 수준에 도달하지 못한 상태이다. 그것을 알아가는 단계일 수는 있겠지만, 아직 과학의 수준에는 도달하지 못했다." 윌리엄 톰슨 켈빈(William Thomson, Lord Kelvin; 1824-1907)의 말이다. 국제 온도 단위는 ℃가 아닌 Kelvin이다. 이는 윌리엄 켈빈의 이름에서 따왔다.
• 대한민국 국가표준기본법 시행령 [별표 1]
5. "켈빈(K)"은 온도의 단위로서, 볼츠만 상수 k를 J K^{-1} 단위로 나타낼 때 1.380 649 × 10^{-23}이 된다. 여기서 J K^{-1}은 kg m^2 s^{-2} K^{-1}과 같은 단위이다.

'여자이고 몸무게 58 kg다. 마신 술의 양을 위드마크로 계산해 보면, 다음 날 아침 8시의 혈중 알코올 농도는 0%이다. 과연 A는 자신이 음주 운전한다고 인식했을까?'

예전에 인터넷을 검색해 보았었다. '음주 측정치가 생각보다 너무 높게 나왔다.', '혈액 검사를 하면 더 높게 나온다.', '술 마신 다음 날 아침에 운전하다가 접촉 사고가 났는데, 생각지도 못하게 음주로 단속되었다.'라는 글들이 있었다.

"막걸리를 먹으면 수치가 더 높게 나와요."라고 말한 사람도 있었다.

그렇다. 사무실 체온계는 정확하지 않다. 체온계가 몸을 직접 재지 않고, 몸에서 반사된 열로 계산하기 때문에 당연히 정확성에 한계가 있다.

'그렇다면 음주 측정기는 얼마나 정확할까?'

이러한 의문은 다른 의문으로 이어졌다.

'입 안을 물로 헹구도록 하는 것 자체가 입 안에 알코올이 있을 수 있음을 인정함이 아닌가? 그렇다면 입 안의 알코올과 혈액의 알코올은 다르지 않을까? 호흡을 세게 오래 불면, 알코올이 입에서 더 많이 나와 높은 수치가 나오지는 않을까? 호흡 음주 측정과 혈액 측정치가 서로 다른 이유는 무엇인가? 전날 먹은 알코올을 다음 날 잘 느끼지 못하는 이유는 무엇인가? 술을 먹었지만, 다음 날 느끼지도 못할 정도로 낮은 정도라면 처벌하는 이유는 무엇인가? 호흡 측정기의 작동 원리는 어떤가? 단 한 번만의 측정 수지는 정확할까?' 등등……

나는 전에 음주 측정 관련 국내 논문과 자료를 찾아본 적이 있다. 그런데 제대로 된 논문이나 연구 결과를 찾기 어려웠다.

'신기하다. 사건도 많고 억울하다는 사람도 적지 않은데, 당연히 연구나 논문이 많이 있어야만 하지 않을까?'

음주 운전 단속 건수나 단속의 영향에 비추어 볼 때 이해되지 않았다.

주말과 명절 연휴 동안 영어로 된 자료를 찾아보았다. 다양한 연구 자료가 축적되어 있었다.

그중 우리에게 소개되지 않은 중요한 개념이 있다. 분석가조차 모르고 있었다. '메저랜드(measurand)', 즉 목적 측정량이다.

이 개념을 고려하여 처리한 사건이 있다.

농협협동조합 미곡종합처리장의 차장 A는 2018년 12월 찰벼 1,280,000 kg을 매입했다.

2019년 12월쯤 새로운 임원진이 재고 조사를 했다. 1,260,000 kg이었다.

1,280,000 kg과 1,260,000 kg의 차이는 20,000 kg이다. 조합은 이 20,000 kg만큼의 수매 대금 4,500만 원을 횡령하였다고 A를 고발했다.

1,280,000 kg(1,288톤)은 엄청난 무게이다. 이러한 양의 찰벼를 전부 저울로 측정하려면, 비용이 상당히 든다.

그래서 직접 측정하지 않는다. 먼저 사람이 찰벼 저장 탱크에 들어가, 쌓여 있는 벼의 위 표면을 평탄하게 한다. 다음으로 저장 탱크 안쪽 벽면에 표시된 눈금의 높이를 확인한다. 농협이 마련한 자체 계산 공식에 이 높이를 적용해서 무게를 계산한다.

이때 사람이 실제로 측정한 것(실제 측정량)은 눈금의 높이다. 측정하고자 한 것(목적 측정량)은 찰벼의 무게이다. 이 경우 실제 측정량과 목적 측정량이 다르다. 이 구별은 중요한 의미가 있다.

먼저 쌀의 평탄화가 일정하지 않으면, 이 방식의 측정은 정확도가 떨어진다. 오차 범위도 특정하기 어렵다.[2] 여러 사람이 교차로 측정하지도 않고, 혼자서 단 1번만을 측정했다면, 측정치의 신뢰성은 거의 없다.

다음 쌀의 높이를 정확히 측정하더라도 무게로 전환하는 계산 공식이 학계에서 널리 인정받지 못했다. 쌀은 보관하면서 시간이 지남에 따라 수분이 증발해서 무게가 줄어든다. 이를 '감모율'이라 한다. 쌀의 품종이나 보관 상태, 기간에 따라 감모율이 다르다. 과학적으로 통일된 감모율은 없다. 그런데 계산 공식에는 감모율이 반영되어 있다. 통일되지 않는 감모율을 반영한 계산 공식은 과학적으로 정확성을 인정할 수 없다.

그런데도 농협에서 이 계산 방식을 사용해 무게를 정하는 데는 이유가 있다. 직접 무게를 측정할 때보다 편하다. 또 곡물 관리는 대략의 추정으로도 충분하기 때문이다.

이때 목적 측정량과 실제 측정량의 개념을 구분하지 않으면, 계산 공식이 잘못될 수 있다는 생각을 하지 못한다. 따라서 측정치를 항상 정확하다고 잘못 믿게 된다. 위에서 고발인이 공식을 적용해 계산한 수치를 그대로 믿게 되어 20,000 ㎏이 맞다고 잘못 단정하게 된다.

하지만 형벌은 합리적 의심이 넘는 수준으로 엄격한 기준에 의해야 한다. 검증되지 않은 계산 공식을 이용한, 추정에 불과한 측정치는 형벌을 가할 기준으로서의 찰벼의 무게가 될 수 없다. 따

---

2) 전체 저장 탱크의 곡물 무게가 100톤 정도 차이가 난 때도 있었다.

라서 20,000 ㎏을 횡령했다고 인정할 수 없다. 증거 불충분이다.

다음으로 중요한 개념은 '측정 불확도'다.

혈액 검사 수치가 100이 넘으면 암에 걸렸다고 판정한다고 하자.

환자를 측정하니 수치가 96이다. 측정 결과표에 '96'이라고만 되어 있다.

이 기재에 따르면 100이 넘지 않으니, 당연히 암이 아니라고 판단한다.

그런데 측정기에 ± 10만큼의 오차가 있다고 하자.

이는 실제보다 10이 낮게 표시할 수 있다는 의미이다. 측정기 오차 10을 반영해, 96에 10을 더하면 106이다. 이제는 100이 넘으므로 암 환자다.

이처럼 오차 범위가 기재되지 않은, 측정 수치만으로 판단하면 잘못된 결론을 내릴 수 있다.

만일 측정 결과표에 96과 함께 '± 10의 오차 범위'라고 쓰여 있다고 하자.

이제 결과표를 읽는 사람은 '96'은 정확하지 않고, 96을 기준으로 ± 10의 범위 내에 참값이 있음을 알 수 있다.

'± 10'이 96이라는 숫자에 비해 아무것도 아닌 작은 양이라고 생각할 수도 있다. 그러나 가령 100 이상일 때, 암 판정을 받는다면 결코 간과해서는 안 되는 양이다. 이처럼 불확도의 기재는 이를 읽는 사람의 오해를 줄이고 정확한 판단을 할 수 있게 한다.

그런데 음주 측정치에 불확도는 기재되지 않는다. 음주 측정치에 불확도가 함께 적혀 있지 않다면, 별도로 확인할 수 없는 한, 그 수치를 확실하다고 받아들이게 된다.

4 오래된, 새로운 진실

1771년 일본 의사 3명은 우연히 중고 서점에서 네덜란드어로 된 인체 해부 책을 보았다. 이들은 책에 있는 해부도가 너무도 상세해서 충격을 받았다. 그리고 그림이 정확한지를 밝혀야 한다고 생각했다.

그들은 사형장에 가서 시신을 구했다. 직접 부검하면서 해부도와 비교해 보았다. 해부도가 실제 인체의 장기와 똑같았다. 놀라지 않을 수 없었다.

그들은 온갖 위험을 무릅쓰면서 3년 동안 번역을 했다. 마침내 1774년 동양 최초로 일본어로 번역한 『해체신서(解體新書)』를 발간했다.

19세기 유럽 의학계는 악령이나 나쁜 공기 때문에 질병이 생긴다고 믿었다. 그러나 비엔나의 산부인과 의사 젬멜와이즈[3]는 달랐다.

그는 남자 의사들이 부검하면서 사체를 만진 후에도 손을 씻지 않은 사실에 주목했다. 이 때문에 임산부가 산욕열(puerperal fever)에 걸린다고 생각했다. 왜냐하면 남자 의사보다, 사망자를 부검하지 않는 여성 산파에 의한 임산부 산욕열 사망률이 5배나 낮았기 때문이었다.

젬멜와이즈는 자신의 병원 의사들에게 손을 씻고, 수술 도구를 소독해 출산을 돕도록 지시했다. 그러자 산욕열이 없었다. 젬멜와이즈는 이 사실을 공개했다.

그러나 주류 의사들은 자신들이 산욕열의 원인이라는 진실을 은폐했다. 오히려 은폐에 항의하는 젬멜와이즈의 의사 자격을 박탈했다.

---

3) Ignaz Semmelweis(1818-1865)

현재 악령과 나쁜 공기가 질병의 원인이라는 이론은 없다. 과거에는 있었지만, 지금은 멸종한 공룡과 같다. 지금도 공룡이 살아있다는 주장은 진실이 아니다. 공룡이 없다는 자료를 숨기는 자도 진실을 은폐하는 사람이다. 현재 공룡이 있다는 사람과 마찬가지다.

세상에 밝혀진 지 오래되었지만, 우리에게는 새로운 지식이 지금도 있다.

5 지식의 열매가 두려워 의도적 무지를 강요한다.

측정은 과학이다. 과학에는 디테일이 있다.

디테일을 모르면, 속임수에 넘어가기 쉽다. 작지만 중요한 사항을 놓치면, 잘못 판단한다. 디테일을 알고 주의 깊게 살피면, 전혀 다른 새로운 그림을 볼 수 있다.

법은 진실을 추구해야 한다. 진실을 위해서는, 외관이나 편향으로 판단해서는 안 된다. 과장된 신뢰도 금물이다.

판단하는 사람은 정보를 최대한 수집해서, 최선의 결정을 해야 한다. 결정권은 권한인 동시에 의무다. 어떤 결정이, 사람의 운명에 영향을 준다면, 알아야 할 내용을 모두 이해하고 판단해야 한다. 비록 과학자같이 이해하지는 못하더라도 자료를 찾아 이해하고 분석해야 한다. 전적으로 의사나 분석관에게만 맡겨 둘 수는 없다.

음주 운전, 과속은 가장 흔히 일반 국민이 법과 접촉하는 영역이다.

그런데 대부분 기계가 측정한 수치를 정확하다고 믿을 뿐이다. 실제로는 측정 원리와 한계, 불확도가 무엇인지를 이해하지 못하고 있다. 과학과 국제 표준이 있음에도 말이다.

형벌의 적용에는 특히 정확하고 신뢰성 있는 측정과 불확도의 이해가 필요하다. 수사 및 법집행의 편의, 장비 구비·검사 비용의 부담 때문에 무시되거나 의도적으로 은폐되어서는 안 된다.

측정을 잘 이해해서, 모두에게 도움이 되길 바란다.

II

호흡 측정기로 혈중 알코올 농도를
직접 측정할 수 없다.

건강 검진을 할 때마다 채혈한다. 한 번만 하면 좋을 텐데 여러 번 뽑는다. 몇 년 전 채혈한 부위는 아직 딱딱하게 뭉쳐있다. 피를 보면 흥분이 된다. 그래서 채혈하는 동안에는 다른 곳을 쳐다본다.

'알코올 측정처럼, 혈액에 있는 콜레스테롤이나 혈당을 호흡으로 분석하면 얼마나 편할까?'

그런데 그런 방법은 알지 못한다.

'과연 호흡 측정으로 핏속의 알코올 농도를 측정할 수 있을까?' 하는 의문이 든다.

1 '메저랜드'는 무엇인가?

1) 측정하려고 한 것과 실제로 측정한 것[1]

우리가 측정할[2] 때에는 측정하려고 의도한 대상이 있다.

---

1) • 대한민국 국가표준기본법 제3조
    9. "측정"이란 산업사회의 모든 분야에서 어떠한 양의 값을 결정하기 위하여 하는 일련의 작업을 말한다.

2) 차량이 행인을 들이받고 그대로 도망가버렸다. 목격자 A는 '해 질 무렵'에 사고가 났다고 했다. '해 질 무렵'이라면 저녁 어두워지기 시작하는 즈음이다. 그런데 해 질 무렵에 사고 장소에 다닌 차량이 많다면 사고 차량을 찾을 수 없다.
    목격자 B는 '저녁 7시 3분'에 사고가 났다고 했다. 이제 상황은 달라진다. 7시 3분이라면 사고 장소를 지난 차량 확인이 쉬워진다. 확인해 보니 3대뿐이었다. 이제 그중에서 사고 차량을 찾으면 된다.
    길이도 마찬가지다. '손 뼘보다 크다 혹은 작다'와 달리 '8 ㎝'라고 하면 애매함이 사라진다. '㎝'는 전 세계의 사람들이 공유하는 기준이다. 이제 세계의 누구라도 길이가 얼마인지 알 수 있다.
    일상생활에는 수로 표시된 것이 많다. 시간, 무게, 온도, 농도, 속도가 그 예이다. 생선 가격은 무게를 단위로 기재한다. 예를 들면 '1 ㎏당 만 원'이라고 표시한다. 이렇게 표시하려면, 저울로 무게를 재서 수치로 써야 한다. 이때 저울로 무게를 재측정학(metrology)에서는 이를 '목적 측정량', 즉 '매저랜드(measurand)'라고 한다.[3] [4] [5] [6]

는 행위를 '측정'이라 한다. 측정은 양(quantity)에 대한 정보를 얻기 위해 한다. 측정의 목적은 특정한 양의 값(value of the particular quantity)을 얻는 데 있다. '양'이 아니면, 측정의 대상이 아니다. 가령 식당 손님들을 상대로 음식 맛에 대해 1과 10 사이의 점수를 받았다고 하자. 이 수치는 손님들의 주관적인 판단에 따라 달라진다. 손님이 누구인지, 그 손님의 기분이나 평가 기준에 따라 양의 값이 달라진다. 이는 측정의 대상인 '양'이 아니다. 성별, 국적같이 순서가 없는 것도 측정할 수 없다.

3) (a mesurand is a quantity intended to be measured.). '측정학에서의 지침을 위한 합동 위원회(The Joint Committee for Guides in Metrology; JCGM)에서 정한 국제 측정학 용어집(International Vocabulary of Metrology- Basic And General Concepts and Associated Terms (VIM) § 2.3.)의 정의이다.

4) 측정은 '측정하고자 하는 것(measurand)', '측정 방법(method of measurement)', 그리고 '측정 절차(measurement procedure)'를 적정하게 정하는 데서 시작한다. JCGM, Evaluation of Measurement Data- Guide to the Expression of Uncertainty in Measurement (GUM) § 3.1.1

5) 과학에 있어서는 개념에 대한 용어의 정의가 매우 중요하다. 용어의 정의가 명확하지 않으면 정확한 의사소통이 되지 않는다. 측정학은 그중에서도 가장 정밀함이 요구된다. 측정은 인식론과도 관련되어 있어서 명확한 용어 정의가 필수다.
측정에서의 용어는 국제 측정학 용어집(International Vocabulary of Metrology; VIM)에 정의되어 있다. 이 용어집에 따르면, 양은 '수치와 기준으로 표현할 수 있는 크기가 있는 어떤 현상, 물체, 혹은 성분의 성질'이다(property of a phenomenon, body, or substance, where the property has a magnitude that can be expressed as a number and a reference.). International Vocabulary of Metrology, 3rd Edition.
가령 쇠막대기의 길이를 눈금자(ruler)로 측정한다고 하자. 우리는 눈금자 옆에 쇠막대기를 대고 눈금자의 눈금과 비교하는 방법으로 길이를 측정한다. 눈금자의 눈금은 실제로는 일정한 간격에 따라 각각 '이것보다는 크고, 저것보다는 작다.'라는 식으로 비교를 통해 표현한다. 가령 8 ㎝라고 하면 7 ㎝보다 크고 9 ㎝보다 작

그리고 실제로 측정한 양을 '실제 측정량(measured)'이라 한다.

목적 측정량은 실제 측정량과 같을 수도 있지만 다를 수도 있다.

가령 줄자로 직접 어떤 물체와의 거리를 잰다고 하자. 이때는 목적 측정량과 실제 측정량이 같다.

그런데 물체에 레이저를 쏘아 레이저가 돌아오는 시간을 측정하고, 그 시간을 공식에 대입하여 거리를 계산한다고 하자. 이때는 레이저가 돌아오는 시간을 실제로 측정했다. 줄자로 거리를 재지는 않았다. 목적 측정량과 실제 측정량이 다르다.

이 구분은 중요한 의미가 있다.

이를 이해하지 못하면, 실제 측정량을 이용해 목적 측정량을 계산하는 공식(측정 함수)에 잘못이 있어도, 절대로 오류를 찾아낼 수 없다.[7] 목적 측정량의 개념을 모르거나, 목적 측정량을 공식(측정 함수)과 동일시하면 '계산 공식'이 '측정하려 하는 것'과 같게 되기 때문이다. 또 '실제 측정한 것'을 '측정하고자 의도한 것'으로 전환하는 방식이 가능한지를 알 수 없게 된다.

가령 레이저의 속도가 초당 300,000 ㎞라는 계산 공식이 있다

다. 따라서 측정은 '측정 단위(measurement unit)'라는 기준과 측정하고자 하는 양을 비교하는 행위이다. 이 비교를 '수치로 표시한 양의 값(numerical quantity value)'이라고 한다.

'양의 값(quantity value)'은 수치와 측정 단위를 함께 표시한 것이다. 가령 '8 ㎝'에서 수치는 '8'이고, 측정 단위는 '㎝'이다. '8 ㎝'는 양의 값이다.

6) • 대한민국 국가표준기본법 제3조
  10. "측정단위" 또는 "단위"란 같은 종류의 다른 양을 비교하여 그 크기를 나타내기 위한 기준으로 사용되는 특정량을 말한다.

7) 목적 측정량을 계산 공식, 즉 '측정 함수(measurement function)'로 해석하면, 계산 공식 자체가 목적 측정량이기 때문에 계산 공식의 오류가 있을 수 없다.

고 하자.

물체에 레이저 광선을 쏘아 반사하여 돌아온 시간이 0.001초로 측정되었다. 위 계산 공식에 의하면, 물체와의 거리는 150 ㎞가 된다.[8]

이때 '목적 측정량'을 '계산 공식'이라고 이해하면, 레이저 광선이 돌아온 시간이 정확하게 측정되었는지만 문제가 된다. 따라서 0.001초가 정확하다면, 그에 의한 계산치인 150 ㎞를 절대적으로 정확한 수치로 인식한다.

그런데 자동차를 이용해 거리를 직접 측정하는 장치가 개발되었다고 하자. 이를 이용해서 실제로 거리를 재어보니 200 ㎞이었다.

레이저가 돌아온 시간 0.001초가 정확하다면, 이제 레이저 광선의 속도가 초당 30만㎞가 아닌, 40만㎞임을 알게 된다. 이제 계산 공식이 잘못되었음을 밝힐 수 있게 되었다. 0.001초를 정확하게 측정하더라도 계산 공식이 잘못되면, 목적 측정량(200 ㎞)과 다른 오차를 만든다.[9]

이처럼 '측정하고자 한 것'과 '계산 공식'이 다른 개념임을 알면, 계산 공식 자체가 맞는지, 계산 공식을 이용한 결과가 정확한지를 점검할 수 있게 된다.

2) 음주 측정의 메저랜드

형벌조항이 '혈중 알코올 농도 몇% 이상'을 처벌하게 되어 있다

---

8) 이 계산 공식에 의하면, 빛이 0.001초에 가는 거리는 300 ㎞이고, 반사되어 돌아왔으므로 2로 나눈다.

9) 계산의 정확성의 한계는 무엇인지, 어느 정도 불확실한지, 오차는 무엇인지를 이해하지 못하면, 측정 결과의 진정한 의미를 이해하지 못한 채, 측정치를 절대적으로 정확하다고 믿는 잘못을 범할 수 있다.

고 하자. 이때에는 측정하고자 의도한 것(목적 측정량)은 '혈중' 알코올이다.

그런데 사람이 입으로 내쉰 알코올은 혈액 속의 알코올이 아니다. 호흡 측정기는 혈액 속의 알코올을 직접 측정하지는 않는다. 입으로 내쉰 호흡에서 나온 알코올을 측정한다. 따라서 호흡 음주 측정기로 측정하면, 실제 측정량은 호흡 알코올이다.[10] 호흡 알코올로 혈중 알코올 농도를 계산한다고 하자.

이때에는 호흡 알코올을 정확하게 측정하더라도, 그 수치로 혈중 알코올로 환산함에 문제가 있는지, 즉 계산 공식 등을 검토해야만 한다.[11] [12] [13] [14]

---

10) 호흡 중 알코올 농도(Breath Alcohol Concentration; BrAC)는 혈액 속의 알코올 농도(Blood Alcohol Concentration; BAC)를 직접 측정한 수치가 아니다. 직접 측정할 수 있는 것을 간접 측정해서는 안 된다는 것이 분석 화학의 기본원칙이다.

11) 형벌조항이 '심폐호흡'이나 '혈액' 속의 알코올을 처벌하게 되어 있음에도, '최종 호흡'을 측정해 처벌할 때는 목적 측정량과 실제 측정량이 다르다. 처벌 대상으로 측정하고자 의도한 알코올은 '혈액' 혹은 '심폐'의 알코올인데, 실제 측정한 것은 '최종 호흡'의 알코올이기 때문이다. 이때는 호흡 샘플 안에 있는 알코올의 양을 정확하게 측정하더라도, 형벌조항이 정의한 처벌 대상과 실제 측정한 대상에 차이가 있다. 형벌조항의 문구에 따라 측정학적인 정의(differing metrological definition)가 달라진다. 이에 따라 측정치를 어떻게 평가하고 사용할지도 크게 달라진다. Alex I. Uskoski, "The Analytical Limitations of Modern Breath Alcohol Testing: A Call for Reform to Per Se Mandatory Sentencing Enhancement Schemes", 52 GONZ. L. REV. 357 (2016), 415

12) Alex I. Uskoski, "The Analytical Limitations of Modern Breath Alcohol Testing: A Call for Reform to Per Se Mandatory Sentencing Enhancement Schemes", 52 GONZ. L. REV. 357 (2016), 412; Ted Vosk et al, "The Measurand Problems in Breath Alcohol Testing", 59 J. Forensic Sci. 811 (2014), 812. 이러한 개념에 따른 변화(definitional variation)를 '호흡 알코올에서의 목적 측정량의 문제(measurand problem in

음주단속, 과속 측정의 허상

혈중 알코올 농도를 호흡 측정기로 측정하려면, 먼저 호흡 속 알코올과 혈액 속의 알코올이 같거나, 환산 비율이 일정하다는 점이 전제되어야 한다.

그런데 호흡과 혈액 속의 알코올이 같지도 않고, 호흡과 혈액 간의 환산 비율도 일정하지 않다면 어떻게 될까?

2 기존 이론

호흡 속 알코올로 혈중 알코올 농도를 측정할 수 있다는 이론의 근거는 다음과 같다.

1) 호흡 알코올은 혈액 알코올과 같다.

「사람이 산소를 들이마시면, 기도를 통해 폐의 폐포까지 간다. 그곳에 맞닿아 있는 혈관을 통해 혈액에 전달된다. 혈액 속에 있던 이산화탄소는 폐포로 나와서 기도를 통해 입으로 배출된다.

마찬가지로 혈액에 있던 알코올도 폐포를 통해 배출된다. 폐포에는 알코올이 있는 혈관과 폐가 맞닿아 있기 때문이다. 그래서 심폐호흡 속 알코올은 혈액 속 알코올 농도와 정확히 같다.

---

breath alcohol)'라고 한다.

13) 형벌조항에서 정한 목적 측정량과 실제 측정량이 다르다면, 호흡 측정치에 대해서는 심층적으로 측정학적 고려를 해야 한다. 실제 측정한 호흡 측정치로 목적 측정량, 즉 혈중 알코올 농도를 계산할 수 있는지를 측정학적으로 살펴야 한다. Alex I. Uskoski, "The Analytical Limitations of Modern Breath Alcohol Testing: A Call for Reform to Per Se Mandatory Sentencing Enhancement Schemes", 52 GONZ. L. REV. 357 (2016), 416

14) 형벌조항이 '호흡' 알코올 농도를 처벌하게 되어 있으면, 호흡 측정치로 처벌할 때 목적 측정량과 실제 측정량이 같다. 이 경우에는 호흡 측정의 정확성만 문제가 된다.

사람이 호흡하면 심폐에 있는 알코올이 기도를 통해 그대로 입 안의 호흡까지 나온다.[15]

그러므로 호흡 속 알코올 측정은 심폐호흡 측정과 똑같다. 따라서 호흡에 있는 알코올을 측정해서 정확하게 혈액 속의 알코올 양을 계산할 수 있다.[16]」

기존 이론은 혈액의 알코올이 입 안 호흡까지 그대로 전달된다고 본다.

이처럼 혈중 알코올을 입 안의 호흡에서 측정하려면, 심폐의 알코올 농도가 최종으로 내쉬는 호흡까지 그대로 전달되어야 한다. 즉 심폐 알코올이 기도를 지나는 동안에도 아무 변화 없이 최종 호흡까지 유지되어야 한다.

---

15) 사람이 공기를 들이마시면, 기관을 통해 폐의 작은 세포, 즉 폐포(alveoli)에 도달한다. 사람의 기관(trachea)은 좌·우 두 개로 갈라진다. 이는 다시 엽기관지(lobar bronchi)로 분리된다. 이런 분리는 기관에서 폐포까지 23단계에 걸친다. 미세한 폐포의 공기주머니(air sac)를 폐의 혈관이 둘러싸고 맞닿아 있다. 폐 혈관과 공기주머니와 사이에는 1마이크로미터(μm) 두께의 극히 얇은 작은 세포막(cell membrane)이 있다. 혈관과 폐포의 공기 주머니(alveolar sac) 안에 있는 산소, 이산화탄소가 이 세포막을 통과하면서 교환된다. 들이마신 호흡 속의 산소는 기도를 통해 폐포에 이르러 혈액에 전달된다. 혈액 속에 있던 이산화탄소는 폐포를 통해 기도로 나와 입을 통해 배출된다. 호흡하는 동안에 산소와 이산화탄소의 교환이 반복된다. 폐의 면적은 약 55 ㎡이다. 폐포는 개인에 따라 약 250만 개에서 300만 개가 있다. 가스 교환이 이루어지는 폐포의 면적은 전체적으로는 약 70 ㎡에 이른다.

16) Alex I. Uskoski, "The Analytical Limitations of Modern Breath Alcohol Testing: A Call for Reform to Per Se Mandatory Sentencing Enhancement Schemes", 52 GONZ. L. REV. 357 (2016), 403~404

그림 1   전통 모델

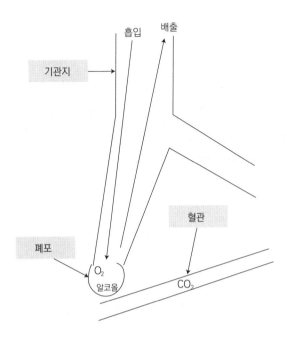

2) 호흡 알코올로 혈액의 알코올 농도를 계산할 수 있다.

호흡 알코올로 혈중 알코올 농도를 계산하는 데는 헨리의 법칙[17]을 적용한다.

헨리의 법칙은, 밀봉 상태에서, 용질(solute)[18]이 휘발하면, 공기 속 농도와 용액 속 농도 간에는 유지되는 일정한 비율이 있다는

---

17) Henry's Law. 1803년 윌리엄 헨리(William Henry)가 이 법칙을 만들었다. 헨리의 법칙은 '① 밀봉된 상태에서 ② 특정 온도와 압력에서는 ③ 용액에 녹아 있는 물질과 그 용액 위 공기로 휘발된 물질의 농도는 일정 비율로 균형을 이룬다.'라는 내용이다.

18) 여기서 용질은 용매에 녹아 있다가 공기 중으로 휘발할 수 있는 물질이다.

내용이다.[19] [20]

　이해를 위해서 뚜껑이 닫힌 샴페인을 예로 살펴보자.

　샴페인 술 자체에는 이산화탄소가 녹아 있다. 그런데 술뿐만 아
니라 샴페인 병 안의 공기에도 이산화탄소가 있다. 헨리의 법칙에
의하면, 각각의 이산화탄소 수는 일정한 비율로 균형 상태에 있
다. 이때 병뚜껑을 따면 '펑'하는 소리와 함께 이산화탄소가 병 밖
으로 나온다. 이산화탄소가 병 밖의 넓은 공기 속으로 나와 다시
균형을 이루려 하기 때문이다. 병뚜껑을 따면 샴페인 병 속의 균
형은 깨진다.[21]

---

19) (When an aqueous solution of a volatile compound comes to
equilibrium with air, there is a fixed ratio between the concentration of
the compound in air and its concentration in the solution and this ratio
is constant for a given temperature.)

20) Thomas E. Workman Jr., "The Science behind Breath Testing for
Ethanol", 7 U. Mass. L. REV. 110 (2012), 126; (every combination
of solvent and solute will reach an equilibrium at a different level of
evaporation) 밀봉된 상태에서, 용질이 증발하면, 일정한 온도와 압력에서는 고유
한 비율로 용매(solvent)와 용질이 균형 상태를 이룬다.

21) Alex I. Uskoski, "The Analytical Limitations of Modern Breath
Alcohol Testing: A Call for Reform to Per Se Mandatory Sentencing
Enhancement Schemes", 52 GONZ. L. REV. 357 (2016), 402

음주단속, 과속 측정의 허상

그림 2　헨리의 법칙

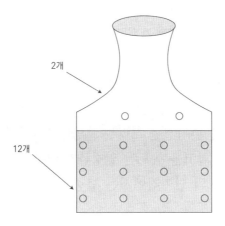

알코올을 예로 들어보자.

밀봉된 용기 안에 물과 알코올을 섞어 넣으면, 일부 알코올은 물에 녹지만, 일부는 증발한다. 이때, 일정 온도와 압력에서는, 물 속과 물 밖의 알코올의 농도는 항상 특정한 비율을 이룬다. 34℃ 에서 알코올의 물속과 공기 중의 균형 비율은 2,100:1이다. 이는 공기 중에 알코올 1개가 있으면, 물속에는 2,100개가 있다는 뜻 이다.[22]

따라서 용기가 밀봉되어 있고, 34℃라면, 물 밖 공기 속에 있는 알코올의 농도를 측정하면, 물속에 있는 알코올 농도를 환산할 수 있게 된다.

호흡 측정에 있어서는 용질은 알코올이고, 용액은 물 대신 혈액 이다.[23] 헨리의 법칙의 비율 2,100:1을 적용한다. 이는 호흡 중에

22) Thomas E. Workman Jr., "The Science behind Breath Testing for Ethanol", 7 U. Mass. L. REV. 110 (2012), 126

23) 용액 표면에 근접해 있는 기체가 심폐호흡이고, 용액 표면에서 멀리 떨어진 기체 가 입 안에 있는 최종 호흡이라고 비유할 수 있다.

1개의 알코올이 측정되었다면, 혈액 속에는 2,100개의 알코올이 있다고 환산하는 것과 같다. 즉 호흡 측정기에 있는 알코올로 호흡 2,100 ㎖에 있는 알코올 양을 계산하고, 혈액 1 ㎖에 있는 알코올 양으로 전환한다.[24]

호흡 알코올 농도가 혈중 알코올 농도를 정확히 반영한다고 하자. 그러면 다음 그림과 같이 알코올 농도 곡선은 상승하다가 정점에 이른 다음 수평선을 그리는 모양이 된다. 왜냐하면 일정 시점에서의 혈중 알코올 농도는 일정하기 때문이다. 적어도 호흡을 부는 시간 정도의 단기간에서는 혈중 알코올 농도는 일정할 것이다.[25]

그림 3   **전통 이론**

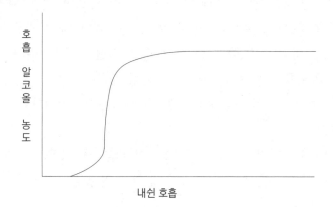

호흡 알코올 농도

내쉰 호흡

---

24) Alex I. Uskoski, "The Analytical Limitations of Modern Breath Alcohol Testing: A Call for Reform to Per Se Mandatory Sentencing Enhancement Schemes", 52 GONZ. L. REV. 357 (2016), 401

25) 호흡 알코올 농도는 일정한 기준량(dead space volume)을 넘어서면, 내쉰 호흡량과 무관하게 일정하게 되어야 한다.

그런데 실험을 통해, 헨리의 법칙은 인체에 적용할 수 없고,[26] 2,100:1의 분할 비율(partition ratio)을[27] 적용하면 알코올 농도를 과장 또는 과소 반영한다는 점이 밝혀졌다.[28]

1) 호흡 알코올은 혈액 알코올이 아니다.

심폐 알코올은 입으로 나오는 동안 기관지 섬유에 흡수된다. 또 기관지에 있는 혈관에서도 알코올이 발산된다. 입 안의 최종 호흡 은 이러한 과정을 거쳐 만들어진다.

즉 입안의 호흡 알코올은 기도와 기관지 혈관에서 발산되어 전달된 것이다. 들이마신 공기가 폐포에 도달하기 이전에, 알코 올 대부분이 기도와 기관지 혈관에서 발산되고 흡수되며 교환된

---

26) 헨리는 1800년대 활동한 과학자이다. 당시에는 폐포(alveolus)가 무엇인지 알 지 못했다. 그 시대 과학 문헌에도 폐포라는 단어는 등장하지 않았다. Okorie Okorocha, Matthew Strarndmark, "Alcohol Breath Testing: Is There Reasonable Doubt?", 27 Syracuse J. Sci. & Tech. L. 124 (2012), 131

27) 호흡 알코올과 혈액 알코올은 인체 구조상 서로 다르고, 개인의 특성, 외부 환경, 시간의 흐름에 따라 계속 변화한다. 따라서 일정한 고정된 비율이 있다는 의미를 지닌 '분할(partition)'이라는 단어 사용 자체가 부적절하다. Okorie Okorocha, Matthew Strarndmark, "Alcohol Breath Testing: Is There Reasonable Doubt?", 27 Syracuse J. Sci. & Tech. L. 124 (2012), 131

28) Alex I. Uskoski, "The Analytical Limitations of Modern Breath Alcohol Testing: A Call for Reform to Per Se Mandatory Sentencing Enhancement Schemes", 52 GONZ. L. REV. 357 (2016), 417

다.[29] [30]

　호흡의 알코올은 기관지, 인후, 침, 입 안의 알코올 등 다른 물질에 영향을 받는다. 심폐나 혈액 알코올이 최종 호흡에 그대로 전달되지 않는다.[31]

　사람의 심폐는 입과 거리가 멀고, 밀폐되어 있지도 않다. 그러므로 심폐의 공기와 입 안의 공기는 다르다.[32]

---

29) Michael Hlastala & Joseph Anderson, "Alcohol Breath Tests: Correcting for Bias", The Champion (March 2020), 38

30) C. Dennis Simpson, Jessica A. Kerby, Scott E. Kerby, "Varying Length of Expirational Blow and End Result Breath Alcohol", International Journal of Drug Testing Volume 3, 5; 흘라스탈라(Hlastala)의 열역학 모델(Thermodynamic model)에 의하면, 폐포의 알코올이 그대로 입까지 전달되지 않는다. 개방된 호흡기를 통해 숨을 들이쉬고, 내쉬는 동안 공기가 더워지고 냉각되는 과정에서 발생한 결과물이 호흡 속 알코올일 뿐이다.

31) 이론적으로는 최종 호흡의 알코올 농도는 폐포보다 항상 낮다. 최종 호흡에는 외부 공기가 섞이기 때문이다. 그러나 기관지, 인후 등에 알코올이 많이 남아 있을 때는 폐포 알코올 농도보다 높을 수 있다. Michael Hlastala & Joseph Anderson, "Alcohol Breath Tests: Correcting for Bias", The Champion (March 2020), 35

32) 기존 이론은 심폐호흡의 알코올을 측정하여 혈액 속의 알코올을 계산한다고 한다. 그러나 만일 최종 호흡이 심폐호흡과 다르다면 기존 이론은 근거가 없다.

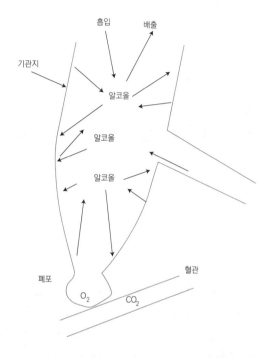

그림 4   새로운 모델

흡입   배출

기관지

알코올

알코올

알코올

폐포   혈관

O_2 CO_2

　헨리의 법칙은 밀봉 상태이고, 온도와 압력이 일정해야 적용할
수 있다. 그러나 사람의 호흡기는 밀봉되어 있지 않다. 압력도 일
정하지 않다. 온도도 안정적이지 않다. 따라서 헨리의 법칙을 적
용할 수 없다.[33][34]

---

33) Alex I. Uskoski, "The Analytical Limitations of Modern Breath
　　Alcohol Testing: A Call for Reform to Per Se Mandatory Sentencing
　　Enhancement Schemes", 52 GONZ. L. REV. 357 (2016), 405; (the
　　human respiratory system is neither closed, nor at a constant pressure.)
34) 헨리의 법칙에서 용액의 압력과 온도는 중요한 요소이다. 온도나 압력이 변하면,
　　그 안의 휘발성 용질의 양도 달라지기 때문이다. 가령 커피에 열을 가하면, 커피 냄
　　새가 더 강하다. 이는 열을 가하면 액체에서 많은 가스가 발산되기 때문이다. 온도

호흡 속 알코올의 양으로 혈액의 알코올을 환산하는 방법으로 헨리의 법칙을 적용함은 지나친 단순화다.[35][36]

헨리의 법칙에서는 액체가 그대로 공기로 발산한다. 액체의 발산에 영향을 주는 막이 없다. 그러나 인체에는 세포막이 있다. 폐포 가스와 그 주위 모세 혈관의 혈액 사이에서의 알코올 교환은 세포막의 두께에 영향을 받는다.[37]

사람에게는 세포막이 있으므로 헨리의 법칙 적용에 주의가 필

는 휘발되는 용질의 양에 큰 영향을 준다.

35) Alex I. Uskoski, "The Analytical Limitations of Modern Breath Alcohol Testing: A Call for Reform to Per Se Mandatory Sentencing Enhancement Schemes", 52 GONZ. L. REV. 357 (2016), 406; A. W. Jones, "Physiological Aspects of Breath-Alcohol Measurement", Alcohol, Drugs & Driving, (Apr-June 1990), 1, 12

36) Michael Hlastala & Joseph Anderson, "Alcohol Breath Tests: Correcting for Bias", The Champion (March 2020), 38. 사람이 들이마신 공기는 기도 부분을 빠르게 통과하기 때문에 확산 공간이 넓다. 따라서 혈액과 공기 간에 균형 상태를 이룰 수 없다. 혈액과 공기 간 균형을 이루고 있다는 전제는 과학적 진실이 아니다.

37) 가스의 확산(diffusion of gases)은 픽(Fick)의 제2 법칙에 의한다. 픽의 확산 법칙에 의하면 가스의 교환 비율은 가스가 통과하는 막의 두께에 영향을 받는다. 분자 확산을 통한 높은 농도에서 낮은 농도로의 가스 운동의 식은 다음과 같다.

$$\frac{dv}{dt} = \frac{\beta \, D \, A \, (pa-pb)}{L}$$

dv/dt는 가스의 흐름이고, β는 섬유막(tissue barrier) 안의 가스의 용해성(solubility), D는 섬유막(tissue barrier)을 통하는 가스의 확산성(diffusibility), A는 표면적, L은 확산을 위한 거리, 즉 섬유막(tissue barrier)의 두께, P는 가스의 부분 압력(partial pressure), a는 a 지역, b는 b 지역을 의미한다.

요하다.[38]

2) 혈중 알코올 농도를 계산할 일정한 분할 비율은 없다.

기존 이론은 혈액과 호흡 속의 알코올의 분할 비율을 상수 2,100:1로 본다.[39]

그러나 실제로는 현실에서 공기와 물속에 있는 알코올을 측정해 헨리의 법칙의 상수를 알아내기가 매우 어렵다는 점이 밝혀졌다. 즉 2,100:1이 정확하지 않다는 연구가 있다.[40]

알코올은 산소나 이산화탄소보다 물에 더 잘 녹는다. 기도 점막 표면에는 수분이 있어 알코올이 기도를 통과하는 동안에 수분과 섞이며 교환된다. 이 때문에 폐포 알코올이 그대로 최종 호흡까지 전달되기는 불가능하다. 호흡 과정에서 알코올 농도는 계속해서

---

38) Alex I. Uskoski, "The Analytical Limitations of Modern Breath Alcohol Testing: A Call for Reform to Per Se Mandatory Sentencing Enhancement Schemes", 52 GONZ. L. REV. 357 (2016), 406

39) 이에 의하면 2.1 ℓ의 심폐호흡에 있는 알코올과 1 ㎤의 핏속에 있는 알코올이 같다. 즉 혈액 1 ㎖에 있는 알코올과 호흡 2,100 ㎖에 있는 알코올의 양이 같다. 호흡 1 ㎖에 1개의 알코올 분자가 있으면 혈액 1 ㎖에는 2,100개의 알코올 분자가 있다고 본다. Alex I. Uskoski, "The Analytical Limitations of Modern Breath Alcohol Testing: A Call for Reform to Per Se Mandatory Sentencing Enhancement Schemes", 52 GONZ. L. REV. 357 (2016), 417

40) Thomas E. Workman Jr., "The Science behind Breath Testing for Ethanol", 7 U. Mass. L. REV. 110 (2012), 126~127; Dominick A. Labianca, "Flawed Conclusions Based on the Blood/Breath Ratio: A Clinical Commentary", The Champion, (June, 2010), 58. 측정에서의 변수 때문에 상수가 1,200~2,200까지 거의 2배에 이르는 차이가 발생하였다. 34℃에서 알코올과 물속의 알코올 균형 비율인 상관계수 값(coefficient value) 2,100:1의 신뢰성에 대해 과학적 의문이 제기되고 있다.

재균형(re-equilibration)을 이룬다.[41] 이처럼 일정한 균형이 없으므로 고정된 분할 비율은 없다.[42]

분할 비율의 폭이 1,555:1~3,005:1이라는 연구 결과도 있다.[43][44][45] 900:1~3,700:1이라는 실험 결과도 있다.[46]

알코올의 흡수 및 제거율은 같은 사람이라도 시간에 따라 변하

41) Alan Wayne Jones & Johnny Mack Cowan, "Reflections on variability in the Blood-Breath Ratio of ethanol and its importance when evidential Breath-Alcohol instruments are used in law enforcement", Forensic Science Research, 2020. Vol 5, No4, 300

42) 호흡을 계속 내쉴수록 알코올 농도가 증가한다. 내쉬는 호흡의 양은 호흡 측정기로 조정되지 않기 때문에 고정된 분할 비율은 없다. 호흡 중 알코올 농도는 숨을 계속 내쉬는 동안 변하고, 내쉬는 양이 조정되지 않기 때문에 혈액과 호흡 중 알코올 농도의 분할 비율은 인정될 수 없다. Michael Hlastala & Joseph Anderson, "Alcohol Breath Tests: Correcting for Bias", The Champion (March 2020), 39

43) C. Dennis Simpson, Jessica A. Kerby, Scott E. Kerby, "Varying Length of Expirational Blow and End Result Breath Alcohol", International Journal of Drug Testing Volume 3, 4; Dubowski, K. M "Absorption, Distribution and Elimination of Alcohol: High Way Safety Aspects", Journal of Studies on Alcohol, 10, (1985), 98~108

44) 폐포의 핵심 분할 비율이 1,756:1이라는 결과도 있다. C. Dennis Simpson, Jessica A. Kerby, Scott E. Kerby, "Varying Length of Expirational Blow and End Result Breath Alcohol", International Journal of Drug Testing Volume 3, 5; A. W. Jones, "Determination of Liquid/Air Partition Coefficient for Dilute Solutions of Ethanol in Water, Whole Blood, and Plasma", Journal of Analytical Toxicology, 7 (1983), 193~197

45) 개인에 따라 1,500:1에서 3,000:1까지 다양하고, 같은 사람도 시간에 따라 변하므로 호흡의 알코올을 통한 혈중 알코올 농도 결정은 과학적으로 수용할 수 없다. Alobaidi, Hill, Payne, "Significance of Variations in Blood/Breath Partition Coefficient of Alcohol", 2 Brit. Med. J. 1479 (1976), 1481

고, 사람에 따라 개인별로 상당한 변수가 있으므로 고정된 분할 비율의 신빙성에 대해서는 의문이 제기되고 있다.

분할 비율은 알코올의 흡수기, 전파기, 제거기에 따라 변하고, 흡수기에는 2,100:1이 안 된다는 연구 결과가 있다.[47 48 49 50] 정맥 혈액과 호흡 간의 분할 비율은 알코올의 흡수, 전달, 제거 기간에

---

46) Mason, M. F.; Dubowski, K. M., 21 J. Forensic Sci. 21 (1976); Okorie Okorocha, Matthew Strarndmark, "Alcohol Breath Testing: Is There Reasonable Doubt?", 27 Syracuse J. Sci. & Tech. L. 124 (2012), 131

47) Jonatan Vukovic, Darko Modun, Domagoj Morkovic & Davorka Sutiovic, "Comparison of Breath and Blood Alcohol Concentrations in a Controlled Drinking Study", J Subst Abuse Alcohol 3(2): 1029 (2015), 1/5

48) 호흡 측정과 혈액 검사를 동시에 한 결과, 99%의 대상자가 흡수기에는 1,128:1 에서 2,989:1까지 다양하고, 평균치는 1,836:1이며, 약 70%의 대상자는 호흡 의 농도가 혈액의 농도보다 높게 나왔고, 흡수기 이후에도 99.7%의 대상자에게서 1,555:1에서 3,005:1의 결과가 나오고(평균치 2,280:1), 약 25%가 혈액보다 호 흡이 높게 나왔다는 실험 결과가 있다. Ronald J. Meltzer, "Defending breath test cases in New York State", 2012 WL 1190192, (2012), 6

49) 100명을 상대로 흡수기 이후 정맥피로 실험한 결과 2,125~2,765(평균치 2,382):1이었다. Alan Wayne Jones & Johnny Mack Cowan, "Reflections on variability in the Blood-Breath Ratio of ethanol and its importance when evidential Breath-Alcohol instruments are used in law enforcement", Forensic Science Research, 2020. Vol 5, No4, 307

50) 호흡 중 알코올 농도는 정맥보다 동맥의 혈중 알코올 농도에 가깝다. 정맥의 혈 중 알코올 농도 분할 비율은 흡수기, 전파기, 제거기에 따라 변한다. Alan Wayne Jones & Johnny Mack Cowan, "Reflections on variability in the Blood-Breath Ratio of ethanol and its importance when evidential Breath-Alcohol instruments are used in law enforcement", Forensic Science Research, 2020. Vol 5, No4, 300

변화가 심하다.[51][52]

호흡 측정기 실험 결과, 특히 흡수기에는 호흡 측정치가 혈액 알코올 농도 측정치보다 항상 높았다는 연구 결과가 있다.[53] 이에 의하면 음주 후 15분 후 측정은 호흡 알코올이 혈액 알코올과 일치하는 데 필요한 충분한 시간이 아니다.[54]

---

51) Alan Wayne Jones & Johnny Mack Cowan, "Reflections on variability in the Blood-Breath Ratio of ethanol and its importance when evidential Breath-Alcohol instruments are used in law enforcement", Forensic Science Research, 2020. Vol 5, No4, 300

52) 알코올이 세포막을 통과하여 신체 중의 수분이나 그를 둘러싼 섬유 조직에 흡수되는 과정은 픽의 법칙(Fick's law)에 의해 설명된다. 이는 단위 시간당 단위 면적을 통해 확산하는 물질의 양은, 확산하는 물질 및 그 물질이 통과하는 막의 특징에 따라 정해지는, 확산 상관 계수에 문제된 표면 전체의 농도 차이를 곱한 것과 같다(the amount of substance diffusing across a unit area in unit time is equal to the concentration gradient across the surface in question, multiplied by diffusion co-efficient which is characteristic of the diffusing substance and the membrane through which it is passing)는 내용이다. Le Roux Adria, "Medico-Legal Aspects Regarding Drunk Driving", 20 S. AFR. J. CRIM. Just. 220 (2007), 221

53) 이는 말초 정맥 혈액의 알코올 농도보다 호흡 측정치 농도가 높다는 결과와 일치한다. 그 이유는 다음 두 가지 사실 때문이다. ① 흡수기에는 동맥 혈관의 알코올 농도가 정맥 혈관의 농도보다 높고 ② 최종 호흡은 폐동맥 호흡과 균형을 이루기 때문이다. Jonatan Vukovic, Darko Modun, Domagoj Morkovic & Davorka Sutiovic, "Comparison of Breath and Blood Alcohol Concentrations in a Controlled Drinking Study", J Subst Abuse Alcohol 3(2): 1029 (2015), 3/5

54) 흡수기에는 위 비우기의 영향을 받는다. 술에 있는 당분은 알코올의 흡수 속도를 늦춘다. 흡수기에는 신체의 각 부위의 수분 차이 때문에 알코올의 재분배(redistribution)가 빨리 일어난다. Jonatan Vukovic, Darko Modun, Domagoj Morkovic & Davorka Sutiovic, "Comparison of Breath and Blood Alcohol

신체 각 부위의 알코올 농도는 각각의 신체 부위의 수분량에 따라 쉽게 변할 수 있다. 따라서 정확히 정하기 어렵다. 뇌세포의 알코올 농도도 마찬가지다.[55]

한국인 상대 실험 결과, 2,100:1을 적용하여 호흡 알코올 농도를 계산하면, 실제 혈중 알코올 농도가 과장되므로 2,100:1은 한국인 남자에게 적합하지 않고, 1,913:1이 더 적합하다는 실험 결과가 있다.[56]

체중 45~90 kg, 연령 20~50대 한국인 남녀 48명을 상대로 음식물과 함께 알코올을 섭취하게 한 실험 결과가 있다. 분할 비율은 시간에 따라 변하며, 최소 271에서 최대 4,200까지 차이가 있었다.[57]

Concentrations in a Controlled Drinking Study", J Subst Abuse Alcohol 3(2): 1029 (2015), 3/5

55) 호흡 측정으로 혈액 알코올 농도를 측정하기 위해서는 물리학적으로 공기의 흐름과 피의 흐름의 균형이 일정하게 계속 유지되어야 한다. 이는 폐포 알코올의 부분 압력이 정맥의 피의 알코올 농도와 일치하고, 이 균형이 뇌세포에서도 있어야 가능하다. 알코올은 피의 수분에만 섞이고, 플라스마 단백질(plasma protein)과는 섞이지 않는다. Jonatan Vukovic, Darko Modun, Domagoj Morkovic & Davorka Sutiovic, "Comparison of Breath and Blood Alcohol Concentrations in a Controlled Drinking Study", J Subst Abuse Alcohol 3(2): 1029 (2015), 3/5~4/5

56) 1,913이 분할 비율로 더 적절하다는 연구 결과가 있다. 2,100인 때는 혈중 알코올 농도와 호흡기 알코올 농도의 오차(bias) − 0.0052%, 95% 신뢰수준에서 신뢰 구간 − 0.0059에서 − 0.0045%인데 반해, 1,913인 경우 오차 − 0.0004%, 95% 신뢰수준에서 신뢰 구간 − 0.0011에서 + 0.0003%이라는 실험 결과를 근거로 한다. 이승환, 남범우, 서정석, "혈중 알코올 농도와 호흡기 알코올 농도의 상관성: 한국인 남성", 자동차안전학회지: 제7권, 제4호 (2015), 12~3

57) 이원영, 고명수, "음주 측정의 신뢰도에 대한 분석 (혈액호흡 분배비율을 중심으로)", 대한교통학회지 제26권 제6호 (2008. 12.), 58

호흡과 혈액의 알코올 농도 분할 비율은 신체적 차이, 즉 내쉬는 호흡 양, 체온, 호흡 패턴 등의 영향 때문에 변동 폭(variation)이 ± 40%에 이른다는 실험 결과가 있다.[58]

3) 무죄 추정에 의하면 분할 비율의 입증 책임은 검사에 있다.

호흡 측정 결과를 혈중 알코올 농도로 전환할 때는 비율을 2,100:1 등의 상수로 보고, 이를 계산 공식으로 이용한다.

벨기에나 네덜란드는 2,300:1, 영국은 주로 2,300:1, 프랑스와 호주는 2,000:1,[59] 미국은 2,100:1을 사용한다. 대한민국은 2,100:1을 사용한다. 이때 분할 비율에 따라 계산되는 혈중 알코올 농도가 달라진다.[60] 따라서 가령 2,100, 1,810 또는 2,312 중에서 무엇을 사용하는지는 의미가 있다.

한편 형사법에는 '의심스러울 때는 피고인에게 유리하게 한다.'라는 원리가 적용된다.[61] 이 원리에 따르면 일률적으로 2,100을

---

58) Michael Hlastala & Joseph Anderson, "Alcohol Breath Tests: Correcting for Bias", The Champion (March 2020), 36

59) Jan Semenoff, "Blood to Breath Ratios in Breath Alcohol Testing, A Top Ten List of Need to Know Information", Counterpoint The Journal of Science and the Law, Number. 1. 21, (2016), 145. Counterpoint-journal. com/uploads/7/6/8/8/76880517/blood_to_breath_ratios.pdf (2023. 1. 17. 접속)

60) Michael Hlastala & Joseph Anderson, "Alcohol Breath Tests: Correcting for Bias", The Champion (March 2020), 35

61) ▶ 헌법은 무죄추정의 원칙을 규정하고 있다. 즉 형사피고인은 유죄의 판결이 확정될 때까지는 무죄로 추정된다(헌법 제27조 제4항, 형사소송법 제275조의2). 무죄추정의 원칙은 수사를 하는 단계분만 아니라 판결이 확정될 때까지 형사절차와 형사재판 전반을 이끄는 대원칙으로서, '의심스러우면 피고인의 이익으로'라는 오래된 법언에 내포된 이러한 원칙은 우리 형사법의 기초를 이루고 있다.(대법원

적용하기 위해서는 1,810이 불가능해야 한다. 왜냐하면 일률적으로 2,100을 적용하면 실제 분할 비율이 2,100보다 낮은 사람에게 불리하기 때문이다.[62]

가령 2,100을 적용하면, 호흡에 1개의 알코올이 있을 때 혈액 속에는 2,100개가 있다고 전환한다. 그러나 실제 비율이 1,050이라면 혈액 속에는 1,050개가 있음에도 2,100개로 전환하므로 2배 높게 측정치로 환산된다.

이 경우 피고인이 자신의 실제 분할 비율을 소명하여 2,100:1이 부정확하다고 입증할 수 있다.[63]

그러나 자신의 실제 분할 비율을 입증하도록 피고인에게 의무를 부과하면 검사에게 있는 입증 책임이 피고인에게 전환된다는 문제가 생긴다.

이처럼 분할 비율이 다양할 수 있음은 측정 결과치의 신빙성 판단에 반드시 고려되어야 한다.

2017. 10. 31. 선고 2016도21231 판결 등)

62) 실제 신체의 분할 비율이 낮으면 측정기에 의한 혈중 알코올 농도의 수치가 실제보다 높게 나오기 때문이다. 반대로 실제 분할 비율이 높은 사람에게는 유리하다.

63) People v. McNeal, 46 Cal. 4th 1183 (2000) 판결에서 호흡 중 알코올 측정치로 혈중 알코올 농도를 계산하여 주취 운전을 입증할 때 피고인은 2,100:1의 비율이 정확하지 않고, 자신의 실제 비율과 다름을 입증할 수 있다고 했다. 분할 비율 2,100:1에 대해 합리적 의심을 일으키기 위해, 이에 반해 다양한 차이를 제시하는 증거를 사용할 수 있다고 했다(판결문 1199).

III

알코올

술은 사람들을 단합시키고, 슬픔을 견디는 용도로 사용되어 왔다. 술의 흔적은 1만 3,000년 전 석기 시대 유물에도 남아 있다.

그러나 심각한 부작용도 있다. 인체는 알코올을 분해해서 아세트알데히드(acetaldehyde)로 바꾼다. 아세트알데히드는 강한 독성 물질이다. 발암 물질로 알려져 있다. 아세트알데히드는 세포나 조직을 손상한다. 노화의 요인이다.

알코올은 뇌의 기능을 억제해서 사고의 위험성을 높인다. 알코올에 중독되면 정상 생활이 불가능하다.[1] 따라서 결코 음주를 쉽게 생각해서는 안 된다.

1 멜란비 효과

알코올[2]이 뇌혈관에 도달하면, 뇌의 조절 기능이 저하된다. 알코올은 뇌와 신경계 시냅스(synapse)의 신경 전달 물질 체계를 억

---

1) James G. Wigmore, "The Forensic Toxicology of Alcohol and Best Practices for Alcohol Testing in the Workplace", Canadian Nuclear Safety Commission, (2014), 6. 알코올은 독성 물질이다. 알코올은 세균을 죽이므로 소독용으로 사용한다. 알코올은 다른 약물에 비해 상대적으로 독성이 약하다. 혈액에 높은 농도로 있어도 사람은 살 수 있다. 대마초 성분인 THC(tetrahydrorocannabinol)를 1/1,000,000,000 g 단위로 측정하지만, 알코올은 1/1000 g 단위로 측정하는 이유다.

2) 알코올은 에탄올(ethanol), 메탄올(methanol), 이소프로파놀(isopropanol) 등을 포함하는 화학 물질의 총칭이다. 이 중 곡물 알코올인 에탄올, 즉 에틸알코올만을 사람이 마실 수 있다. 화학식은 C_2H_5OH이다. 에틸알코올은 최소 1개의 탄소-산소 결합과 산소-수소 결합, 여러 개의 탄소-수소 결합의 조합으로 되어 있다. 목재 알코올인 메탄올은 CH_3OH로서 혈중 알코올 농도 0.07%가 치사량이다.

제한다.[3] 중추 신경계의 반응을 방해하여[4] 근육과 반응의 조화 능력에 장애를 일으킨다.[5][6][7] 반대로 알코올의 신경 각성 작용은 미

3) 알코올로 약물 효과를 얻기 위해서는 많은 양을 섭취해야 한다. 작은 행복감을 느끼기 위해서는 20 g (20,0000 mg)의 알코올을 섭취해야 한다. 같은 정도의 감정을 느끼는 데 필요한 모르핀양은 10 mg이다. A. W. Jones, "Pharmacokinetics of Ethanol – Issues of Forensic Importance", Forensic Science Review NO. 2 (2011), 95

4) Rueben A. Gonzales, Jason N. Jaworsk. "Alcohol and Glutamate", Neurotarnsimtter Review, Vol. 21, No. 2, (1997), 121. 신경 세포는 신경 전달 물질(neurotransmitter)로 자신이 받은 자극을 다른 세포에 전달한다. 신경 전달 물질은 흥분성(excitatory)과 억제성(inhibitory)으로 나뉜다. 신경 세포는 대부분 정지 상태에 있다가 흥분성 신경 전달 물질을 받고 그에 따라 움직인다. 그러므로 흥분성 신경 전달 물질과 이에 간섭하는 물질은 뇌의 기능에 중대한 영향을 미친다. 뇌의 흥분성 신경 전달물질인 글루타메이트(glutamate)도 뇌 기능에 중요한 역할을 한다. 글루타메이트는 신경 세포의 수용기(receptor)를 통해 전달된다. 수용기는 인접 세포에서의 글루타메이트 분비를 감지하여 이를 세포 내로 전달한다. 그런데 알코올은 글루타메이트에 의한 신경 신호 전달을 방해한다.

5) Alex I. Uskoski, "The Analytical Limitations of Modern Breath Alcohol Testing: A Call for Reform to Per Se Mandatory Sentencing Enhancement Schemes", 52 GONZ. L. REV. 357 (2016), 401

6) Rueben A. Gonzales, Jason N. Jaworsk. "Alcohol and Glutamate", Neurotarnsimtter Review, Vol. 21, No. 2, (1997), 124. 작은 양의 알코올도 수용기의 기능을 억제한다. 알코올은 수용기의 기능을 막는 방법으로 신경 활동 및 뇌의 기능에 영향을 준다.

7) Debra S. Austin, "Drink Like A Lawyer: The Neuroscience Of Substance Use And Its Impact On Cognitive Wellness", 15 Nev. L. J. 826 (2015), 850; Rueben A. Gonzales, Jason N. Jaworsk. "Alcohol and Glutamate", Neurotransmitter Review, Vol. 21, No. 2, (1997), 124. 알코올이 수용기의 작동을 억제하면, 뇌는 이에 대응하기 위해 장기적으로 수용기 및 수용기의 활동을 늘린다. 만성 알코올 중독자는 수용기가 많다. 알코올 중독자가 술을 먹지 않으

미하다.

혈중 알코올의 질량 농도[8] 0.10%는 0.1 g/100 ㎖; 0.1 g/1 ㎗; 1 g/1 ℓ; 100 ㎎/1 ㎗; 1 ㎎/1 ㎖이다. 0.05%는 0.05 g/100 ㎖; 0.05 g/1 ㎗; 0.5 g/1 ℓ; 50 ㎎/100 ㎖; 0.5 ㎎/1 ㎖이다.[9]

여기서 다른 의미로 기재된 수치와 함께 '%'가 있으면, 혼동될 여지가 있다. 따라서 '0.10 g/ 100 ㎖'와 같이 기재함이 바람직하다.[10] 명확성을 위해 형벌조항에는 혈액은 'g/ 100 ㎖', 호흡은 'g/ 210 ℓ'와 같이 규정해야 한다.

개인차는 있지만, 뇌의 전피질 영역[11]은 0.01 g/ 100 ㎖(즉 0.01%)의 혈중 알코올 농도에 영향을 받는다. 연구 결과에 의하면 개인차는 있으나, 대개 혈중 알코올 농도 0.05 g/ 100 ㎖까지는 정신이 냉철한 상태(sober)에 있다.[12] [13]

면, 수용기는 정상적 수준을 넘어 과다하게 활동하게 된다. 수용기가 과다하게 활동하면 발작을 일으키거나 독성으로 인해 뇌세포가 죽는다. 말기 알코올 중독자가 알코올을 더 이상 섭취하지 못할 때 사망하는 원인이다.

8) (mass concentration) 이는 부피로 무게(mass)를 나눈 것이다.

9) Ted Vosk, "Metrological Epistemology", 2013 WL 6147028, (2013), 16. 0.08%일 때 혈중 알코올의 물질양 농도(amount concentration), 즉 NL-3는 17.3 mmol/L이고, Mass Fraction은 0.76이다. 몰 농도(molar concentration)는 용액에 녹아 있는 용질의 몰(mole)로서 국제단위계에서 사용한다.

10) 다른 논문들을 원용할 때는 그대로 %를 기재하였다.

11) (frontal cortical region)

12) Le Roux Adria, "Medico-Legal Aspects Regarding Drunk Driving", 20 S. AFR. J. CRIM. Just. 220 (2007), 229

13) 두정부(parietal region)의 신체 감각 정신 영역(somestheto-psychic area)은 혈중 알코올 농도 0.10~0.30%, 정신 운동 영역(psychomotor area)은 혈중 알코올 농도 0.10~0.20%에서 영향을 받는다. 시각 심리 기능(visuo-psychic function)을 담당하는 뇌의 후두엽(occipital lobe)은 혈중 알코올 농도

음주단속, 과속 측정의 허상

따라서 평균적으로 알코올이 미치는 장애를 예상할 수 있다.[14]

혈액에는 뇌와 근육 조직보다 많은 퍼센트의 수분이 있다. 알코올은 수분에 섞이므로[15] 뇌보다 수분이 많은 혈액은 뇌보다 항상 알코올 농도가 높다.[16] 그러므로 혈중 알코올 농도가 반드시 뇌가 알코올로 받은 영향을 표시한다고 할 수는 없다. 혈액 알코올 양이 곧 뇌의 알코올 양이라 할 수도 없다. 또 혈액 알코올 양이 반

0.20~0.30%에 이르면 영향을 받는다. 혈중 알코올 농도 0.15~0.35%에 이르면 평형감각에 영향을 받는다. 생명의 본질적 기능을 담당하는 연수(medulla)는 혈중 알코올 농도 0.4%에 이르면 영향을 받는다. Le Roux Adria, "Medico-Legal Aspects Regarding Drunk Driving", 20 S. AFR. J. CRIM. Just. 220 (2007), 227

14) 혈중 알코올 농도 0.10~0.12%이면 언어, 균형, 신체 조정력에 장애가 발생한다. 0.13~0.15%이면 신체에 대한 조정력을 잃고 균형을 상실한다. 0.16~0.20%이면 토하거나 술에 많이 취한 상태(sloppy drunk)가 된다. 0.25%이면 혼자서 제대로 걷지 못하고, 정상적으로 사고하지 못한다. 0.30%이면 의식을 잃는다. 0.40% 이상이면 호흡 및 체온 유지에 장애를 일으켜 사망할 수 있다. Ronald J. Meltzer, "Defending breath test cases in New York State", 2012 WL 1190192, (2012), 18~19

15) 작은 극성 분자(polar molecule)인 알코올은 물 분자 사이의 공간에 들어가서 물 전체에 고루 섞인다. 알코올은 인체 내 수분의 어디든지 섞인다. 인체를 흐르는 혈액에도 수분이 있어 혈액은 체내에서 알코올을 전파하는 매개체가 된다. 신체의 기관, 조직과 체액의 알코올 농도보다 혈액의 알코올의 농도가 높으면, 혈액의 알코올은 기관 등의 체액으로 전파된다. 이 과정은 혈액과 기관 간 등의 알코올 농도가 같을 때까지 계속된다. 조직이나 체액의 알코올 농도가 혈액의 알코올 농도보다 높아지기 시작하면, 알코올의 전파는 반대로 진행된다.

16) Ellen J. Abbott, "One for the Road - The Reliability of Retrograde Extrapolation and the implications for Vermont Statutes", 16 VT. L. REV. 395 (1991), 404

드시 뇌의 장애 수준과 일치한다고도 할 수 없다.[17][18]

혈중 알코올 농도가 증가할 때가 감소할 때보다 알코올이 뇌에 미치는 영향이 크다. 이를 '멜란비 효과(Mellanby-Effect)'라고 한다.

일단 알코올 농도가 감소하기 시작하면, 같은 양의 알코올도 뇌에 미치는 영향이 적다. 뇌 조직과 뉴런이 알코올에 적응해, 덜 민감해지기 때문이다.

시간이 지남에 따라 뇌는 알코올에[19]적응한다. 그래서 천천히 오랜 시간 마신 사람은 같은 양을 한꺼번에 마시고 빨리 취한 사람보다 시간이 지날수록 더 정신이 맑아진다.[20]

혈중 알코올 농도 0.10 g/ 100 ㎖인 사람은 신체 균형, 판단 및 근육 조절에 어려움이 있다. 그러나 3시간 정도 알코올 농도를 유지한 때에는 기능 조절이 향상된다.[21] 술을 마신 다음 날, 장애나 주취를 잘 느끼지 못하는 이유가 여기에 있다.

술을 마시면 알코올의 영향으로 술을 전혀 마시지 않은 상태에

---

17) Ellen J. Abbott, "One for the Road – The Reliability of Retrograde Extrapolation and the implications for Vermont Statutes", 16 VT. L. REV. 395 (1991), 406

18) Ellen J. Abbott, "One for the Road – The Reliability of Retrograde Extrapolation and the implications for Vermont Statutes", 16 VT. L. REV. 395 (1991), 404. 뇌에 흡수되는 알코올의 양은 혈액 속의 알코올 양보다 약 17% 적다. 혈액의 알코올 농도와 뇌의 알코올 농도의 비율은 개인에 따라 매우 크게 변하기 때문에 일반화하여 특정 개인을 판단할 수 없다.

19) (initial impairing effects)

20) Le Roux Adria, "Medico-Legal Aspects Regarding Drunk Driving", 20 S. AFR. J. CRIM. Just. 220 (2007), 227

21) Ellen J. Abbott, "One for the Road – The Reliability of Retrograde Extrapolation and the implications for Vermont Statutes", 16 VT. L. REV. 395 (1991), 405

비해 조절 능력이 감소될 수 있다. 이를 '장애 상태'라 한다.

술을 마셔 말이 어눌해지거나 비틀거리며 걷는 것과 같은 취한 상태에 이를 수 있다. 이를 '주취 상태'라 한다.

음주로 인해 장애 상태에 있지만, 주취 상태에는 있지 않을 수 있다.[22]

2 혈중 알코올 농도는 시간에 따라 변한다.

알코올은 인체 내에서 대사 과정을 거친다.[23][24]

따라서 혈중 알코올 농도도 고정되어 있지 않고, 시간에 따라

---

22) 알코올로 인한 '장애(impairment)'와 '주취(intoxication)'는 다르다. James G. Wigmore, "The Forensic Toxicology of Alcohol and Best Practices for Alcohol Testing in the Workplace", Canadian Nuclear Safety Commission, (2014), 19

23) A. W. Jones, "Pharmacokinetics of Ethanol-Issues of Forensic Importance", Forensic Science Review NO. 2 (2011), 97. 알코올은 위에서 소화 과정을 거치지는 않는다. 알코올은 특별한 화학적 변화를 거치지 않고 인체에 흡수된다. 마신 알코올의 20%는 구강(oral cavity)과 위장의 내벽에서 흡수되어 혈관으로 들어간다. 마신 알코올의 80%는 소장(small intestine)의 윗부위에서 흡수돼 혈관으로 들어간다. 알코올의 흡수는 내장의 상부 부위에서 더 빠른데 이는 십이지장(duodenum) 및 공장(jejunum)의 융모(villus)나 미세 융모(microvillus)의 흡수 표면 면적이 넓기 때문이다.

24) A. W. Jones, "Pharmacokinetics of Ethanol-Issues of Forensic Importance", Forensic Science Review NO. 2 (2011), 97. 알코올을 입 안에 머금고, 삼키지 않더라도 충분한 시간이 지나면 구강 점막의 표면(mucous surfaces of oral cavity)을 통해 혈액에 들어간다. 그러나 알코올을 마시면, 대부분 위장을 거쳐 내장의 전체 내막(gut lumen)에서 흡수된다.

변한다.[25]

알코올은 장기 점막을 통해서 모세 혈관의 혈액이나 림프관으로 들어간다. 알코올의 전파는 전체 소화관을 따라 진행한다. 섭취 즉시부터 시작된다.[26] 알코올은 먼저 동맥을 통해 흡수되고, 온몸으로 퍼진다.[27][28] 알코올은 90~95%가 간에서 대사(metabolized)된다.[29][30][31]

---

25) 최초로는 1953년 Friedrich H. Dost의 책 『Der Blutspieegel- Kinetik der Konzentrationsablä̈ufe in der Kreislaufflü̈ssigkeit, (The Blood-profile - on the Kinetics of Concentration Changes in th Systemic Circulation』에서 등장했다. A. W. Jones, "Pharmacokinetics of Ethanol-Issues of Forensic Importance", Forensic Science Review NO. 2 (2011), 93. 약물 운동학(Pharmacokinetics)은 약이나 독을 의미하는 'pharmakon'과 움직임을 의미하는 'kinetics'라는 그리스어에서 유래했다. 약물 운동학은 특정한 경로를 통하여 주입된 약이나 독의 농도가 시간에 따라 피, 플라스마, 소변, 침 속에서 변화하는 양상을 연구한다.

26) Le Roux Adria, "Medico-Legal Aspects Regarding Drunk Driving", 20 S. AFR. J. CRIM. Just. 220 (2007), 221

27) People v. Ireland, 33 Cal. App. 4th 680 (1995). 그러므로 흡수기의 정점에 이르기 전까지는 동맥의 알코올이 더 많고, 정점에서는 같아진다.

28) A. W. Jones, "Pharmacokinetics of Ethanol-Issues of Forensic Importance", Forensic Science Review NO. 2 (2011), 101. 정맥에 도달한 알코올은 간으로 전달된다. 그다음 심장의 오른쪽 부위를 통해 폐로 갔다가, 다시 심장의 왼쪽 부위로 돌아와 전체 순환계를 통해 전달된다. 그 후 다시 심장의 오른쪽으로 전달된다.

29) 간에서의 효소 반응 과정은 Alcohol → Acetaldehyde → Acetate → CO_2 + H_2O이다.

30) 간에서 대사되지 않은 약 5~10%는 변하지 않은 상태로 소변이나 호흡, 땀으로 배출된다. Justin Noval & Edward J. Imwinkelried, "Retrograde Extrapolation of Blood Alcohol Concentration", 50 No. 1 Crim. Law Bulletin ART 7 (2014), 2

인체 내의 알코올은 흡수(absorption), 전파(distribution), 대사(metabolism) 및 배출(excretion) 단계를 거친다.[32]

이에 따라 혈액 알코올 농도는 섭취 후 상승하다가 정점에 이른 다음 감소하는 모양이 된다.[33]

혈중 알코올 농도의 모양은 시간에 따라 변화하는 곡선이다. 이를 '혈액 알코올 곡선(blood alcohol curve: BAC)'이라고 한다. 혈액 알코올 농도는 여러 요소를 인자로 한 시간의 함수(a function of time)이다.

---

31) 알코올 산화 대사 효소는 Class Ⅰ ADH (alcohol dehydrogenase)과 Class Ⅱ ALDH(aldehyde dehydrogenase)이다. ADH 효소는 알코올을 아세트알데히드(acetaldehyde)로 바꾸고, ALDH 효소는 아세트알데히드를 아세트산염(acetate)으로 바꾼다. Sung-Yup Cho, Hye Kyung Han, Kwang-Hee Shin, Hyungmi An, Kyung-Sang Yu, Byoung-Joon Song, Seong Ho Yoo, "A Detailed Analysis of Alcohol Pharmacokinetics in Healthy Korean Men", Korean J Leg Med 2015; 39:27-35, 28

32) A. W. Jones, "Pharmacokinetics of Ethanol-Issues of Forensic Importance", Forensic Science Review NO. 2 (2011), 92

33) 알코올 흡수가 제거보다 크면, 혈액 알코올 곡선은 상승 모양이 된다. 알코올 흡수와 제거가 균형을 이룬다면, 혈액 알코올 곡선은 평행선 모양이 된다. 알코올의 흡수가 줄어 제거 속도가 더 빠르다면 혈액 알코올 곡선은 하강 모양이 된다. James G. Wigmore, "The Forensic Toxicology of Alcohol and Best Practices for Alcohol Testing in the Workplace", Canadian Nuclear Safety Commission, (2014), 7

그림 5　음주량에 따른 혈액 알코올 곡선의 예

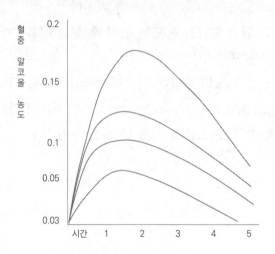

3 ⏜ 알코올 흡수율은 특정할 수 없다.

알코올의 흡수율은[34] 여러 변수가 연관성을 가지고, 상호 작용하며 결정된다. 알코올을 흡수하는 면적, 위장·소장 점막의 흡수능력, 소화기관의 운동력 같은 해부학적 요소, 알코올을 흡수할 때의 온도, 위 속 음식물의 존재, 위 비우기(stomach emptying), 우유나 니코틴, 카페인, 아드레날린, 정신적 충격, 구토와 같은 신체 상태가 흡수율에 영향을 준다.[35]

알코올의 흡수율과 흡수량은 성별, 체중, 키 등에 영향을 받는

---

34) (absorption rate)

35) Le Roux Adria, "Medico-Legal Aspects Regarding Drunk Driving", 20 S. AFR. J. CRIM. Just. 220 (2007), 222

다. 개인에 따라 폭이 다양해서 상수로 특정할 수 없다.[36][37]

위는 위 안에 있는 음식물이 잘게 분해되기 전에는, 소장으로 음식물을 보내지 않는다. 위에서 음식물을 분해해서 소장으로 보낼 때까지 시간이 필요하다. 이 시간을 '위 비우기 시간'이라고 한다. 위에 음식물이 있으면, 소장으로 알코올을 보내는 시간이 길어진다. 알코올은 대부분 소장에서 흡수되므로[38] 혈중 알코올 농도는 위 비우기와 양(+)의 상관관계에 있다.

따라서 위에 음식물이 있을 때는 없을 때에 비해, 같은 시점에 혈중 알코올 농도의 수치가 낮다. 또 혈중 알코올 농도의 정점에 이르는 시간이 늦어진다.[39][40]

위염(gastritis)은 위에서 음식을 오랜 기간 유지되도록 하므로 알

---

36) 혈액 알코올 곡선은 개인에 따라 다양하다. A. W. Jones, "Pharmacokinetics of Ethanol-Issues of Forensic Importance", Forensic Science Review NO. 2 (2011), 97

37) 알코올의 흡수는 위장보다 소장에서 빠르므로 전체적인 흡수 모델을 만들기가 어렵다. A. W. Jones, "Pharmacokinetics of Ethanol-Issues of Forensic Importance", Forensic Science Review NO. 2 (2011), 100

38) 알코올 흡수는 위장보다 소장이 10배 이상 빠르다. Ellen J. Abbott, "One for the Road - The Reliability of Retrograde Extrapolation and the implications for Vermont Statutes", 16 VT. L. REV. 395 (1991), 403

39) Edward F. Fitzgerald & David N. Hume, "The Single Chemical Test for Intoxication: A Challenge to Admissibility", 66 Mass. L. Rev. 23 (1981), 29~30

40) 위 비우기는 알코올 흡수 속도에 큰 영향을 준다. 위 비우기는 혈액 알코올 곡선의 정점에 이르는 시간과 정점에서의 농도에 가장 큰 영향을 준다. A. W. Jones, "Pharmacokinetics of Ethanol-Issues of Forensic Importance", Forensic Science Review NO. 2 (2011), 98

코올 흡수율을 낮춘다.[41] [42] [43]

음식물의 칼로리, 무게, 양이 많으면, 공복보다 많게는 50% 흡수율을 낮춘다. 작은 양의 음식도 알코올의 흡수율을 낮춘다.[44]

혈중 알코올 곡선에 대한 실험은 대개 공복 상태에서 순수 알코올을 마시게 한 후 진행한다.

그러나 일상생활에서는 대개 장시간에 걸쳐 음식과 함께 술을 마신다. 이때는 술을 마시는 동안에 혈중 알코올 농도가 계속 상승한다.[45] 그러나 최종 단계에 마신 양이 미미할 때는 그 전에 정점에 이르기도 한다. 따라서 위드마크 공식에 의해 추정한 혈중

---

41) Ellen J. Abbott, "One for the Road – The Reliability of Retrograde Extrapolation and the implications for Vermont Statutes", 16 VT. L. REV. 395 (1991), 403

42) 빈 위 속에 높은 농도의 알코올을 섭취했을 때는 유문경련(pyloro spasm)이 발생할 수 있다. 식전 알코올은 위 비우기의 속도를 늦출 수 있다. Edward F. Fitzgerald & David N. Hume, "The Single Chemical Test for Intoxication: A Challenge to Admissibility", 66 Mass. L. Rev. 23 (1981), 30

43) 이처럼 위 안에 음식물이 있을 때는 정점에 이르는 시간이 늦어지는 그래프에 대해서는 A. W. Jones, "Pharmacokinetics of Ethanol-Issues of Forensic Importance", Forensic Science Review NO. 2 (2011), 99

44) 공복 상태로 알코올 141그램(g)을 마신 때, 40분 후 혈중 알코올 농도 0.09%가 정점이었지만, 음식을 먹었을 때는 2시간 후 0.03%가 정점이었다는 실험 결과가 있다. Ellen J. Abbott, "One for the Road – The Reliability of Retrograde Extrapolation and the implications for Vermont Statutes", 16 VT. L. REV. 395 (1991), 407

45) 일상생활에 있어서는 몇십 분, 몇 시간에 걸쳐 술을 마시므로 흡수율이 제거율보다 크다. 따라서 술을 마시는 동안에는 흡수 단계가 계속된다고 본다. R. Iffland & A. W. Jones, "Evaluating Alleged Drinking After Driving – the Hip-Flask Defense", Med. Sci. Law (2002) Vol. 42, No. 3, 211

알코올 농도와 실제 측정 수치에 큰 차이가 발견되기도 한다.[46]

위드마크 공식에 의한 추정치보다 실제 측정치가 낮은 이유는 '잃어버린 알코올(missing alcohol)' 현상 때문이기도 하다. 이는 술을 마시는 동안, 흡수 속도보다 빠른 속도로 대사가 진행되는 때나 알코올이 혈액에 들어가기 이전에 대사되는 때 발생한다.[47]

이처럼 섭취한 알코올이 혈액에 전부 흡수되지는 않는 현상을 '흡수 결함(absorption deficit)'이라 한다. 술을 마시는 속도, 술의 종류, 위 비우기의 비율에 따라 섭취한 양의 10~30%가 혈액에 도달하지 않는다. 알코올이 혈액에 이르기 전에 위나 간에서 일부가 산화되기 때문이다.[48][49][50][51]

여러 실험 결과에 의하면, 정점에 이르는 시간은 대개 음주를

46) A. W. Jones, "Pharmacokinetics of Ethanol-Issues of Forensic Importance", Forensic Science Review NO. 2 (2011), 110

47) A. W. Jones, "Pharmacokinetics of Ethanol-Issues of Forensic Importance", Forensic Science Review NO. 2 (2011), 110

48) A. W. Jones, "Pharmacokinetics of Ethanol-Issues of Forensic Importance", Forensic Science Review NO. 2 (2011), 113

49) R. Iffland & A. W. Jones, "Evaluating Alleged Drinking After Driving - the Hip-Flask Defense", Med. Sci. Law (2002) Vol. 42, No. 3, 210

50) 탄소와 결합된 알코올, 즉 맥주, 스파클링 와인, 샴페인은 순수 알코올보다 먼저 정점에 이르고 혈중 알코올 농도가 높다. Ellen J. Abbott, "One for the Road - The Reliability of Retrograde Extrapolation and the implications for Vermont Statutes", 16 VT. L. REV. 395 (1991), 407

51) 알코올의 양이 일정하면, 물에 희석해 농도를 낮추어 먹더라도 곡선에 영향을 주지 못한다. A. W. Jones, "Pharmacokinetics of Ethanol-Issues of Forensic Importance", Forensic Science Review NO. 2 (2011), 98

마친 후 60분이지만 5분에서 120분에 정점에 이르기도 한다.[52][53][54]

정점 도달 시점에 대해서는 음주 시작 후 120분[55], 음주 종료 후 120분 이내[56], 30~120분[57], 15~45분[58], 15~120분[59]이라는 다양한 실험 결과가 있다. 이처럼 정점에 이르는 시차의 폭이 크다. 어느 시점에 많은 양의 알코올을 섭취했는지도 영향을 준다.

그러므로 음주를 마친 후 근접한 시점, 예를 들면 30분 후 정점에 이른다는 결론은 진실이 아니다. 마찬가지로 음주를 마친 후 바로 혈중 알코올 농도가 감소하지도 않는다. 또 운전을 마친 후

---

52) A. W. Jones, "Pharmacokinetics of Ethanol-Issues of Forensic Importance", Forensic Science Review NO. 2 (2011), 98

53) 어떤 경우 그보다 더 긴 시간을 요한다. R. Iffland & A. W. Jones, "Evaluating Alleged Drinking After Driving - the Hip-Flask Defense", Med. Sci. Law (2002) Vol. 42, No. 3, 211

54) 어떤 경우에는 뾰족한 정점을 이루지 않고, 정점에 도달 후 약 60~120분간 수평선을 유지하는 모양을 나타내기도 한다. A. W. Jones, "Pharmacokinetics of Ethanol-Issues of Forensic Importance", Forensic Science Review NO. 2 (2011), 98

55) A. W. Jones, "Pharmacokinetics of Ethanol-Issues of Forensic Importance", Forensic Science Review NO. 2 (2011), 96

56) Le Roux Adria, "Medico-Legal Aspects Regarding Drunk Driving", 20 S. AFR. J. CRIM. Just. 220 (2007), 226

57) Alan Wayne Jones & Johnny Mack Cowan, "Reflections on variability in the Blood-Breath Ratio of ethanol and its importance when evidential Breath-Alcohol instruments are used in law enforcement", Forensic Science Research, 2020. Vol 5, No4, 301

58) Edward F. Fitzgerald & David N. Hume, "The Single Chemical Test for Intoxication: A Challenge to Admissibility", 66 Mass. L. Rev. 23 (1981), 25

59) Le Roux Adria, "Medico-Legal Aspects Regarding Drunk Driving", 20 S. AFR. J. CRIM. Just. 220 (2007), 226

시간이 지나서 측정한 혈중 알코올 농도가 높다고, 반드시 운전 시점에도 혈중 알코올 농도가 높다고 단정할 수도 없다.

4 알코올 제거율은 개인에 따라 차이가 있다.

알코올의 제거율은[60] 수면, 온도 변화, 신체 운동, 약물, 뇌의 상처, 신체의 알코올 양에 거의 영향받지 않는다.[61] 일반적으로 제거율은 상수라고 본다.[62]

혈중 알코올의 제거 속도는 흡수 속도보다 훨씬 느리다.[63] 따라서 혈액 알코올 곡선은 대개 가파른 상승, 정점, 완만한 감소의 모습이다.

술을 조금 마시는 사람은 많이 마시는 사람보다 제거율이 낮다. 술을 많이 마시는 사람의 간이 알코올을 더욱 효율적으로 제거하기 때문이다.[64]

제거율은 개인의 음주 습관에 영향을 받는다. 인체는 처음 마신

---

60) (elimination rate)

61) 여러 사람을 대상으로 한 실험 결과를 통해 회귀 분석하여 상수인 제거율을 정한다. Le Roux Adria, "Medico-Legal Aspects Regarding Drunk Driving", 20 S. AFR. J. CRIM. Just. 220 (2007), 226

62) R. Iffland & A. W. Jones, "Evaluating Alleged Drinking After Driving – the Hip-Flask Defense", Med. Sci. Law (2002) Vol. 42, No. 3, 211

63) Le Roux Adria, "Medico-Legal Aspects Regarding Drunk Driving", 20 S. AFR. J. CRIM. Just. 220 (2007), 225. 즉 제거율은 흡수율보다 낮다.

64) James G. Wigmore, "The Forensic Toxicology of Alcohol and Best Practices for Alcohol Testing in the Workplace", Canadian Nuclear Safety Commission, (2014), 7

술보다 나중에 마신 술을 더 빨리 제거한다.[65]

알코올 제거율은 개인차가 있지만, 시간당 0.15~0.18%이고, 아주 빨리 배출하는 경우 최대치가 0.22%라는 실험 결과가 있다.[66]

남자의 경우 시간당 제거율이 평균 0.0133 ± 0.0029 g/ 100 ㎖ (즉 0.0133 ± 0.0029%)라는 실험 결과도 있다.[67] [68] [69]

체중 1 ㎏ 당 0.5 g 및 0.8 g의 알코올을 섭취하게 한 때, 흡수 단계 시간, 알코올에 노출되는 시간 및 제거율에 약 2배의 차이를

---

65) 실험 결과 어떤 사람은 첫 번째 술은 시간당 0.013%의 비율로 제거했지만, 두 번째 술은 시간당 0.016%의 비율로 제거했다. Ellen J. Abbott, "One for the Road – The Reliability of Retrograde Extrapolation and the implications for Vermont Statutes", 16 VT. L. REV. 395 (1991), 408~409

66) E. John Wher Jr. "Vampire or Dinosaur: A Time to Revisit Schmerber v. California", 19 AM. J. TRIAL ADVOC. 503 (1966), 516

67) Sung-Yup Cho, Hye Kyung Han, Kwang-Hee Shin, Hyungmi An, Kyung-Sang Yu, Byoung-Joon Song, Seong Ho Yoo, "A Detailed Analysis of Alcohol Pharmacokinetics in Healthy Korean Men", Korean J Leg Med 2015; 39:27-35, 34; A. W. Jones, "Evidence-based survey of the elimination rates of ethanol from blood with application in forensic case-work", Forensic Sci Int 2010; 200:1-20

68) 개인 간에 따라 제거율에 많은 차이가 있고, ALDH2 다형성(polymorphism) 유전자형 보유자는 제거율이 높으므로, 제거율에서 고려해야 한다는 실험 결과도 있다. Sung-Yup Cho, Hye Kyung Han, Kwang-Hee Shin, Hyungmi An, Kyung-Sang Yu, Byoung-Joon Song, Seong Ho Yoo, "A Detailed Analysis of Alcohol Pharmacokinetics in Healthy Korean Men", Korean J Leg Med 2015; 39:27-35, 34

확인한 실험 결과가 있다.[70]

간에서의 알코올 제거는 개인차가 있는데[71], 시간당 0.01~0.02% 이지만, 높게는 0.04%, 낮게는 0.006%인 경우도 있다는 실험 결과가 있다.[72]

69) 한국인을 상대로 2시간 금식 후 체중 1 kg당 0.5 g 및 0.8 g의 소주를 마시게 한 후, 적외선 분광 방식 분석기로 호흡의 알코올 농도를 측정하고, 가스 크로마토 그래피로 정맥 혈액의 알코올 농도를 측정한 실험 결과, 호흡과 정맥 혈액의 알코올 농도 사이에 밀접한 상관관계에 있다는 결과가 있다. 관찰 오차(observed bias) – 0.00075 g/dℓ이고, 차이의 표준 편차(SD of the difference) 0.0576 g/dℓ이었다. Sung-Yup Cho, Hye Kyung Han, Kwang-Hee Shin, Hyungmi An, Kyung-Sang Yu, Byoung-Joon Song, Seong Ho Yoo, "A Detailed Analysis of Alcohol Pharmacokinetics in Healthy Korean Men", Korean J Leg Med 2015; 39:27-35, 30

70) 체중 1 kg 당 0.5 g을 마신 그룹의 제거율은 시간당 최소 0.0189 g/ℓ, 최고 0.987 g/ℓ로 5배 차이가 있었고, 체중 1 kg 당 0.8 g을 마신 그룹의 감소율은 시간당 최소 0.05994 g/ℓ, 최고 0.16537 g/ℓ로 3배의 차이가 있었다. Sung-Yup Cho, Hye Kyung Han, Kwang-Hee Shin, Hyungmi An, Kyung-Sang Yu, Byoung-Joon Song, Seong Ho Yoo, "A Detailed Analysis of Alcohol Pharmacokinetics in Healthy Korean Men", Korean J Leg Med 2015; 39:27-35, 30~32

71) 간은 ADH(alcohol dehydrogenase), NAD(nicotinamideadenine dinucleotide) 효소를 이용해서 화학적 반응을 거쳐 알코올을 에너지로 바꾼다. 인체의 NAD의 양이 제거율을 결정한다. NAD의 양이 많을수록 알코올의 대사 속도는 빨라진다. 알코올을 처리할 NAD의 양은 개인의 신체 구성과 이미 간에 있는 알코올의 양에 따라 결정된다. Ellen J. Abbott, "One for the Road – The Reliability of Retrograde Extrapolation and the implications for Vermont Statutes", 16 VT. L. REV. 395 (1991), 409

72) 간의 크기나 건강 상태에 따라 분해 속도에 차이가 있고, 이에 따라 각 개인의 혈액 알코올 곡선도 영향을 받는다. 그러므로 운전 시점과 혈액 알코올 곡선의 정점을 알더라도 각 개인의 제거율에 대한 구체적 지식이 없는 한, 역추산은 정확

알코올은 호흡, 소변[73] [74] [75], 땀, 눈물을 통해서도 제거된다. 그 양은 개인에 따라 2~8%에 이른다.[76]

이처럼 엄밀히 보면 알코올 제거율도 개인별로 차이가 있어서, 같은 체중의 남녀 모두가 같은 양의 알코올을 마셨다고, 모두 정점과 혈액 알코올 곡선이 같다는 생각은 잘못이다.

성이 없다. Edward F. Filzgerald & David N. Hume, "The Single Chemical Test for Intoxication: A Challenge to Admissibility", 66 Mass. L. Rev. 23 (1981), 31

73) 소변 알코올 분석은 소변에 있는 알코올의 양을 측정한다. 소변과 혈액의 알코올의 분할 비율은 '1.33:1 또는 1.3:1'이라고 한다. 이에 대해서는 비판이 있다. 즉 어떤 연구 결과에 의하면 1.57:1 (범위 0.07~21.0:1)인데, 이러한 큰 폭의 범위는 큰 오류의 가능성이 있음을 보여 주므로 소변 검사 결과의 신뢰성에 의문이 있다고 한다. Leonard R. Stamm, "The Top 20 Myths of Breath, Blood, and Urine Tests- Part 2", 29-OCT Champion 44, (2005), Myths # 17

74) 혈액 알코올 농도가 0인 때에도 소변에 알코올이 남아 있을 수 있다. James G. Wigmore, "The Forensic Toxicology of Alcohol and Best Practices for Alcohol Testing in the Workplace", Canadian Nuclear Safety Commission, (2014), 11

75) 소변 분석의 정확성은 크지 않다. Edward F. Fitzgerald & David N. Hume, "The Single Chemical Test for Intoxication: A Challenge to Admissibility", 66 Mass. L. Rev. 23 (1981), 23; 혈중 알코올 농도 측정을 위한 소변 분석은 많은 문제가 있으므로 사용하지 말라는 내용으로는 U.S. Dept. of Transportation, National Highway Traffic and Safety Administration, Highway Safety Program Manual No. 8 cited in R. Erwin, Defense of Drunk Driving cases § 25.01 (3d ed.1977)

76) Ellen J. Abbott, "One for the Road - The Reliability of Retrograde Extrapolation and the implications for Vermont Statutes", 16 VT. L. REV. 395 (1991), 409

음주 운전 형벌조항

음주 운전은 교통사고의 요인이다. 음주 교통사고로 인한 인명의 살상 피해는 심각하다. 그러나 교통사고를 일으키지 않는다면, 음주 운전 자체는 다른 사람에게 피해를 주지는 않는다.[1]

만일 알코올이 콜라처럼 뇌에 영향을 미치지 않는다면, 알코올을 마시고 운전했다고 처벌할 수 없다. 사고에 영향이 없는데도 막연히 공포심을 근거로 처벌하면, 국민의 자유가 부당하게 제한되기 때문이다.[2]

그러므로 음주 운전을 처벌하는 목적은 음주 운전을 할 때 늘어나는 교통사고 위험을 방지함에 있다.[3] 따라서 음주 운전을 처벌

---

1) 자동차 사고가 나면 사람이 죽거나 다친다. 교통사고의 원인 중 하나는 음주다. 술을 마시면 대개 알코올의 영향으로 운전 능력에 장애가 발생하기 때문이다. 따라서 음주 운전으로 인한 교통사고를 예방하기 위해, 사고가 발생하지 않아도 음주 운전 자체를 금지하게 되었다. 역사적으로는 1897년 영국 런던에서 최초로 단순 음주 운전 택시 기사를 체포했다. Andrew Gore, "Know Your Limit: How Legislatures Have Gone Overbroad with Per Se Drunk Driving Laws and How Men Pay the Price", 18 WM. & MARY J. WOMEN & L. 423 (2010), 426

2) 음주 운전 반대 단체 대표자도 지나친 기소와 가혹한 처벌이 적정한 기소와 처벌을 대체해서는 안 된다고 한다. 이 단체도 근거 없는 처벌을 지지하지 않는다. Brian Scott, "From Macks Creek to Ferguson: How Illinois Can Learn from Missouri to Prevent Predatory Enforcement Practices by Municipalities", 40 S. ILL. U. L.J. 513 (2016), 527

3) 미국에서는 1980년대에 13세의 딸을 음주 운전 사고로 잃은 칸데스 라이트너(Candace Lightner)가 설립한 '음주 운전을 반대하는 어머니 모임(Mothers Against Drunk Driving)'이 음주 운전을 허용하지 않는 문화 형성에 큰 역할을 했다. Marco Conner, "Traffic Justice: Achieving Effective and Equitable

하려면, 음주로 인해 교통사고의 위험성이 증가된 점이 증명되어야 한다.

알코올은 뇌에 작동하여야 조종 능력을 방해한다. 뇌에 전달되지 않으면 장애가 없고, 위험성도 증가되지 않는다. 따라서 뇌에 알코올이 있음을 입증해서 처벌해야 한다. 그런데 알코올을 뇌에서 직접 채취하기는 거의 불가능하다.

알코올은 혈액을 통해 뇌에 전달된다. 따라서 혈액에 알코올이 있으면 뇌에도 있다고 추정한다면, 혈액의 알코올로 처벌할 수 있다. 혈중 알코올 농도로 처벌하면, 뇌에도 알코올이 있을 가능성이 크기 때문에 호흡 알코올보다 교통사고의 위험 증가라는 처벌 목적에 부합한다. 그러나 혈액 채취도 쉽지는 않다.

이에 비해 호흡에서 나오는 알코올 측정은 쉽다.

그러나 호흡 알코올은 뇌의 알코올과는 거리가 멀다. 즉 교통사고의 위험성에 관해 혈액 알코올보다 연계성이 적다. 그리고 호흡 알코올을 혈중 알코올로 전환하는 데 과학적으로 문제가 있다.

반대로 호흡 알코올 농도를 처벌 대상으로 한다면, 호흡과 혈액 간의 알코올 농도 분할 비율의 문제는 없다. 그러나 알코올을 입에 물고 있다가 뱉은 때와 같이 호흡에 알코올이 있어도 뇌에 알코올이 없을 수 있다. 따라서 교통사고 위험 증가 방지라는 처벌 목적에는 덜 부합한다.

음주 운전 형벌조항은 처벌 대상에[4] 따라 ① 혈중 알코올 처벌

Traffic Enforcement in the Age of Vision Zero", 44 FORDHAM URB. L. J. 969 (2017), 988

4) 1964년 미국에서 실시된 그랜드 래피즈 연구(Grand Rapids Study)에서 혈중 알코올 농도가 증가하면 자동차 사고의 가능성도 증가한다고 결론을 내렸다. 음주 운전 행위 자체를 처벌하면서, 혈액 검사보다 손쉽게 호흡으로 혈중 알코올 농도를 측정하는 호흡 측정기(Breathalyzer)의 사용이 합법화되었다. 위 그랜드 래피

체계와[5] ② 호흡 중 알코올 처벌 체계로 나눌 수 있다.

호흡 중 알코올 처벌 체계는 다시 ㉮ 심폐 알코올 처벌 체계와[6] ㉯ 최종 호흡 알코올 처벌 체계[7]로 분류된다.[8]

2 형벌조항 문구가 처벌 대상을 정한다.

1) 문자의 분명한 의미로 해석한다.

형벌조항의 문구가 '혈중 알코올 농도 몇 % 이상을 처벌한다.' 라고 되어 있으면 '혈중'이라는 문구를 '호흡 중'이라고 해석할 수 없다. '혈액'과 '호흡'은 명백히 의미가 다르다.[9]

형벌조항은 문자의 의미가 분명하여 뜻이 명확할 때에는 비록 다른 해석이 지혜롭다고 하더라도 그 분명한 의미대로 해석해야

즈 연구를 진행한 로버트 보켄스타인(Robert F. Borkenstein)이 호흡 알코올 측 정기를 만들었다. Andrew Gore, "Know Your Limit: How Legislatures Have Gone Overbroad with Per Se Drunk Driving Laws and How Men Pay the Price", 18 WM. & MARY J. WOMEN & L. 423 (2010), 427. 보켄스타인 (Robert F. Borkenstein)의 2,100:1의 분할 비율 사용은 과학적 근거가 없어 오 늘날에는 그를 과학자가 아닌 사업가로 보고 있다. Okorie Okorocha, Matthew Strarndmark, "Alcohol Breath Testing: Is There Reasonable Doubt?", 27 Syracuse J. Sci. & Tech. L. 124 (2012), 127

5) (blood alcohol jurisdiction)

6) (deep lung alcohol jurisdiction)

7) (end-expiratory alcohol jurisdiction)

8) 즉 목적 측정량을 기준으로 ① 혈중 알코올 ② 심폐호흡 알코올 ③ 입으로 내쉰 최 종 호흡 알코올을 측정 대상으로 하는 세 가지 입법 체계가 있다.

9) 자세한 내용은 안성수, 『형벌조항의 해석방법』, 박영사, (2022), 'Ⅵ. 형벌조항의 해석방법, 1. 문자의 분명한 의미' 부분을 참조하기 바란다.

한다.[10]

그러므로 호흡 중 알코올을 처벌 대상으로 하려면 형벌조항의 문구 자체가 가령 '호흡 210ℓ 당 알코올 ㎎ 이상을 처벌한다.'라고 되어 있어야 한다.

'혈중'이라고 되어 있더라도 '호흡 중'으로 형벌조항의 문구를 해석해도 문제가 없다고 생각할 수도 있다.

그러나 이러한 해석을 하기 시작하면, 일반인은 형벌조항의 적용을 미리 알기 어렵게 된다. 입법부가 막연하거나 애매하게 문구를 만들어도, 사법부가 나중에 수사·재판하면서 의미를 해석으로 정해서 처벌하면 죄형 법정주의는 의미를 잃게 된다. 인권 보장을 위해 형벌조항은 처음부터 정교하게 제정되어야 한다.

현실 문제를 형벌조항 문구의 분명한 의미를 넘는 해석으로 사법부가 해결한다면, 국회는 더 이상 형벌조항을 정교하게 제정할 이유가 없게 된다.

형벌조항을 엄격하게 해석하고 적용함으로써, 입법부가 더욱 숙고하면서 정교한 법률을 제정하도록 하는 과정이 법치주의의 한 단면이다.[11]

외국의 사례를 들어본다.

14세기 영국에서는 왕과 귀족의 재산을 침해하는 평민을 무겁게 처벌했다. 가벼운 죄를 지어도 사형에 처했다.

당시 "말들(horses)을 훔치면 사형에 처한다."라는 형벌조항이 있었다.

---

10) (plain meaning rule)

11) 형벌조항의 명확성을 위해 다음 원칙이 실현되어야 한다.
   ① 명확하게 표현된 문구의 의미를 넘어서 기소, 유죄 판결할 수 없다.
   ② 애매할 때는 피의자, 피고인에게 유리하게 해석한다.
   ③ 막연할 때는 혐의없음 처분, 무죄, 위헌 판결을 한다.

굶주린 나머지 귀족의 말 1마리를 훔친 가난한 평민이 있었다. 재판에서 유죄가 선고되면 사형이다.

위 형벌조항의 문자를 그대로 해석하면, 말들(horses)은 복수, 즉 2마리 이상을 뜻한다. 단수, 즉 1마리는 말(horse)이다. 형벌조항의 '말들'의 의미에 '말 1마리'가 포함된다고 해석해 처벌할 수 있을까?

1547년 영국 법원은 처벌할 수 없다고 했다. 형벌조항이 말들(horses)을 훔친 자를 처벌하게 되어 있어, 말 1마리를 훔친 자에게는 적용할 수 없다고 판결했다. 살기 위해 말 1마리를 훔친 사람을 사형에 처하는 법은 가혹하고 정당하지 않다고 판단했기 때문이었다. 그래서 복수인 '말들(horses)'로 적혀 있는 형벌조항을 단수인 '1마리'에는 적용할 수 없다고 엄격하게 해석해서 무죄 판결을 선고했다.

영국 의회는 그다음 해에 말 1마리를 훔친 행위도 처벌하게 법을 수정했다.[12]

'양과 다른 가축(sheep or other cattle)'을 훔치면 처벌하는 조항도 있었다. 위 조항은 '양' 부분만 유효하다고 판결했다. '다른 가축' 부분은 그 범위가 넓고, 해당하는 영역을 알 수 없어 무효라고 선고했다. 영국의 블랙스톤[13] 판사는 이 판결을 널리 전파했다.[14]

일반인으로서는 '다른 가축'에 '말', '개', '닭', '메추리'가 포함되는지 미리 알기 어렵다. '양'과 '다른 가축'이라고 되어 있으므로, 다른 가축이 '양'과 같은 수준의 동물이어야 한다고 해석할 수도

---

12) Ross E. Davies, "A public trust exception to the rule of lenity", 63 U. Chi. L. Rev. 1175 (1966), 1177

13) William Blackstone, (1723~1780)

14) Shon Hopwood, "Clarity in Criminal Law", 54 Am. Crim. L. Rev. 695 (2017), 714

있다. 그러나 가령 '토끼', '코알라'가 이에 해당하는지 예견하기 어렵다.

이처럼 영국 법원은 말 1마리인지 2마리 이상인지, 양과 다른 가축은 무엇인지를 미리 명확하게 하지 않으면 무효라고 판결했다.

이를 통해 의회가 적용 범위를 예견할 수 있는 형벌조항을 만들도록 했다.

2) 일본은 호흡 알코올을 처벌한다.

일본 도로교통법 제65조 제1항은 주기(酒氣) 운전을 금하고 있다.

주기 운전은 주취 상태 운전과 호기(呼氣) 상태 운전을 포함하는 개념이다.

주취 상태 운전은 알코올을 섭취했을 뿐만 아니라, 그 알코올이 원인이 되어 정상적인 판단이나 동작을 할 수 없는 상황에서의 운전이다. 이는 직선으로 걸을 수 있는지, 경찰관의 질문에 응답하는 데 어려움이 있는지, 시각이나 시점(視點)으로부터 인지 능력이 가능한지를 확인하는 방법으로 판단한다.

호기 상태 운전은 내쉬는 호흡 1ℓ 당 알코올이 0.15㎎ 이상인 상태에서의 운전이다. 호흡 1ℓ 당 알코올이 0.15㎎일 때에도, 개인에 따라서는 주취 상태가 될 수 있다. 이때에는 주취 상태 운전에 해당한다.[15]

1ℓ 당 알코올 0.15㎎은 0.0315 g/ 210ℓ (즉 0.0315%)이다.[16]

---

15) 법정형은 주취 상태 운전은 도로교통법 제117조의 2 제1호에 의해 5년 이하의 징역 또는 100만 엔 이하의 벌금이고, 주기 상태 운전(경차 제외)은 도로교통법 제117조의 2의 2 제3호에 의해 3년 이하의 징역 또는 50만 엔 이하의 벌금이다.

16) 그러므로 일본은 혈중 알코올 농도 0.03%를 처벌한다는 해석은 잘못이다.

3 혈중 알코올 처벌

1) 문구와 측정

이 체계의 형벌조항은 '혈액 100 ㎖에 있는 알코올의 g'을 처벌하는 문구로 되어 있다. 혈액 속 알코올을 처벌 대상으로 하며,[17] 목적 측정량은 혈액 속의 알코올 농도이다.

한편 음주를 했어도 운전 능력에 장애가 없는 때가 있다. 이 경우에는 ① 운전 능력과 무관하게, 혈중 알코올 농도 수치만으로 처벌하는 체계(혈중 알코올 농도 수치 주의)[18]와 ② 혈중 알코올로 운전 능력에 영향이 발생하였을 때 처벌하는 체계(음주 영향 주의)[19]로 나뉜다.

전자는 운전자의 장애 여부와 상관없이 혈액 중 알코올 농도가 일정 수준을 넘으면 처벌한다.[20] 후자는 혈액 중 알코올 농도가 일

---

17) 알코올의 영향으로 인한 교통사고의 위험 증가가 처벌 목적이고, 형벌조항의 문구가 '혈중 알코올 농도'라고 되어 있으면, 그 의미는 혈액 속의 알코올 농도이지, 호흡 중 알코올 농도가 아니다. Jonatan Vukovic, Darko Modun, Domagoj Morkovic & Davorka Sutiovic, "Comparison of Breath and Blood Alcohol Concentrations in a Controlled Drinking Study", J Subst Abuse Alcohol 3(2): 1029 (2015), 4/5

18) (per se violation)

19) (under the influence) 음주 운전의 처벌 목적이 음주 운전 시 증가하는 교통사고 위험을 방지함에 있다는 것이 음주 영향 주의의 논거이다. 따라서 정신 능력에 영향이 없고, 위험성이 증가하지 않는다면, 형벌의 목적에 부합하지 않으므로 음주 운전해도 처벌할 수 없다.

20) 알코올 농도 수치 주의는 일정한 혈중 알코올 농도에 이르면, 운전자가 운전 능력에 장애가 있음을 주관적으로 인식하지 못했더라도 처벌한다. 1936년 노르웨이, 1941년 스웨덴에서 시작되었다. R. Iffland & A. W. Jones, "Evaluating Alleged Drinking After Driving - the Hip-Flask Defense", Med. Sci. Law

정 수준을 넘더라도 운전 능력이 저하된 상태여야 처벌한다.[21] [22]

2) 한계

혈중 알코올 처벌 체계에서는 목적 측정량이 혈액 속의 알코올이다. 따라서 이를 측정해야 한다.

그러나 혈액 측정은 신체에 주사기를 꽂아 넣어 혈액을 채취해야 하는 부담이 있다. 시간과 비용의 부담이 크다.

따라서 대개는 호흡을 측정해서 혈중 알코올 농도로 전환한다. 그런데 호흡 알코올은 그 자체로는 운전 능력에 장애를 일으키지 않는다. 가령 알코올을 입에 머금고 있다가 뱉으면 법이 정한 수준 이상의 알코올 농도가 측정될 수 있지만, 운전 능력에 장애가 없다.

그러므로 호흡 측정치는 혈중 알코올 농도를 처벌하는 형벌조항 위반을 직접 입증하는 증거가 될 수 없다. 호흡에 있는 알코올로는 실제로 알코올로 인한 뇌의 장애를[23] 직접 측정할 수 없기 때문이다.

이처럼 호흡 알코올로 혈중 알코올 농도를 측정할 수 있다는 점에 대해 과학적으로 문제가 있고, 호흡과 혈액의 분할 비율이 명

(2002) Vol. 42, No. 3, 212

21) E. John Wher Jr. "Vampire or Dinosaur: A Time to Revisit Schmerber v. California", 19 AM. J. TRIAL ADVOC. 503 (1966), 518

22) 음주 영향 주의를 채택한 국가에서는 술에 취한 사람의 상태를 관찰하여 알코올이 뇌에 작동하여 걸음, 언어 구사 능력에 영향을 받았는지를 살피고, 주취 정도를 판단하는 증거로 사용한다. Le Roux Adria, "Medico-Legal Aspects Regarding Drunk Driving", 20 S. AFR. J. CRIM. Just. 220 (2007), 230

23) 뇌의 알코올 농도 측정에 있어 침과 땀의 알코올 농도가 더 과학적 신뢰성이 있다는 주장으로는 Wayne A. Morris, "A New Look at Breath Alcohol Testing", 33-AUG Champion 44 (2009), 50

확하지 않다는 점을 인정하면, 호흡 측정으로 혈액 알코올 농도를 증명하여 처벌할 수 없다.

그러므로 호흡 중의 알코올 자체를 처벌 대상으로 정할 수밖에 없게 된다.

4. 심폐호흡 알코올 처벌

1) 문구와 측정

이 체계의 형벌조항은 '심폐호흡 210 ℓ 에 있는 알코올의 g'을 처벌하는 문구로 되어 있다.

심폐호흡의 알코올을 측정하여 처벌하는 내용이므로 호흡 측정기로 심폐 호흡을 측정한다면 실제 측정량과 목적 측정량이 같다. 따라서 호흡 알코올을 2,100:1로 전환하여 혈중 알코올 농도를 산정하는 방식에 잘못이 있다는 주장은 할 수 없다.[24]

폐포의 알코올과 혈액의 알코올이 같다면 이 체계는 음주로 인한 교통사고 방지라는 처벌 목적에 부합한다.[25]

---

24) Alex I. Uskoski, "The Analytical Limitations of Modern Breath Alcohol Testing: A Call for Reform to Per Se Mandatory Sentencing Enhancement Schemes", 52 GONZ. L. REV. 357 (2016), 417

25) 그런데 혈액 100 ㎖를 2,100으로 곱하면 210 ℓ 가 되므로, 이 입법은 실질적으로는 여전히 2,100:1의 분할 비율을 유지하여 혈액 100 ㎖속의 알코올을 처벌 대상으로 하는 내용이다. 한편 호흡 측정기로 심폐의 호흡을 측정하기 위해서는 호흡 측정기 안으로 심폐의 호흡을 보내야 하므로 가령 초당 0.15 ℓ 의 압력으로 4초 이상을, 그리고 측정 수치가 계속 올라가 수평선을 이룰 때까지, 최소한 1.1 ℓ의 호흡을 불 것을 요구한다. 측정기는 이와 같은 요건을 충족할 때 충족되었다는 신호를 보낸다. 미달 시에는 미달임이 표시된다.

2) 한계

입에서 배출되는 대부분의 알코올은 기관지 순환계의 기도 표면으로부터 나온다.[26][27]

매우 소량만 폐포를 둘러싼 폐 순환계에서 나온다.[28] 그러므로 호흡 측정기를 통해 탐지되는 알코올은 호흡계의 심폐에서 나오지 않는다.[29] 대부분 호흡하는 동안 기관지, 기도 혈관에서 배출된 것이다.

기도 조직과 알코올이 상호 작용하기 때문에 심폐 알코올 양을 입 안에서 측정하는 일은 불가능하다.

따라서 생리학에 따르면[30] 심폐 알코올 농도를 측정해서 처벌한다는 입법은 허용될 수 없다.[31]

---

26) 산소와 이산화탄소는 심폐의 폐포 혈액에서 교환된다. 그런데 폐포에서 출발한 공기는 기관지의 관(bronchial tube), 인두(pharynx), 구강(oral cavity)을 지나면서 각각의 세포 조직에 알코올을 남겨 놓거나 그곳에 있던 알코올을 추가해 가지고 나오는 상호 작용을 한다. Thomas E. Workman Jr., "The Science behind Breath Testing for Ethanol", 7 U. Mass. L. REV. 110 (2012), 125

27) 알코올은 폐포보다 위쪽에 있는 기도에서 교환된다. Glen Neeley, James Nesci, Jason Schatz, "Utah DUI Defense: The Law and Practice", 206

28) Alex I. Uskoski, "The Analytical Limitations of Modern Breath Alcohol Testing: A Call for Reform to Per Se Mandatory Sentencing Enhancement Schemes", 52 GONZ. L. REV. 357 (2016), 418; (all of alcohol exhaled at mouth comes from the airway surface via the bronchial circulation.) (very little, if any, alcohol originates from the pulmonary circulation surrounding the alveoli.)

29) 입 안의 호흡은 심폐 혹은 폐포의 호흡이 아니다.

30) (breath alcohol physiology)

31) 호흡 음주 측정기로는 심폐에 있는 공기를 정확히 측정할 수 없다. 호흡 음주 측정기는 최종 호흡의 공기를 측정한다. Alex I. Uskoski, "The Analytical

5 최종 호흡 알코올 처벌

1) 문구와 측정

이 체계의 형벌조항은 '호흡 210 ℓ 에 있는 알코올의 g'을 처벌하는 문구로 되어 있다.[32] 입에서 나오는 마지막 호흡[33]의 알코올의 농도를 목적 측정량으로 한다.

이 체계에서는 호흡과 혈액의 분할 비율이나[34] 심폐호흡을 측정할 수 없다는 문제점은 논할 필요가 없다. 형벌로 처벌하고자 하는 대상인 최종 호흡을 호흡 측정기가 실제로 측정하기 때문이다.[35] 목적 측정량과 실제 측정량이 같다.

Limitations of Modern Breath Alcohol Testing: A Call for Reform to Per Se Mandatory Sentencing Enhancement Schemes", 52 GONZ. L. REV. 357 (2016), 418

32) 미국의 주는 대부분 호흡 210 ℓ 중 알코올 0.08 g(0.08%) 이상을 처벌한다. Alex I. Uskoski, "The Analytical Limitations of Modern Breath Alcohol Testing: A Call for Reform to Per Se Mandatory Sentencing Enhancement Schemes", 52 GONZ. L. REV. 357 (2016), 441

33) 입 안에서 나오는 호흡을 '최종 호흡 공기(end-expiratory air)'라고 한다.

34) 이 입법 체계에서도 호흡기 장애, 교통사고로 인한 부상 등 때문에 호흡을 불 수 없는 사람에 대해서는 혈액을 채취해서 호흡 중 알코올 농도를 계산해야 하므로 여전히 분할 비율의 문제는 남는다. Alan Wayne Jones & Johnny Mack Cowan, "Reflections on variability in the Blood-Breath Ratio of ethanol and its importance when evidential Breath-Alcohol instruments are used in law enforcement", Forensic Science Research, 2020. Vol 5, No4, 305

35) Alex I. Uskoski, "The Analytical Limitations of Modern Breath Alcohol Testing: A Call for Reform to Per Se Mandatory Sentencing Enhancement Schemes", 52 GONZ. L. REV. 357 (2016), 419

2) 한계

 이 입법은 소량의 최종 호흡을 측정하여 이를 210ℓ의 호흡에 있는 알코올 양으로 계산한 다음, 이 양이 100㎖ 피의 알코올 양과 같다고 보는 것이다. 다시 말하면 최종 호흡에서 측정한 만큼의 알코올이 혈액 속에 있고, 뇌에 전달되어 운전에 장애를 일으킨다고 본다.

 그러나 가령 알코올을 입 안에 물고 있다가 뱉었다면 입 안의 알코올은 뇌의 알코올을 반영하지 않는다. 이처럼 호흡 알코올은 뇌의 알코올과 직접적인 상관성이 없다.[36] 즉 실제로는 호흡의 알코올로 혈액의 알코올을 측정할 수는 없다.

 이 체계는 실제 운전 능력의 장애와 무관하게 바로 호흡 알코올 농도만으로 기소하고 처벌한다.

 그러나 음주로 인해 뇌에 장애가 생겨 교통사고의 위험이 증가하기 때문에 음주 운전을 처벌한다면, 알코올은 혈액에 있을 때만 뇌에 영향을 미치므로 호흡 속 알코올을 대상으로 삼아 처벌함은 정당성이 약하다.[37]

 이런 지적에 대해 최종 호흡의 알코올 농도와 정맥의 알코올 농도를 거의 동시에 측정한 때에는 상당히 높은 수준의 상관관계가

---

36) Wayne A. Morris, "A New Look at Breath Alcohol Testing", 33-AUG Champion 44 (2009), 50

37) Alex I. Uskoski, "The Analytical Limitations of Modern Breath Alcohol Testing: A Call for Reform to Per Se Mandatory Sentencing Enhancement Schemes", 52 GONZ. L. REV. 357 (2016), 420. 술에 취해 뇌에 장애가 발생한 상태로 위험하게 하는 운전과 직접 인과관계가 없는 호흡 중 알코올 농도를 처벌 기준으로 삼는 형벌조항은 위헌적 요소가 있다.

있음을[38] 부인하기 어렵다는 반론이 있다.[39][40]

그런데 이 같은 높은 수준의 상관관계는 주로 공복 상태에서 알코올을 마시게 한 후 피실험자의 혈액과 호흡을 거의 동시에 측정했을 때의 실험 결과이다.

그러나 약물 운동학(pharmacokinetics)에 따르면, 분할 비율은 흡수기인지, 제거기인지에 따라 변한다.[41] 실제 음주운전 사건에서는 혈액과 호흡을 동시에 측정하지 않는다. 체내의 혈중 알코올농도는 시간에 따라 변한다. 혈액과 호흡을 동시에 측정한 결과치는 시간에 따라 변하는 호흡 측정 후에 시간이 지나서 혈액 측정을 할 때의 차이를 반영하지 않은 것이다. 시간 차이가 배제된 분석 결과이다.

---

38) (highly correlated)

39) Alan Wayne Jones & Johnny Mack Cowan, "Reflections on variability in the Blood-Breath Ratio of ethanol and its importance when evidential Breath-Alcohol instruments are used in law enforcement", Forensic Science Research, 2020. Vol 5, No4, 301

40) Sung-Yup Cho, Hye Kyung Han, Kwang-Hee Shin, Hyungmi An, Kyung-Sang Yu, Byoung-Joon Song, Seong Ho Yoo, "A Detailed Analysis of Alcohol Pharmacokinetics in Healthy Korean Men", Korean J Leg Med 2015; 39:27-35, 30

41) Sung-Yup Cho, Hye Kyung Han, Kwang-Hee Shin, Hyungmi An, Kyung-Sang Yu, Byoung-Joon Song, Seong Ho Yoo, "A Detailed Analysis of Alcohol Pharmacokinetics in Healthy Korean Men", Korean J Leg Med 2015; 39:27-35, 34

또 혈액과 호흡의 알코올 농도에 상당히 높은 수준의 상관관계가 있다는 결과에 대해서는 상반되는 실험 결과도 여러 개 있다.[42 43 44 45 46 47]

---

42) 전날 밤부터 공복을 유지한 20~35세의 남성 10명에게 13% (v/v) 레드 와인을 kg 당 3 ㎖ (3.1 g/ kg) 마시게 하고, 호흡 및 혈액 측정을 한 실험이 있다. 1분 이내에 호흡 및 혈액을 2회 채취했다. 와인을 마신 다음 15, 30, 45, 60, 90, 120, 150, 240분 후 측정했다. 호흡은 「Alcotest」 호흡 음주 측정기로, 혈액은 불꽃 이온 감지식 가스 크로마토그래피로 분석했다. 혈액-호흡의 알코올 분할 비율은 2,100:1로 했다. 혈액은 왼 팔꿈치 앞쪽 구부러진 부위(left antecubital fossa)의 대 피하 정맥(large subcutaneous vein)에서 채취했다. 그 결과 평균 혈액 알코올 농도와 호흡 중 알코올 농도의 차이는 통계적으로 상당하게 호흡 중 알코올 농도가 높게 나왔다. Jonatan Vukovic, Darko Modun, Domagoj Morkovic & Davorka Sutiovic, "Comparison of Breath and Blood Alcohol Concentrations in a Controlled Drinking Study", J Subst Abuse Alcohol 3(2): 1029 (2015), 3/5

43) 15, 30, 45분에서는 평균 호흡 알코올 농도 수치가 혈중 알코올 농도 수치보다 통계적으로 상당하게 높게 나왔지만, 1시간 후에는 상당한 차이는 없었다. 흡수기의 호흡-혈액 알코올 농도의 평균 차(mean bias)는 0.141 ± 0.105 g/kg이고, − 0.065부터 0.346 g/kg까지 95%의 일치 한계(limit of agreement)에 있었지만, 제거기에서는 평균 차(mean bias)는 0.005 ± 0.030 g/kg이고 − 0.054부터 0.065 g/kg까지 95%의 일치 한계(limit of agreement)에 있었다. Jonatan Vukovic, Darko Modun, Domagoj Morkovic & Davorka Sutiovic, "Comparison of Breath and Blood Alcohol Concentrations in a Controlled Drinking Study", J Subst Abuse Alcohol 3(2): 1029 (2015), 3/5

44) 114명을 정점의 혈중 또는 호흡 중 알코올 농도 0.040 − 0.080 g/100 ㎖ (또는 g/210 ℓ)의 알코올을 섭취하게 한 후 30분 후 측정한 실험이 있다. 혈액 알코올 측정은 불꽃 이온 감지식 가스 크로마토그래피로, 호흡 알코올 측정은 인톡스(Intox) 사의 전자화학 및 적외선 분광 이중방식 기계로 측정했다. 이 둘은 의미 있는 수준의 통계적 편차가 있지만(differ significantly), 높은 수준으로 상관성(highly correlated)이 있었다. 평균적으로 호흡보다 혈액의 알코올 농도가

11.3% 높았다. 10명은 호흡 알코올 농도가 혈액보다 높았고, 평균적으로 그 차이는 0.0059 g/100 ㎖이다. 혈액-호흡 알코올 농도의 평균 오차(mean bias)는 0.0075 g/100 ㎖이고, − 0.0075부터 0.0221 g/100 ㎖까지의 범위 내에서 95%의 일치 한계(limit of agreement)에 있었다. Lindsey Skaggs, Amy Heizler, Diane Kaischeur, Amy Miles, Heather M Barkholtz, "Comparisons of Breath- and Blood- Alcohol Concentrations in a Controlled Drinking Study", https://academinic.oup.com/jat/article-abstract/46/6/683/6329616?redirectedFrom=fulltext, (2022. 10. 6 접속)

45) 395명을 호흡 측정기 「Intoxilyzer 5000」로 측정한 결과를 혈액 알코올 농도와 비교하였을 때, 67%에서 호흡 측정 알코올 농도가 0.01 g/210 ℓ 보다 높은 수준으로 낮게 나왔고, 31%에서 0.01 g/210 ℓ 이내의 수준으로 낮게 나왔으며, 2%에서는 0.01 g/210 ℓ 보다 높은 수치로 나왔다는 실험 결과가 있다. Harding et al, "Field Performance of the Intoxilyzer 5000: A Comparison of Blood- and Breath- Alcohol Results in Wisconsin Drivers", ASTM International Volume 35, Issue 5

46) 혈중 알코올 농도와 최종 호흡 알코올 농도의 차이를 실험한 결과, 평균 차(mean difference)가 0.0115 ± 0.0051(±SD), 표준 오차(standard error) ± 0.00051로서 이는 '통계적으로 차이 0이라는 것(zero difference [Student's t = 22.5, p 〈 0.001])'과는 상당히 거리가 있다는 연구가 있다. Alan Wayne Jones & Johnny Mack Cowan, "Reflections on variability in the Blood-Breath Ratio of ethanol and its importance when evidential Breath-Alcohol instruments are used in law enforcement", Forensic Science Research, 2020. Vol 5, No4, 303

47) 혈중 알코올 농도와 최종 호흡 알코올 농도의 차이는 알코올 농도가 높을수록 더 크다. Alan Wayne Jones & Johnny Mack Cowan, "Reflections on variability in the Blood-Breath Ratio of ethanol and its importance when evidential Breath-Alcohol instruments are used in law enforcement", Forensic Science Research, 2020. Vol 5, No4, 303

V

호흡 측정의 근본적 한계

1 호흡의 의미가 정의되어 있지 않다.

2 호흡은 고정되어 있는 물질이 아니다.

호흡은 생명이다.[1] 자율 신경에 따른 인체의 가장 중요한 동작이다. 천천히 혹은 빠르게, 멈추거나, 의식을 잡는 호흡 방법에 따라 혈액의 산성도나 뇌파도 변한다.

앞에서 인체 구조상 혈액의 알코올이 최종 호흡까지 그대로 전달되지 않는 점을 살펴보았다. 그 외에도 호흡은 고정되지 않고, 변한다는 점 때문에 측정에 있어 근본적인 한계가 있다.

1 호흡의 의미가 정의되어 있지 않다.

음주 운전을 처벌하려면 알코올 농도를 특정해야만 한다.

대한민국에서 혈중 알코올 농도는 대개 호흡 측정으로 특정한다.

입으로 내쉰 호흡 속의 알코올 농도는 처음에는 급격하게 증가하지만, 점차 증가율이 낮아진다. 그러나 호흡을 멈추기 전까지는 결코 수평을 이루지 않는다. 서서히 증가한다.

---

1) 구약 성경에서는 여호와가 흙으로 사람을 만든다. 코에 호흡을 불어 넣자 그제야 사람은 살아 있는 영혼이 된다(창세기 2장 7절). 저자는 업무로 받은 강한 스트레스를 단전호흡으로 줄였던 경험이 있다. 인도의 Prana, 유럽의 Wim Hof, 상자 호흡 등 다양한 호흡법이 있다. 휴대폰 앱(App)도 있다.

그림 6   호흡과 알코올 농도 그래프

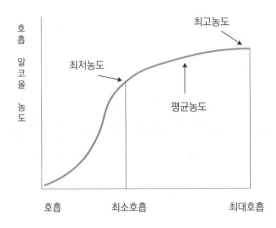

이처럼 호흡의 양에 따라 알코올이 변한다면, 형벌조항의 '호흡'이 무엇을 의미하는지, 즉 구체적으로 어느 부분을 말하는지가 중요하게 된다.[2]

그런데 먼저 '호흡'이 정의되어 있지 않다면, 위와 같이 변화하는 호흡의 양 중 어느 것인지, 가령 최소량인지, 최대량인지, 최소량이라면 그 양은 얼마인지를 정할 수 없다. 그렇게 되면 판단 기준이 없어 결과를 예견할 수 없게 된다.

이러한 형벌조항은 법치주의 명확성의 원리에 반하므로[3] 막연

---

2) 가령 호흡 측정을 통해 혈중 알코올 농도 0.03 g/ 100 ㎖ 이상을 처벌하거나, 호흡 중 알코올 농도 0.03 g/210 ℓ 이상을 처벌할 때에는 '호흡'이 무엇인지가 정의되어야 한다.

3) 국어사전에 의하면 호흡은 '숨을 쉼 또는 그 숨', '생물이 외계에서 산소를 흡수하고 이산화탄소를 몸 밖으로 내보내는 과정. 외호흡과 내호흡으로 나눈다.'라고 되어 있다.
    이에 의하면 공기가 입이나 코로 들어가 기관을 통해 폐에 전달된 후 다시 폐에서 기관 입이나 코로 나올 때 호흡이 된다. 이 기준에 맞는 공기는 입이나 코로부터

하여 무효라는 해석이 가능할 수 있다.[4]

이에 대해 추상적이기는 하지만, 일반인이 호흡의 의미를 예견할 수 있으므로 무효가 아니라고 해석할 수도 있다.

그러나 이렇게 해석하기 위해서는 일반인이 예견할 수 있는 수준에서 호흡의 의미를 설명해야 한다.

이 경우 호흡의 의미를 ① 최소 호흡량을 넘어서면 모두 호흡이라거나 ② 최소 호흡량과 그 이상의 호흡량으로 측정된 평균치를 뜻한다거나 ③ 최소의 호흡량만을 의미한다고 설명하는 방법이 있다.

그런데 ①은 측정할 때의 최소, 최대, 중간 호흡량 등이 모두 호흡에 해당하게 된다. 우연한 사정에 따라 달라지는 호흡량이 모두 호흡에 해당하게 된다. 또 측정하는 자가 그 양을 자의적으로 선택할 수도 있다. 이러한 해석은 사법적 정당성이 없어 타당하지 않다.[5]

②의 '호흡의 평균치'는 처음의 낮은 알코올 농도와 나중의 높은 알코올 농도를 나타내는 호흡량의 평균값을 포함한다. 대체로 평균 호흡량은 호흡 측정기에 대고 불기 시작한 후 5초에 근접한 시점의 값이 된다. 만일 대상자가 5초간 불고 멈춘다면, 호흡 중 알코올 농도는 전체 호흡의 평균에 가깝다. 이를 넘어서 분다면 평

나오는 공기이다. 폐 안에 있는 공기는 그 자체로는 호흡이 아니다. 오직 입이나 코로 내쉰 공기만이 호흡이다. 심폐의 공기는 내쉰 호흡과 다르다. 국어사전의 정의에 의하면 심폐의 공기는 호흡이 아니다. 심폐의 공기는 혈액 알코올 농도에 가깝다고는 할 수 있다. 그러나 과학적으로 내쉰 호흡으로 심폐의 공기를 측정할 수 없다.

4) 막연하므로 무효에 대해서는 안성수, 『형벌조항의 해석방법』, 박영사, (2022), 'V. 형벌조항의 해석 원칙, 2. 명확성의 원칙과 막연하므로 무효, 엄격 해석, 관용 해석, 4) 막연하므로 무효' 부분을 참조하기를 바란다.

5) 그때그때의 운수에 따른 처벌과 다르지 않다.

균 호흡보다 높게 된다.[6]

실제로는 대부분 평균 5초보다 더 많이 불게 되므로 실제 호흡 측정치는 평균 호흡 알코올 농도보다 높다. 실제 호흡 측정치로는 평균보다 얼마만큼 더 불었는지를 알 수 없으므로 평균 호흡의 알코올 농도를 알 수 없다. 그러므로 호흡을 평균 호흡이라고 해석하면, 평균 호흡의 알코올 농도를 특정할 수 없고, 알 수도 없어 입증할 수 없는 것이 현실이다.[7]

③은 피고인에게 유리하게 해석하는 방법이다. 그러나 이 역시 현실적으로 측정할 수 없다는 문제가 있다. 최소 호흡만을 불도록 조절하기가 매우 어렵기 때문이다.

2 호흡은 고정되어 있는 물질이 아니다.

혈액형, DNA는 불변하는 고유한 1개의 값을 가진다. 그러나 내쉰 호흡은 그렇지 않다. 호흡은 고정된 물체가 아니다.

그러므로 호흡 측정치는 조작 가능한 결과다.[8] 측정학적으로는 신뢰할 수 없는 자료이다. 따라서 형사책임을 정함에 있어 측정치

---

6) Lawrence Taylor & Steven Oberman, "§7.01 The Reliability of Breath-Alcohol Analysis", DDDEF § 7.01 (2022), Breath Alcohol Concentration

7) Lawrence Taylor & Steven Oberman, "§7.01 The Reliability of Breath-Alcohol Analysis", DDDEF § 7.01 (2022), Breath Alcohol Concentration

8) 같은 사람이라고 하더라도 호흡을 내쉬는 전체 기간, 즉 내쉬는 양에 비례하여 상당한 차이가 생긴다. Alex I. Uskoski, "The Analytical Limitations of Modern Breath Alcohol Testing: A Call for Reform to Per Se Mandatory Sentencing Enhancement Schemes", 52 GONZ. L. REV. 357 (2016), 432

를 기계적으로 수용해서는 안 된다.[9]

현재 형벌조항은 0.01 g/ 210ℓ 의 차이만으로도 처벌 여부나 양형에서 차이를 두게 되어 있다.

그러나 법적 책임은 실질적인 교통사고의 위험에 근거하여 부과해야 한다. 호흡 측정치만을 기준으로 하여 양형을 정한다면 개개의 사정을 고려하지 않은 실체와 다른 법 적용이 될 수 있다.

그러므로 호흡 측정 수치만을 기준으로 의무적으로 양형을 가중하는 법률은 폐기되어야 마땅하다. 개개 사건에 따라 여러 가지 변수를 고려하여야 호흡 측정치에 묶이지 않는 사법 판단을 할 수 있다.[10]

1) 오래 불면 알코올 농도가 높아진다.

호흡을 계속 내쉬면, 기도 온도가 상승하고 알코올 확산이 계속되어 호흡 중 알코올 농도도 계속 증가한다. 이렇게 알코올 교환

---

9) 최종 호흡 측정은 측정학적으로는 신뢰할 수 없는 기준이다. 사람은 DNA처럼 1개의 고유한 최종 호흡 알코올 농도를 가지지 않는다. 이러한 점에서는 최종 호흡의 알코올 농도는 조작이 가능한 막연한 측정학적 기준(benchmark)이다. 최종 호흡 알코올의 측정치는 내쉬는 호흡량과 내쉬는 시간에 따라 비례적으로 변하는, 자의적이고 예견할 수 없는 수치일 뿐이다. 현재의 호흡 측정에 의한 음주 운전 처벌 조항은 중요한 분석적 변수를 고려하지 않았다. 따라서 적용에 있어 근본적인 불평등이 발생하므로 폐지를 검토해야 한다. 수치로 결정할 수 있어 명확하다는 장점이 있지만, 기본적인 공정성과 일관성을 훼손해서는 안 된다. Alex I. Uskoski, "The Analytical Limitations of Modern Breath Alcohol Testing: A Call for Reform to Per Se Mandatory Sentencing Enhancement Schemes", 52 GONZ. L. REV. 357 (2016), 433~445

10) Alex I. Uskoski, "The Analytical Limitations of Modern Breath Alcohol Testing: A Call for Reform to Per Se Mandatory Sentencing Enhancement Schemes", 52 GONZ. L. REV. 357 (2016), 442

이 계속되므로 두 번째 내쉰 호흡은 첫 번째 내쉴 때의 알코올보다 더 높은 수치를 나타낸다. 결국 측정되는 알코올의 양은 숨을 내쉬는 기간과 전체 호흡량에 양(+)의 관계가 있다.[11]

그래서 호흡 중 알코올 농도는 숨을 내쉬기를 멈출 때까지 계속 상승한다.[12] [13] [14]

혈액 알코올 농도는 일정 시점에서는 변하지 않으므로 수평선을 그린다. 만일 폐포 호흡이 혈액 알코올 농도를 측정한다면, 수평선[15]을 그려야 한다. 그러나 수평선을 그리지 못한다.[16] [17] [18]

---

11) 실험에 의하면 호흡을 많이 불면 호흡 중 알코올 농도가 계속 증가했다. 호흡의 양(volume)과 측정되는 알코올의 양(amount of alcohol reported) 사이에 통계적 상관성(statistical correlation)이 있음이 밝혀졌다. Thomas E. Workman Jr., "The Science behind Breath Testing for Ethanol", 7 U. Mass. L. REV. 110 (2012), 161

12) Alex I. Uskoski, "The Analytical Limitations of Modern Breath Alcohol Testing: A Call for Reform to Per Se Mandatory Sentencing Enhancement Schemes", 52 GONZ. L. REV. 357 (2016), 425

13) 호흡을 길게 불면 기도에서의 가스 교환 때문에 알코올 양이 많이 나온다. Michael Hlastala & Joseph Anderson, "The impact of Breathing Pattern and Lung Size on the Alcohol Breath Test", Annals of Biomedical Engineering, Vol. 35. No 2, 264-72 (2007), 267

14) 사람이 호흡을 계속 불수록 호흡의 알코올이 증가한다. Michael Hlastala & Joseph Anderson, "Alcohol Breath Tests: Correcting for Bias", The Champion (March 2020), 38

15) (alveolar BrAC plateau)

16) Alex I. Uskoski, "The Analytical Limitations of Modern Breath Alcohol Testing: A Call for Reform to Per Se Mandatory Sentencing Enhancement Schemes", 52 GONZ. L. REV. 357 (2016), 426

17) 호흡 음주 측정기를 통해 탐지되는 알코올은 대부분 호흡을 들이마시고 내쉬는 동안 기관지의 기도 혈관에서 배출되며, 심폐 알코올이 아니다. 알코올은 물에 매

그림 7 호흡량과 호흡 알코올 농도

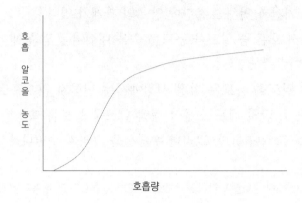

양적 적외선 분광 방식 호흡 측정기 「Evidenzer」로 측정한 결과에 의하면, 호흡 중 알코올의 측정치는 측정기 안에 알코올 공기가 들어감에 따라 처음에는 급격히 증가하다가 계속 불어 6초

우 잘 섞인다. 호흡기와 기관 점막(mucous lining) 부위에는 수분이 있다. 이 때문에 호흡의 알코올은 기도 조직과 밀접하게 영향을 주고받는다. 따라서 호흡 중 알코올 농도는 들이마시는 호흡과 내쉬는 호흡의 양이나 빈도, 기도(bronchial passageway)의 온도와 공기 흐름의 특성에 상당한 영향을 받는다. Alex I. Uskoski, "The Analytical Limitations of Modern Breath Alcohol Testing: A Call for Reform to Per Se Mandatory Sentencing Enhancement Schemes", 52 GONZ. L. REV. 357 (2016), 424

18) 만일 호흡 측정기가 실제로 심폐나 혈액의 알코올을 측정한다면, 일정한 시점부터는 측정치가 균형을 이루고 계속 상승하거나 감소하지 않아야 한다. 왜냐하면 일정 시점에서의 혈액 속의 알코올 농도는 일정하기 때문이다. 그런데 호흡 측정기에서는 알코올 농도 곡선이 수평 상태를 이루지 않는다. Alex I. Uskoski, "The Analytical Limitations of Modern Breath Alcohol Testing: A Call for Reform to Per Se Mandatory Sentencing Enhancement Schemes", 52 GONZ. L. REV. 357 (2016), 425

정도까지 서서히 증가하고 더 이상 생리적으로 불 수 없는 11초에 이르기까지 서서히 증가한다.[19 20 21]

이는 호흡을 부는 정확한 기간이 특정되지 않는 한, 호흡 측정치의 신뢰성과 유효성에 의문을 가지게 하는 결과이다.[22]

---

19) Alan Wayne Jones & Johnny Mack Cowan, "Reflections on variability in the Blood-Breath Ratio of ethanol and its importance when evidential Breath-Alcohol instruments are used in law enforcement", Forensic Science Research, (2020). Vol 5, No4, 306, figure 5

20) 적외선 호흡 측정기에서 5초에서는 0.08 g /210 ℓ, 10초에서는 0.09 g /210 ℓ, 20초에서는 0.10 g /210 ℓ, 호흡의 끝부분인 45초에서는 0.11 g /210 ℓ인 실험 결과도 있다. Alex I. Uskoski, "The Analytical Limitations of Modern Breath Alcohol Testing: A Call for Reform to Per Se Mandatory Sentencing Enhancement Schemes", 52 GONZ. L. REV. 357 (2016), 440

21) 적외선 분광방식 호흡 측정기인 「DataMaster」로 첫 번째에는 호흡을 불기 시작해서 6초 후에 흡입 밸브를 차단하고, 두 번째에는 24초 후에 흡입 밸브를 차단해서 측정한 실험 결과가 있다. 모든 경우 두 번째의 알코올 농도가 높게 측정되었다. 즉 체중 1 kg 당 2.40 ㎖(0.10 g/210 ℓ, 즉 0.10%의 알코올 농도로 추정)를 마시게 하고, 60분 후 500명을 측정하였다. 6초의 호흡에서는 평균 0.0828 g/210 ℓ, 24초의 호흡에서는 평균 0.1085 g/210 ℓ가 측정되었다. C. Dennis Simpson, Jessica A. Kerby, Scott E. Kerby, "Varying Length of Expirational Blow and End Result Breath Alcohol", International Journal of Drug Testing Volume 3, 8. 이는 오직 호흡의 길이에 따라 0.0257 g/210 ℓ의 차이가 있다는 뜻이다. 대상자의 40%에서는 더욱 큰 차가 발생했는데 0.03 g/210 ℓ에서 0.04 g/210 ℓ의 차이가 발생했다. Alex I. Uskoski, "The Analytical Limitations of Modern Breath Alcohol Testing: A Call for Reform to Per Se Mandatory Sentencing Enhancement Schemes", 52 GONZ. L. REV. 357 (2016), 439

22) C. Dennis Simpson, Jessica A. Kerby, Scott E. Kerby, "Varying Length of Expirational Blow and End Result Breath Alcohol", International Journal

측정치가 올라가다가 더 이상 올라가지 않고 일정한 수평 상태 (plateau)를 이루는 것은 심폐호흡을 측정했다는 의미가 아니다. 단지 마지막 호흡의 측정치를 조정하는 과정에서 산출된 결과일 뿐이다.[23]

이처럼 호흡량에 따라 측정치가 높게 나오는 것을 '내쉰 호흡량 오차(expired volume bias)'라고 한다. 호흡 알코올 농도와 내쉰 호흡량의 관계는 알려지지 않은 패턴의 다중 지수(multi-exponential) 곡선이다.[24]

호흡 음주 측정기 「Datamaster CDM」는 유효한 검사 결과를 위해 측정 대상자의 호흡 샘플이 다음 4개의 필수 기준을 충족해야만 한다.[25]

of Drug Testing Volume 3, 11

23) Lauren McLane, "Rejecting Truthiness, Revealing the problem with the BRAC measurand", 2015 WL 7295219 (2015), 10

24) Michael Hlastala & Joseph Anderson, "Alcohol Breath Tests: Correcting for Bias", The Champion (March 2020), 39

25) Alex I. Uskoski, "The Analytical Limitations of Modern Breath Alcohol Testing: A Call for Reform to Per Se Mandatory Sentencing Enhancement Schemes", 52 GONZ. L. REV. 357 (2016), 434; (The subject's BrAC is measured every quarter-second, and at the time exhalation ceases, the subject's BrAC cannot be increasing by more than 0.001 g/210 ℓ from the preceding two quarter-second averages to the succeeding two quarter-second averages.)

1. 대상자는 3.8 ℓ/m의 최소한의 공기 흐름을 유지해야만 한다.

2. 대상자는 최소한 1.5 ℓ의 호흡량을 불어야 한다.

3. 대상자는 최소한 5초 이상 숨을 내쉬어야 한다.

4. 대상자의 호흡 알코올 농도는 매 1/4초 당 측정된다. 내쉼이 중단될 때, 대상자의 호흡 알코올 농도는 그 이전 2개의 1/4초 당 측정치의 평균부터 그에 연속되는 그 이후 2개의 매 1/4초 당 측정치의 평균에 이르기까지 0.001 g/210 ℓ을 초과하여 증가할 수 없다.

그러나 호흡 측정기는 위 4개 기준이 충족된 후에도 기준 이상의 호흡 샘플을 측정기 안으로 들어오게 한다. 즉 측정 대상자가 이 기준 이상을 불어도 계속 호흡을 받아들인다. 대상자가 이 기준을 충족하는 호흡을 내쉰 다음에 더 불다가 그 이상 불기를 중단할 때, 비로소 호흡 측정기는 수치를 기록하고 최종적으로 호흡 알코올 농도를 계산해서 출력한다.[26]

이는 측정 대상자가 최소한이 아닌, 그보다 많은 호흡을 내쉴 수 있고, 이에 따라 늘어난 만큼의 호흡 중 알코올이 측정된다는 의미다. 따라서 호흡 측정기가 호흡 알코올 농도 곡선을 그림의 형태로 출력해 주지 않는 한, 결론만을 표시한 호흡 알코올 농도의 수치는, 기준 이상으로 더 많이 내쉰 최종 호흡 알코올 수치의 부정확성을 반영하거나 표시해 주지 못한다.[27]

---

26) Alex I. Uskoski, "The Analytical Limitations of Modern Breath Alcohol Testing: A Call for Reform to Per Se Mandatory Sentencing Enhancement Schemes", 52 GONZ. L. REV. 357 (2016), 434

27) 많은 호흡 음주 측정기는 호흡 중 알코올 농도를 그림의 형태로 표시해 준다. Alex I. Uskoski, "The Analytical Limitations of Modern Breath Alcohol Testing: A Call for Reform to Per Se Mandatory Sentencing Enhancement Schemes", 52 GONZ. L. REV. 357 (2016), 435

호흡 측정기는 최소한으로 내쉴 호흡의 기준을 충족한 후 그 이상으로 내쉬는 기간을 통제할 수 없다.[28] [29]

그렇다면 호흡 중 알코올 농도 수치만으로 중하게 처벌하는 체계에서는 실제로는 혈중 알코올 농도가 같아도 호흡을 더 불게 되어 더 중하게 처벌받는 문제를 극복하지 못한다.[30] [31]

호흡을 길게 오래 불면 알코올 측정치가 높게 나오고, 입으로 내쉬는 호흡량에 따라 측정치가 달라진다면 호흡 측정의 과학적 신뢰성을 인정할 수 없게 된다.

이에 대한 대응책으로 정해진 일정한 시간 동안 호흡을 내쉬도

---

28) 미국 워싱턴 주에서 「DataMaster」로 호흡 측정을 한 경우 측정을 위해서는 5초 간만 불면 된다. 워싱턴 주의 호흡 측정은 데이터베이스에 저장된다. 그런데 이를 검토해 보면 대부분 기본 기준인 10~15초를 넘어서 계속 분다. 30초간 분 경우도 있다. 15초를 분다면 최소치의 3배 이상 긴 시간 분 것이다. 이때 호흡 측정기는 호흡의 마지막 0.25초의 알코올 양만을 측정한 기록을 표시한다. Alex I. Uskoski, "The Analytical Limitations of Modern Breath Alcohol Testing: A Call for Reform to Per Se Mandatory Sentencing Enhancement Schemes", 52 GONZ. L. REV. 357 (2016), 436

29) 호흡 음주 측정기 「Draeger」에서는 호흡이 1초씩 증가할 때 4%의 최종 호흡 알코올 농도가 증가하여도 기계는 그 호흡 샘플을 수용 가능하다고 하여 결과를 측정한다. Alex I. Uskoski, "The Analytical Limitations of Modern Breath Alcohol Testing: A Call for Reform to Per Se Mandatory Sentencing Enhancement Schemes", 52 GONZ. L. REV. 357 (2016), 437

30) Alex I. Uskoski, "The Analytical Limitations of Modern Breath Alcohol Testing: A Call for Reform to Per Se Mandatory Sentencing Enhancement Schemes", 52 GONZ. L. REV. 357 (2016), 433

31) 다음의 계산식에 호흡을 분 시간, 즉 초(t)를 넣고 계산하면, 측정자가 측정치보다 빨리 호흡을 불기를 중단한 한 경우 이론적으로 수용 가능한 최종 호흡의 변이 폭을 정할 수 있다.

음주단속, 과속 측정의 허상

록 하는 방식을 고려할 수 있다. 그러나 시간을 같게 하더라도 개인별로 폐활량 차이가 있어 호흡량에 차이가 발생하므로 일관성

「DataMaster CDM」

계산식 1: 호흡을 내쉬는 동안 수용 가능한 호흡 알코올 농도의 증가
(Acceptable BrAC Increase During Exhalation)

수용 가능한 호흡 알코올 농도의 증가(Acceptable BrAC Increase) ≤ 0.004 · (t-5) g/210 L

t = 호흡을 내쉰 전체 초(total duration of exhalation in seconds)

「Draeger Alcotest 9510」

계산식 2: 호흡을 내쉬는 동안 수용 가능한 호흡 알코올 농도의 증가

$$f(t) \leq f(5)(1+.04)^{(t-5)}$$

$f(t)$ = 최종 호흡 알코올 농도의 측정치 (The final measured BrAC result)

$f(5)$ = 5 초에서의 호흡 알코올 농도 (The BrAC reading at 5 seconds)

t = 호흡을 내쉬는 시간, 초 (time of exhalation in seconds)

이 계산식은 대상자가 호흡을 언제 중단하는지에 따라 달리 생성되는 측정치를 설명해 준다. 여기에서 호흡을 부는 초(t)에 따라 측정 수치가 달라지므로 측정치는 절대적이지 않고 하나의 고려해야 할 요소에 지나지 않는다. 위 식에 의하면 같은 사람이 20초 동안 호흡을 불어 호흡 측정치가 0.10 g/210 ℓ로 표시된 경우는 물론 이 사람이 그보다 빨리 숨을 내쉬기를 멈추어 5초간만 불어 0.040 g/210 ℓ으로 표시되어도 수용한다. 따라서 기계는 0.040 g/210 ℓ부터 0.100 g/210 ℓ까지를 모두 정확한 결과라고 표시한다. 결국 경찰관이 언제 호흡을 그만 불라고 하는지에 따라 큰 영향이 있게 된다. 이는 막연하므로 무효에 해당할 수 있다. 기준이 없는 경찰의 자의적 집행, 즉 통제되지 않는 재량에 의해 측정치가 달라져 적정 절차 위반에 해당할 수 있다. Alex I. Uskoski, "The Analytical Limitations of Modern Breath Alcohol Testing: A Call for Reform to Per Se Mandatory Sentencing Enhancement Schemes", 52 GONZ. L. REV. 357 (2016), 437~453

의 문제를 오히려 악화시킬 뿐이다.[32] [33] 개인별로 폐활량에 차이가 있음을 감안하여 각자 폐활량의 100%를 내쉬도록 하는 방식도 고려할 수 있다.

그러나 100%를 내쉬는지 아닌지는 결국 대상자의 자유 의지에 따라 결정된다는 한계가 있다.[34] [35] [36]

---

32) Alex I. Uskoski, "The Analytical Limitations of Modern Breath Alcohol Testing: A Call for Reform to Per Se Mandatory Sentencing Enhancement Schemes", 52 GONZ. L. REV. 357 (2016), 446

33) 더 큰 문제는 나이가 들면 폐 기능의 변화가 발생해서 더 많이 불어야 한다는 점이다. 이 때문에 내쉬는 호흡량을 시간으로 특정해서 정하는 것이 불가능하다. 나아가 개인별로 분할 비율이 다르다면 호흡을 부는 기간을 특정하더라도 의미가 없다. C. Dennis Simpson, Jessica A. Kerby, Scott E. Kerby, "Varying Length of Expirational Blow and End Result Breath Alcohol", International Journal of Drug Testing Volume 3, 11~12

34) Alex I. Uskoski, "The Analytical Limitations of Modern Breath Alcohol Testing: A Call for Reform to Per Se Mandatory Sentencing Enhancement Schemes", 52 GONZ. L. REV. 357 (2016), 446

35) 대안으로 제시되는 측정 방법은 '등온선 재호흡(isothermal re-breathing)'이다. 이는 데워진 가방과 같은 장치의 용기에 호흡을 내쉬고 다시 들이마시고 다시 내쉬고 다시 들이마시는 방식이다. 이렇게 하면 기도 온도의 영향을 줄여 보다 더 정확하게 심폐호흡 알코올 농도를 측정할 수 있고, 폐활량의 차이나 기도에서의 알코올 확산으로 인한 영향을 줄일 수 있다고 한다. Alex I. Uskoski, "The Analytical Limitations of Modern Breath Alcohol Testing: A Call for Reform to Per Se Mandatory Sentencing Enhancement Schemes", 52 GONZ. L. REV. 357 (2016), 447

36) 호흡 중 알코올 농도는 폐활량을 전부 내쉬는 때가 폐활량의 전부를 내쉬지 않는 때보다 높다. 평균적으로 호흡 측정기에 내쉬는 호흡의 양은 폐활량의 50%이다. 내쉬는 양은 폐활량의 22%에서 97%까지 차이가 있다. 이러한 호흡량의 차이에 따른 변화는 호흡 중 알코올 농도에 있어 26%의 변화에 해당한다. Michael Hlastala & Joseph Anderson, "Alcohol Breath Tests: Correcting for Bias",

단속 경찰이 호흡 측정기 안으로 들어가는 호흡량을 결정한다
면, 호흡 측정은 객관적인 과정이 아니라 주관적 과정이 된다. 과
정이 객관적이지 않고 주관적이라면 결과도 더 이상 과학적이지
않다. 따라서 형사절차에서의 증거능력과 증명력에 문제가 발생
한다.[37]

2) 폐 용적과 상태에 따라 호흡량에 차이가 발생한다.

입 안의 알코올은 주로 기도에서의 알코올 교환에 의해 결정된
다. 그런데 기도는 숨을 들이마시고 내쉬는 동안, 체온과 전반적
공기 흐름의 성질에 영향을 받는다. 이 때문에 폐활량의 차이는
호흡 샘플에 있는 알코올 농도에 영향을 준다.

폐 용적(lung volume)은 개인별로 차이가 크다.[38] 폐활량(lung
capacity)이 작은 사람은 호흡 측정기가 요구하는 최소한의 호흡량
을 충족시키기 위해 더 높은 비율로 들이쉬고 내쉬어야 한다. 그
리고 폐의 깊은 부위에 있는 체온을 더 많이 노출시켜야 한다.
따라서 폐활량을 기준으로 할 때 높은 비율을 내쉬어야 한다. 이
때 들이마시고 내쉬는 동안, 기도에 있는 알코올의 휘발 비율을
올리기 때문에(rising volatility rates) 호흡 중 알코올 농도가 더 높

The Champion (March 2020), 36

37) Thomas E. Workman Jr., "The Science behind Breath Testing for
Ethanol", 7 U. Mass. L. REV. 110 (2012), 161

38) 폐 용적은 사람의 신장에 비례하여 크다. 나이가 들면 점차 감소한다. 흡연, 천식,
공해 물질의 노출은 폐의 상태에 영향을 미친다. Michael Hlastala & Joseph
Anderson, "The Impact of Breathing Pattern and Lung Size on the
Alcohol Breath Test", Annals of Biomedical Engineering, Vol. 35 No. 2.
264~272, (Feb, 2007), 265

아진다.[39][40]

똑같은 주취 상태에서 똑같은 방식으로 내 쉴 때도 최종 호흡의 알코올 농도는 폐활량에 따라 차이가 발생한다.[41]

폐 연구에 의하면 정상인들의 폐활량은 2.48ℓ 에서 6.32ℓ 까지 차이가 있다. 만일 양극단에 있는 사람이 1.5ℓ 를 분다면, 35% 이상의 비례적인 호흡 불일치(proportional exhalation disparity)가 생긴다. 이 같은 점이 고려되지 않은 호흡 알코올 측정은 개인 간에

39) Alex I. Uskoski, "The Analytical Limitations of Modern Breath Alcohol Testing: A Call for Reform to Per Se Mandatory Sentencing Enhancement Schemes", 52 GONZ. L. REV. 357 (2016), 427~428

40) 폐의 크기가 작은 사람은 측정기의 최소 호흡량을 충족하기 위해 폐의 용량에 있어 더 깊게 불어야 한다. 이러한 사람은 폐가 큰 사람에 비추어 항상 높은 호흡 중 알코올 농도가 측정된다. Alex I. Uskoski, "The Analytical Limitations of Modern Breath Alcohol Testing: A Call for Reform to Per Se Mandatory Sentencing Enhancement Schemes", 52 GONZ. L. REV. 357 (2016), 428; Michael Hlastala & Joseph Anderson, "The impact of Breathing Pattern and Lung Size on the Alcohol Breath Test", Annals of Biomedical Engineering, Vol. 35. No 2, 264-72 (2007), 265; C. Dennis Simpson, Jessica A. Kerby, & Scott E. Kerby, "Varying Length of Expirational Blow and End Result Breath Alcohol", International Journal of Drug Testing, vol 3.

41) 측정에 필요한 호흡의 최소량이 1.5 ℓ 이고, 호흡의 속도가 3.8~4.0 ℓ / m인 측정기가 있다고 하자. 이때 폐활량이 2.0 ℓ 인 A와 폐활량이 6.0 ℓ 인 B가 있을 때, A는 폐활량의 75%를 불어야 하지만, B는 25%만 불면 된다. 단지 폐의 더 큰 부위(greater portion of vital lung volume)를 사용해서 불었다는 차이 때문에 최종 호흡의 알코올 농도는 더 높아진다. Alex I. Uskoski, "The Analytical Limitations of Modern Breath Alcohol Testing: A Call for Reform to Per Se Mandatory Sentencing Enhancement Schemes", 52 GONZ. L. REV. 357 (2016), 427~428

음주단속, 과속 측정의 허상

생리학적 차이가 없다는 잘못된 가정을 전제로 한 것이다.[42] 형사 책임을 정함에 있어서는 이러한 점을 반영해야 한다.

이는 단순히 측정 기술의 문제가 아니다. '호흡'의 정의가 없고, 따라서 측정 방법의 일관성을 해결할 수 없어서 발생한다. 이 문제의 해결이 없는 한 최종 호흡 알코올 측정 방식은 개인의 구체적인 사정을 반영한 법 적용을 보장할 수 없다.[43][44]

3) 호흡 패턴에 따라 배출되는 알코올이 달라진다.

호흡을 빨리하는지, 늦게 하는지[45]는 호흡에서 배출되는 알코올의 양에 영향을 준다.

혈액 속의 수소이온지수(PH)는 혈액으로 운반되고 배출되는 알코올의 양을 결정한다. PH를 변경하면 폐에서 배출되는 알코올의

---

42) 폐활량과 전체적 내쉼의 비율이 고려되지 않는 측정 방식은 개인의 생리적 차이를 고려하지 않은 형벌 적용이라는 문제가 있다. Alex I. Uskoski, "The Analytical Limitations of Modern Breath Alcohol Testing: A Call for Reform to Per Se Mandatory Sentencing Enhancement Schemes", 52 GONZ. L. REV. 357 (2016), 430~431

43) Alex I. Uskoski, "The Analytical Limitations of Modern Breath Alcohol Testing: A Call for Reform to Per Se Mandatory Sentencing Enhancement Schemes", 52 GONZ. L. REV. 357 (2016), 430

44) 개인별 폐활량의 차이를 고려하지 않는 '폐 용적 오차(Lung Volume Bias)'는 모든 대상자에게 동일하게 최소 내쉬는 양을 적용하기 때문에 발생한다. 따라서 이를 제거하기 위해 연령, 성별, 인종, 신장에 따라 표준화하여 반영해야 한다. 예를 들면 여성의 폐활량은 남성보다 적고, 노인의 폐활량은 적다. 그렇다면 여성, 노인은 좀 더 적은 양을 불게 할 수도 있다. Michael Hlastala & Joseph Anderson, "Alcohol Breath Tests: Correcting for Bias", The Champion (March 2020), 39

45) (breathing patterns)

양도 달라진다. 호흡 속도는 PH를 변경시킨다.[46]

운동 및 과호흡(hyperventilation)은 호흡 알코올 농도 측정치를 25%까지 낮게 나오게 한다.[47] 측정 전에 3번 깊게 호흡을 내뱉으면, 호흡 중 알코올 농도 측청치가 약 4% 낮게 나온다. 호흡의 속도, 즉 과호흡과 호흡 저하(hypoventilation)에 따라 약 ± 15%의 차이가 발생한다.[48]

호흡 알코올 농도는 과호흡하면 낮아지지만, 호흡이 저하되면 높아진다.[49]

30초간 호흡을 멈추었다가 불면 호흡 중 알코올 농도가 15.7(± 2.24)% 높게 나오고, 호흡 온도는 0.6 ± 0.09℃ 증가한다. 그리고 입을 5분간 다물고 있다가 약하게 불면 호흡 중 알코올 농도가 7.3(± 1.2)% 높게 나오고 호흡 온도는 0.7 ± 0.14℃ 올라간다.

이처럼 호흡 패턴의 변화에 따라 호흡 중 알코올 농도가 쉽게 변하는 이유는 알코올이 주로 기도에서 호흡으로 나오기 때문이다. 기도에서 나오는 알코올은 호흡 알코올 농도 수치의 변화에

---

46) 혈액 속의 PH를 결정하는 중요한 요소는 이산화탄소이다. 호흡을 매우 빨리 하면 이산화탄소가 준다. 그러면 혈액 속의 자연적 산(natural acid)이 줄고 혈액은 중성 쪽으로 간다. 호흡을 매우 천천히 하면 이산화탄소가 늘고, 혈액은 산성화된다.

47) Jonatan Vukovic, Darko Modun, Domagoj Morkovic & Davorka Sutiovic, "Comparison of Breath and Blood Alcohol Concentrations in a Controlled Drinking Study", J Subst Abuse Alcohol 3(2): 1029 (2015), 2/5

48) Glen Neeley, James Nesci, Jason Schatz, "Utah DUI Defense: The Law and Practice", 207

49) Alan Wayne Jones & Johnny Mack Cowan, "Reflections on variability in the Blood-Breath Ratio of ethanol and its importance when evidential Breath-Alcohol instruments are used in law enforcement", Forensic Science Research, 2020. Vol 5, No4, 300. 이에 따라 호흡과 혈액 간의 분할 비율도 달라진다.

큰 영향을 준다.[50]

호흡 때문에 알코올 양이 더 많아지거나 적어진다면, 호흡 알코올의 양에 의한 혈액 속의 알코올 농도 측정은 정확하다고 할 수 없게 된다.

4) 호흡의 온도도 알코올 농도에 영향을 준다.

알코올 농도는 온도와 양(+)의 함수 관계에 있다. 혈액, 물의 알코올 농도와 온도의 상관 계수는 1℃당 6.5%이다.[51] [52]

헨리의 법칙에서 분할 비율 2,100:1은 34℃일 때이다. 호흡 측정기도 호흡 온도가 34℃임을 전제로 한다. 그런데 호흡이 34℃보다 높은 때에는 이를 반영하여 분할 비율을 줄이지 않으면 측정치는 실제보다 높게 나온다.[53]

---

50) Lawrence Taylor, Steven Oberman, "§7.01 The Reliability of Breath-Alcohol Analysis", DDDEF § 7.01 (2022), The New Paradigm

51) 폐포는 매우 섬세하다. 입과 코로 들이마신 공기는 기도와 기도 점막을 통과하면서 따듯해지고 습해져서 폐포로 간다. 이처럼 더워지고 습해진 공기가 폐포에 전달되기 때문에 폐포 세포의 손상을 막을 수 있다. 반대로 숨을 내쉬는 동안에는 신체 내부의 습한 공기가 기도 점막을 지나면서 점차 차가워지면서 기도 점막에 습기가 응축된다. 이 때문에 내쉬는 공기에 있는 수분과 열의 손실을 막을 수 있다. 따라서 일반적으로 내쉬는 공기는 폐포 공기보다 습도와 온도가 낮다. Michael P. Hlastala, Wayne JE Lamm, James Nesci, "The Slope Detector Does Not Always Detect the Presence of Mouth Alcohol", 4

52) 폐포의 37℃의 공기가 입에서 나올 때 34.5℃라고 하자. 이 2.5℃의 차이는 최종 호흡의 알코올 농도를 폐포 공기의 알코올 농도보다 16.3% 낮게 한다. Alan Wayne Jones & Johnny Mack Cowan, "Reflections on variability in the Blood-Breath Ratio of ethanol and its importance when evidential Breath-Alcohol instruments are used in law enforcement", Forensic Science Research, 2020. Vol 5, No4, 300~301

53) G. R. Fox, J.S. Hayward, "Effect of Hyperthermia on Breath Alcohol

일반적으로 밤에는 사람의 체온이 높다.

낮은 대기 온도는 내쉬는 호흡을 응축하여 수분을 변화시켜 호흡 측정치를 낮춘다.[54]

따라서 측정기 온도는 ± 0.1℃의 안의 범위에서 정확해야 한다. 그리고 내쉰 호흡의 양과 온도가 측정되어 그에 따라 혈액과 호흡 간 알코올 농도 분할 비율에 반영되어야 한다.

5) 특이 체질도 호흡에 영향을 준다.

쌀과 같은 탄수화물이 풍부한 음식을 먹은 때 체내 효소의 작용으로 알코올을 자체 생산하는 현상을 '자가 발효 증후군(autobrewery syndrome)'이라 한다. 이러한 유전적 성향을 지닌 사람은 호흡 중 알코올 농도가 높다. 따라서 알코올 농도 산정 시 감안해야 한다.[55]

위-식도 역류질환[56]도 측정치를 높일 수 있다.[57] 위-식도 역류질환으로 알코올이 역류하면 혈중 알코올 농도보다 호흡 측정치가 훨씬 높다. 만일 술을 마신 후 30~90분 이내에 측정했다면 위에 있는 알코올이 역류해서 호흡에 영향을 미칠 수 있다.

Analysis", 34 FORENSIC SCI. No. 4, 839-40(Jul, 1989)

54) Jonatan Vukovic, Darko Modun, Domagoj Morkovic & Davorka Sutiovic, "Comparison of Breath and Blood Alcohol Concentrations in a Controlled Drinking Study", J Subst Abuse Alcohol 3(2): 1029 (2015), 2/5

55) Leonard R. Stamm, "The Top 20 Myths of Breath, Blood, and Urine Tests- Part 2", 29-OCT Champion 44, (2005), Myth #11

56) (gastro-esophageal reflux disease; GERD)

57) A. W. Jones, "Gastric Reflux, Regurgitation, and Potential Impact of Mouth Alcohol on Results of Breath Alcohol Testing" DWI Journal of Law and Science 22(Ⅰ) (2007); A. W, Jones, "Reflection on the GERD Defense, DWI Defense", DWI Journal 20:3-8 (2005)

6) 트림, 보철, 주종(막걸리)도 영향을 미친다.

호흡 측정기로 혈중 알코올이나 심폐 알코올 농도를 측정하는 경우 트림, 구역질 등으로 인해 위 속에 있는 공기가 입으로 간 경우에는 정확성이 떨어진다. 알코올은 치아 사이, 의치(dentures), 보철(dental work) 등에 붙은 음식물 분자에 남아 있다.[58]

미국의 대부분 주에서는 트림, 구역질 때문에 호흡 측정에 오염이 발생하지 않도록 15~20분 정도 관찰한 후[59] 측정하도록 한다.[60][61] 입에 있는 알코올이 없어지는 데 약 20분이 필요하기 때문이라고 한다.

입 안은 체온과 같은 온도의 물로 헹궈야 한다.

막걸리는 알코올을 담은 발효된 쌀가루 분자가 치아 사이에 붙고 물로 입 안을 헹구어도 충분히 제거되지 않을 수 있다. 이러한 때에는 입 안의 알코올 때문에 측정의 정확성이 떨어질 것이다.

---

58) Leonard R. Stamm, "The Top 20 Myths of Breath, Blood, and Urine Tests- Part 2", 29-OCT Champion 44, (2005), Myths # 10

59) (observation period)

60) Thomas E. Workman Jr., "The Science behind Breath Testing for Ethanol", 7 U. Mass. L. REV. 110 (2012), 117

61) Thomas E. Workman Jr., "The Science behind Breath Testing for Ethanol", 7 U. Mass. L. REV. 110 (2012), 125

VI

측정기

호흡 알코올 농도 측정치의 의미를 이해하기 위해서는 측정 장치의 원리 및 한계, 측정 방식 등을 알아야 한다.

1 호흡 알코올 측정기

호흡 알코올 측정기는 크게 ① 전기 화학 연료 전지 방식[1]과 ② 적외선 분광 방식으로[2] 나뉜다. 두 방식을 결합한 ③ 이중 방식[3]도 있다.

전기 화학 연료 전지 방식은 측정기 안의 호흡 전체를 측정한다. 따라서 한 부분 이상의 측정이 불가능하다. 이와 달리 적외선 분광 방식은 호흡 샘플의 여러 부분을 측정하여 비교할 수 있다. 또 시간에 따라 연속해서 측정할 수 있어 측정 결과를 곡선으로 표시할 수 있다.

1) 원리와 한계

가) 전기 화학 연료 전지 방식

(1) 원리

연료 전지 기술은 휴대용 호흡 측정기에 널리 사용된다.[4]

호흡 측정기 내부에는 실(chamber)이 있다. 그 양 측면에는 투과성의 전해질막(porous electrolyte membrane)을 담고 있는 백금 산화

---

1) (electrochemical fuel cell)

2) (infrared spectroscopy)

3) (dual method analysis)

4) 연료 전지는 반응 물질(reactants)의 화학 에너지를 전기 에너지로 바꾸는 전기 화학 장치(electrochemical device)이다. Thomas E. Workman Jr., "The Science behind Breath Testing for Ethanol", 7 U. Mass. L. REV. 110 (2012), 120

물 판(platinum oxide plates)이 있다. 이 판은 '백금흑(platinum black)'
이라는 미세한 촉매 가루(fine catalytic powder)를 포함하고 있다. 전
지판에 코팅된 화학 물질을 '전해질(electrolyte)'이라고 한다.

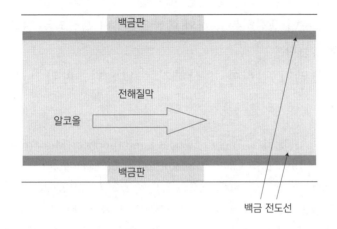

그림 8   **호흡 알코올 연료전지 원리**

호흡 측정기에 호흡을 불면, 그 호흡이 연료 전지 실에 들어간
다. 이때 호흡의 알코올 증기가 호흡에 있는 산소와 반응하면서
아세트산을 생산한다.[5]

이 반응 과정에서 소량의 전하(electrical charge)가 생성된다. 백
금 판에 연결된 선으로 이 전하를 측정된다.

화학 반응은 천천히 시작하여 몇 초 후 정점에 이르렀다가 알코
올이 소비됨에 따라 줄어든다. 그러다가 발생되는 전류의 양이 무
시될 정도로 줄어든다. 이 화학 반응은 측정기 실 안에서 알코올

5) Thomas E. Workman Jr., "The Science behind Breath Testing for
    Ethanol", 7 U. Mass. L. REV. 110 (2012), 121

이 산화되는 동안 계속된다. 이러한 반응이 길수록 측정되는 전하의 양은 많아진다. 따라서 기계는 호흡 중에 알코올이 많다고 측정한다.[67]

(2) 한계

이 방식으로는 전하가 어떤 화학 물질에 의해 생산되는지를 구별할 수 없다. 예를 들면 메탄올(methanol)과 이소프로파놀(isopropanol)이 생산하는 전하와 에탄올로부터 생산되는 전하가 구별되지 않는다.[89]

에탄올만이 전하를 생산하지는 않는다. 따라서 특별성

---

6) Alex I. Uskoski, "The Analytical Limitations of Modern Breath Alcohol Testing: A Call for Reform to Per Se Mandatory Sentencing Enhancement Schemes", 52 GONZ. L. REV. 357 (2016), 410

7) 호흡 샘플을 연료 전지로 보내면 그곳에서 알코올이 발생시킨 전류를 측정하여 알코올의 양이 얼마인지를 계산한다. 알코올이 산화되는 화학 과정에서 생성된 전류의 양을 측정하여 알코올 농도를 계산한다. James G. Wigmore, "The Forensic Toxicology of Alcohol and Best Practices for Alcohol Testing in the Workplace", Canadian Nuclear Safety Commission, (2014), 14. 알코올이 변환되는 화학식은 다음과 같다.

$$CH_3CH_2OH + 3H_2O \rightarrow 2CO_2 + 12H^+ + 12e^-$$

8) Alex I. Uskoski, "The Analytical Limitations of Modern Breath Alcohol Testing: A Call for Reform to Per Se Mandatory Sentencing Enhancement Schemes", 52 GONZ. L. REV. 357 (2016), 411

9) 에탄올에서 생산하는 전하와 사람에게서 자연 발생하는 메틸 군 복합물(methyl-group compound)이나 유기용제(organic solvent)에서 생산하는 전하를 구별하지 못한다. Gil Sapir, Mark Giangrande & Angela Peters, "Breath Alcohol Machines: Evidence Foundation Requirements In Illinois", 22 J. Marshall L. REV. 1 (1988), 16

음주단속, 과속 측정의 허상

(specificity)이[10] 없다. 즉 방법의 유효성을 위한 USP 기준을[11][12] 충족하지 않는다.[13][14][15]

---

10) 선별성(Selectivity)과 특별성은 구별된다. 특별성, 즉 특별한 반응(specific reaction)은 그 대상이 된 특정한 물질과만 발생하는 것이다. 선별적 반응(selective reaction)은 다른 물질과도 반응하지만, 대상이 된 물질에 더 크게 반응하는 것이다. 특별한 반응은 드물지만, 선별적 반응은 많다. 선별성은 비슷한 특성을 가진 다른 구성 물질로부터의 간섭을 배제하지 않은 상태에서의 혼합 물질 분석이다. 따라서 선별성 검사는 상호 반응(cross-reactivity), 간섭(interference) 혹은 공동 결정(codetermination)의 영향을 받을 수 있다. International Union of Pure and Applied Chemistry(IUPAC)

11) USP(United States Pharmacopeia)는 복합물 평가를 위한 방법 유효성에 대한 구체적 가이드라인(specific guidelines for method validation for compound evaluation)을 발표했다. USP(United States Pharmacopeia) Chapter 1225: Validation of Compendial Methods, 33 PHARMACOPEIAL FOR. 96 (2007)

12) USP가 정의한 유효성을 위한 8가지 단계는 ① 정확성; 오차(Accuracy; Bias) ② 일치성; 교정(Precision; Calibration) ③ 특별성; 선별성(Specificity; Selectivity) ④ 탐지의 한계(Limit of detection) ⑤ 계량화의 한계(Limit of quantitation) ⑥ 직선성과 그 범위(Linearity and range) ⑦ 견고성(Ruggedness) ⑧ 완건성(Robustness)이다. 견고성은 분석자, 실험실, 도구 등 외부적 요인이 변함에도 결과가 일관됨을 평가하는 변수이다(a parameter evaluating constancy of the results when external factors such as analyst, laboratory, instrument, reagents and days are varied). 완건성은 샘플의 수집, 분석 도구의 온도와 같은 실험 방법의 내부 요인의 변화에 관한 방법의 안정성을 나타내는 변수이다(a parameter characterizing the stability of the method with respect to variations of the internal factors of the method.) Justin J. McShane, "A Scientific Examination of the Validity of Evidentiary Breath Testing as Applied to DUI Prosecution in the United States Today", 2012 WL 4964533 (2012), 2

13) ISO 17025 § 5.4.는 시험 및 교정 방법과 방법의 유효성(validation) 확인에 관

아세톤은 인체에서 자연 생성된다. 따라서 아세톤에 대해서는 화학적 반응을 일으키지 않도록 하는 것이 중요하다. 일반적으로

한 규정을 두고 있다. 여기에서 '방법(method)'은 시험의 기술과 절차를 합한 것을 뜻한다. 유효한 방법은 의도한 특별한 사용 목적에 적합하고, 의도한 결과치가 정확하고, 고유하다(correct and unique)는 점이 실험 및 믿을 만한 데이터에 의해 입증되었음을 말한다. 모든 시험 과정은 유효한(valid) 측정을 목적으로 한다. 시험 과정이 유효하지 않다면 목적을 달성하지 못하고 의미가 없게 된다.

14) 유효한 측정 결과나 방법은 유효하지 않은 측정 결과나 방법과 구분된다. 유효하지 않은 측정 결과나 방법은 결과를 얻기는 했지만, 측정 방법이 유효하지 않거나 측정자가 유효한 방법이 아닌 방법으로 측정해서 그 결과가 맞는지를 알 수 없게 된다. 맞을 수도 있지만 틀릴 수도 있다. 분석 방법이나 과정이 유효한지를 결정하는 방법은 잘 정의되어 있다. 특정한 실험을 위한 분석적 과정이 그 의도한 용도에 적합함을 입증하는 데 사용되는 과정을 '방법의 유효성(method validation)'이라고 한다. 방법의 유효성에 대한 검증 결과는 분석 결과의 질과 신뢰성, 일관성을 판단하는 데 사용할 수 있다(Method validation is the process used to confirm that the analytical procedure employed for a specific test is suitable for its intended use. Results from method validation can be used to judge the quality, reliability and consistency of analytical results). 이는 분석의 본질적 부분이다. 따라서 유효화된 방법은 기술을 시험하는 엄격한 일련의 방법이 있고, 그 방법이 의도한 목적에 적합함을 보여 주며, 증명하는 데이터를 생산하도록 하는 분석 및 교정에 관한 지침이 있어야 한다(a validated method means that there has been some sort of rigorous method of testing of the technology and the instructions of the assay and its calibration procedure to produce data that shows and proves that the method is suitable for its intended purpose). 측정의 유효성을 인정받기 위해서는 분석자가 특정한 방식으로 특정한 기술을 사용하여 그 분석 과정이 진정한 결과를 만들었음을 증명하는 문서를 남겨야만 한다. Justin J. McShane, "A Scientific Examination of the Validity of Evidentiary Breath Testing as Applied to DUI Prosecution in the United States Today", 2012 WL 4964533 (2012), 2

15) ISO 17025 § 5.4.5.2.

음주단속, 과속 측정의 허상

제조업체의 설명서에는 아세톤에는 반응하지 않는다고 되어 있다.[16][17]

측정기가 알코올에만 반응한다는 제조업체의 설명에 대해서는 다른 화학물질에도 반응한다는 반대 견해가 있다.[18] 즉 전기 화학 연료 전지 방식의 측정기는 간섭 물질을 탐지하지 못한다고 한다.[19]

나) 적외선 분광 방식

(1) 원리

이 방식은 빛[20][21] 속의 적외선을 알코올이 흡수하는 특성을 이

---

16) 국내 제조업체인 삼안전자는 인체에서 자연적으로 생기는 아세트산에는 미세한 양만 화학적 반응을 일으켜, 측정되지 않는다고 한다. 그러나 미세한 양의 기준이 없고, 높은 양은 반응한다는 내용이다. 이와 유사한 화학 물질에 대해 검증한 바는 없는 것으로 보인다.

17) 제조업체에서는 아세트알데히드에 반응하지만, 아세톤(acetone)에는 반응하지 않는다고도 한다. Leonard R. Stamm, "The Top 20 Myths of Breath, Blood, and Urine Tests – Part 2", 29-OCT Champion 44, (2005), Myth #13

18) Thomas E. workman Jr., "The science behind breath testing for Ethanol", 7 U. Mass. L. Rev. 110 (2012), 122

19) Thomas E. Workman Jr., "The Science behind Breath Testing for Ethanol", 7 U. Mass. L. REV. 110 (2012), 133

20) 빛은 전자 에너지(electromagnetic energy)이다. 전자 에너지는 물결(waves) 모양으로 이동한다. 파장(wavelength)은 물결모양의 가장 높은 부분 간의(혹은 가장 낮은 부분 간의) 거리이다. 미크론(μm; micron)을 단위로 한다. 미크론은 1 미터의 1,000,000분의 1이다. 0.001 ㎜이다.

21) 빛은 파장이 다르면, 사람의 눈에는 다른 색으로 보인다. 파장이 증가함에 따라 사람이 눈에는 violet – indigo – blue – green – yellow – orange – red 색의 순서로 보인다. Maine Criminal Justice Academy, "Breath Testing Device Operation and Certification Student Manual", (2016), 23

용한다.[22]

호흡 측정기 실에 알코올이 많이 있으면, 적외선이 알코올에 많이 흡수된다. 그래서 통과되는 적외선의 양이 적다. 반대로 알코올이 적으면, 통과된 적외선의 양이 많다. 측정기는 통과 전의 적외선 양과 통과한 후 흡수되지 않고 남은 적외선의 양을 측정하여 그 차이를 이용해 알코올 농도를 계산한다.[23 24 25 26 27 28 29]

---

22) 모든 화합물은 빛에 있는 특정한 또는 수 개의 파장에 있는 적외선 에너지를 흡수한다. 적외선과 화학 분자 간의 상호 작용을 연구하는 분야를 '적외선 분광학(infrared spectroscopy)'이라 한다. (all chemical compounds absorb infrared energy at particular - and in some cases, many- light wavelengths.)

23) Thomas E. Workman Jr., "The Science behind Breath Testing for Ethanol", 7 U. Mass. L. REV. 110 (2012), 123~124

24) 적외선 분광 방식 측정기에서 공급되는 에너지는 적외선이다. 적외선이 에틸알코올에 흡수되면, 에틸알코올 분자의 결합이 진동한다. 이때 분자에 흡수된 적외선의 양(혹은 흡수되지 않은 적외선의 양)을 측정하여, 알코올 농도를 계산한다.
유기 화합물은 최소한 1개의 탄소 원자를 포함한 2개 이상의 원자가 전기적 결합으로 연결되어 있다. 전자가 원자핵의 양전하(positive charge)에 끌리는 힘에서 전기적 결합의 세기가 결정된다. 이 결합의 세기는 미리 알 수 있다. 전기적으로 연결된 원자들은 서로 멀어졌다 가까워졌다 하면서 스프링처럼 진동한다. 원자들의 진동 주파수는 훅의 법칙(Hooke's Law)으로 계산한다. 분자가 분자 결합의 진동 주파수(resonant frequency of the molecular bonds)와 일치하는 에너지에 노출되면, 그 에너지는 운동 에너지로 바뀐다. 이때 원자의 전기적 결합이 자극되어 원자가 그 에너지를 사용하여 서로 가까워졌다 멀어졌다 한다. Thomas E. Workman Jr., "The Science behind Breath Testing for Ethanol", 7 U. Mass. L. REV. 110 (2012), 123

25) 빛을 유기 화합물에 비추면, 원자들의 결합 진동 주파수와 일치하는 특정 파장이 흡수된다. 이처럼 빛에 있는 특정 파장이 특정 원자 결합에 흡수되기 때문에, 흡수된 파장의 패턴을 분석하면, 파장을 흡수한 분자의 고유 특성을 알 수 있다. 분자별로 흡수하는 빛의 파장이 다르므로, 흡수된 파장이 무엇인지를 분석하면, 분자가

무엇인지를 알아낼 수 있다. 그러나 이는 이론적으로 가능하다는 의미이다. 실제로 정확히 측정하기 위해서는 매우 정교한 장치가 필요하다.

26) 특정 범위 혹은 특정 파장의 빛이 흡수된 정확한 양을 측정하면, 가스 샘플에 있는 특정 분자의 농도를 계산할 수 있다. 이때 특정 파장의 빛만을 샘플에 통과시키기 위해서는 필터를 사용해서 다른 파장의 빛을 막아야 한다. 빛은 엑스선, 감마선, 자외선(ultraviolet) 등으로 나뉜다. 적외선은 빛의 일부다. 화합물이 적외선의 파장에 노출되면, 특정한 적외선 에너지를 흡수하고, 그 화합물 안에 있는 원자 결합(atomic bonds)이 자극되어 진동한다(become intensified and engage in a vibrational movement, when molecular vibration occurs, that compound's molecular bonds will absorb a certain quantity of infrared energy.)

27) 화합물에 적외선이 흡수되면, 흡수된 적외선의 전체 양을 측정하고 비어 램버트(Beer Lambert) 법칙을 사용하여 농도를 계산한다. Alex I. Uskoski, "The Analytical Limitations of Modern Breath Alcohol Testing: A Call for Reform to Per Se Mandatory Sentencing Enhancement Schemes", 52 GONZ. L. REV. 357 (2016), 411; (calculate the concentration of a particular compound based on the measure of overall infrared absorption.)

28) 비어 램버트 법칙은 다음과 같다.

$$I = I_0 \, e^{-abc}$$

여기서 I는 측정기 내를 통과한 최종 적외선의 강도이고, I_0는 최초의 적외선의 강도이다. e는 수학적 상수 2.71이다. a는 알코올의 흡수 상관계수(absorption coefficient of alcohol)이다. b는 적외선이 측정기실을 통과한 길이이다. c는 알코올의 농도이다. James G. Wigmore, "The Forensic Toxicology of Alcohol and Best Practices for Alcohol Testing in the Workplace", Canadian Nuclear Safety Commission, (2014), 13. 비어 램버트 법칙에 의하면, 적외선을 흡수하는 화합물에 빛을 통과시키면, 화합물의 농도 증가에 따라, 통과된 적외선은 비례적으로 감소한다(when considering a defined light path containing

호흡 측정기에 호흡 샘플이 들어가면 광학 필터(optical filter)를 사용해서 특정 파장의 적외선(특정 종류의 측정기에서는 여러 파장)을 호흡 측정기 안으로 보낸다.

대부분의 측정기에는 안에 여러 개의 거울이 있어 적외선이 반사된다.[30] 측정기 내부의 구조나 반사 거울의 배치에 따라 적외선은 호흡 샘플을 3~7회 통과한다. 이는 적외선이 가능한 최대한도로 여러 번 호흡 샘플을 통과하여 많이 흡수되도록 하려는 디자인이다. 이러한 반사 과정을 마친 적외선은 감지기(infrared energy detector)에 도달해 적외선 에너지의 양이 측정된다.[31][32] 흡수되지

---

an infrared absorbing compounds, the transmitted infrared energy will proportionally decrease with the increase in concentration of the absorbing compound). 비어 램버트 법칙에 의하면, 빛이 통과하는 길이(length of the path of light)와 적외선을 흡수하는 혼합 물질의 농도(the concentration of the compound)를 알면, 측정기 내에 있는 화합물(compound)에 흡수되는 적외선의 양을 계산할 수 있다.

29) 흡수된 에너지의 양을 알면, 흡수한 물질의 농도를 계산할 수 있다. Alex I. Uskoski, "The Analytical Limitations of Modern Breath Alcohol Testing: A Call for Reform to Per Se Mandatory Sentencing Enhancement Schemes", 52 GONZ. L. REV. 357 (2016), 412; (if one knows the amount of radiation absorbed, one can calculate the concentration of the substance responsible for the absorption.)

30) James G. Wigmore, "The Forensic Toxicology of Alcohol and Best Practices for Alcohol Testing in the Workplace", Canadian Nuclear Safety Commission, (2014), 13 참조

31) Alex I. Uskoski, "The Analytical Limitations of Modern Breath Alcohol Testing: A Call for Reform to Per Se Mandatory Sentencing Enhancement Schemes", 52 GONZ. L. REV. 357 (2016), 412

32) 주어진 주파수에서 얼마나 많은 적외선이 흡수되었는지를 측정하기 위해서는, 특정 주파수의 빛을 방출하는 장치, 대상자의 호흡을 담는 측정기 내부, 빛을 쏘는

음주단속, 과속 측정의 허상

않고 수집된 적외선의 양은 전기적 신호로 바뀌어 전압으로 측정 (DVM: Differential Voltage Measurement)된다.

호흡 측정 대상자가 호흡 측정기에 불기 직전에 전압을 측정하고, 대상자가 호흡을 불 때 다시 전압을 측정하여, 2개의 차이에 따라 일련의 공식을 통해 알코올 농도의 수치를 계산한다.

적외선 분광방식 측정기실 내부

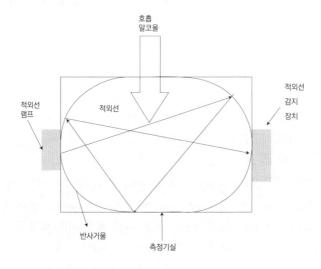

적외선 분광기는 X축은 적외선의 주파수나 파장을, Y축은 흡수된 적외선의 양을 표시하는 그래프로 표시한다.

통로, 특정 주파수의 적외선만을 골라내는 필터, 호흡을 통과하여 전달된 빛의 양을 측정하는 감지기가 필요하다. 여러 개의 주파수를 가진 적외선을 일정 주기로 측정하려면 수 개의 필터를 사용해야 한다. Thomas E. Workman Jr., "The Science behind Breath Testing for Ethanol", 7 U. Mass. L. REV. 110 (2012), 124

(2) 한계

만일 호흡에 알코올 이외에 아세톤, 톨루엔과 같은 물질이 섞여 있고, 측정기가 이를 분별하지 못하고 같은 물질로 측정한다면 오차가 발생한다. 따라서 적외선 분광 방식 측정기는 아세톤이나 톨루엔과 같은 간섭 물질을 탐지해야 한다.[33][34]

호흡에 아세톤이나 톨루엔 등이 있다면 적외선이 알코올에 흡수되었는지, 아니면 이들 물질에 흡수된 것인지 알 수 없다.[35] 따라서 측정기는 알코올뿐만 아니라 아세톤과[36] 같은 관련 있는 파

---

33) 측정기가 어떻게 특정 간섭 물질을 감지하는지가 교정되어야 한다. 간섭 물질이 있는 경우 다양한 적외선 주파수를 측정하고, 알코올의 반응과 각각의 반응을 비교해야 한다. 이를 통해 측정기가 어떻게 특정 간섭 물질을 탐지하는지를 알게 된다. Thomas E. Workman Jr., "The Science behind Breath Testing for Ethanol", 7 U. Mass. L. REV. 110 (2012), 140

34) 적외선 분광학(spectroscopy)은 스펙트럼이 적절한 강도로 적절하게 분리됨을 과학적 기초로 한다(the spectrum must be adequately resolved and of adequate intensity.). 이는 분석 대상 화합물에 흡수되는 빛의 전체 스펙트럼이 수집되어 평가되어야 한다는 의미이다. Thomas E. Workman Jr., "The Science behind Breath Testing for Ethanol", 7 U. Mass. L. REV. 110 (2012), 128

35) Thomas E. Workman Jr., "The Science behind Breath Testing for Ethanol", 7 U. Mass. L. REV. 110 (2012), 129

36) 아세톤은 인체 내에서 자연 형성되며, 호흡에 있다. 3.39~3.40 ㎛ 파장의 적외선을 흡수하므로 3.30~3.50 ㎛의 파장을 흡수하는 알코올과 혼동된다. 이처럼 측정기는 알코올만을 특정하여 측정하는 능력이 약하다. 호흡을 통해 인체에 흡수되고 배출되는 화이트 스피릿 도료 희석제(white spirits-paint thinner)도 측정에 영향을 줄 수 있다. Gil Sapir, Mark Giangrande & Angela Peters, "Breath Alcohol Machines: Evidence Foundation Requirements In Illinois", 22 J. Marshall L. REV. 1 (1988), 16 각주 89

장이[37] 얼마나 흡수되는지를 측정해서 알코올 농도를 계산해야 한다. 즉 알코올[38] 농도를 측정하기 위해서는 간섭 물질의 존재를 탐지하고, 탐지된 간섭 물질의 양을 측정하여 이를 빼야 한다.

여러 간섭 물질, 특히 아세톤을 감지하기 위해 수 개의 광학 필터(optical filter)를 사용하지만[39] 호흡에 있는 간섭 물질을 모두 파

---

37) 수증기는 3.7 ㎛ 파장의 적외선을 흡수한다. 알코올은 물과 잘 결합하기 때문에 상승효과(boosting effect)를 발생시킨다. 그러므로 수분을 에탄올로부터 분리시킬 수 없다면 측정치는 높은 수치로 표시될 수밖에 없다. Gil Sapir, Mark Giangrande & Angela Peters, "Breath Alcohol Machines: Evidence Foundation Requirements In Illinois", 22 J. Marshall L. REV. 1 (1988), 17 각주 94

38) 적외선의 방사는 0.75~100 ㎛의 범위에 이른다.
알코올은 파장 정점(wavelength peak) 3.30~3.50 ㎛과 9.35~9.50 ㎛의 적외선을 흡수한다. 알코올의 C-H 결합물이 3.30~3.50 ㎛의 적외선을, C-O의 결합물이 9.35~9.5 ㎛의 적외선을 흡수한다. 9.35~9.50 ㎛의 적외선은 알코올 이외에 다른 흡수 물질이 없다. 아세톤, 탄화수소(hydrocarbon) 등은 3.40 ㎛에서 적외선을 흡수한다. 따라서 알코올 분석에서 9.35~9.50 ㎛의 적외선은 다른 물질의 간섭에서 자유롭다. 3.40 ㎛의 적외선 흡수량과 9.35~9.50 ㎛에서 흡수되는 적외선 흡수량에 불일치가 있으면 간섭 물질이 있다고 볼 수 있다.
아세톤은 3.39~3.40, 아세트알데히드는 3.36, 톨루엔은 3.52 ㎛ 파장 정점의 적외선을 흡수한다. 이와 달리 알코올은 3.47~3.48과 9.35, 아세톤은 3.39~3.40, 아세트알데히드는 3.36, 톨루엔 3.52 ㎛을 흡수한다는 견해, 알코올은 3.49, 아세톤은 3.48이라는 견해, 알코올은 3.39, 3.48, 7.25, 9.18, 11.5 ㎛이라는 견해(Dougkans, "the Science of Infrared technology and Breath Alcohol Detection" ; https://www.dwiminiepolislawyer.com/science-of-breath-alcohol-detection. 2022. 9. 16.접속)와, 알코올은 3.4 및 9.5라는 견해(Norio Fujitsuka et al, "Alcohol Detection in Exhaled Air Using NDIR Absorption Method", R&D Review of Toyata CRDK, Vol. 45 No. 2 (2014), 31) 등 흡수 정점에 대해 각기 다른 주장이 있다.

39) 「Intoxilyzer 5000」은 3개의 필터를 사용해서 3.39, 3.38, 3.80 ㎛의 적외선을

악하기는 현재의 도구로는 불가능하다.[40]

호흡은 아교처럼 끈끈한 성질, 교질이 아니다(non-colloidan mixture). 순수하지도 않다. 분광법(spectrometry)으로 순수하지 않고, 끈끈하지도 않은 복합 물질의 질과 양을 측정하는 것은 문제가 있다.[41]

그런데 적외선 분광 방식 측정기는 분석 대상 화합물이 순수 알코올이라고 전제하고, 흡수된 적외선의 양에 따라 농도를 계산한

통과시킨다. 각각 아세톤, 알코올, '기준(reference)'의 양을 계산한다. 5개의 필터를 사용할 때는 3.36, 3.40, 3.47, 3.52, 3.80 ㎛의 적외선을 통과시킨다. 각각 아세트알데히드, 아세톤, 알코올, 톨루엔, '기준(reference)'의 양을 계산한다. 여기서 '기준'은 아무 화합물도 없는 빈 공기 측정을 말한다. 대상자를 측정하기 전에 먼저 측정한다. '기준'을 측정하는 이유는 측정기의 오차 유무를 감지하고, 알코올 측정치에서 이를 빼기 위해서다. 알코올이 없는 공기를 '기준'에 넣으면 알코올 농도 수치는 0이 되어야 한다.

「Intoxilyzer 5000」의 측정 범위는 0.00~0.45 g/ 210 ℓ 이고, 정확성 (accuracy)은 ± 0.010 g/210 ℓ 이며, 일치성(precision)은 0.010 g/210 ℓ 이다.

40) Alex I. Uskoski, "The Analytical Limitations of Modern Breath Alcohol Testing: A Call for Reform to Per Se Mandatory Sentencing Enhancement Schemes", 52 GONZ. L. REV. 357 (2016), 414

41) 적외선 흡수 분석은 오직 기능적으로 화합물의 구성물을 구분(functional group identification)하는 것에만 적합하다. 따라서 분석 대상 물질의 교질이고 여러 개의 기준점이 확실하게 고유하지 않은 이상, 양을 측정하는 데 적외선 분광(IR)을 사용해서는 안 된다. Justin J. McShane, "A Scientific Examination of the Validity of Evidentiary Breath Testing as Applied to DUI Prosecution in the United States Today", 2012 WL 4964533 (2012), 4; National Institute of Standards and Technology (NIST), Dr. Jerry Messman.

다.[42] [43] 분석 대상 복합물이 알코올이라고 먼저 결론을 내리고, 이 결론을 그 화합물이 실제 알코올이라고 입증하는 데 사용할 수 없다.[44]

호흡 전체의 스펙트럼을 분석하지 않으면 흡수된 적외선이 알코올 만에 의한 것이라고 할 수 없다. 알코올 만에 의한 흡수라는 점이 인정되지 않는다면 USP가 정의한 방법의 유효성 인정에 필요한 특별성을 충족하지 못한다.[45]

다) 이중 방식

이중 방식은 적외선 분광 방식과 전기 화학 연료 전지 방식을 동시에 활용한다. 호흡 샘플을 먼저 적외선 분광실을 통과시켜 분석한 후 전기 화학 연료 전지 분석을 한다. 따라서 두 가지 측정치를 생산한다.

---

42) 알코올의 농도를 측정하기 위해서는 ① 먼저 어떤 물질이 알코올인지를 알아내어 분류하고 ② 다음으로 그 농도가 얼마인지를 계산해야 한다.

43) 실제로 대상 화합물의 질적 검사는 이루어지지 않는다. 따라서 알코올이라고 가정한 것에 지나지 않는다. Thomas E. workman Jr., "The science behind breath testing for Ethanol", 7 U. Mass. L. Rev. 110 (2012), 129

44) 이는 논리적 오류이다. 실험을 통해 결론을 도출하지 않고, 결론을 내린 후 실험을 시작하는 순환 논리(circular reasoning)의 오류에 해당한다. 화합물에 흡수된 적외선 전체의 특징을 모두 알지 못한 상태로는 질적 평가가 불가능하다. 그런데도 측정한 것이 알코올이라고 먼저 단정하는 것은 자아도취형 암시(self-fulfilling prophecy)이다.

45) 분광 광도계(spectrophotometer)로 혼합물인 분석 대상 샘플을 구성하는 각각의 고유한 물질을 구별하거나, 그 양을 측정하기는 매우 어렵다. 비교질인 사람의 호흡에서 알코올만을 분리해 내는 진정한 장치는 없다. Justin J. McShane, "A Scientific Examination of the Validity of Evidentiary Breath Testing as Applied to DUI Prosecution in the United States Today", 2012 WL 4964533 (2012), 5

2개의 측정치에 차이가 있으면 간섭 물질이 있다고 추정한다. 제조사는 두 분석 방법이 서로 독립적이기 때문에 측정치 일치는 간섭 물질이 없음을 의미한다고 주장한다.[46]

2) 주요 부품

가) 컴퓨터

측정치를 사람이 볼 수 있는 숫자로 변환하는 데는 컴퓨터와 프로그램이 사용된다. 이때 소스 코드(source code)의 정확성이 문제된다.[47]

소프트웨어의 유효성이 검증되지 않은 측정치를 절대적 증명력이 있다고 보아서는 안 된다.[48]

측정기의 자가 진단 기능은 그 진단 프로그램 자체가 정확하고, 신뢰성 있게 작동하고 있다는 점을 증명하지 못한다.

측정기에 저장된 호흡량과 같은 원천 데이터(raw data)는 측정의 정확도에 관한 정보를 제공한다. 대상자는 충분한 양을 불었다고 주장하지만, 경찰관은 부는 시늉만 했다고 주장할 때, 저장된 호흡량 데이터는 측정 거부를 인정하는 데 중요한 자료가 된다.[49]

---

46) Alex I. Uskoski, "The Analytical Limitations of Modern Breath Alcohol Testing: A Call for Reform to Per Se Mandatory Sentencing Enhancement Schemes", 52 GONZ. L. REV. 357 (2016), 414

47) Thomas E. Workman Jr., "The Science behind Breath Testing for Ethanol", 7 U. Mass. L. REV. 110 (2012), 130

48) 미국 뉴저지주에서 「Draeger AlcoTest MK-Ⅲ」의 알고리즘이 조작된 사실이 드러난 사건이 있다. State v. Chun, 194 N.J. 54 (2008) 판결. 음주 측정기 내의 적외선 알코올 분석 수치와 전기 화학 분석 수치의 차이가 10% 이상이면, 오류로 표시되어야 하는데도 낮은 수치를 측정치로 표시하게 되어 있었다. 피고인 측에서 소스 코드를 역분석해서 밝혀냈다.

49) 미국에서는 호흡 측정기가 ① 잘 관리되고 있는지 ② 구매한 후 수정된 적이 있는

나) 경사 탐지기

(1) 근거

적외선 분광 방식은 예를 들면 1/4초 간격으로 연속하여 알코올 농도를 측정하고, 그 결과를 그래프인 '분석도(profile)'로 표시한다. 따라서 측정 결과를 시간에 따른 곡선으로 표시할 수 있고, 알코올 농도의 급격한 상승, 감소를 감지할 수 있다. 이 감지 장치가 '경사 탐지기(slope detector)'이다.

알코올을 마시지 않고 입에 머금었다가 내뱉으면 혈액 속에는 알코올이 없다. 이때 호흡 알코올 농도를 측정하면 입 안의 알코올 때문에 처음에는 증가하다가 알코올이 없어지면서 점차 감소한다. 이처럼 감소하는 알코올 농도는 분석도에 음(-)의 경사(negative slope)로 나타난다.

혈중 알코올 농도는 입 안의 알코올과 달리 특정 시점에서는 일정하다. 기존 이론에 의하면 심폐 공기가 최종 호흡으로 전달될 때까지 알코올 농도가 계속 상승하다가 심폐 공기가 최종 호흡으로 나오게 되면 혈중 알코올 농도와 같아져 수평선을 그린다.

이 이론에 의하면, 호흡 중 알코올 농도의 급격한 상승 또는 하강은 비교적 일정한 상태를 유지하는 혈중 알코올 농도라고 보기 어렵다. 이러한 측정치는 입 안의 알코올의 영향을 받은 것이라고 보기 때문에 배제하게 된다.

따라서 경사 탐지기에 의한 분석도가 ① 수평이면 심폐 공기이

지 ③ 소프트웨어는 무엇인지 등에 대해 엄격한 검증이 이루어진다. 측정기의 측정치에 대해 문제가 있었는지의 이력에 관한 데이터 마이닝도 행해진다. Aaron D. Delgado, "From zero to acquittal: Discovery for maximum results", (2010). 따라서 음주 측정기의 원리를 이해하고, 가공되기 이전의 원천 데이터가 무엇을 의미하지를 분석할 수 있어야 한다. 가령 제조자가 측정기 수리를 위해 한 오류 기록(error-logger)이 저장되어 있는지 살펴볼 필요가 있다.

고 ② 하향이면 입 안 내 알코올임을 알 수 있다고 한다.[50]

경사 탐지기는 급격한 상승 또는 하강을 탐지하여 무효라는 표시를 한다.

(2) 비판

인체 구조상 호흡을 내쉬는 동안 알코올은 기도 점막과 계속 상호 작용한다. 알코올이 구강이나 인두에 있으면 숨을 내쉬는 동안 증발해서 호흡 중 알코올 농도를 증가시킨다. 알코올의 변화 없이는 심폐 공기를 입 안으로 가져올 수 없다는 연구에 의하면, 분석도의 수평 기울기는 대상자가 더 이상의 호흡 내쉬기를 중단한 결과에 불과하다.[51]

수평의 기울기는 대상자가 호흡 내쉬기를 그만두었다는 의미일 뿐이다. 그러므로 경사 탐지기는 진실이 아니다.[52]

---

50) Michael P. Hlastala, Wayne JE Lamm, James Nesci, "The Slope Detector Does Not Always Detect the Presence of Mouth Alcohol", 2; (to identify "alveolar air" from a flat breath alcohol concentration(BrAC) exhalation profile); (to identify the presence of "mouth alcohol" as a decreasing BrAC profile)

51) Michael P. Hlastala, Wayne JE Lamm, James Nesci, "The Slope Detector Does Not Always Detect the Presence of Mouth Alcohol", 3

52) 경사 탐지기는 호흡 알코올 곡선에서 음(-)의 경사를 찾아 입 안의 알코올이 호흡 알코올 농도에 영향을 주었는지를 알아내는 데 목적이 있다. 그러나 기도의 알코올이 증가하는 동시에 입 안의 알코올이 감소하면(superimpose) 수평의 기울기가 된다. 이 상황에서 경사 탐지기는 감소하는 경사도를 찾지 못하고, 입 안의 알코올의 영향을 감지하지도 못한다. Michael P. Hlastala, Wayne JE Lamm, James Nesci, "The Slope Detector Does Not Always Detect the Presence of Mouth Alcohol", 4. 위-식도 역류질환(Gastro-Esophageal Reflux Disease; GERD)이 있으면 위나 식도에서 입으로 계속 알코올이 나온다. 경사 탐지기로 이러한 질환까지 찾을 수는 없다.

다) 무선 주파수 간섭 탐지기

무선 주파수는[53] 센서에 높은 전압이나 전류를 보내 측정치를 높인다.[54]

일정 종류의 측정기에는 무전기, 라디오, 휴대 전화기, 전자기기의 전파(radio)를 감지하는 장치, 즉 무선 주파수 간섭 탐지기(RFI detector)가 되어 있다.[55]

무선 주파수 간섭 탐지기가 있을 때는 그 장치도 교정(calibration)되어야 한다.[56] 그러나 이러한 종류의 교정 시설이 없을 수도 있다.[57]

현재 일부 측정기는 무선 주파수의 간섭을 차단하도록 제조되어 있다.[58]

간섭 차단 장치가 없는 호흡 측정기는 무전기, 라디오, 휴대 전화기, 전자기기나 송수신소의 전파로부터 간섭받지 않도록 측정

---

53) (Radio Frequency Interference; RFI)

54) Kathleen E. Watson, "COBRA Data and the Right to Confront Technology against You", 42 N. KY. L. REV. 375 (2015), 385

55) 무선 주파수 탐지기 안테나는 주로 호흡 호스에 있다. 안테나가 좁은 대역의 주파수(narrow band of frequencies)만을 감지하게 되어 있으면, 그 외의 다른 주파수는 감지하지 못한다. Thomas E. Workman Jr., "The Science behind Breath Testing for Ethanol", 7 U. Mass. L. REV. 110 (2012), 134

56) Gil Sapir, Mark Giangrande & Angela Peters, "Breath Alcohol Machines: Evidence Foundation Requirements In Illinois", 22 J. Marshall L. REV. 1 (1988), 17

57) Thomas E. Workman Jr., "The Science behind Breath Testing for Ethanol", 7 U. Mass. L. REV. 110 (2012), 134

58) 「Intoxilyzer 5000」은 호흡 튜브나 중요 부위를 중금속 막으로 둘러싸 무선 주파수의 간섭을 줄인다. 「Intoxilyzer 8000」은 주형 안쪽에 금속 코팅을 해서 무선 주파수의 간섭을 막는다.

장소를 선정해야 한다. 무전기나 휴대 전화기는 꺼야 한다.[59]

라) 전원

전압이 일정하지 않다면 문제가 될 수 있다. 따라서 건전지는 기계가 정확하게 작동되도록 일정한 전압을 유지해야 한다. 실험실의 전기는 반드시 전압 조절기(power conditioner)를 거쳐 나와야 한다. 전압 조절기는 깨끗한 전력(clean power)을 보낸다. 서지 프로텍터(surge protector)는 전압의 큰 변동만을 방지하고, 전력을 조절하지 않기 때문에 충분하지 않다.[60]

3) 호흡 측정 기록 온라인 저장

미국은 호흡 측정 기록 컴퓨터 온라인 저장소에[61] 특정 호흡 측정기로 실시한 호흡 측정 결과에 관한 다양한 정보를 저장한다.

주 정부에서 중앙 데이터베이스에 저장하여 관리한다. 이 정보에는 쉽게 접근할 수 있고, 데이터의 수집, 입력, 저장, 출력, 분석, 생산 등 시스템 전체에 관한 질문이 가능하다.[62] [63] [64] [65]

---

59) Thomas E. Workman Jr.,"The Science behind Breath Testing for Ethanol", 7 U. Mass. L. REV. 110 (2012), 134

60) Thomas E. Workman Jr., "The Science behind Breath Testing for Ethanol", 7 U. Mass. L. REV. 110 (2012), 135~136

61) (Computer On-Line Breath Records Archive; COBRA)

62) Kathleen E. Watson, "COBRA Data and the Right to Confront Technology against You", 42 N. KY. L. REV. 375 (2015), 376

63) 컴퓨터 온라인 저장소에는 대기압, 탱크의 압력, 대상자의 호흡량(subject breath volume), 호흡의 흐름 속도(flow rate), 호흡 샘플이 있는 측정기 내부의 온도(sample chamber temperature), 호흡 샘플의 온도(breath sample temperature), 샘플의 측정 횟수(sample attempts), 호흡 샘플을 내쉰 기간(sample duration), 원거리 교정(remote calibration), 원거리 수리(remote maintenance), 직접 교정(direct calibration), 직접 수리(direct maintenance),

호흡 측정 기록 컴퓨터 온라인 저장소의 데이터를 통해 경찰의 조작 정도가 심한 증거의 증거능력을 인정하지 않은 판결이 있다.[66]

2 혈액 알코올 측정 장치

혈액 알코올 측정은 ① 가스 크로마토그래피와 ② 효소 산화 방법[67]이 있다.[68]

부품 교체(part replacement), 오류 기록(error records), 진단 기록(diagnostic records), 대상자 검사 측정치(subject test records) 등이 저장된다. Kathleen E. Watson, "COBRA Data and the Right to Confront Technology against You", 42 N. KY. L. REV. 375 (2015), 380; Case No. 2013-1102 City of Cincinnati v. Ilg

64) 데이터는 측정기의 시리얼 번호에 따라 분류하여 저장되고 검색된다. 문서화된 내용으로 시간상으로 특정 호흡 측정기를 완전히 이해하려면, 제조부터 검증까지 그 기계에 대한 관리, 유지, 수리, 시험, 업그레이드, 리콜, 사용, 문제점 등을 조사해야 한다. Kathleen E. Watson, "COBRA Data and the Right to Confront Technology against You", 42 N. KY. L. REV. 375 (2015), 385

65) 호흡 측정 기록 컴퓨터 온라인 저장소의 데이터에는 특정 호흡 측정기가 언제 사용되고, 사용되지 않았는지에 대한 기록이 있다. 이는 언제 수리되었는지를 알려준다. 특정 호흡 측정기의 부품이 언제 수리되고 대체되었는지는, 특정 시점에서의 기계의 정확성과 신뢰성에 대해 암시한다. 제조자 리콜 기록도 마찬가지다. Kathleen E. Watson, "COBRA Data and the Right to Confront Technology against You", 42 N. KY. L. REV. 375 (2015), 384

66) Kathleen E. Watson, "COBRA Data and the Right to Confront Technology against You", 42 N. KY. L. REV. 375 (2015), 382, 각주 62; State v. Briggs, 14 Fla. L. Weekly 973b, (Fla. Cir. Ct. 2007)

67) (enzymatic oxidation method)

68) 핏속에 있는 알코올을 전류(electric current)로 바꾸어 측정하는 전기 화학 연료

1) 가스 크로마토그래피

가) 원리

가스 크로마토그래프[69]에는 샘플 투입구(sample injection port)와 감지기(detector) 사이에 '칼럼(column)'이라는 분리관이 있다.

분리관은 튜브처럼 길게 생겼으며 기계 안에 감겨 있다. 분리관을 특정한 온도로 가열하고, 헬륨(helium) 같은 불활성 가스(inert gas)를 일정한 속도로 흘려보낸다. 이때 분석 대상 샘플을 가열해 증발시켜 분리관 입구에 투입한다. 그러면 분리관 안에서 불활성 가스가 반복적으로 녹거나 증발하면서 출구에 있는 감지기 쪽으로 분석 대상 샘플을 흐르게 한다.

특정 온도에서 각각의 화합물은 녹거나 증발하는 시간이 다르다. 가스 크로마토그라프에 혼합물(mixed compounds)을 투입하면, 구성 물질(component)이 분리되는데, 각각 분리관 출구에 도달하는 시간이 다르다. 이때 투입부터 감지기에 도달하는 시간을 '머무름 시간(retention time)'이라고 한다. 머무름 시간으로 분석 대상 물질이 어떤 물질인지를 구별한다.[70]

특정 온도에서 특정한 길이의 분리관일 때의 알코올의 머무름 시간이 알려져 있다. 표준 물질인 알코올을 먼저 가스 크로마토그

전지 기술도 있다.

69) '가스 크로마토그래프(gas chromatograph)'는 분석 도구이다. '가스 크로마토그래피(gas chromatography)'는 가스 크로마토그래프를 이용한 분석 방법이다. 가스 크로마토그래피를 통해 얻은 데이터는 '가스 크로마토그램(gas chromatogram)'이다. Shimadzu, "Basic & Fundamentals Gas Chromatography", Shimadzu Corporation (2020), 4

70) Christopher Boscia, "Strengthening Forensic Alcohol Analysis in California DUI Cases: A Prosecutor's Perspective", 53 Santa CLARA L. REV. 733 (2013), 737

래프에 통과시켜 특정한 온도와 특정 분리관의 길이에 있어서의 알코올의 머무름 시간을 확정한다. 다음으로 확인되지 않은 실험 물질을 같은 온도와 같은 길이의 분리관에 같은 조건으로 넣어 머무름 시간을 비교한다. 둘이 서로 같다면 그 미확인 물질을 알코올로 식별한다.[71][72]

이 분리관의 출구에는 감지기가 있다. 대표적으로는 '불꽃 이온화 감지기(flame ionization detector)'가 사용된다. 가스가 분리관의 끝부분에서 나올 때 감지기가 이를 감지하여 전하(electronic charge)를 생산한다. 이 전하를 컴퓨터 프로그램으로 계산해서 가스 크로마토그램이라는 그림을 그린다. 가스 크로마토그램의 정점(peak) 아래의 면적으로 알코올의 양을 결정한다. 이것을 컴퓨터 프로그램이 읽어서 알코올 농도를 수치로 표시한다.[73][74][75]

---

71) Christopher Boscia, "Strengthening Forensic Alcohol Analysis in California DUI Cases: A Prosecutor's Perspective", 53 Santa CLARA L. REV. 733 (2013), 738

72) Shimadzu, "Basic & Fundamentals Gas Chromatography", Shimadzu Corporation (2020), 4

73) 혈액 알코올 측정에서 분리되어 측정되는 물질은 채취한 혈액 속의 알코올이다. 이를 측정하기 위한 과정은 다음과 같다. 먼저 첫 단계로 알려진 농도의 표준 알코올을 넣어 가스 크로마토그래프에서 표시하는 농도와 같게 조정한다. 다음으로 표준 바탕 시료, 즉 알코올이 없는 시료만을 넣어 가스 크로마토그래프 안에 알코올이 없음을 확인한다. 개인의 혈액 샘플이 내부 표준 물질에 의해 오염되지 않았음을 확인하기 위해서다. 그다음 알려진 농도의 알코올로 점검을 진행한다. 마지막으로 표준에 따른 알려진 양의 다른 종류의 알코올을 혈액 샘플에 넣고, 이 혼합물을 가스 크로마토그래프에 넣어 비교하며 측정한다. State v. Rowell, 517 So. 2d 799 (La. 1988), 801

74) 가스 크로마토그래프에 투입하기 위해서는 혈액 샘플에서 작은 양을 추출해야 한다. 혈액 샘플에서 혈액 일부를 추출하여 용기(headspace vial)에 집어넣어 봉함

나) 한계

가스 크로마토그래프는 교정해야만 한다. 그리고 표준 물질로 실험을 해서 검사의 정확도를 검증해야 한다. 또 검사 대상물에 오염이 생기지 않도록 해야 한다.

가스 크로마토그래프는 혈액 샘플에서 소량의 혈액을 추출하여 장치의 용기에 옮겨 담는다. 이때 추출되는 혈액의 양이 같지 않아 용기의 위 부분 공간에 차이(headspace variety)가 발생할 수 있다. 이는 측정치에 영향을 준다.[76]

미세 응고(microclotting)는 혈액을 균질하게 하지 않아 분석 결과에 영향을 미친다. 또 분리관의 통로를 막아 정확성에 지장을 준다.

염석(salting out)은 수용액에 넣은 염분이 녹으면서 먼저 녹아 있던 알코올 분자가 빈 공간(headspace)의 상부에 더 많이 휘발하게 되는 현상을 말한다. 플루오르화나트륨(sodium fluoride)과 같은 염

하고, 이를 흔들면서 열을 가해 가스를 발생시킨다. 봉인된 용기(container)의 액체가 없는 윗부분의 공간(headspace)에서 가스가 균형 상태가 된다. Shimadzu, "Basic & Fundamentals Gas Chromatography", Shimadzu Corporation (2020), 17

75) 여기서 가스는 주사기(syringe)를 통해 자동 추출된다. 그리고 분리관을 통해 운반 가스(carrier gas)의 힘으로 분출된다. 이때 일정한 온도로 분리관을 유지해야 한다. 온도가 일정하지 않으면 가스의 내용이 변하기 때문이다.

76) 분석에 사용된 혈액 양이 변하면, 분석 결과에 차이가 발생한다. 너무 심한 혼합으로 혈액 속에 거품이 생기거나 혈액이 응고되어 점도에 변화가 생기거나 혹은 샘플링 장치의 부정확, 기술자에 따라 이러한 변화가 발생한다. 전문가가 독립해서 따로 샘플을 분석해야 이를 발견할 수 있다. 이러한 문제가 없는지를 확인하기 위해서는 실험실 분석 방법의 복사본을 확보해야 한다. Barry T. Simons, Ron Moore, "Challenging the Blood Test for Alcohol", 33-May Champion 54 (2009), Analysis Issues

분(salt)이 혈액에 녹으면 혈액 속 수분 사이의 공간을 차지면서 그곳에 있던 알코올을 밀어내 피 위의 공기 속으로 보낸다. 용기의 빈 공간(headspace vial)에서 이 현상이 발생하면 알코올 농도 분석 결과는 매우 높게 된다. 헤파린(heparin)으로 보존된 피보다 플루오르화나트륨으로 보존된 혈액의 빈 공간의 알코올 농도가 훨씬 높다는 연구 결과가 있다.[77] 다른 결과도 있는데[78] 이는 사용된 내부 표준의 종류에 따른 것으로 보인다.[79]

잔재(carry over)는 이전의 특히 높은 농도의 샘플이 시스템으로부터 완전히 제거되지 않을 때 발생한다. 남아 있는 샘플이 나중의 샘플에 섞여 결과치를 높인다. 이를 방지하기 위해서는 높은 농도를 측정한 후에는 반드시 바탕 시료(blank sample)로 점검해야 한다.[80]

정점 꼬리 현상(peak tailing)은 양쪽 단면이 정점을 기준으로 균형을 이루지 않고 한쪽이 길어짐을 말한다. 반응을 나타내는 선이 기본선에 돌아오는데 한쪽이 더 오랜 시간이 걸리는 경우이다. 가스 크로마토그램의 수치는 높이나 면적으로 측정된다. 정점 꼬리 현상은 정점을 수량화하는 데 차이를 발생시킬 수 있다. 면적 계

77) A. W. Jones, "Determination of Liquid/Air Partition Coefficients for Dilute Solutions of Ethanol in Water, Whole Blood, and Plasma", 7 J. Analytical Toxicology, (1983), 193~197

78) A. W. Jones, "Salting-Out Effect of Sodium Fluoride and Its Influence on the Analysis of Ethanol by Gas Chromatography", 18 J. Analytical Toxicology, (1994), 292~293

79) Barry T. Simons, Ron Moore, "Challenging the Blood Test for Alcohol", 33-May Champion 54 (2009), Salting Out

80) Barry T. Simons, Ron Moore, "Challenging the Blood Test for Alcohol", 33-May Champion 54 (2009), Issues With Gas Chromatography

산에 영향을 미친다.[81]

기본선 상승(baseline elevation)은 정점 이전보다 정점 이후 기본선 값이 커지는 현상이다. 이는 언제, 어디에서 정점이 측정되는지에 따라 정확성에 문제를 일으킨다.[82]

공동 용리(co-elution)는 2개 이상의 복합물이 동시에 분리관에서 나올 때 발생한다. 2개 이상의 복합물이 구별되지 않았으므로 분리되었을 때보다 정점의 값이 커진다. 두 개 복합물의 머무름 시간이 거의 같다면 쪼개진 두 정점이 생길 수 있지만, 이 역시 정확한 측정을 방해한다.[83]

가스 크로마토그래피 분석은 가열 온도, 분리관의 길이, 분석 대상 물질 등에 따라 영향을 받으므로 역시 불확도가 있다.[84]

2) 효소 산화

효소에 의한 산화 방법은 혈액 속에서 알코올에 반응하는 알코올 탈수소효소(alcohol dehydrogenase)를 이용한다.

알코올 탈수소효소가 다이포스포피라이딘 뉴틀리오타이드(diphosphopyridine nucleotide) 또는 니코틴아미드 아데닌

81) Barry T. Simons, Ron Moore, "Challenging the Blood Test for Alcohol", 33-May Champion 54 (2009), Issues With Gas Chromatography; (Peak Tailing is an elongation of the backside of the peak such that it takes longer for the response line to th baseline value.)

82) Barry T. Simons, Ron Moore, "Challenging the Blood Test for Alcohol", 33-May Champion 54 (2009), Issues With Gas Chromatography

83) Barry T. Simons, Ron Moore, "Challenging the Blood Test for Alcohol", 33-May Champion 54 (2009), Issues With Gas Chromatography

84) Christopher Boscia, "Strengthening Forensic Alcohol Analysis in California DUI Cases: A Prosecutor's Perspective", 53 Santa CLARA L. REV. 733 (2013), 738

(nicotinamide adenine)을 파괴하거나 바꾼 이후에 분광 광도계(spectrophotometer)로 혈액 속에 남아 있는 뉴클리오타이드(nucleotide) 또는 아데닌(adenine)을 측정한다.

이 방법은 젖산(lactate)과 젖산 탈수소효소(lactate dehydrogenace), 이소프로파놀(isopropanol)의 간섭을 받을 수 있다.

젖산과 젖산 탈수소효소는 체액에 있다. 사망 후나 중병 환자의 경우 증가한다. 혈액 속의 이소프로파놀은 부적정한 준비와 채취(swab),[85] 이소프노파놀의 섭취,[86] 생물학적 전환(bioconversion)[87] 및 당뇨환자나 케톤(ketones)을 생성하는 사람에게서[88] 생길 수 있다.[89]

85) K. M. Dubowski, N.S. Essay, "Contamination of Blood Specimens for Alcohol Analysis During Collection", 4 Abstracts & Reviews in Alcohol & Driving (1983), 3~8

86) A. W. Jones, "Driving Under the Influence of Isopropanol", 30 J. Toxicology Clincal Toxicology, (1992), 153~155

87) A. W. Jones, L. Andersson, "Biotransformation of Acetone to Isopropanol Observed in a Motorist Involved in a Sobriety check", 40 J. Forensic Sci. (1995), 686~687

88) A. W. Jones, S. Rosser, "False Positive Breath-Alcohol Test After Ketogenic Diet", 31 Int'l J. Obesity, (2006), 559~561

89) Barry T. Simons, Ron Moore, "Challenging the Blood Test for Alcohol", 33-May Champion 54 (2009), Issues With Enzymatic Analysis

VII

측정 장치의 교정

1 교정과 검증은 다르다.

처음 제조된 측정기는 그 상태로는 바로 그대로 측정값을 표시할 수 없다.

측정기가 무엇을 찾아 측정해야 하는지와 그것을 찾은 때 그 측정한 양을 일정한 수치로 표시하도록 측정기 프로그램에 입력해야 한다. 또 측정기로 표준 물질을 측정한 측정치가 표준 물질의[1] 값과 일치하는지를 확인해야 한다.[2] 불일치하면 일치하도록 반복하여 측정기의 프로그램을 변경해야 한다. 이렇게 측정기를 가르치는 행위를 '질적 통제(quality control)'라고 한다.

진정한 과학적인 교정은 일련의 시험 방법에 따라 기계를 여러 번에 걸쳐 재검사하고, 그 데이터에 따라 오차를 제거하는 것이다.[3]

검증은 그전에 이미 행해진 교정을 전제로, 표준 물질과 기계의 반응 값을 비교하여 그 반응 값이 수용 가능한 반응의 범위 내에

---

1) • 대한민국 국가표준기본법 제3조
   15. "표준물질"이란 장치의 교정, 측정방법의 평가 또는 물질의 물성값을 부여하기 위하여 사용되는 특성치가 충분히 균질하고 잘 설정된 재료 또는 물질을 말한다.
2) '표준 물질 생산기관의 자격에 대한 일반 요구사항', 즉 ISO 17034는 표준 물질 생산 기관의 인증 요건을 정하고 있다.
3) • 대한민국 국가표준기본법 제3조
   16. "교정"이란 특정조건에서 측정기기, 표준물질, 척도 또는 측정체계 등에 의하여 결정된 값을 표준에 의하여 결정된 값 사이의 관계로 확정하는 일련의 작업을 말한다.

음주단속, 과속 측정의 허상

있는지를 확인하는 것이다.[4][5]

교정(calibration)은 질적 통제 행위이지만, 검증(verification)은 그렇지 않다.

검증을 통해 오차가 발견되더라도 임의로 정한 일정한 범위 안에 들면 그 오차를 수용한다. 따라서 그 안에 있으면 교정 없이 계속 사용한다.

검증은 기계가 일정한 오차 범위 내에서 작동함을 확인하는 의미이다. 따라서 검증을 통과하였으니 정확하다거나 정확성을 인증받았다는 표현은 잘못이다.[6]

가령 음주 측정기가 표준 물질에 비해 ± 0.01 g/210ℓ 또는 5% 이내의 오차 안에 있으면 검증에 통과한다고 하자.[7] 이때 ± 0.01 g/210ℓ 또는 5% 이내의 오차를 인정하면서도 기계가 정확

---

4) 교정은 기계에 표준 샘플을 제공하고, 그 샘플의 값에 맞게 그 기계를 재조정하여 장래에 같은 자극이 관측되면 교정 과정에서 전달한 그 수치를 기계가 측정치로 제공하도록 한다. 따라서 기계의 작동 방식을 변경한다. 검증은 기계의 작동 방식을 변경하지 않는다. 일정한 오차 범위 안에 있는지를 확인할 뿐이다. Thomas E. Workman Jr., "The Science behind Breath Testing for Ethanol", 7 U. Mass. L. REV. 110 (2012), 136

5) Lion사의 「Alcolmeter SD-400」은 교정 점검(calibration check)과 교정 조정(calibration adjustment)을 구별하여 전자는 최소한 한 달에 한 번을, 후자는 교정 점검을 한 결과가 기관에서 정한 기준에 어긋나는 때, 예를 들면 표준 측정치 값에서 5% 또는 10%를 벗어난 때 실시한다고 한다. Lion Alcolmeter SD-400 User Handbook: General Issue 7 [RM40977], 22

6) Gil Sapir & Mark Giangrande, "Right to Inspect and Test Breath Alcohol Machines: Suspicion Ain't Proof", 33 J. Marshall L. REV. 1 (1999), 28

7) Department of Health and Human Services Maine CDC, Health and Environmental Testing Laboratory, Chapter 269 Rules Governing Self-Contained Breath Alcohol Testing Equipment, Section 1. Equipment. 1

하다는 표현은 양립할 수 없다.[8]

교정한 대로 작동한다는 것을 측정이 정확하다는 의미로 이해해서도 안 된다.

교정은[9] 측정기의 정확성과 본질이 다르다. 교정은 기계적인 재조정(mechanical readjustment)을 말하므로 측정기의 본질적인 구조적 한계(inherent design limitation)를 바꾸거나 제거하지 못한다.[10]

교정과 교정 사이의 부품 교환, 조정, 수리는 측정 결과를 의심할만한 사유다.[11]

현재 대한민국 도로교통공단 안전본부에서 하는 교정은 호흡 측정기의 재조정이 없으므로 실질은 검증이다.

---

8) 인증도 마찬가지다. 표준 물질을 측정기에 넣어 측정한 결과치가 수인할 수 있는 정도의 오차 범위 내(within some degree of tolerances)에 있을 때 인증(certification)한다. 예를 들면 0.14~0.17을 0.15로 측정하는 기기를 인증한다면, 0.03의 오차 범위, 20%의 범위 혹은 10%의 오차를 수용하는 것이다. 인증이 정확성이나 증거능력을 의미하지는 않는다. 제조회사의 보증 기간을 넘어선 측정기는 신뢰성이 낮다고 보아야 한다. Thomas E. Workman Jr., "The Science behind Breath Testing for Ethanol", 7 U. Mass. L. REV. 110 (2012), 136~137

9) 경찰에서 4개월마다 하는 교정은 과학적인 의미의 교정이 아니다. 검증이다. 예를 들면 교정이 자동차를 운전하기에 앞서 하는 튜닝이라면, 검증은 튜닝이 필요한지를 점검해 보는 것이다. 튜닝이 필요하지 않다는 결과만으로는 자동차가 정확하게 조종된다는 증명을 할 수 없다. 점검 결과가 정상이라는 것과 실제로 정확하다고 확인하는 것은 다르다. 조정이 필요하지 않다는 결과가 나오더라도 정확성에 있어서는 다른 결과가 나올 수 있기 때문이다.

10) Gil Sapir & Mark Giangrande, "Right to Inspect and Test Breath Alcohol Machines: Suspicion Ain't Proof", 33 J. Marshall L. REV. 1 (1999), 28

11) Gil Sapir, Mark Giangrande & Angela Peters, "Breath Alcohol Machines: Evidence Foundation Requirements In Illinois", 22 J. Marshall L. REV. 1 (1988), 18

2 종류

1) 단일 점과 다수 점

단일 점 교정(single point calibration)은 알고 있는 1개 값의 자극을 측정기에 제공하여 측정기가 표시 숫자가 그 값에 맞도록 한다.

대개 측정기에 빈 공기(air blank)를 채운 후 측정하여 '0'으로 표시되도록 한다.

이때 빈 공기의 알코올이 0.005%이어도 0으로 표시되도록 한다면[12] 알코올이 0%인 때에는 '-'로 표시되어야 한다. 그런데도 '0'으로 표시된다면 측정기가 수치를 조작하고 있음을 암시한다.[13]

0.1% 농도를 0.2%로 표시되도록 단일 점 교정했다면 측정하는 모든 값이 실제보다 2배 높게 표시된다.[14]

다수 점 교정(multiple point calibration)은 여러 개의 다른 농도에서 교정한다.

예를 들면 2.0%와 3.0%의 두 농도에서 교정하였으면 측정기는 그 중간은 2.5%로, 2.0%에서 1/10 증가한 농도는 2.1%로 표시한다.[15]

---

12) Thomas E. Workman Jr., "The Science behind Breath Testing for Ethanol", 7 U. Mass. L. REV. 110 (2012), 137

13) Thomas E. Workman Jr., "The Science behind Breath Testing for Ethanol", 7 U. Mass. L. REV. 110 (2012), 142, 각주 191

14) Thomas E. Workman Jr., "The Science behind Breath Testing for Ethanol", 7 U. Mass. L. REV. 110 (2012), 151

15) Thomas E. Workman Jr., "The Science behind Breath Testing for Ethanol", 7 U. Mass. L. REV. 110 (2012), 139

2) 습식 욕조 시뮬레이터와 건식 가스 시뮬레이터

'습식 욕조 시뮬레이터(wet bath simulator)'는 일정 농도의 알코올이 녹아 있는 물에 거품을 일으켜 그 공기가 측정기에 들어가게 한다.

'건식 가스 시뮬레이터(dry gas simulator)'는 스쿠버 다이버가 잠수할 때 사용하는 산소 탱크와 같은 탱크에 압축 공기나 가스와 함께 알코올을 채워 사용한다.[16]

건식 가스 시뮬레이터에는 습기가 없다. 건식 가스탱크에서 알코올을 운반하는 가스로는 질소나 아르곤(argon)을 사용한다. 그런데 질소나 아르곤은 적외선 측정에 있어 불활성(inert)이지만, 공기는 불활성이 아니고 대부분의 주파수에서 빛을 흡수한다. 사람의 호흡에는 공기와 습기가 있지만, 건식 가스 시뮬레이터에는 없다. 충분한 연구와 근거 없이 측정기 소프트웨어의 전환 상수(constants), 즉 분할 비율이 사용되고 있다. 이 문제점을 고려하지 않는다면 교정 자체에서 실제 호흡보다 부풀려진 값이 측정되도록 할 수 있다.[17] [18]

습식 시뮬레이터의 액체 온도는 34℃로 유지된다. 그러나 신체 혈액은 37℃이다.[19]

---

16) Thomas E. Workman Jr., "The Science behind Breath Testing for Ethanol", 7 U. Mass. L. REV. 110 (2012), 146

17) Thomas E. Workman Jr., "The Science behind Breath Testing for Ethanol", 7 U. Mass. L. REV. 110 (2012), 154~155

18) 경찰 음주 측정기로 9번 측정한 결과, 가습 알코올 가스가 습기가 없는 알코올 가스보다 더 높은 측정값을 나타낸다는 연구 결과가 있다. 약 1~8%, 평균 3.5% 차이가 있다. 백서현, 이진홍, 김용두, 배현길, 김병문, 허귀석, 오상협, 우진춘, "습도 차이에 따른 음주 측정기 성능 평가", 한국분석과학회, (2018. 11.), 117

19) Thomas E. Workman Jr., "The Science behind Breath Testing for

알코올의 무게를 물의 부피로 정하는 것도 문제다. 물의 부피는 온도에 따라 변하기 때문이다.[20][21][22]

순수 액체인 물과 달리 혈액에는 혈청(serum)이 있다. 혈청은 전체 혈액보다 알코올 농도가 약 20% 이상 높다. 따라서 전체 혈액의 농도가 0.08 g/100 ㎖이기 위해서는 혈청은 이보다 높은 농도이어야만 한다. 그러므로 교정 시 사용하는 용액에는 습식 교정 기계가 측정하고자 하는 값보다 농도가 20% 높은 용액이 섞여 있어야 한다. 이 점을 고려하지 않고, 훨씬 낮은 농도의 용액으로 교정된 측정기는 실제보다 20% 높은 측정치를 표시한다.[23]

Ethanol", 7 U. Mass. L. REV. 110 (2012), 147~148

20) Thomas E. Workman Jr., "The Science behind Breath Testing for Ethanol", 7 U. Mass. L. REV. 110 (2012), 150

21) 건식 가스 시뮬레이터는 가스와 알코올을 섞어 일정한 기준 농도를 만든다. 이때 가스를 내보내는 탱크의 압력이 낮으면, 가스가 적게 나온다. 이 상태로 교정된 기계는 알코올 농도를 체계적으로 높게 표시한다. 건식 가스 시뮬레이터는 액체 알코올을 회전시켜 기체로 만들어서 혼합한다. 이 경우 인증된 액체의 알코올을 ppm으로 표시하고, 이를 호흡 중 알코올의 그램으로 표시한다. 가령 208.4 ppm의 알코올을 호흡 중 알코올 농도 0.080로 인증한다. 그런데 208.4 ppm은 농도를 나타내기 위한 것으로서 이는 208.4 parts per million이고, 무게가 아닌 부피이다. 즉 0.0002084 proportion by volume이다. 이것을 무게, 즉 0.08 g/210 ㎗라고 하는 근거를 설명할 수 없다. Thomas E. Workman Jr., "The Science behind Breath Testing for Ethanol", 7 U. Mass. L. REV. 110 (2012), 153

22) 보일의 가스 법칙(Boyle's Gas law)에 의하면, 기압(barometric pressure)이 증가하면 측정기 내부에 더욱 많은 알코올이 부유(suspended)한다. 이렇게 기압으로 인해 증가된 농도는 알코올의 농도를 계산할 때 보정되어야만 한다. Thomas E. Workman Jr., "The Science behind Breath Testing for Ethanol", 7 U. Mass. L. REV. 110 (2012), 155

23) 이 관련 사건이 워싱턴 포스트(Washington Post)지에 보도된 바 있다. Thomas E. Workman Jr., "The Science behind Breath Testing for Ethanol", 7 U.

표준 용액에 들어 있는 고체의 비율이 측정 대상자의 혈액에 있는 고체의 비율과 다르다면 그 개인에 대해서는 교정이 잘못된 것이다. 혈액 속의 혈청의 수준은 사람마다 다르다. 혈청에 있는 알코올의 양을 전체 혈액의 양으로 바꾸어 전체 혈액의 알코올 농도로 계산하는 데 사용하는 전환 인수는 복잡하다.[24][25]

3 교정 절차

교정하는 사람의 자격증(certification), 실제 교정의 실험 절차(testing procedure) 등의 내용을 반드시 문서로 남겨야 한다.[26][27]

Mass. L. REV. 110 (2012), 147; Mary Pat Flaherty, 400 Drunken-Driving Convictions in D.C. Based on Flawed Test, Official Says. WASH. POST, (June 10, 2010), 1

24) Thomas E. Workman Jr., "The Science behind Breath Testing for Ethanol", 7 U. Mass. L. REV. 110 (2012), 151. (The conversion factor used in order to compute the value in whole blood to convert ethanol content in blood serum to whole blood is complicated.)

25) 전체 혈액에는 알코올을 흡수하지 않는 고체(solid)가 있으므로 혈액의 액체 부분의 알코올 농도는 전체 혈액의 알코올 농도보다 높다.

26) 사전 및 사후 호흡 교정 시험 표의 결과(calibration breath test ticket), 프린터 시험 결과(printer test result), 교정 에탄올 용액의 고유 번호(ethanol calibration solution batch number), 인증된 교정 에탄올 용액 평가(certified calibration ethanol solution assays), 일관된 시뮬레이터 운영 표준(uniform operational standards of the simulator) 등이 포함된다. Gil Sapir, Mark Giangrande & Angela Peters, "Breath Alcohol Machines: Evidence Foundation Requirements In Illinois", 22 J. Marshall L. REV. 1 (1988), 18

27) 미국에서 이 기준은 National Highway Traffic Safety Administration의 홈페이지에서 확인이 가능하다.

교정에 사용하는 표준 용액은[28] 제조부터 사용까지 추적성이 있어야 한다. 그리고 사용하는 표준 용액이 기준과 맞는지 확인하여야 한다. 교정의 불확도는 측정되어야만 한다. 이에 대한 입증 책임은 국가에 있다.

교정 서류는 조작될 수 있으므로[29] 항상 원천 데이터가 있어야 한다.[30]

헌법상 반대신문권 조항은 과학적 검사에도 적용된다. 음주 운전 측정에 있어서는 피고인은 입증을 위해 제출된 검사 절차 및 검사 장치에 대한 충분한 정보를 받을 권리가 있다.[31] 피고인으로

---

https://www.nhtsa.gov/sites/nhtsa.gov/files/documents/cu-model-specs_june2017.pdf (2022. 2. 1. 접속)

28) 인증받은 용액 속의 알코올 양은 사용하면서 줄어든다. 인증받은 용액의 허용 오차 범위는 10%이다. 정확하게 측정되지 않은 표준 용액은 기계를 교정할 때 표준 값으로 인정할 수 없다. 이처럼 달라진 여러 표준 용액의 값을 모두 특정한 목표 값으로 한 것이 교정 기록(calibration log)에 있다면, 실제 표준 용액의 값이 아닌 목표 값이 기계에 잘못 입력되고 있다고 볼 수 있다. Thomas E. Workman Jr.,"The Science behind Breath Testing for Ethanol", 7 U. Mass. L. REV. 110 (2012), 150

29) 미국에서 측정기를 시험하지 않고서도 시험한 것처럼 조작한 사례가 있다. Thomas E. Workman Jr., "The Science behind Breath Testing for Ethanol", 7 U. Mass. L. REV. 110 (2012), 158; 1,147 Drunk Driving Cases Could be in Jeopardy in Philadelphia, Philadelphia CBS Local, https://philadelphia.cbslocal.com/2011/03/23/i-team-1147-drunk-driving-cases-could-be-in-jeopardy/

30) Thomas E. Workman Jr., "The Science behind Breath Testing for Ethanol", 7 U. Mass. L. REV. 110 (2012), 158

31) Kathleen E. Watson, "COBRA Data and the Right to Confront Technology against You", 42 N. KY. L. REV. 375 (2015), 376; Gil Sapir & Mark Giangrande, "Right to Inspect and Test Breath Alcohol Machines:

서는 반대 증거를 검증하지 않고서는 공정한 재판을 받았다고 할 수 없다.

호흡 측정 결과는 증거로 사용할 목적으로 만든 것이므로 반대 신문을 할 기회가 보장되어야 한다.[32 33 34 35]

4 대한민국

국내에서 사용하는 호흡 음주 측정기인 삼안전자 제조 「SA-2000F」 등에 대한 교정은 도로교통공단 안전본부에서 한다.

Suspicion Ain't Proof", 33 J. Marshall L. REV. 1 (1999), 42

32) Crawford v. Washington, 541 U.S. 36 (2004) 판결에서 미 연방대법원은 증거가 '증언적(testimonial)'이면 반대신문권이 보장된다고 했다. '증언적'의 의미는 '어떤 사실을 입증하거나 증명하기 위한 목적으로 만든 진지한 선언이나 확인(solemn declaration or affirmation made for the purpose of establishing or proving some fact)'을 말한다.

33) Melendez-Diaz v. Massachusetts, 129 S. Ct. 2527 (2009) 판결에서 미 연방대법원은 어떤 물질이 마약이라는 포렌식 분석 보고서는 증언적 진술이라고 했다.

34) Bullcoming v. New Mexico, 131 S. Ct. 2705 (2011) 판결에서 미 연방대법원은 혈액 알코올 검사 결과는 증거로 할 목적으로 만든 문서로서 증언적 진술이라고 했다.

35) Crawford v. Washington, 541 U.S. 36 (2004) 판결에서 미 연방대법원은 증언에 나온 사람 자신이 직접 검사하지 않아 다른 사람의 증언을 되풀이할 뿐이라서, 효과적으로 반대신문을 할 수 없을 때도 반대신문권 침해라고 했다. 월터 롤리 경(Sir Walter Raleigh)에 대한 반역 재판에서 롤리에 대한 증거로 공범자의 선서 진술서가 낭독되어 유죄 입증에 사용되었다. 헌법상 반대신문권 조항은 악명 높은 직권주의적 관행을 막으려는 데 목적이 있다. 이를 무력하게 하는 규칙은 허용할 수 없다고 했다.

음주단속, 과속 측정의 허상

도로교통공단은 KS Q ISO[36]/IEC[37] 17025에 의거 KOLAS 공인교정기관으로 인정받은 기관이다. 교정 기구는 자체 개발한 기구를 사용하며 1년 1회 타 공인교정기관으로부터 교정받는다. 자체 개발한 프로그램을 사용하며 1년에 1회 유효성 검증을 한다.

교성 시 사용하는 알코올 표준 가스는 주식회사 덕양 또는 어프로티움 주식회사에서 제조한 것을 사용한다. 덕양의 표준 가스는 0.0299%, 0.0791%에서 각각 불확도 1.9%(신뢰수준 약 95%, $k=2$)이다.

교정은 0.00%, 0.03%, 0.08%에서 하며, 0.03%, 0.08%에서 각각 4회 측정한다.[38] 그중 최초 측정치 1개를 버리고, 나중의 3개를 택하여 평균값과 표준 편차를 구한다.

알코올 농도 외에 무선 주파수 간섭 여부, 아세톤 감지 여부 등은 따로 교정 시 검증하지 않는다.

도로교통공단 안전본부에서 교정 시 호흡 음주 측정기에 알코올 표준 가스를 주입할 때 산출되는 상대 측정 불확도는 0.0152(신뢰 수준 약 95%, $k=2$)이다. 측정 불확도(신뢰 수준 약 95%)는 절대 측정 불확도로서 그에 대한 계산은 다음과 같다.[39]

---

36) International Organization for Standardization

37) International Electrotechnical Commission

38) 음주 측정기를 표준 가스와 일치되도록 조정하지는 않고, 0.00%, 0.03%와 0.08%의 표준 가스에서 측정기가 ± 5% 범위 안에서 수치를 표시하는지 확인한다.

39) 'g/dℓ은 혈액 100 ㎖ 중 알코올 (g) 농도로서 호흡 중 알코올 농도의 혈중 알코올 농도 상당량인 % BAC와 같은 단위'라는 기재 부분은 혈액 100 ㎖중 알코올이 호흡 210 ℓ 의 알코올과 같다는 의미가 내포되어 있다. 그러나 호흡과 혈액의 알코올은 동일하지 않고, 분할 비율도 일정하지 않으므로 이 부분은 잘못이다.

교정범위	측정 불확도(신뢰 수준 약 95%)	수식
(0.000 0~0.100 0) g/dℓ	1.52×10^{-3} g/dℓ *	0.015 2 × 0.1
(0.100 0~0.400 0) g/dℓ	6.08×10^{-3} g/dℓ	0.015 2 × 0.4
(0.400 0~0.450 0) g/dℓ	6.84×10^{-3} g/dℓ	0.015 2 × 0.45

「표 6 * g/dℓ은 혈액 100 ㎖ 중 알코올 (g) 농도로서 호흡 중 알코올 농도의 혈
중 알코올 농도 상당량인 % BAC와 같은 단위」

대한민국 경찰청의 '음주측정기 교정 표준업무' 9조는 교정이
완료된 음주측정기에 대해 측정 불확도를 산출하고, 성적서에는
기재하지 않게 되어 있다. 이에 따라 도로교통공단에서는 경찰청
음주 측정기 품질기준에 적합하다는 결론을 내용으로 하는 교정
완료 통보서만을 경찰로 보낸다.

음주단속, 과속 측정의 허상

VIII

측정 절차

1 　오차를 줄이기 위해서는 수회 측정이 필요하다.

1) 1회 측정으로는 오차를 발견할 수 없다.

　1,000 ㎢ 땅에서 성분을 찾는다고 하자. 이때 어떤 한 곳에서 종이컵 1개의 흙을 파서 관찰하는 정도로는 전체 땅에 무엇이 있는지를 알아냈다고 할 수 없다. 다른 곳에서 한 번 더 흙을 파서 관찰하면 보다 잘 알 수 있다. 여러 곳의 흙을 관찰한다면 더욱더 정확히 알 수 있다.[1]

　실제로는 땅에 광물이 있는데도 단 한 번의 검사로 광물이 없다고 단정한 이유는 샘플링 오차 때문이다. 샘플을 어떻게 고를 것인지(sample selection)와 어떤 방식으로 샘플화(sampling)를 할 것인지는 오차의 원인이 된다.

　여기서 일치성(precision)과 정확성(accuracy)을 구분할 필요가 있다.

　일치성은 같은 측정기로 같은 대상을 여러 번 측정한 값이 일치하는 정도가 상대적으로 유사함을 말한다. 측정을 반복하면, 장치나 작동 방법, 환경에 따라 통제할 수 없는 변수에 의해 불일치(imprecision)가 발생한다. 그러나 측정을 단 1회만 한다면, 이러한 불일치는 논리적으로 있을 수 없다.

　측정을 여러 번 하면 측정 결과가 다른 때가 있다. 이를 통해 오차를 발견할 수 있게 된다.

　측정을 한 번만 한다면 이러한 기회가 없다. 측정 횟수를 늘리는 것은 샘플링의 오류를 막는 방법의 하나이다. 여러 번 측정하는 방법으로 오차의 위험을 줄일 수 있다는 것은 통계학에 잘 알

---

[1]　이처럼 여러 번 측정할수록 정확한 결과를 얻을 확률이 높아진다는 것은 분석 화학의 기본 원리이다.

려져 있다.[2]

정확성은 일치성보다 넓은 개념이다. 가령 두 번 측정해서 같은 값이 두 번 나오면 일치성이 있다. 그러나 두 번의 결과가 일치한다고 하더라도 교정 자체가 잘못되어 구조적 오차가 있다면 정확성은 없다.[3][4][5]

---

2) 이는 자유도(degree of freedom)나 t-분포(Student's t-distribution) 표로 실증적으로 표현된다. 가령 같은 것을 5회 측정하면 t-분포가 낮아지고(drop), 측정 결과의 편차도 작아진다(the variability in results becomes smaller). Justin J. McShane, "A Scientific Examination of the Validity of Evidentiary Breath Testing as Applied to DUI Prosecution in the United States Today", 2012 WL 4964533 (2012), 9

3) '측정학에서의 지침을 위한 합동 위원회(The Joint Committee for Guides in Metrology: JCGM)'의 정의에 의하면, 정확성은 '측정하려고 한 것과 실제 측정한 것에 대한 합의의 근접함(closeness of the agreement between the a result of measurement and a true value of measurand)'이다. Evaluation of measurement data – Guide to the Expression of Uncertainty Annex B.2.14

4) 정확성은 오차(bias)와 일치성(precision), 즉 계통 오차(systematic error)와 우연 오차(random error)를 포함한 개념이다. '측정하려고 한 목표치와의 일치'가 정확성이라면, 목표치와 상관없이 '같은 위치에의 일관된 도달'이 일치성이고, 신뢰성이다. 과학적 증거는 정확하고, 동시에 신뢰성이 있어야 한다.
호흡 측정기를 주기적으로 점검하거나 교정하는 것 자체는 특정 측정 결과의 신뢰성이나 정확성을 보장하지는 않는다. Gil Sapir & Mark Giangrande, "Right to Inspect and Test Breath Alcohol Machines: Suspicion Ain't Proof", 33 J. Marshall L. REV. 1 (1999), 27

5) 측정의 불확도는 계통 오차에 대한 불완전한 교정에서도 발생하므로 일치성과 다른 개념이다. Eran Tal, "The Epistemology of Measurement: A Model-Based Account", A thesis, Graduate Department of Philosophy University of Toronto (2012), 32

2) 호흡 측정의 횟수

가) 1회 측정의 문제점

1회 측정은[6] 샘플을 한 번 채취하여 한 번 측정한다. 1회 검사의 구조는 법과학적으로 인정될 수 없다.[7]

가령 1회 샘플 측정 과정에서 무선 주파수 간섭의 영향이 있었다고 하자. 그런데 2회 샘플 측정 시에 간섭이 없었다면 1회 측정과 2회 측정 간의 차이가 발생하고, 이를 통해 오차가 있음을 알 수 있다. 그러나 한 번만 측정한다면 오차를 밝혀낼 가능성은 없다. 1회 측정은 2회 측정과의 비교를 통한 정확성 검증이 불가능하여 1회 측정치를 절대적으로 보이게 한다.[8]

또 1회 측정은 측정자에게 호흡량 등 샘플링에 대해 큰 재량을 준다는 문제가 있다.

1회 측정은 측정의 일관성, 정확성에 있어 비과학적이다.

1회 측정치가 처벌 대상에 해당하지만, 2회 측정에서 그렇지 않음이 밝혀진 때에는 특히 인권 차원에서 중요한 의미가 있다. 실제로는 처벌 기준에 해당하지 않음에도 1회만의 측정치를 증거로 하여 처벌한다면 사법 신뢰가 훼손된다.[9]

---

6) (single test)

7) Rodney G. Gullberg, "A concern associated with single breath alcohol analysis for forensic purposes (Letter to the Editor)", 38 Journal of Forensic Sciences (1993), 1263

8) 정확성이 중요한 형사절차에서 1회 호흡 측정치는 증거로 인정되어서는 안 된다. Lawrence Taylor & Steven oberman, "§ 7.01 The Reliability of Breath-Alcohol Analysis", DDDEF § 7.01 (2022): Hlastala, "Physiological Errors Associated with Alcohol Breath testing", 9(6) The Champion 19 (1985)

9) Edward F. Filzgerald & David N. Hume, "The Single Chemical Test for Intoxication: A Challenge to Admissibility", 66 Mass. L. Rev. 23 (1981), 32

1회 측정을 원칙으로 하고, 2회 측정 요구가 사실상 제한되는 제도는 개선되어야 한다.[10]

나) 반복 측정의 한계점

반복 측정(replicate measuring)은 샘플을 1회 채취하여 2회 측정함을 말한다.

같은 샘플을 두 번에 걸쳐 측정해서 같은 수치를 얻었을 때 일치성이 있다. 그러나 같은 샘플을 사용하므로 샘플링의 오차를 반영할 수 없다. 따라서 과학적으로 오차가 없다는 진정한 의미의 정확성을 인정하기에는 불충분하다.[11]

다) 2회 측정

2회 측정(duplicate testing)은 호흡을 두 번 채취하여 두 개의 샘플을 분석함을 말한다. 한 개의 호흡을 채취해서 두 번 분석하는 반복 측정과 구분된다.

미국 뉴저지, 캘리포니아, 텍사스, 애리조나, 플로리다 등 많은 주에서는 2~10분 간격으로 두 번 호흡을 채취해서 2회 검사를 한다.[12][13]

---

10) 현장에서 측정하는 샘플은 충분한 양을 확보하여 독립적으로 검사해야 하고, 피고인 측에도 제공되는 것이 1회 검사 후 샘플을 없애는 것보다 바람직하다. Edward F. Filzgerald & David N. Hume, "The Single Chemical Test for Intoxication: A Challenge to Admissibility", 66 Mass. L. Rev. 23 (1981), 36

11) Justin J. McShane, "A Scientific Examination of the Validity of Evidentiary Breath Testing as Applied to DUI Prosecution in the United States Today", 2012 WL 4964533 (2012), 8

12) 알코올과 기타 약물의 국가 안전 의회 위원회(National Safety Council Committee on Alcohol and Other Drugs)도 반드시 2회 측정을 할 것을 권고한다. https://www.nsc.org/getmedia/6a157e53-a019-4ee6-85a2-

두 개의 측정치 간의 오차가 ± 0.02 g/210ℓ 미만일 때에는 측정치에 신뢰성이 있다고 본다.[14] 이를 넘으면 호흡량의 차이, 즉 경찰의 주관이 개입되었다고 보고 증거능력을 인정하지 않는다.[15]

2회 측정은 측정치가 두 개 이상이 있다. 그래서 ± 0.02 g/210 ℓ의 범위 안에 드는 가장 낮은 2개 수치의 평균값을 계산하여 앞

428df844deca/nschistoryofcaod.pdf 104 참조.

(RECOMMENDATION OF THE SUBCOMMITTEE ON TECHNOLOGY DUPLICATE BREATH ALCOHOL TESTING October 1986

At least two separate breath samples should be collected and analyzed individually in performing any quantitative evidential breath-alcohol analysis. The breath samples should be collected at intervals of not less than 2 nor more than 10 minutes, after an initial deprivation period of at least 15 minutes. Reported breath-alcohol analysis results shall be truncated to two decimal places; and all results obtained shall be reported. Consecutive breath-alcohol analysis results within 0.02 g/210 ℓ without regard to sign, shall be deemed to be in acceptable agreement.)

13) 미국 학계에서는 2회 측정은 논란의 여지 없이 인정되고 있다. Kurt Dubowski나 A. W. Jones가 쓴 논문도 있다. Ronald J. Meltzer, "Defending breath test cases in New York State", 2012 WL 1190192, (2012), 9

14) Thomas E. Workman Jr., "The Science behind Breath Testing for Ethanol", 7 U. Mass. L. REV. 110 (2012), 136

15) 그러나 ± 0.02 g/210 ℓ의 차이까지는 허용된다는 점에 대한 과학적 근거가 없다. 이러한 기준은 자의적이다. 자의적이지 않으려면 적어도 ± 0.02 g/210 ℓ라는 수치가 아니라, 어떤 수준, 즉 퍼센티지로 정해야 한다. Justin J. McShane, "A Scientific Examination of the Validity of Evidentiary Breath Testing as Applied to DUI Prosecution in the United States Today", 2012 WL 4964533 (2012), 9

음주단속, 과속 측정의 허상

자리 두 숫자를 최종 알코올 농도로 한다.[16] [17]

그러나 형사절차에서는 의심스러울 때는 피고인의 이익으로 해야 한다. 따라서 가장 낮은 수치를 사용해야 한다.

측정치 세 번째 자리 이하가 측정치가 0.037과 같은 때, 끝의 자리 7을 무시하고, 0.03으로 보아야 한다. 반올림 규정이 없으므로 피고인에게 유리하게 해석해야 하기 때문이다.

한편 두 번째 호흡 샘플을 측정하더라도, 첫 번째 호흡 샘플 측정치와 같을 때 대상자에게 호흡을 그만 불게 하면 2회 측정은 의미가 없게 된다. 이 경우에는 측정의 객관성에 문제가 있다.[18]

3) 혈액

샘플을 한 번 채취하여 한 번 분석하는 방식을 '1회 분석(single analysis)'이라고 한다. 이 경우에는 가령 우연히 다른 샘플과 바뀐

---

16) Department of Health and Human Services Maine CDC, Health and Environmental Testing Laboratory, Chapter 269 Rules Governing Self-Contained Breath Alcohol Testing Equipment, Section 2. Procedures. 4.

17) 미국 메인주에서는 2회 측정하여 ± 0.02 g/210 ℓ 이상 차이가 나면 추가로 2회 더 측정하여 총 4회의 측정치를 비교한다. 그중 ± 0.02 g/210 ℓ 미만의 차이가 나는 2개의 측정치를 사용한다. 이러한 측정치가 없다면 측정을 무효로 하고 다른 측정기로 측정한다. Department of Health and Human Services Maine CDC, Health and Environmental Testing Laboratory, Chapter 269 Rules Governing Self-Contained Breath Alcohol Testing Equipment, Section 2. Procedures. 3.

18) ① 여론이 단속 정책에 협조적인가 ② 단속된 개인이 자신의 상황을 단속 경찰관에게 설명할 기회가 있는가 ③ 단속과 처벌이 공정하고 편향이 없이 이루어지는가 ④ 그 과정에서 개인의 존엄성이 유지되는가 ⑤ 담당자나 증거가 믿을 만하고, 진실한가 음주 단속 절차의 공정성을 결정한다. Marco Conner, "Traffic Justice: Achieving Effective and Equitable Traffic Enforcement in the Age of Vision Zero", 44 FORDHAM URB. L. J. 969 (2017), 992

다거나 혹은 샘플링 및 분석을 위한 준비 과정에서의 문제를 발견할 수 없다.

같은 샘플을 두 번 검사하는 방식이 반복 분석(replicate analysis)이다. 두 개 측정치의 차이에서 나타나면, 이를 통해 우연히 발생하는 오차(random error)를 검토하고, 제거할 기회를 준다. 그러나 이로는 샘플링 및 분석하는 사람과 장비에 관한 오차를 발견할 수는 없다.

따라서 2회 분석(duplicate analysis)이 더 나은 방법이다. 2회 분석은 ① 서로 다른 분석가가 서로 다른 샘플링 장치를 사용하여 혈액을 샘플링하고 ② 각각 다른 분석 도구로 분석한다. 다른 분석 방법이나 다른 가스 크로마토그래프 분리관을 사용하면 더욱 좋다.[19]

미국 워싱턴 주는 운전 종료 후 2시간 내에서 측정 결과 혈중 알코올 농도 0.08 g/100 ㎖ 이상을 처벌한다. 2회 측정을 해야 한다. 2개의 평균치로부터 '0.01 g/100 ㎖'의 범위 안에서 일치해야 한다. 이 분석 결과는 전체 혈액 100 ㎖ 당 알코올의 그램(g)으로 표시해야 한다.[20] [21]

---

19) Barry T. Simons, Ron Moore, "Challenging the Blood Test for Alcohol", 33-May Champion 54 (2009), Analysis Issues

20) State v Babiker, 126 Wash. App. 664 (2005), 666~667

21) State v. Benoit, 570 So. 2d 490 (La. Ct. App. 5th Cir. 1990) 판결에서는 가스 크로마토그래피에 있어 탐지하지 못하는 오류의 가능성을 제거하기 위해 2회 분석(replicate analysis)을 해야 한다고 규정한 '55 L.A.C. I. §555. Certified Techniques of Analysis D'를 인용하였다.

음주단속, 과속 측정의 허상

2 측정 절차가 정확성에 영향을 준다.

1) 호흡

미국의 호흡 측정 절차는 다음과 같다.[22]

---

① 물을 마신 후 10분 후 측정한다. 구강 내 다른 물질에 의한 영향을 제거한다.

② 아무것도 없는 가스로 검사하여(blank test) 그 결과치가 0.01 g/100 ㎖[23] 보다 크지 않아야 한다.

③ 표준 가스로 교정 점검(calibration check)하여 오차가 ± 5% 또는 0.005 g/100 ㎖ 이내에 있어야 한다.

④ 개봉되지 않은 새 마우스피스(a new unopened mouthpiece)를 측정 시마다 사용해야 한다.

⑤ 1회 측정 시 처벌 기준을 넘으면 10분 후 2회 측정을 한다.

⑥ 1회 측정과 2회 측정치가 0.02 g/100 ㎖를 넘지 않아야 한다. 만일 0.02 g/100 ㎖ 이상이면 3회 측정을 한다. 그중 틀린 것을 버린다.

⑦ 유효한 2개의 측정치 중 낮은 것을 사용한다.[24]

구강 내에 남아 있는 알코올이 측정되어도 측정치를 높인다. 이를 '구강 알코올 효과(mouth alcohol effect)'라고 한다. 이를 막기 위해 측정 대상자가 10분간 아무것도 먹지 않도록 한다. 첫 번째 측

---

22) James G. Wigmore, "The Forensic Toxicology of Alcohol and Best Practices for Alcohol Testing in the Workplace", Canadian Nuclear Safety Commission, (2014), 18

23) 이 표 안의 내용을 쓴 원 필자인 James G. Wigmore는 'g/100 ㎖'의 단위를 사용하였다. 그러나 이는 호흡 중 알코올 농도를 혈중 알코올 농도와 같게 본 것이므로 타당하지 않다. 'g/210 ℓ'를 사용해야 한다.

24) 평균치를 사용하기도 한다.

정후 10분이 지난 다음 두 번째로 측정한다.[25]

호흡 측정기는 측정기 안에 있는 미세한 양의 알코올을 측정한다. 따라서 이전의 호흡으로 오염되어 있으면 측정치가 정확하지 않을 수 있다. 따라서 여러 번 호흡을 불게 할 때는 호흡 측정기가 오염되어 측정치의 신뢰성이 떨어질 수 있다.

측정기 정확도 검사의 목적은 다른 화학 물질의 간섭(chemical interferences in the ambient air)과 같이 허용되지 않는 영향이 있었는지를 확인하기 위해서다. 측정기 정확도 시험 결과를 통해 측정기 내 불순물이 없고, 아울러 교정이 적정하게 되었음을 확인할 수 있다. 그러나 측정기 정확도 시험은 교정의 일부분은 아니다.[26]

이러한 정확도 시험은 당연히 개개의 대상자에 대한 측정 시마다 해야 한다.[27][28]

---

25) 일반적으로 구강 알코올의 효과는 미미하고 짧아 공정한 재판에 영향을 미치지 않는다고 본다. James G. Wigmore, "The Forensic Toxicology of Alcohol and Best Practices for Alcohol Testing in the Workplace", Canadian Nuclear Safety Commission, (2014), 12

26) Flem K. Whited Ⅲ, "§ 18:16 Scientific Protocol for Breath Alcohol Testing", 2 Drinking/Driving Litigation: Criminal and Civil § 18:16 (2021)

27) Department of Health and Human Services Maine CDC, Health and Environmental Testing Laboratory, Chapter 269 Rules Governing Self-Contained Breath Alcohol Testing Equipment, Section 2. Procedures. 1.

28) 「Intoxilyzer 5000」 사용 시, 대상자를 음주 측정하기 전에, 그전에 있던 알코올 및 다른 호흡과 공기를 측정기 샘플 실 내부에서 내보내야 한다. 이를 위해 공기를 배출(air blank)한다. 공기를 배출한 후 알코올 농도를 측정한다. 이때 농도가 0.00%이어야 한다. 그다음에는 교정 점검을 한다. 표준 시약 (simulator solution)의 표면 가스(headspace gas)나 증기를 측정기 내부로 보내는데, 측정기가 측정한 위 시약의 농도가 오차 범위 내에 있어야 한다. 교정 점검에서는 시약이 0.100%일 때, ± 0.010%까지의 오차를 허용한다. 따라서 알코올 농도가

음주단속, 과속 측정의 허상

호흡 측정 시 숨을 내쉬는 호흡 측정 관(breath hose)이 가열되어 있어야 한다. 그렇지 않고 차가우면 차가운 관에 알코올이 냉축(condensing)되어 다른 사람의 측정에 영향을 주기 때문이다. 마우스피스도 냉축의 문제가 있다. 여러 번 불게 되면 마우스피스에 알코올이 냉축되어 오염의 문제가 발생한다. 2회 측정 시 한 번 불고 공기 배출을 하지 않고, 다시 불게 되면 측정기 내부의 알코올 양이 0.00%이었음을 입증할 수 없게 된다. 따라서 한 번 불면 반드시 공기 배출을 하고 마우스피스를 바꾸어야 한다.

호흡 측정기의 모든 결과는 유지 기록(maintenance log)으로 남겨야 한다.[29]

대한민국 경찰청은 홈페이지에 「교통단속 처리지침」을 게시하고 있다. 제3편에 주취 운전자 단속에 관한 사항이 있다.

0.090%이어도 허용된다. 교정 점검 후 다시 한번 공기 배출을 한다. 이때 알코올 농도가 0.00%로 측정되어야 한다. 「Intoxilyzer 5000」은 측정할 때마다 자체적으로 표준 시약 0.100, 0.200, 0.300%의 농도에서 도구 점검(instrument check)도 한다. 이때 측정기는 ± 5%의 허용 오차를 인정한다. 이것도 교정 점검의 일종으로서 각각의 대상자에 대한 측정 전에 해야 한다. 이 이후에 대상자의 호흡을 측정한다. 측정을 종료한 후에는 다시 공기 배출을 하여 다음 사람의 측정 때 이전 사람의 알코올로 인한 영향이 없도록 한다.

측정 결과에는 다음 내용이 연속적으로 표시되어야 한다.

「① 공기 배출을 통한 측정기 내 불순물 제거(air blank) ② 호흡 측정 (breath test) ③ 공기 배출을 통한 측정기 내 불순물 제거 (air blank) ④ 호흡 측정 (breath test) ⑤ 공기 배출을 통한 측정기 내 불순물 제거 (air blank) ⑥ 표준 가스 등을 통한 측정기 정확도 시험(control test) ⑦ 공기 배출을 통한 측정기 불순물 제거(air blank) ⑧ 결과 출력 (printout or recording of result)」

29) James G. Wigmore, "The Forensic Toxicology of Alcohol and Best Practices for Alcohol Testing in the Workplace", Canadian Nuclear Safety Commission, (2014), 19

제30조 등에는 주취 운전이 의심스러울 때에 음주 측정기 또는 채혈에 의해 주취 여부를 측정하도록 하고 있다. 제31조에는 채혈에 의해 다시 측정할 수 있음을 고지하도록 하고 있다. 제34조에 의하면 음주 측정기는 연 3회 이상 검·교정을 받게 되어 있다. 또 월 2회 이상 기기 고장 여부를 확인·점검하도록 되어 있다.

대한민국 경찰은 음주 측정기에 호흡이 들어갈 때 알림음(도-레-미 음높이가 순서대로 나오는데 약 5초 내외로 호흡이 끊이지 않고 불었을 때 '미'음이 나오고 정상 측정이 되므로 5초 정도 불게 한다. 호흡량은 기록되지 않는다. 측정 경찰관은 중앙경찰학교 교육 외에 별도 교육이 없다. 측정기는 파출소에 커버를 씌운 상태로 서류 가방에 보관한다.[30] 도로교통공단 점검일자 간의 간격이 4개월이 초과된 경우가 있다.

2) 혈액

혈액 채취는 위생적인 장소에서 자격이 있는 사람이 해야 한다.[31] 문신이나 혈액이 뭉친 곳에서 채취해서는 안 되므로 채취 위치도 중요하다.[32]

---

30) 캘리포니아주 규정(California Code of Regulation)에 의하면, 호흡 측정기는 10일 혹은 150번의 검사 중 어느 것이든 먼저 해당하는 때는 교정해야 한다(§ 1221.4(a)(2)). 교정 표준 용액은 허가받은 실험실에서 제공된 것이어야 한다. 장치 책임자는 알코올 법과학 감독관, 관리자, 분석관 혹은 훈련생(forensic alcohol supervisor, analyst, trainee)이어야 한다. 시험 용액의 온도는 33.8~34.2℃이어야 한다.

31) McNeely v. Missouri, 133 S. Ct. 1552 (2013) 판결에서 미 연방대법원은 시간이 지나면서 혈액의 알코올이 신체 대사에 따라 사라지는 사정은 사전 영장의 예외 사유인 긴급한 상황에 해당하지 않는다고 했다. 따라서 혈액 채취에 동의하지 않는 자에 대해서는 사전 영장을 발부받아 혈액을 채취해야 한다.

32) 비영리 기구인 'Clinical and Laboratory Standards Institute(CLSI)'에서 의료

채취 부위에 있는 알코올이나 다른 불순물은 알코올 농도에 영향을 미칠 수 있다. 따라서 에탄올뿐만 아니라 이소프로파놀, 소독용 알코올(rubbing alcohol) 등도 제거되어야 한다. 알코올로 피부를 닦으면 혈관으로 들어가서 혈중 알코올 농도를 높인다. 따라서 혈중 알코올 농도 측정을 위해서는 비알코올 클리너를 사용해야 한다.[33]

피부를 닦을 때(swabbing)는 주삿바늘을 꽂는 부위의 피부에 있는 미생물을 멀리 보내야 한다. 따라서 반드시 바깥쪽으로 회전(outward spiral)해야 한다. 많은 채취자는 주사 놓을 부위 위에서 앞, 뒤로만 닦는다. 알코올이 남으면 마른 상태이고, 튜브가 진공이더라도 측정 결과에 상당한 영향을 미친다. 따라서 피부를 닦은 물질에 알코올이나 다른 활성 화합물(volatile compound)이 있는지를 제조사 등을 상대로 확인해야 한다.[34]

정맥(intravenous) 주사를 맞은 부위에서 채취해서는 안 된다. 알코올 농도 수치를 희석(dilution)시킬 수 있기 때문이다.[35]

혈액 채취용 바늘이 너무 작으면 혈액 세포를 찢을 수 있다. 이를 '용혈(hemolysis)'이라고 한다. 용혈이 생기면 혈액의 액체 비율을 높여 혈중 알코올 농도가 변한다. 팔꿈치 안쪽에 있는 정맥을

시험의 표준을 정하고 있다.

33) 단순한 제조사의 라벨은 전문증거로서 피부를 닦은 물질에 알코올이나 불순물이 없다는 점을 증명하는 증거로 사용할 수 없다는 해외 판결이 있다. Le Roux Adria, "Medico-Legal Aspects Regarding Drunk Driving", 20 S. AFR. J. CRIM. Just. 220 (2007), 237; S v Greff 1970 (4) SA 704 (O)

34) Barry T. Simons, Ron Moore, "Challenging the Blood Test for Alcohol", 33-May Champion 54 (2009), Skin Prep and Alcohol Swabs

35) Barry T. Simons, Ron Moore, "Challenging the Blood Test for Alcohol", 33-May Champion 54 (2009), Location of the Blood Draw

찾기 어려워 손등에서 나비 바늘(butterfly needle)이나 다른 소구경 바늘(small-bore needle)을 사용할 때 종종 용혈이 발생한다. 용혈은 바늘이 정맥에 들어가는 각도에 의해 발생할 수 있다. 바늘을 혈관에 쉽게 넣으려고 비스듬하게 꽂으면(beveled) 바늘 끝이 정맥벽에 기대어 멈추게 되면서 바늘로 들어오는 혈액 세포를 찢을 수 있다.[36]

혈관에서 추출된 혈액은 튜브를 타고 흐르면서 플루오르화나트륨(sodium fluoride)과 같은 보존제(preservative)와 섞인다. 플루오르화나트륨은 혈액 속에 있는 미생물의 포도당(glucose) 형성을 막는다. 혈액 응고를 막기 위해서 수산 칼륨(potassium oxalate)과 같은 항응고제(anticoagulant)도 함께 섞는다. 따라서 특히 알코올 농도 측정을 위한 목적으로 제조된 튜브 등 제품을 사용해야 한다.[37] 다른 종류의 화합물을 분석하기 위해 제조된 제품을 사용하면, 그 안에 있는 다른 물질의 간섭 또는 혈장, 혈청의 분리로 인해 측정 결과가 부정확해질 수 있다.[38]

칸디다 알비칸스(candida albicans) 효모는 발효로 알코올을 생산한다. 상온에 있는 혈액 샘플에서는 칸디다 알비칸스가 잘 자란다. 칸디다 알비칸스가 없고, 플루오르화나트륨이 있더라도 상온일 경우 혈액에서 상당한 알코올이 자체 생산된다는 실험 결과가

---

36) Barry T. Simons, Ron Moore, "Challenging the Blood Test for Alcohol", 33-May Champion 54 (2009), Sample Collection

37) Vacutainer from Becton-Dickinson

38) Barry T. Simons, Ron Moore, "Challenging the Blood Test for Alcohol", 33-May Champion 54 (2009), Collection Materials

있다.[39][40]

혈액이 완전히 밀봉되지 않으면, 공기가 들어가고 공기에 있는 미생물로 인해 알코올이 발효되면서 더욱 많은 알코올을 생산한다. 한번 발효가 진행되면 어느 정도의 알코올이 발효로 진행된 것인지의 확인은 불가능하다.

국제표준화기구(ISO)에 의하면 샘플의 안정성(stability)이 유지되어야 한다.[41] 국제표준화기구에 의하면 혈액 샘플의 안정성을 위해 빈 튜브도 제조사가 지정한 대로 보관되어야만 한다. 이에 따르지 않으면, 그 튜브에 저장되는 혈액 샘플의 안정성에 영향을 미칠 수 있다.[42]

유효 기간이 지난 튜브는 진공 상태가 유지되지 않아 실내 공기

---

39) Barry T. Simons, Ron Moore, "Challenging the Blood Test for Alcohol", 33-May Champion 54 (2009), Sample Collection; J. Chang, S.E. Kollman, "The Effect of Temperature on the Formation of Ethanol by Candida Albicans in Blood", 34 J. Forensic Sci. 105 (1989), 108

40) 플루오르화물(fluoride)로 칸디다 알비칸스의 알코올 생산을 중단시킬 수 없다. 혈액이 미생물에 오염되는 것을 막기 위해서 혈액 샘플에 1% 농도의 플루오르화나트륨 사용이 권장된다. 살균이 필요하다. Leonard R. Stamm, "The Top 20 Myths of Breath, Blood, and Urine Tests- Part 2", 29-OCT Champion 44, (2005), Myth #15

41) 국제표준화기구(International Organization for Standard: ISO)는 안정성을 '샘플이 지시된 조건대로 저장될 때, 특정한 제약하에서 일정한 기간, 샘플 물질이 측정 대상 구성 물질의 최초 성질을 유지하는 능력(the capability of a sample material to retain the initial property of a measured constituent for a period of time within specified limits when the sample is stored under defined conditions)'으로 정의한다. ISO 20184-1

42) Jerry H. Summers, "Creatively Representing and Defending Your Clients in Alcohol-Related Cases", 2015 WL7300478 (2015), 7

에 있는 미생물로 오염될 수 있다. 이 경우에는 튜브에 완전한 양의 혈액이 들어가지 않을 수 있다. 이를 '미달 채취(short draw)'라고 한다. 튜브에 혈액이 완전히 차기 전에 튜브에서 바늘을 뽑으면, 미생물이 그 안으로 들어갈 수도 있다. 따라서 유효 기간과 더불어 채취한 혈액량을 확인해서 그 튜브에 적정한 양의 혈액이 채취되어 있는지를 알아 볼 필요가 있다. 미달 채취는 혈액 세포가 파괴되는 용혈을 일으킬 수 있다. 혈액 세포가 파괴되면 혈액의 수분 양에 영향을 주어 혈중 알코올 농도 측정 결과를 변경시킬 수 있다.[43]

채취된 피가 튜브에 들어가면 튜브를 반복해서 거꾸로 뒤집어 피와 화학 물질이 섞이도록 해야 한다. 제대로 섞이지 않으면, 화학 물질이 제 기능을 발휘하지 못할 수 있다. 그러면 피가 부분적으로 응고되거나 미생물이 샘플 안에 알코올을 생산할 수 있다. 튜브를 거꾸로 뒤집는 도치(inversion)는 서서히 해야 한다. 너무 심하게 흔들면 용혈이 발생할 수 있다.[44]

측정 결과에 영향을 미치는 요소에는 혈액의 운반·보관 조건, 채취와 검사 간의 시간 간격도 있다. 다친 환자의 혈액 알코올 농도는 여러 변수에 영향을 받는다. 가령 환자에게 처치한 정맥 주사액(intravenous fluids)은 혈액 알코올 농도 수치에 변화를 준다. 찢어진 상처는 혈액 구성 요소를 오염시켜 혈액 알코올 농도 수치에 변화를 줄 수 있다.[45]

---

43) Barry T. Simons, Ron Moore, "Challenging the Blood Test for Alcohol", 33-May Champion 54 (2009), Collection Materials

44) 그레이 탑(gray top) 튜브는 적정하게 섞기 위해 8번 거꾸로 해야 한다(8 inversion)는 설명서도 있다. Barry T. Simons, Ron Moore, "Challenging the Blood Test for Alcohol", 33-May Champion 54 (2009), Sample Collection

45) 혈액 분석실에는 도착 당시의 혈액 샘플의 상태에 대한 기록이 있어야만 한

분석을 위해서 혈액을 이동할 때는 포장과 운송에서 적정한 온도를 유지해야 한다. 혈액이 튜브의 스토퍼에 접촉되어 오염되지 않게 해야 한다. 혈액은 2~8℃, 습도 25%에서 보관한다. 일반 냉장고에 보관하면, 다른 물질로 오염될 수 있다. 미국의 많은 주는 2병의 혈액을 채취한다. 하나는 변호인용이다.[46][47]

대한민국 경찰청의 채혈 및 보관 방법은 「교통단속 처리지침」 별표 4에 있다. 비알코올성 소독약을 사용하여 정맥혈을 채취한다. 항응고제 및 부패방지제(0.2%, NaF 등)가 함유된 깨끗한 용기(E.D.T.A 등)에 채혈한다. 4℃로 냉장 보관한다. 늦어도 채취 다음 날까지 감정 의뢰한다.

다. 새거나 손상되거나 응고되었는지 등의 문제가 기록되어야 한다. 튜브 안에 있는 혈액 양도 측정되고 기록되어야 한다. Barry T. Simons, Ron Moore, "Challenging the Blood Test for Alcohol", 33-May Champion 54 (2009), Analysis Issues. 혈액 라벨에 사인하지 않았다면, 다른 사람의 혈액과 바뀔 가능성도 있다. 동일성 유지를 위해 반드시 라벨 확인이 필요하다.

46) 검사관, 변호인이 받은 혈액 샘플을 변호인 스스로 다른 기관에서 검사하지 않은 사실을 유죄의 증거로 사용할 수 없다. Tyler Flood, "The Forensic Science of Blood Draws: What Lawyers Need to Know", 2015 WL 7300469, (2015), 12

47) 분석 대상자에게 혈액 샘플을 제공하지 않으면 대상자 측에서는 재검사할 수 없는 문제가 있다. Justin J. McShane, "A Scientific Examination of the Validity of Evidentiary Breath Testing as Applied to DUI Prosecution in the United States Today", 2012 WL 4964533 (2012), 11. 혈액 알코올 농도 검사에 대해 점검 및 통제할 수 있는 장치가 미흡하다는 주장이다.

3 시험기관 및 교정기관의 자격에 대한 일반 요구사항

국제적으로 인정된 「시험기관 및 교정기관의 자격에 대한 일반 요구사항」이 'ISO/IEC 17025'이다.[49]

이는 과학적으로 유효한 측정을 위한 최소한의 기준이다.[50] 이를 지키지 않으면 유효성이 없다고 추정한다.

혈액 알코올 농도 측정에서도 ISO/IEC 17025를 준수해야 한다.[51] 측정을 통해 '측정량(measurement)'을 생산하기 때문이다.

4 측정자에 대한 교육, 훈련

미국의 대부분 주에서는 호흡 음주 측정기를 작동하는 자는 주기적으로 인증(certification)을 받아야만 한다.[52]

호흡 측정기 작동을 위한 매뉴얼과 교육 프로그램이 있다.[53] [54]

---

48) https://lgits.com/files/ISO17025pdf (2022. 12. 12. 접속)

49) General Requirement for the Competence of Testing and Calibration Laboratories.

50) Jerry H. Summers, "Creatively Representing and Defending Your Clients in Alcohol-Related Cases", 2015 WL7300478 (2015), 8

51) Lawrence Koplow, "Challenging Blood Alcohol Measurements in Vehicular Homicide Cases", 2014 WL 6632913 (2014), 2

52) Kathleen E. Watson, "COBRA Data and the Right to Confront Technology against You", 42 N. KY. L. REV. 375 (2015), 383

53) https://ssl-adh.ark.org/images/uploads/pdf/OperatorTrainingManual. pdf (2022. 2. 4. 접속)

54) 측정자 교육에는 이론 교육과 실행 교육이 있다. 이론 교육에는 화학, 물리학,

5 호흡 음주 측정기기

호흡 음주 측정기는 ① 증거능력 없는 사전 호흡 측정기[55]와 ② 증거능력 있는 호흡 측정기[56]로 분류할 수 있다.

사전 호흡 측정기는 호흡의 양이나 압력에 대한 고려 없이 측정한다. 그러나 증거능력 있는 호흡 측정기는 최소 호흡량과 최소 내쉬는 기간, 최소 압력의 기준이 있다.[57]

사전 호흡 측정기의 측정 결과는 유죄의 증거로 할 수 없다. 단지 영장 또는 체포에 필요한 자료로 인정될 뿐이다. 이는 증거능력을 위해 필요한 충분한 정확성이 없다고 보기 때문이다.[58][59][60]

생리학과 알코올 약리학, 호흡 측정의 원칙, 측정기 기술의 원리, 측정기의 구조 및 작동 이론, 측정기의 작동 절차, 측정기의 보관 및 수리, 기록 보관 및 정확성 보장 절차가 포함되어 있다. 실행 교육에는 표준 알코올과 다른 물질에 대한 실험 측정, 15회 이상의 비음주자 측정, 15회 이상의 음주자 측정을 실습한다. 훈련 및 측정 연습을 연간으로 실시한다. 기계가 바뀌면 새로운 훈련을 한다. James G. Wigmore, "The Forensic Toxicology of Alcohol and Best Practices for Alcohol Testing in the Workplace", Canadian Nuclear Safety Commission, (2014), 17

55) (Preliminary Breath Testing Machine; PBT)

56) (Evidentiary Breath Testing Machine; EBT)

57) Thomas E. workman Jr., "The science behind breath testing for Ethanol", 7 U. Mass. L. Rev. 110 (2012), 131

58) 증거능력 있는 호흡 측정기 중 적외선 분광 방식은 호흡 중 알코올의 내용을 평가할 수 있다. Thomas E. Workman Jr., "The Science behind Breath Testing for Ethanol", 7 U. Mass. L. REV. 110 (2012), 116

59) https://www.transportation.gov/odapc/Approved-Screening-Devices-to-Measure-Alcohol#Top_of_Page (2022. 2. 1. 접속)

60) 미국 사전 호흡 음주 측정기의 사양은 National Highway Traffic Safety

증거능력 있는 호흡 측정기는 미국에서는 CMI, Draeger, Intoxi meters, National Patent사 등에서 제조한다.[61][62][63][64][65]

대한민국에서는 ㈜아세아 통상에서 수입한 「SD400 PLUS」나[66]

Administration의 홈페이지에서 확인할 수 있다. https://www.nhtsa.gov/sites/nhtsa.gov/files/documents/asd-model-specs_march2008.pdf (2022. 2. 1. 접속)

61) https://www.transportation.gov/odapc/Approved-Evidential-Breath-Measurement-Devices 에서 확인할 수 있다. (2022. 2. 1. 접속)

62) EPT의 스팩은 National Highway Traffic Safety Administration의 홈페이지에서 확인할 수 있다. https://www.nhtsa.gov/sites/nhtsa.gov/files/documents/ebt-model-specs_sept1993.pdf (2022. 2. 1. 접속)

63) 캐나다에서는 The Alcohol Test Committee of the Canadian Society of Forensic Sciences에서 이를 발표한다. James G. Wigmore, "The Forensic Toxicology of Alcohol and Best Practices for Alcohol Testing in the Workplace", Canadian Nuclear Safety Commission, (2014), 16

64) 「SD-40」은 증거능력이 없다는 판결을 소개한 기사가 있다. Alcohol testing in racing: Why the BHA must use the correct equipment. Red faces as Franny blows away the breath test. It's important that if the BHA are going to breath test jockeys at race meetings, they do so with the right equipment, writes David Yates http://www.mirror.co.uk/sport/horse-racing/alcohol-testing-in-racing-why-the-bha-must-1376889

65) CMI사의 「Intoxilyzer 400」은 전자화학 연료전지 방식이다. 아세톤, 페인트, 접착제 증기 가스(glue fume), 음식물, 당과 제품(confection), 메탄, 기타 현실적으로 인간의 호흡에서 발견되는 어떤 다른 물질에 반응하지 않는다고 한다. 4~6초 동안 불면, 자동으로 작동한다. 호흡 알코올 농도 0.100까지는 ± 0.005; 0.100 초과 시에는 ± 5%의 오차가 있다. 높은 대역의 무선 주파수에 대해 간섭받지 않는다. 건식 가스나 습식 욕조 시뮬레이터 방식의 교정을 한다. − 5℃~40℃ 사이에서 사용을 권장하며, 낮은 온도에서 자동으로 가열된다. https://www.alcoholtest.com/intoxilyzer-400/ (2022. 1. 4. 접속)

66) 미국 뉴욕주에서는 CMI 사에서 제조한 「Intoxilyzer 5000」, 「Intoxilyzer 8000」

삼안전자[67] 제조의 「SA-2000F」를 사용한다.

「SD400 PLUS」는 알코올에 반응하지만, 어떤 물질에 함유된 알코올인지까지는 구별하지 못한다. ± 5%의 오차범위를 유지하고, 25 ℓ/m의 세기로 3초 이상 불어야 한다. 분할 비율은 2,100:1이다. 보정 및 교정 기간은 4개월 이내이다. 측정기는 검·교정 만료 전 19일부터 미리를 예고하는 기능이 있다.

측정 수치는 - 5%가 적용된 수치를 표시하도록 한다.

「SA-2000F」는 ISO9001:2015 인증을 받았다. 그리고 경찰 규격서 30여 항목에 적합하다는 시험 성적서(표준과학기술원, 도로교통공단)를 받은 것이다. 이 기계는 아세톤 0.100%에서 감응하지 않는데, 그 이상의 높은 농도에서 감응할 수도 있다. 아세톤 외의 성분은 구분할 수 없다. 제조사는 알코올 센서의 특성으로 에틸알코올에서보다 많은 반응을 하도록 제작되어 다른 화학 물질에서도 미세한 반응은 생긴다고 한다.[68]

「SA-2000F」는 측정 당시 내부 온도 및 기압(고도)이 측정되어 저장된다. 최소 측정기 작동 요건은 5.0 hpa 이상의 압력, 1,500 cc 이상의 호흡량, 1~1.5초간의 호흡 시간이다. 분할 비율은 2,100:1이다. 프로그램은 자체 개발한 것이다. 전자파 방지 장치가 되어 있어 80 ㎒~1 ㎓ 내의 전자파 간섭을 받지 않는다. 측정기 교정 관리 기록은 내부에 저장되며, 고장 및 수리 등은 기록지로 별도 관리한다.

제조사는 음주 측정기의 최대 허용 오차가 ± 5%이므로 측정기가 측정하는 수치보다 5% 낮게 표시되도록 보정한다. 가령

을 사용한다.

67) 대구 달서구 월암동 905-8 성서2차2지구 49B9L (704-833)

68) 그러나 알코올이 생성한 전하와 아세톤이 생성한 전하는 구별되지 않는다.

0.100%의 표준 알코올 가스를 음주 측정기에 투입하면 0.095%가 표시되도록 한 후 도로교통공단에 보내서 검사(교정)한다는 내용이다. 위와 같이 낮은 수치로 표시되도록 음주 측정기의 내부 프로그램을 조정하여 도로교통공단에 교정을 보내므로 표준 물질보다 항상 낮게 나온다고 한다.

그러나 제조사가 한 보정은 측정기 자체의 불확도에 한정된다. 위와 같이 보정하더라도 도로교통공단에서 사용하는 표준 물질 자체의 불확도를 포함한 교정의 불확도, 교정 후 측정기 상태의 변경 및 측정 과정에서의 불확도 등을 제거할 수 없다.

한국도로교통공단에서 표준 물질과 비교하여 측정기가 일정한 오차범위 내에 있다고 인증하였다고 하여 개개 측정에서의 불확도가 제거되지는 않는다.

따라서 제조사 보정 후의 측정기의 불확도를 추정해서 반영해야 한다. 이 경우 측정치가 0.095%인 때 ± 5%의 오차가 있다면 오차 범위는 0.09025~0.1043%이다.

호흡 측정치는 절대 수치가 아니다. 측정기, 측정 절차, 측정자에 따라 정확성이 정해지는 불확도가 있는 수치일 뿐이다.[69]

---

69) Kathleen E. Watson, "COBRA Data and the Right to Confront Technology against You", 42 N. KY. L. REV. 375 (2015), 378. 호흡 음주 측정 결과의 증거능력은 ① 호흡 측정기의 신뢰성(reliability of the breath-testing instrument) ② 호흡 측정 방식의 적정성(proper administration of the breath test) ③ 자격 있는 호흡 측정자(competent breath test operator)에 의해 결정된다.

IX

측정 불확도

1 불확도를 알아야 측정치의 의미를 제대로 이해할 수 있다

앞에서 100 이상을 암 판정 기준으로 할 때, 96이라는 측정 수치만 보고, '± 10'이라는 불확도의 범위를 볼 수 없으면, 96을 정확한 값으로 오해하여 암이 아니라고 오인한다고 설명했다.[1]

이처럼 측정한 수치만 있고, 측정 불확도가 없으면 측정한 값이 절대적이고 유일한 값이라고 오인하게 된다.[2][3][4]

측정한 수치의 의미를 참되게 표현하고, 제대로 이해하려면 반드시 측정 불확도가 함께 기재되어야 한다. 따라서 측정 불확도가

---

1) 책의 1장 프롤로그 3절 새로운 오래된 진실 부분

2) 측정 결과를 오직 측정 수치만으로 한정해서 이해해서는 안 된다. 측정 결과는 측정하고자 하는 양이라고 표시한 값 및 이와 함께 기재한 관련성 있는 다른 정보의 종합이다. Joint Committee For Guides in Metrology (JCGM), International Vocabulary of Metrology– Basic And General Concepts and Associated Terms (VIM) § 2.9.; (The measurement result is the set of quantity values being attributed to a measurand together with any other available relevant information.)

3) 관련성 있는 다른 정보는 측정 및 측정 과정의 오차에 영향을 줄 수 있는 원인에 대한 정보를 포함한다. 혈중 알코올 농도나 호흡 알코올 농도 측정값도 마찬가지다. Christopher Boscia, "Strengthening Forensic Alcohol Analysis in California DUI Cases: A Prosecutor's Perspective", 53 Santa CLARA L. REV. 733 (2013), 741

4) 측정치에는 그 수치의 질적인 측면도 보고되어 그 수치를 이용하는 사람이 그 수치의 신뢰성을 가늠해 볼 수 있도록 해야만 한다. BIPM Evaluation of Measurement Data– Guide to the Expression of Uncertainty in Measurement (GUM), § 0.1 (2008)

기재되지 않은 측정값은 완전한 측정값이라고 볼 수 없다.[5][6][7]

가령 96과 함께 '± 10의 범위, 95%의 신뢰 수준'이고 쓰여 있다고 하자.

이제 96은 정확한 수치가 아니고, 참값이 96을 기준으로 95%의 신뢰 수준에서 ± 10의 범위 내에 있음을 알 수 있다. 따라서 95%의 신뢰 수준에서 96을 중심으로 86에서 106의 범위 내에 있다고 이해하게 된다.

이때 신뢰 수준을 90%로 낮춘다면, 범위는 ± 5와 같이 좁아진다. 신뢰 수준을 99%로 높이면, 범위는 ± 15로 넓어진다. 신뢰 수준(목적 측정량이 구간 안에 있을 확률)은 범위가 넓어지면 높아지기 때문이다.

이처럼 기재되는 불확도가 측정값을 보는 사람의 이해 폭을 결정한다.

법과학에서 측정의 궁극적 목적은 기소·재판 과정에서 측정 결과와 그 의미를 명확하고, 충분히 이해할 수 있게 전하는 데에 있다. 사람을 처벌하는 데 있지 않다. 따라서 측정의 정확성을 평가할 수 있도록 해야 한다. 그 측정치가 어느 정도로 정확한지가 함께 표시되지 않은 측정치는 정보로서의 가치가 없다.[8]

---

5) ISO 17025, § 5.10.3.1. c.

6) 측정 결과의 질을 평가하는 양적 수단, 즉 불확도가 없는 한 표시된 측정 결과치는 실질적 이용 가치가 거의 없다. BIPM Evaluation of Measurement Data-Guide to the Expression of Uncertainty in Measurement (GUM) § 0.1 (2008)

7) 그러므로 시험 기관은 측정 불확도를 추정하는 절차를 보유하고, 이를 적용해야 한다. ISO 17025, § 5.4.6.2.

8) 측정 결과를 올바르게 해석하기 위해서는 반드시 측정 및 측정 과정의 불확도를 평가해야만 한다.

신뢰 구간, 범위, 표준 불확도가 함께 기재되어 있지 않고, 측정 수치만 기재되어 있으면 그 수치는 대략의 정확성이 있는 추정이라고 이해해야 한다.[9] 그 수치가 틀림없이 정확하다고 믿어서는 안 된다.

아무리 잘 교정되고, 정교하게 측정된다고 하더라도 불확도가 있으므로 측정의 정확성에는 한계가 있다.

그렇다고 측정이 무용하다는 뜻은 아니다. 측정치와 함께 불확도를 알 수 있다면, 측정값은 진정한 의미를 이해할 수 있는 수치가 된다. 따라서 측정치의 정확성과 의미를 알기 위해서는 측정 결과만이 아니라 그와 함께 불확도를 알아야만 한다.[10]

2 과학에서 확실함은 없다.

18세기에는 우주의 질서는 완전하다고 생각했다.[11] 그러나 시

---

9) 수치 단위만 기재되어 있는 경우에는 그 값은 대략의 추정일 뿐이라고 해석해야 한다.

10) DNA가 피고인의 것임은 확률로 표시한다. DNA 검사 결과에서도 출처가 오직 피고인이라는 점, 즉 피고인이 유일하다는 점에 불확실성이 있기 때문이다. 개별화(individualization)는 어떤 증거물과 그 출처가 유일하게 관련되어 있다(uniquely associated with)는 개념이다. 만일 증거물이 증거물의 출처와 유일하게 관련되어 있다는 점에 불확실성이 있다면, 유일하게 관련되어 있다는 개념은 확률로 바꿔야 한다. 다른 가능성이 완전히 무시되어서는 안 된다. National Academy of Science, 「Strengthening Forensic Science in the United States: A Path Forward」, (2009), 184.

11) 뉴턴은 "과학적 방법은 현상을 조사하고, 새로운 지식을 습득하고, 기존의 지식을 수정하고 통합하는 데 필요한 기술을 말한다. 과학 기술은 관찰할 수 있고, 실증적이며, 측정할 수 있는, 특정 논리 원칙에 부합하는 증거의 수집에 근거한다(It is based on gathering observable empirical and measurable evidence

대가 지나면서 점차 우주가 부분적으로 혼돈 상태이며, 결정되어 있지 않은 현상을 발견했다. 1927년 양자 물리학자인 하이젠베르크(Heisenberg)는 전자(electron)의 위치가 시간과 공간의 같은 점에 할당되지 않고, 현재를 근거로 미래를 예측할 수 없다는 것을 발견했다.[12]

그 결과 과학계는 불규칙하게(erratically) 발생하는 자연 현상의 존재를 수용하게 되었다.[13] 이에 따라 실험과 관찰을 통해서 '확실한 진실'을 발견하는 게 과학이라는 개념도 변하였다. 과학을 새로운 패러다임에 의해 기존의 패러다임이 바뀌는 역동적인 것으로 이해하게 되었다.[14]

과학자는 실험을 통해 이론을 세운다. 그러나 언젠가 그 이론이 틀렸음이 입증될 수 있다. 아무리 많은 실험을 한다고 하더라도 인간이 전부를 인식할 수 없다. 이런 한계 속에서 그 이론이 언제

---

subject to specific principles of reasoning.)."라고 했다.

12) 이는 '불확실의 원칙(uncertainty principle)'으로 공식화되었다. 원인과 결과를 완전히 이해할 수 있다는 뉴턴의 '질서 있는 세상'의 개념을 파괴했다.

13) Edward Imwinkelried, "The Importance of Forensic Metrology in Preventing Miscarriages of Justice: Intellectual Honesty about Uncertainty of Measurement in Scientific Analysis", 7 J. Marshall L.J. 333 (2014), 345

14) 카를 포퍼(Karl Popper)는 기존의 가설이 거짓임을 밝히는 것이 과학에서 중요하다고 했다. 단 한 번의 일관되지 않은 결과만으로도 가설이 진실이 아님을 밝힐 수 있다. 가설과 일치하지 않는 결과가 없더라도, 언젠가 실험을 통해 그 가설이 틀렸음이 입증될 가능성이 있다. Edward Imwinkelried, "Evidence Law Visit Jurassic Park: The Far-Reaching Implication of the Daubert Court's Recognition of the Uncertainty of the Scientific Enterprise", 81 IOWA L. REV 55 (1995), 62

나 진실함을 입증할 수는 없다.[15]

따라서 과학의 영역에 절대적이고 완전한 진실은 없다. 과학에서 확실은 없다.[16] 과학은 상대적 추론(relative inference)이다. 측정과 데이터, 그 안에 존재하는 상호 관계, 정확성의 변화 정도에 이르기까지 모든 것이 완벽하지는 않다. 과학은 최대한의 추론이다. 오직 그것만을 보증한다.

3 측정 기준도 불확실하다.

100억 원짜리 물품 계약이 있다. 선착순으로 한다. 2025년 12월 1일 0시에 가장 먼저 인터넷 사이트에 접속한 기업이 차지한다고 하자. 11월 30일 23:59분에 접속해도 무효이다. 정확히 12월 1일 0시에 접속해야 한다.

이러한 조건이라면, 시간에 대한 국제 기준을 가진 나라의 기업이 유리하다. 정확한 시간에 접근하기 편리하기 때문이다.

이처럼 측정 기준은 경제·사회적으로 큰 가치가 있다.[17]

---

15) 물론 '2 더하기 2는 4'와 같이 연역적 논리(deductive logic)에 따라 결론을 내리기도 한다. Edward Imwinkelried, "The Importance of Forensic Metrology in Preventing Miscarriages of Justice: Intellectual Honesty about Uncertainty of Measurement in Scientific Analysis", 7 J. Marshall L.J. 333 (2014), 346

16) Justice Blackman, Daubert v. Merrell Dow Pharmaceuticals, Inc. 590 U.S. 579 (1993), 590

17) 기원전 2,900년 이집트에서는 많은 노예가 피라미드에 사용되는 화강암을 깎았다. 그런데 피라미드의 돌 크기가 서로 다르면, 들쭉날쭉해 제대로 피라미드를 건축할 수 없다. 따라서 파라오는 자기 팔의 길이에 손의 넓이를 더해 길이를 표준화했다. 이를 기준으로 일정한 크기의 화강암을 깎도록 했다.

음주단속, 과속 측정의 허상

그렇다면 측정 기준은 어떻게 결정할까?[18]

다음 사례를 생각해 보자.

고급 천의 가격이 'm당 10만 원'이다.

상점 주인이 큰 줄자 A를 고급 천에 댄다. 눈으로 보고, '3m'라고 말한다.

상점 주인은 정확하게 쟀다고 한다.

그런데 천을 사는 사람은 다르다. 그는 줄자 A의 눈금을 믿을 수 없다. 눈금이 잘못되었을 수도 있다고 생각한다.

이 의심을 없애려면, 더 믿을 만한 자인 B로, 줄자 A의 눈금을 조정해야 한다. B는 손님을 비롯한 여러 사람이 믿는 자이어야 한다.

그런데 B를 기준으로 조정했다고 하더라도 B가 정확한지에 대해 다시 의심할 수 있다.

이때 B보다 더 정확한 자 C가 있다고 하자. 그러면 C로 B가 얼마나 정확한지 알 수 있다. 그런데 다시 C가 정확한지와 그 판단 기준을 해결할 필요가 있다.

이 문제는 모든 사람이 공유하는 기준인 D를 마련해서 정확성의 원천이 되도록 해야 해결된다. 원천인 D를 기준으로 다수의 C를 만들고, C를 기준으로 더욱 많은 B를 만들고, B를 기준으로 A를 다량으로 생산하여 이용하게 해야 한다.

예전에는 이 기준이 되는 원천 '잣대(사례에서는 D)'를 눈에 보이는 실물(artefact)로 정했다. 가령 길이 단위 '미터'를 프랑스 파리 국

---

18) • 대한민국 국가표준기본법 제3조

　　4. "국가측정표준"이란 관련된 양의 다른 표준들에 값을 부여하기 위한 기준으로서 국가적으로 공인된 측정표준을 말한다.

　　5. "국제측정표준"이란 관련된 양의 다른 표준들에 값을 부여하기 위한 기준으로서 국제적으로 공인된 측정표준을 말한다.

제 무게측량기구(BIMP)[19]에 보관된 백금 이리듐 막대기(platinum-iridium bar)로 정의했다. 이때는 이 백금 이리듐 막대기가 '1차 표준/기준(primary standard/reference)'이었다.[20]

그런데 파리에 있는 1 m 백금 이리듐 막대기가 정확히 1 m라고 할 수 없다.

왜냐하면 그 막대기도 실물인 이상 실제로는 온도 등에 의해 길이가 변하기 때문이다. 만일 그 막대기의 일부가 닳아 길이가 짧아진다면, 그 전에 측정한 모든 값의 길이는 기준보다 길어진다.

이 같은 불안정을 막기 위해 불변하는 기준이 필요하다고 생각하게 되었다.

그래서 실물 기준을 원자 기준(atomic standard)으로 대체했다. 1960년대에 '무게와 측정에 관한 국제 협약(CGPM)'[21]은 '빛의 속도'와 같이 변하지 않는다고 생각하는 양을 기반으로 기준을 정했다. 현재 1 m는 '진공 상태에서 빛이 1/299,792,458초 동안 통과하는 길이'이다.[22][23]

2019년 5월 20일 발효된 재정의(redefinition)로 인해 이제 국제

---

19) International Bureau of Weights and Measures

20) Ted Vosk, "Metrological Epistemology", 2013 WL 6147028, (2013), 14

21) General Conference on Weights and Measures

22) International Bureau of Weight and Measure, The International System of Units (SI) § 2.1.1.1. (8th ed. 2006); (The meter is the length of the path travelled by light in vacuum during a time interval of 1/299,792,458 of a second.)

23) • 대한민국 국가표준기본법 시행령[별표 1]
   2. "미터(m)"는 길이의 단위로서, 진공에서의 빛의 속력 c를 m s⁻¹ 단위로 나타낼 때 299 792 458이 된다.

음주단속, 과속 측정의 허상

단위계[24]에는 실물로 정의되는 단위는 없다.

그러나 이처럼 정의해도 문제는 있다. 진공 상태에서 빛이 1/299,792,458초 동안 통과하는 길이는 개념일 뿐이다. 이를 현실에서 활용하는 것은 별개의 문제다. 실제로 실생활에서 사용하려면 물체를 만들어야 한다.[25]

그런데 현실화된 표준으로서의 물리적 객체는 개념을 완벽하게 반영하지 못한다.

이해를 돕기 위해 시간에 대해 살펴보자.

시간은 규칙적으로 반복하는 주기를 기준으로 해야 한다. 시간을 신뢰할 만하게 측정하기 위해서는 빈도 안정성(frequency stability)이 필요하다. 빈도 안정성은 일정한 간격을 유지함을 말한다. 가령 시계는 초당 한 번의 사이클로 재깍거려야 한다.[26]

1960년대 후반까지는 태양 시(apparent solar noon)와 같은 천문현상을 1차 표준으로 했다.

1967년 이후에는 원자시계에 의존해 표준화를 하였다.

즉 시간의 단위인 '초'는 '지구 표면에서 세슘(caesium-133)[27]의

---

24) International System of Units; SI.
   • 대한민국 국가표준기본법 제3조
   11. "국제단위계"란 국제도량형총회에서 채택되어 준용하도록 권고되고 있는 일관성 있는 단위계를 말한다.

25) 이처럼 개념에 맞추어 물리적 객체를 만든 다음, 측정 표준으로 사용하는 것을 개념의 '실현(realization)'이라고 한다.

26) Eran Tal, "The Epistemology of Measurement: A Model-Based Account", A thesis, Graduate Department of Philosophy University of Toronto (2012), 99. 사람의 심장 박동도 주기적으로 반복하므로 시간의 기준으로 고려해 볼 수도 있다. 그러나 심장 박동수는 사람마다 다르고, 같은 사람도 상황에 따라 다르므로 빈도 안정성이나 빈도 정확성이 없다.

27) Eran Tal, "The Epistemology of Measurement: A Model-Based

초미세(hyperfine) 전이에 따른 방사능의 9,192,631,770 주기와 정확히 일치하는 기간'[28]으로 정의했다.[29]

세슘 133에서 방출하는 마이크로파가 안정적이어서 이를 사용한다. 그러나 실제로는 이러한 정의를 만족하는 세슘 분자는 없다. 현실화된 세슘 시계는 개념으로 정한 '초'의 기준을 완전하게 실현하지는 못한다.[30]

2009년도를 기준으로 초를 1차로 실현(primary realization of second)하는 13개의 원자시계가 있다. 1차 시계를 기준으로 교정한 350여 개의 공식 2차(secondary) 원자시계가 있다. 2차 시계를 기준으로 교정하여 실제로 사용하는 표준(working standard)을 만든다. 그러나 이 시계들도 각각 '초'에 있어 서로 일치하지 않는다. 어떤 방법도 이 차이를 완전히 제거할 수 없다.[31]

Account", A thesis, Graduate Department of Philosophy University of Toronto (2012), 100; 세슘 원자는 0 Kelvin 전이와 관련된 에너지에 영향을 주는 배경(background field)이 없을 때 움직이지 않는다.

28) (the duration of exactly 9,192,631,770 periods of the radiation corresponding to a hyperfine transition of caesium-133 in the ground stated) 이는 세슘 133 원자에서 나오는 방사능이 9,192,631,770번 반복 진동(oscillation)하는 동안의 기간을 말한다.

29) 㑼 대한민국 국가표준기본법 시행령 [별표 1]
1. "초(s)"는 시간의 단위로서, 세슘-133 원자의 바닥상태의 전이 주파수(진동수) $\varDelta v$Cs를 Hz 단위로 나타낼 때 9, 192, 631, 770이 된다. 여기서 Hz는 s^{-1}과 같은 단위이다.

30) Eran Tal, "The Epistemology of Measurement: A Model-Based Account", A thesis, Graduate Department of Philosophy University of Toronto (2012), 34. 원자시계도 개념을 근접하게 충족(approximately satisfy)하여 실현할 뿐이다.

31) Eran Tal, "The Epistemology of Measurement: A Model-Based

2차 원자시계는 1달 이내에서는 안정적이지만, 장시간에서는 각각 1차 원자시계와 차이가 발생한다. 개념으로 정의한 빈도수는 현실에서는 실현할 수 없다. 그러므로 현실에서는 1차 기준도 다른 것보다 더 우수한 기준이 될 수 없다.[32] 비유하자면 1차 원자시계도, 2차 원자시계도 모두 정확하게 같은 간격으로 째깍거리지 않기 때문에 불확실성이 있다.[33]

협정 세계시(UTC)[34]가 국제 기준이다. 그러나 실제 시계는 아니다.[35] 실제 시계를 보고, 시간의 기준을 정하지 않는다. 협정 세계시를 정하는 데는 여러 개의 시계를 사용한다. 한 달 간격으로 이 시계들을 기초로 일정한 오차를 포함한 숫자를 계산한 다음 시간을 정한다. 참여한 모든 시계가 같은 시간을 보여주게 하려고, 시

Account", A thesis, Graduate Department of Philosophy University of Toronto (2012), 34

32) 이를 '단위 개념의 복수 실현의 문제(problem of multiple realizability of unit definition)'라고 한다. Eran Tal, "The Epistemology of Measurement: A Model-Based Account", A thesis, Graduate Department of Philosophy University of Toronto (2012), 35. 현실에서 완전하게 안정된 빈도를 유지하는 시계는 없다.

33) Eran Tal, "The Epistemology of Measurement: A Model-Based Account", A thesis, Graduate Department of Philosophy University of Toronto (2012), 101

34) (Coordinated Universal Time)

35) 대한민국 표준시에 관한 법률
• 표준시(標準時)는 동경 135도의 자오선(子午線)을 표준자오선으로 하여 정한다. 다만, 대통령으로 정하는 바에 따라 일광절약시간제(日光節約時間制)를 실시하기 위하여 연중 일정 기간의 시간을 조정할 수 있다.

간을 근접화시킨다.[36][37]

기준과 완전히 일치하는 어떤 특정한 한 개의 물체는 현실에는 없다. 완전한 정확성은 신화다. 실제로는 여러 개의 물질·물체가 단위나 기준을 실현하는지를 계속 비교·검토하여 표준 혹은 기준을 결정한다. 그러나 이러한 비교에도 불확실성이 있다. 그래서 단위의 기준은 항상 어느 정도는 불확실하다.[38]

그러므로 최선의 측정 도구도 참값의 추정치를 제공할 뿐이다.[39]

---

36) 시계의 눈금을 관찰하는 방식이 아니다. 여러 개의 시계가 보여 주는 숫자를 관찰하고, 이의 평균치와 여러 오차를 보정하여 시간을 정한다. 이는 시간의 추상적 측정에 해당한다. Eran Tal, "The Epistemology of Measurement: A Model-Based Account", A thesis, Graduate Department of Philosophy University of Toronto (2012), 102~103.

37) 시계가 실제로는 불일치함에도 상업적·정치적 목적을 위해 규칙성을 부여한 후 이 규칙성이 자연 현상에 있다고 가정한다. 이를 '물상화론(reification thesis)'이라고 한다. 이러한 종류의 규칙성은 인간이 만드는 것이지 자연에서 발견되는 것이 아니다. Eran Tal, "The Epistemology of Measurement: A Model-Based Account", A thesis, Graduate Department of Philosophy University of Toronto (2012), 120

38) Eran Tal, "The Epistemology of Measurement: A Model-Based Account", A thesis, Graduate Department of Philosophy University of Toronto (2012), 36

39) Joint Committee For Guides in Metrology (JCGM), Evaluation of Measurement Data- Guide to the Expression of Uncertainty in Measurement (GUM) § 2.2.1

음주단속, 과속 측정의 허상

4 모든 측정은 불확실하다.

측정값을 얻기 위해 비교하는 과정은 필연적으로 불완전하다.[40]

가령 머리 위로 내려오는 자동 측정기로 키를 잰다고 하자.

단 한 번만 측정하면, 측정값이 유일하고 정확한 것처럼 보인다.

그러나 다시 측정하면 서 있는 자세에 따라 달라질 수 있다.

다시 한번 더 재면, 이번에는 자가 정확히 머리의 한가운데로 오지 않아 다를 수 있다.

이처럼 같은 측정기로 같은 대상을 측정해도 결과가 다를 수 있다. 이때 측정 결과가 여러 개이면 어떤 것이 정확한지 알 수 없다. 그중 하나를 선택해도 마찬가지다. 선택하지 않은 것이 정확할 수 있다. 아니면 모든 것이 정확하지 않을 수도 있다.[41]

측정의 불확실성은 목적 측정량을 무엇으로 하는지에 따라서도 발생한다.

가령 '책상의 두께'를 잰다고 해보자. 이때 측정하려고 의도한 목적 측정량은 '책상의 두께'이다. 그런데 모든 책상은 위치에 따라 미세하게나마 두께에 차이가 있다. 중간과 가장자리에도 차이가 있다. 이때 책상의 중간을 측정해도, 가장자리를 측정해도 모두 목적 측정량에 부합한다. 목적 측정량에 맞는 측정 결과는 여

---

40) 가령 같은 쇠막대기를 측정하더라도 온도, 측정기의 상태, 눈금의 선명도, 관찰자의 시력 등에 따라 다를 수 있다. 그리고 정밀하게 측정할수록 또 여러 번 할수록 차이가 발생한다.

41) 이처럼 하나의 유일한 측정값이 아닌, 여러 개의 분산된 측정값이 존재한다는 사실은 측정에 불확실성이 있다는 의미이다. 그리고 불확실성의 정도는 신뢰 수준에 따라 달라진다.

러 개 있게 된다. 가령 책상의 중간은 5 ㎝, 가장자리는 4 ㎝라고 하자. 책상 두께가 5 ㎝도 맞고, 4 ㎝도 맞는다면 정확성에 문제가 생긴다.

목적 측정량을 '책상의 중간 부분의 두께'라고 정하더라도 달라지지 않는다. '중간'의 의미가 구체적으로는 여전히 막연하기 때문이다.[42] 이처럼 측정하고자 하는 것의 개념 때문에 불확실성을 완전히 없앨 수 없다.

그러므로 모든 측정에는 불확실성이 있다.[43][44]

측정은 합리적으로 '양'이라고 정할 수 있는 한 개 또는 그 이상

---

42) 그러므로 현대 측정학에서는 참값(true value)에 정관사 'the'를 붙이지 않고 부정관사 'a'를 붙인다.

43) 불확실성(uncertainty)은 '의심'을 의미한다.

44) 현대 측정학에서는 유일한 참값이나 오차 값이 존재하지 않는다고 한다. 측정학은 철학의 인식론과 밀접한 관련이 있다.

가령 길이, 시간, 질량, 온도 등은 인간의 인식과 무관하게 존재하는 성질이라고 할 수 있다. 즉 인간이 '질량'이라는 개념을 인식하기 전에도 질량은 존재한다고 생각할 수 있다. 이 관점에 의하면 양의 참값(true value)은 인간과 무관하게 존재한다. 이 경우 측정은 인간이 알아낼 수 있는 한도에서 최선을 다해, 존재하는 양의 참값을 추정(estimate)하거나 결정(determine)하는 행위가 된다.

그러나 결국에는 '질량'도 인간이 인식하고, 인지하는 것이기 때문에 인간의 인지나 인식에 따라 달라질 수도 있다. 예를 들면 같은 물건을 두고 대략 몇 킬로그램인지만 알아도 만족하는 사람, 그램까지 알아야 하는 사람, 그보다 더 정밀하게 중력까지 반영해서 무게를 알아야 하는 사람이 있다. 이 입장에 의하면, 측정은 사물이나 사건의 속성을 표현(represent)하거나 묘사하기 위해 경험적·객관적으로 기호를 매기는 행위이다. 즉 측정은 존재하는 양의 참값을 결정, 추정하는 행위가 아니라, 숫자나 기호를 부여하는(assign) 행위가 된다. 인간의 인식과 무관한 참값은 없고, 따라서 인간으로서는 참값을 알 수 없다고 인정하고, 최선을 다해 참값에 근접하는 숫자나 기호를 부여하는 인간의 행위를 측정이라고 부르게 된다.

의 값을 얻는 실험 과정일 뿐이다.[45]

측정 결과가 참값을 정확하게 표시하는지에 있어서는 반드시 불확실성이 따른다.[46][47]

---

45) Joint Commission For Guides in Metrology (JCGM), International Vocabulary of Metrology- Basic And General Concepts and Associated Terms (VIM) § 2.1.; (a measurement is the process of experimentally obtaining one or more quantity values that can reasonably be attributed to a quantity) 신뢰성 있는 측정을 위해 측정 불확도를 평가하고, 추적성을 갖추고, 제3의 기관으로부터 시험기관 인증을 받았다고 하더라도, 측정 결과는 정확하고, 완전하다고 할 수 없다. 모든 측정은 불완전하므로 더욱 정밀하게 측정하여 측정 불확도를 줄일 수는 있지만 0으로 만들 수는 없다. 참값이 측정 불확도 범위 밖에 존재할 가능성이 있다. 참값이 반드시 측정 불확도 범위 내에 있음을 완벽하게 증명할 수 없다.

46) 결국 인간은 어떤 측정이 정확한지 아닌지를 절대로 알 수 없다. 더 정확할 것으로 생각하는 측정값이 있을 뿐이다. 최선을 다해도 참값을 알 수가 없기 때문이다. 합리적으로 측정했다고 하더라도 이는 현재 주어진 정보 내에서 최선을 다했음을 의미할 뿐이다. 측정 결과가 반드시 옳다는 보장은 없다. 그러므로 측정의 한계를 이해하는 것이 중요하다. 측정값과 더불어 양으로 표현된 측정값의 질을 알아야만, 측정값에 대하여 어느 정도 신뢰할 수 있는지를 결정할 수 있기 때문이다.

47) 측정에 있어 불확실성의 원인으로는 ① 목적 측정량의 불완전한 개념 정의 (incomplete definition of the measurement) ② 목적 측정량의 개념에 대한 불완전한 구현(imperfect realization of the definition of the measurand) ③ 정의된 목적 측정량을 대표하지 않는 비대표적 샘플링(nonrepersentative sampling – the sample measured may not represent the defined measurand) ④ 환경 조건이 측정에 미치는 영향에 대한 불완전한 지식 혹은 환경 조건의 불완전한 측정(inadequate knowledge of the effects of environmental conditions on the measurement or imperfect measurement of environmental conditions) ⑤ 아날로그 도구를 읽는 과정에서의 개인의 오차(personal bias in reading analogue instruments) ⑥ 도구의 선명도나 판별역의 한계(finite instrument resolution or discrimination

5 측정 불확도는 불확실한 정도를 수치로 표현한다.

측정에서 불확실한 정도를 수치로 표현한 것이 '측정 불확도 (measurement uncertainty)'이다.[48] [49]

예를 들면 측정 결과가 96이라고 하자. 이때 96과 함께 기재된 '95%의 신뢰 수준, ± 10의 범위'가 측정 불확도이다.[50]

측정의 불확도를 추정하기 위해서는 그 불확도의 원인이 되는 주요한 인자들을 모두 고려해야 한다.[51] [52]

---

threshold) 등이 있다.

48) 측정 불확도는 '합리적으로 목적 측정량으로 기재할 수 있는 값의 분포로 특징 지을 수 있는 측정 결과 및 이와 함께 부여되는 변수'이다. Joint Committee For Guides in Metrology (JCGM), Evaluation of Measurement Data-Guide to the Expression of Uncertainty in Measurement (GUM) § 2.2.3; (parameter, associated with the result of a measurement, that characterizes the dispersion of the values that could reasonably be attributed to the measurand) 측정의 불확실성은 '측정 결과의 유효성에 대한 의심(doubt about the validity of the result of a measurement)'을 의미한다.

49) 측정에 있어 '참값이 존재할 가능성이 있는 범위'라고도 할 수 있다. Washington v. King County. Dist. Court W. Div., 307 P.3d 765 (Wash. Ct. App. 2013), 7769; (Uncertainty indicates a range in which the true value of a measurement is likely to occur.)

50) 계통 오차를 수정한 평균(bias corrected mean)과 그 평균의 신뢰 구간 (confidence interval for the mean)을 기재하는 방법도 있다.

51) ISO 17025, § 5.4.6.3. 측정 불확도를 추정할 경우 적절한 분석 방법을 사용하여 주어진 상황에서 중요한 모든 불확도 구성 요소를 검토해야 한다. 불확도에 영향을 미치는 요인에는 사용된 표준 기구, 표준 물질, 사용된 방법 및 장비, 환경 조건, 시험 및/또는 교정 대상 품목의 속성 및 상태 그리고 측정자 등이 포함되지만, 이에 국한되지 않는다.

52) 만일 이러한 인자들이 고려되지 않아, 불확도가 적다고 해석하면, 결과치를 과신

책의 길이를 측정하려고 한다.

제조사 A에서 아주 비싼 금속 자를 구입했다. 재보니 18 ㎝이었다.

동네 문구점 C에서 플라스틱 자를 샀다. 이 자로 재보니 18.5 ㎝이었다.

어느 자로 측정한 수치가 정확한지 알 수 없다. 가령 금속 자가 비싸니 더 정확하다고 하자. 그렇다고 하더라도 무엇으로, 어떤 방법으로 이를 증명할 수 있나?

이를 해결하는 방법은 다음과 같다.

제조사 A는 길이의 국가·국제 기준을 공급하는 공인[53] 기관 B 가 인증한 측정 표준에 따라 기계를 교정한 후 금속 자를 제조 한다.

제조사 A는 판매상 C에게 국가·국제 기준에 따른 측정 표준에 따라 적정하게 교정된 기계로 금속 자를 제조했다는 증명서를 준다.

판매상 C는 이 증명서로 금속 자가 국가·국제 기준에 따라 제 조되었음을 증명할 수 있다.[54]

하는 오류를 범하기 때문에 이 과정은 매우 중요하다. 따라서 교정, 측정도구, 측정 행위에 있어 불확도의 원인과 그 영향을 고려해야 한다.

53) • 대한민국 국가표준기본법 제3조

18. "시험·검사기관 인정"이란 공식적인 권한을 가진 인정기구가 특정한 시험·검 사를 할 수 있는 능력을 가진 시험·검사기관을 평가하여 그 능력을 보증하는 행 정행위를 말한다.

54) Christopher Boscia, "Strengthening Forensic Alcohol Analysis in California DUI Cases: A Prosecutor's Perspective", 53 Santa CLARA L. REV. 733 (2013), 743

C로부터 산 금속 자로 측정하는 사람도 금속 자의 눈금이 국가·국제 기준에 따랐다고 믿게 된다.[55]

증명서는 금속 자가 공인 기관의 표준에 따라 제조되었고, 공인 기관의 표준은 다시 그 상위 기관의 인증 표준에 따랐음을 순차로 문서로 증명한다. 그래서 자가 표준에 따랐음을 알게 한다.

측정 추적성[56]은 측정 도구가 그 전 단계의 기준에 따랐는지 아닌지를 추적할 수 있게 한다. 원래의 기준과 단절되지 않게 한다. 그래서 측정 도구의 정확성과 불확실성을 이해할 수 있게 한다.[57] [58]

---

55) 측정 단위를 추상적 개념으로 정의하면, 측정 체계의 안정성이 증진된다. 그러나 실제 측정에 활용할 수 있는 물리적 실체가 눈앞에 없다는 단점이 있다. 추상적 개념으로서의 단위를 실제 현실에서 사용하려면 추상적 개념에 부합하는 실물을 만들어야만 한다. 이를 '측정 단위의 현실적 실현(practical realization of a measurement unit)'이라 한다. 이렇게 현실에서 사용하기 위해서 먼저 1차 측정 표준(primary measurement standard)을 구축한다. 이 1차 측정 표준을 활용하여 교정을 통해 보다 널리 활용할 수 있는 2차 측정 표준을 만든다. 다시 2차 측정 표준으로 교정을 해서 인증된 보급용 측정 표준을 만든다. 국제적으로 인증된 기관에서 특정 분야별로 반복적으로 사용할 수 있고, 운반이 쉬운 형태의 측정 표준을 '인증 표준 물질(certified reference material; CRM)'로 보급한다. 현실에서는 인증된 보급용 측정 표준으로 추상적으로 정의된 단위와 비교를 수행한다.

56) (metrological traceability). 일반적으로 '측정 소급성'이라고 한다. 국가표준기본법에서도 소급성이라는 용어를 사용한다.
• 대한민국 국가표준기본법 제3조
17. "소급성(遡及性)"이란 연구개발, 산업생산, 시험검사 현장 등에서 측정한 결과가 명시된 불확정 정도의 범위 내에서 국가측정표준 또는 국제측정표준과 일치되도록 연속적으로 비교하고 교정(較正)하는 체계를 말한다.

57) 측정 추적성은 측정 불확도에 영향을 미치는 여러 가지의 교정(calibration)들이 표준 물질과 단절되지 않고, 연결되어 있음을 문서로 기록한 측정 결과의 속성이다. Joint Committee For Guides in Metrology (JCGM), International Vocabulary of Metrology- Basic And General Concepts and Associated

즉 각각의 단계마다 어느 정도의 불확도가 있는지를 알 수 있게 한다.

측정 추적성은 주로 교정에 의해 실현된다.[59]

표준 물질도 국가 표준에 따른 추적성이 있어야 한다.[60]

Terms (VIM) § 2.4.1; (The property of a measurement result whereby the result can be related to a reference through a documented unbroken chain of calibrations, each contributing to the measurement uncertainty.)

58) 따라서 측정 추적성을 인정받기 위해서는 다른 날짜에, 다른 실험실에서 측정 결과를 읽고 해석하는 사람이 샘플의 수집부터 그 측정 결과의 보고까지 모든 분석 과정을 재생성하여 그 측정을 재구성하는 데 필요한 모든 정보에 접근할 수 있도록, 여러 교정 상태와 측정 시스템의 각 구성 요소의 작동 상태를 문서로 증명해야만 한다. Joint Committee For Guides in Metrology (JCGM), International Vocabulary of Metrology- Basic And General Concepts and Associated Terms (VIM) § 7.1.1; (traceability requires documentation to demonstrate the calibration status and performance of each element of the measurement system such that if the analytical process, from the collection of the sample to the reporting of the result, were to be recreated at a different laboratory on a different date, all the information necessary to reconstruct the measurement would be available to the interpreter.)

59) 교정은 평가하고자 하는 장치와 이미 알고 있는 불확도를 가진 측정 기준 사이의 관계를 정하는 작업이다. 교정을 통해, 교정장치 및 측정값의 불확도를 정하고, 측정 기준과의 추적성을 만든다. 교정을 하는 4가지 주된 이유는 ① 측정 추적성을 제공하고(provide traceability) ② 도구나 기준이 다른 측정과 일치한다고 보증하고(ensure that the instrument or standard is consistent with other measurements) ③ 정확성을 결정하고(determine accuracy) ④ 신뢰도를 정립하기(establish reliability) 위해서다.

60) 알코올이 없으면 반응이 없다고 가정할 때, 1개의 표준 물질로 교정을 하면 1개의 값만을 측정할 수 있다. 따라서 1개만으로 교정 곡선(calibration curve)을 만

측정 추적성이 있어도 불확도는 있다. 표준 물질과 교정 절차에
도 불확도가 있다. 교정의 정확성은 표준 물질의 정확성만큼 유효
하다.

표준 물질 및 표준 물질과 교정 대상을 비교 측정 과정에서의
불확도가 교정의 불확도를 결정한다. 그러므로 교정의 불확도는
반드시 표시되어야만 한다.[61 62 63]

인증된 표준 물질에 맞추어 교정해서 측정하더라도 양에 대한
정보를 정확하게 얻었다고 확신할 수는 없다. 왜냐하면 교정이 제
대로 되지 않거나, 교정 이후 변동이 일어날 수 있고, 측정방법
자체의 한계나 측정자에 의해 잘못된 정보를 얻을 수 있기 때문
이다.

든다. 이때에는 측정 대상인 알려지지 않은 양의 값이, 농도를 아는 샘플과 반응
과 비례한다고 가정한다. 그러나 이러한 가정은 반응이 직선이 아니면(not linear)
오류이다. 따라서 1개의 표준 물질로 하는 교정은 문제가 있다. 그러므로 알려지
지 않은 값의 가능한 범위 내에 있는 여러 개의 표준 물질을 사용해 교정하는 방식
이 필요하다. Barry T. Simons, Ron Moore, "Challenging the Blood Test for
Alcohol", 33-May Champion 54 (2009), Standards and Calibration

61) 교정 기관 또는 자체 교정을 수행하는 시험 기관은 모든 교정 및 교정 유형에 대한
측정 불확도를 추정하는 절차를 보유하고 적용해야 한다. ISO 17025, § 5.4.6.1.

62) ASCLD/LAB(2008); International Supplemental Requirements for the
Accreditation of Breath Alcohol Calibration Laboratories, § 1, 3-6.

63) 교정하더라도 여전히 실제 측정에는 불확도가 존재한다. 따라서 교정 대상의 불확
도를 정하는 데는 표준 물질과 교정 절차의 불확도가 고려되어야 한다. 측정 결과
를 제대로 이해하기 위해서는 측정 결과에 영향을 미칠 수 있다고 생각하는 모든
것에 대해 어떻게 고려하였는지를 합리적으로 설명할 수 있어야 한다. 이 같은 설
명이 가능한 때, 측정 단위라는 잣대와 '제대로' 비교되어 측정 결과를 얻었다고 생
각할 수 있다. 이 경우 측정 결과에 대해 측정 추적성이 있다고 한다.

음주단속, 과속 측정의 허상

7 오차를 완전히 제거할 수는 없다.

오차는 측정값과 참값 간의 차이다. 오차는 계통 오차(systematic error)와 우연 오차(random error)로 나눈다.[64]

계통 오차[65]는 하나의 방향성을 가지며, 일관되게 측정값을 참값보다 높거나 혹은 낮게 한다. 이는 교정의 실수나 환경 조건 등에 따라 발생한다. 계통 오차는 일관하고, 예견할 수는 있다. 따라서 담당자는 계통 오차를 찾아내 오차의 범위를 결정하고, 그 범위 내에서 측정기나 측정값을 교정해야 한다.[66][67]

---

64) Joint Committee For Guides in Metrology (JCGM), Evaluation of Measurement Data- Guide to the Expression of Uncertainty in Measurement (GUM) § 3.2.1

65) '오차(bias)'라고도 한다.

66) 이는 표준 물질의 값과 측정값을 비교하는 방식으로 표시된다. 계통 오차가 알려지지 않고 교정되지 않는 한, 모든 측정치는 사람의 판단을 그르치게 한다. Edward Imwinkelried, "The Importance of Forensic Metrology in Preventing Miscarriages of Justice: Intellectual Honesty about Uncertainty of Measurement in Scientific Analysis", 7 J. Marshall L.J. 333 (2014), 359

67) Joint Committee For Guides in Metrology (JCGM), Evaluation of Measurement Data-Guide to the Expression of Uncertainty in Measurement (GUM) at 34 (Annex B.2.13); (the result of a measurement before measurement correction for systematic error). 그러므로 측정 결과를 평가할 때는 다음 3가지로 특징지어 측정 결과를 이해해야 한다. ① 표시(indication) ② 수정되지 않은 결과(uncorrected result) ③ 수정된 결과(corrected result)이다. 여기서 표시는 측정 장치나 측정 체계에서 제공하는 양의 값이다. 수정되지 않은 결과는 계통 오차를 수정하기 전의 측정 결과이다. 수정된 결과는 계통 오차를 수정한 측정 결과이다.

그러나 계통 오차의 원인을 전부 알아냈는지 아닌지를 알 방법은 없다.[68] 오차를 반영해서 수정하더라도, 필요한 수정 값을 완벽하게 알 수는 없으므로 여전히 불확도가 존재한다.[69]

우연 오차는 측정자가 예측할 수 없이 범하는 실수 같은 것이다.[70] 우연 오차는 예측할 수 없다. 우연 오차도 완전히 수정할 수는 없지만 줄일 수는 있다.[71][72]

---

68) 표준 물질과 비교해서 계통 오차를 수정하는 등 오차를 제거하기 위한 최선의 노력을 다한 다음에도, 오직 모든 계통 오차가 제거되었다고 추정할 뿐이다. Edward Imwinkelried, "The Importance of Forensic Metrology in Preventing Miscarriages of Justice: Intellectual Honesty about Uncertainty of Measurement in Scientific Analysis", 7 J. Marshall L.J. 333 (2014), 364

69) 계통 오차는 발견하고, 평가하고, 수정할 수 있지만, 완전히 제거할 수는 없다. Joint Committee For Guides in Metrology (JCGM), Evaluation of Measurement Data-Guide to the Expression of Uncertainty in Measurement (GUM) § 3.2.3

70) Edward Imwinkelried, "The Importance of Forensic Metrology in Preventing Miscarriages of Justice: Intellectual Honesty about Uncertainty of Measurement in Scientific Analysis", 7 J. Marshall L.J. 333 (2014), 363. '일치성(precision)'과 관련되어 있다.

71) Joint Committee For Guides in Metrology (JCGM), Evaluation of Measurement Data-Guide to the Expression of Uncertainty in Measurement (GUM) § 3.2.2

72) 우연 오차도 계산할 수는 있다. 측정을 여러 번 해서 그 측정값이 예측할 수 없는 방식으로 변하는지와 일치하는 범위를 결정할 수 있다. 이러한 일련의 측정을 통해, 분석자는 표준 오차(standard error of deviation)와 신뢰 구간을 계산할 수 있다. Edward Imwinkelried, "The Importance of Forensic Metrology in Preventing Miscarriages of Justice: Intellectual Honesty about Uncertainty of Measurement in Scientific Analysis", 7 J. Marshall L.J. 333 (2014), 364

계통 오차와 우연 오차를 결합하면 전체 오차가 된다. 두 오차를 결합하여 전체 오차로 바꾸는 일반적으로 인정된 방법은 없다.[73]

8 측정 불확도와 오차는 다르다.

오차(error) 또는 오차율(error rate)[74]은 측정값과 참값의 차이이다. 그러나 참값을 알 수 없으므로 오차 또한 알 수 없다.[75]

우리가 알거나 혹은 있다고 의심하는 오차를 평가하여 수정하더라도, 목적 측정량을 얼마나 잘 측정하여 측정 결과에 표시하는지에 대해 여전히 불확실성이 있다. 따라서 오차를 수정하더라도 불확도는 여전히 존재한다.[76]

---

73) 계통 오차를 보정한 수정 통계와 우연 오차를 반영한 별도의 신뢰 구간을 각각 설명하는 것이 일반적으로 이용되는 전통적 방식이다. Edward Imwinkelried, "The Importance of Forensic Metrology in Preventing Miscarriages of Justice: Intellectual Honesty about Uncertainty of Measurement in Scientific Analysis", 7 J. Marshall L.J. 333 (2014), 364

74) 오차율은 분석 결과가 잘못된 결론에 이르는 비율을 의미한다. 가령 시료가 A 유형에서 나온 때, 시료의 출처가 A 유형이라고 옳게 판정한 것이 100개 중 95개라고 한다면, 오차율은 5%이다. 만일 시료가 A 유형에서 나온 것이 아님에도 A 유형이 출처라고 잘못 판정한 것이 100개 중 2개라고 한다면 오차율은 2%이다. 따라서 이를 종합한 오차율은 3.5%이다.

75) 실제 측정한 모든 값은 목적 측정량의 '추정(estimate)'에 불과하다. Joint Committee For Guides in Metrology (JCGM), International Vocabulary of Metrology – Basic And General Concepts and Associated Terms (VIM) § 3.1.2.

76) 오차는 측정하고자 하는 것의 참값을 알고 있음을 뜻한다. 그러나 포렌식 측정에서는 참값은 알려져 있지 않다. 측정자가 참값을 알 수 없으므로 오차도 알 수

그러므로 측정 불확도는 오차와 다른 개념이다.[77] 불확도가 크더라도 측정 결과는 목적 측정량에 매우 가까울 수 있다. 즉 불확도가 커도 오차가 작을 수 있다. 반대로 불확도가 작아도 오차가 클 수 있다. 그러므로 오차와 불확도는 다르다.[78]

현대 측정학은 오차 분석을 불확도 분석으로 대체하고 있다.[79]

9 「측정에 있어 불확도 표현 지침」

측정 불확도를 평가하고 표현하는 일반 원칙을 정립한 기준이 「측정에 있어 불확도 표현 지침(GUM)[80]」이다.[81]

없다. Christopher Boscia, "Strengthening Forensic Alcohol Analysis in California DUI Cases: A Prosecutor's Perspective", 53 Santa CLARA L. REV. 733 (2013), 739

77) Joint Committee For Guides in Metrology (JCGM), International Vocabulary of Metrology – Basic And General Concepts and Associated Terms (VIM) § 3.2.2.

78) 알 수 없는 체계적 영향은 불확도에 반영될 수 없지만, 오차에는 영향을 준다. Joint Committee For Guides in Metrology (JCGM), Evaluation of Measurement Data-Guide to the Expression of Uncertainty in Measurement (GUM) § 3.3.1

79) '측정에 있어 불확도 표현 지침(Guide to the Expression of Uncertainty in Measurement; GUM)'에서도 오차는 추상적 개념일 뿐, 정확하게 알 수 없다고 한다. Joint Committee For Guides in Metrology (JCGM), Evaluation of Measurement Data-Guide to the Expression of Uncertainty in Measurement (GUM) § 3.2.1

80) (Guide to the Expression of Uncertainty in Measurement)

81) '측정학에서의 지침을 위한 합동 위원회(Joint Committee for Guides in Metrology; JCGM)'에서 이 지침을 발간한다.

음주단속, 과속 측정의 허상

측정에 있어 불확도 표현 지침은, 참값을 얼마나 잘 아는지를 표시하는 것은 불가능하고, 오직 참값을 얼마나 안다고 믿는지를 말할 수 있을 뿐이라는 입장이다. 즉 측정 불확도는 참값을 어느 정도로 안다고 믿는지를 측정하는 것으로 묘사된다.[82]

테니스 경기 중 심판은 공이 선 안쪽에 떨어졌는지, 밖에 떨어졌는지를 판정한다.

이때 '사실 그대로 판정한다.'라는 심판과 '내가 본 대로 판정한다.'라는 심판은 다르다. 앞의 심판은 자신이 본 것과 사실이 다를 수 있다는 점을 인정하지 않는다. 뒤의 심판은 자신이 본 것과 사실이 다를 수 있음을 인정한다.

어떤 것을 안다는 믿음과 실제로 아는 것은 다르다. 우리가 안다고 생각하지만, 실제로는 모를 때가 있다. 이때는 안다고 믿고 있을 뿐, 실제 아는 것은 아니다.

① '어떤 것을 그것이라고 90% 신뢰하는 것'과 ② '어떤 것이 실제로 그것일 확률이 90%'라는 것은 다르다. 따라서 실제를 모르지만, 그것이라고 생각할 때는 '그것이 무엇이라고 추정한다.'라고 표현해야 한다.

실제를 모를 때는 그것이 실제일 확률이 90%라고 할 수 없다. 왜냐하면 실제를 모르기 때문이다. 다만, 실제라고 믿는 정도가 90%라고 할 수는 있다. 이렇게 표현하면 실제가 아니더라도 무방하다. 왜냐하면 90%는 믿음에 대한 표현이기 때문이다. 실제를 모르면서 실제로 그것일 확률이 90%라고 표현해서는 안 된다.

'측정에 있어 불확도 표현 지침'은 측정 결과 및 측정 불확도를 함께 표시하도록 한다. 지침의 접근 방식의 핵심은 참값을 포함하는 신뢰 구간을 만들기 위해 계통 오차와 우연 오차의 효과를 결

---

82) 이는 목적 측정량에 대한 지식의 불완전성을 반영한 결과이다.

합하는 데 있다.[83]

83) '측정에 있어 불확도 표현 지침(Guide to the Expression of Uncertainty in Measurement; GUM)'은 A 유형(type A)과 B 유형(type B) 불확도 평가를 구분한다. 그 수의 값을 평가하는 방식에 있어 차이가 있다.

A 유형 불확도는 같은 샘플을 반복적 측정 혹은 관찰해서, 통계로 분석하는 방식이다. 예를 들면 표준 오차의 계산이다.

B 유형 불확도는 일련의 관찰을 통한 통계 분석을 제외한, 그 이외의 다른 수단으로 (by means other than the statistical analysis of series of observations) 분석하는 방식이다. 예를 들면 분석자가 사용한 측정 기술의 한계라는 개인 경험을 고려해 결정한다.

따라서 A 유형 평가는 객관적이고, B 유형 평가는 주관적이라고 불리기도 한다. 그러나 A 유형 평가가 더 믿을 만하다고 할 수는 없다. 가령 A 유형 평가는 적은 수의 측정에 기초하지만, B 유형 평가는 상당한 경험을 통해 알려진 것일 수 있기 때문이다. 분석가는 A 유형과 B 유형의 표준 불확도를 같게 취급하여 베이지안(Bayesian) 기술을 사용해서 이를 결합할 수 있다. 이처럼 결합하는 이유는 측정한 한 개의 값의 종합 불확도에 대하여 진정하게 알고 있는 상태를 표시하기 위해서다(The purpose of the combination is to describe the true state of knowledge about the overall uncertainty of the point value). 한 개의 측정값의 정확성을 어느 정도 믿는지에 대해 분석가는, A 유형과 B 유형의 불확도의 모든 종류와 그 범위를 나열한 '불확도 예산(uncertainty budget)'을 사용한다. 그 최종 결과는 '결합 표준 불확도'와 '포함 구간(coverage interval)' 혹은 '신빙 구간(credible interval)'이다. 특정한 신뢰 수준에서 이 포함 구간 혹은 신빙 구간은 참값을 포함한다. 그러므로 '신뢰 구간(confidence interval)'과 달리 포함 구간은 기재된 확률로 참값을 포함한다. 최선의 추정과 포함 구간은 찾고자 하는 양의 값에 대한 우리의 지식을 완전하게 표시한다. 포함 구간에 대해서는 베이지안(Bayesian) 분석법을 사용해서 불확도를 평가하는 것이 적정하지 않다는 비판이 있다. Edward Imwinkelried, "The Importance of Forensic Metrology in Preventing Miscarriages of Justice: Intellectual Honesty about Uncertainty of Measurement in Scientific Analysis", 7 J. Marshall L.J. 333 (2014), 365~367

10. 측정 불확도의 접근법

한 개의 측정값(single point value)에는 반드시 불확도가 있다. 따라서 그 수치가 가지는 증명력을 나타내기 위해 수치, 즉 불확도를 기재하여야 한다.

이에는 '안전 마진 혹은 폭의 차이 접근법(safety margin or band gap approach)'과 '신뢰 구간 접근법(confidence interval approach)'이 있다.

1) 안전 마진 접근법

측정치에 대해 그 오차의 폭을 기재하고 신뢰 수준을 기재하지 않는 방식이다. 예를 들면 '오차 범위 ± 0.002%'와 같은 기재다.

2) 신뢰 구간 접근법

이는 신뢰 수준과 신뢰 구간, 즉 범위를 함께 기재하는 방식이다. 예를 들면 '95%의 신뢰 수준($k=2$)에서 ± 0.005 g/100 ㎖'와 같다.

신뢰 구간(confidence interval)은 참값(true value)을 정확하게 표시할 수는 없지만, 참값이 존재할 확률(probability)이 높은 특정 구간을 말한다. 그러므로 참값이 이 특정한 구간 안에 있을 확률이 높다는 의미가 내포되어 있다.[84]

신뢰 구간은 측정값들의 분산(dispersion)을 알려준다.

신뢰 구간을 계산하는 첫 단계는 구간을 구성하기 위한 샘플의

---

84) Edward Imwinkelried, "Evidence Law Visit Jurassic Park: The Far-Reaching Implication of the Daubert Court's Recognition of the Uncertainty of the Scientific Enterprise", 81 IOWA L. REV 55 (1995), 66~67

통계를 알아내는 것이다. 다음으로 그 통계의 표준 오차(standard error) 혹은 편차(deviation)를 결정한다. 표준 편차는 평균으로부터의 평균적 편차를 측정한 것이다.[85]

세 번째로 신뢰 상관 계수(confidence coefficient), 즉 신뢰 수준을 정한다. 상관 계수는 1에서 실험의 유의 수준(significant level)을 뺀 것이다. 만일 유의 수준 0.05라고 하면 결과가 우연히 발생할 확률이 5% 이하라는 의미이다. 이때에는 상관 계수는 95를 선택해야 한다. 통계에서는 주로 0.68, 0.95, 0.99 3개의 상관 계수를 사용한다. 값이 정규 분포되었다면(normally distributed) 샘플 통계의 68.26%는 1 표준오차(standard error), 즉 (k=1)안에 있게 되고, 95.44%는 2 표준오차, 즉 (k=2), 99.73%는 3 표준오차, 즉 (k=3) 안에 있게 된다.

다음 신뢰 구간을 계산한다. 이를 계산하는 공식은 다양하다. 그러나 일반적으로 공식은 샘플 통계, 샘플의 수, 표준 오차, 상관 계수를 반영한다. 신뢰 구간을 표현하는 방법은 다양하다. 예를 들면 95% CONF(67: 62: 72)와 같이 표기한 경우 67은 샘플의 통계인 평균을 의미하고, 95%의 신뢰도에서 하위 경계는 62, 상위 경계는 72까지의 구간임을 나타낸다.[86]

---

85) (The standard deviation measures the average deviation from the average or mean.)

86) 신뢰 구간은 전체 수치의 참값(the true value of the population parameter)을 확실하게 포함한다거나 혹은 신뢰 구간이 참값을 포함하는 어떤 확률이 있음을 의미하지 않는다. 신뢰 구간은 참값을 포함하고 있어야만 할, 유사하게 구성된 구간의 비율을 나타낼 뿐이다(The interval represents the proportion of similarly constructed intervals that should capture the true value). 예를 들어서 0.95의 신뢰 상관 계수를 선택했다고 하자. 이는 같은 모집단으로부터 유사한 방법과 유사한 크기로 뽑은 샘플에 기초할 때, 결국에는 평균적으로 95%의 신뢰도로 그 구간이 모집단 수치의 참값을 포함한다는 의미이다. 처음의 샘플로부터 계

　　　　　　　음주단속, 과속 측정의 허상

산한 특정한 하나의 구간을 신뢰하는 것이 아니다. 공식, 방법 혹은 과정에 대한 일정한 정도의 신뢰를 뜻한다. 그러므로 구간의 간격이 좁으면서 높은 신뢰 상관 계수라면, 그 구간에 높은 신뢰를 두어도 정당화된다. Edward Imwinkelried, "The Importance of Forensic Metrology in Preventing Miscarriages of Justice: Intellectual Honesty about Uncertainty of Measurement in Scientific Analysis", 7 J. Marshall L.J. 333 (2014), 361~362

X

음주 측정의 불확도

1 확실성의 환상

과학이라고 해서 절대적으로 확실하지는 않다.

예를 들면 거짓말탐지기는 증거능력을 인정하지 않는다.[1][2]

그러나 사람들은 과학적이라는 표현이 붙으면 정확성을 의심하지 않는 '과학 편향'이 있다. 그래서 과학을 통해 얻은 수치는 확실하다고 믿는 성향이 있다. 이를 '확실성의 환상(illusion of certainty)' 이라고 한다.

---

1) 거짓말탐지기 검사는 맥박이나 혈압 등 신체의 변화를 측정한다. 그 결과를 근거로 검사관이 피검사자가 거짓말한 것인지, 아닌지를 판정한다. 거짓말탐지기 분석 결과는 거짓말과 필연적이고 직접적으로 연관 관계가 있다고 입증되지 않았다. 맥박 등의 신체 변화는 개개인의 다양한 심리·신체 요인에 따라 일어날 수도, 일어나지 않을 수도 있다. 기억 자체도 고정되어 있지 않다. 시간이 지나면서 변경된다. 거짓말탐지기로 거짓말을 판정한다고 해도 그 정확도가 확실하지 않다. 그러므로 신뢰성에 비하여 유죄의 편향을 심어줄 가능성이 크므로 증거로 할 수 없다. 과학적 방법이라고 하여 마치 완전히 믿고 의존해도 된다고 생각하는 것은 잘못이다.

   ▶ 거짓말탐지기의 검사 결과에 대하여 사실적 관련성을 가진 증거로서 증거능력을 인정할 수 있으려면, 첫째로 거짓말을 하면 반드시 일정한 심리상태의 변동이 일어나고, 둘째로 그 심리상태의 변동은 반드시 일정한 생리적 반응을 일으키며, 셋째로 그 생리적 반응에 의하여 피검사자의 말이 거짓인지 아닌지가 정확히 판정될 수 있다는 세 가지 전제요건이 충족되어야 할 것이며, 특히 마지막 생리적 반응에 대한 거짓 여부 판정은 거짓말탐지기가 검사에 동의한 피검사자의 생리적 반응을 정확히 측정할 수 있는 장치이어야 하고, 질문사항의 작성과 검사의 기술 및 방법이 합리적이어야 하며, 검사자가 탐지기의 측정내용을 객관성 있고 정확하게 판독할 능력을 갖춘 경우라야만 그 정확성을 확보할 수 있는 것이므로, 이상과 같은 여러 가지 요건이 충족되지 않는 한 거짓말탐지기 검사 결과에 대하여 형사소송법상 증거능력을 부여할 수는 없다(대법원 2005. 5. 26. 선고 2005도130 판결).

2) Commonwealth v. Vitello, Mass. Adv. Sh, (1978), 2649

따라서 음주 측정 수치도 과학적이므로 확실하다고 믿는 경향이 있다.[3]

2 호흡 측정의 불확도

1) 불확도의 원인

호흡 측정 대상자가 측정기 안으로 부는 호흡량은 210 ℓ 가 아니다. 폐의 평균 크기는 5.8 ℓ 이며, 약 4~6 ℓ 만을 불 수 있다.

호흡 측정기는 약 50 cc, 즉 1/20 ℓ 의 호흡을 분석해서 호흡 210 ℓ 에 해당하는 비율로 환산한다.[4] 210 ℓ 는 생수 2 ℓ 짜리 105 개에 해당한다. 210 ℓ 는 50 cc의 4,200배이다.

호흡 측정기 안에 든 아주 작은 양의 알코올을 측정해서 4,200 을 곱할 경우 작은 오차도 4,200배가 된다.

호흡 측정으로 혈중 알코올 농도를 계산할 때 분할 비율도 불확도의 원인이다. 분할 비율의 폭이 630:1~3818:1라는 연구 결과도 있다.[5][6]

호흡량, 온도 등도 불확도에 영향을 미친다.

---

3) 물론 측정기에 의한 수치는 '눈이 붉게 충혈되어 있고, 혀가 꼬여 발음이 정확하지 않다.'라는 단속 경찰관의 관찰보다 신뢰성이 높다.

4) Ted Vosk, "Metrological Epistemology", 2013 WL 6147028, (2013), 17

5) Fitzgerald, Intoxication Test Evidence, "§ 56:21. Measurement uncertainty in breath-testing"

6) 호흡 알코올 처벌 체계에서는 호흡 중 알코올을 혈액 중 알코올로 전환하는 문제는 발생하지 않는다. 이때에는 호흡 알코올 농도가 처벌 대상이다. 따라서 호흡 측정기가 호흡의 알코올을 정확히 측정하는지가 쟁점이다. 혈중 알코올 처벌 체계에서는 호흡 측정치가 정확하더라도 측정치가 실제 혈중 알코올 농도를 합리적 의심이 넘을 정도로 증명하는지를 판단해야 한다.

호흡 음주 측정기 제조사는 측정 불확도를 감안해서 측정기가 원래 계산한 수치에서 예를 들어 0.015%를 빼는 방법으로 피고인에게 유리하게 프로그램을 설정한다고 한다.

그러나 이처럼 일정한 수치를 일률적으로 뺀다고 해서 측정 불확도의 문제가 근본적으로 개선되지 않는다. 어떤 불확도의 요인을 어느 정도 반영하는지에 따라 불확도에서 고려할 수치가 달라지기 때문이다. 즉 위 0.015%도 정확하지 않다.

두 번 호흡을 측정해서 모두 똑같은 수치가 나오더라도 마찬가지다. 가령 두 번 모두 0.05이더라도 측정 불확도가 ± 0.01이면 여전히 0.05 ± 0.01일 뿐, 0.05가 정확하다는 의미는 아니다. 그러므로 측정치는 그 수치와 관련된 불확도보다 더 정확하게 되지 않는다.

호흡 측정의 불확도는 각각의 측정기에 따라 달라진다. 측정기마다 불확도가 다르다.[7]

호흡 음주 측정기에 대한 불확도에는 생리적 특성 및 샘플링에 의한 불확도는 포함되지 않는다.

그러나 호흡 음주 측정기의 불확도나 관련된 쟁점은 음주 측정 결과서에 기재되거나 별도로 제출되지 않는다. 이에 따라 측정 불확도에 대한 문제의식 없이 측정치를 그대로 신뢰하게 된다. 측정기와 측정과 관련된 여러 원칙을 지나치게 단순화하면서, 문제점에 대한 정보를 누락하고, 정확하다는 인식을 심어주면 더더욱 정확성을 평가하지 못한다. 수치를 단순하게 신뢰하고, 측정치의 정

---

7) Fitzgerald, Intoxication Test Evidence, "§ 56:34. Without information concerning its uncertainty, a measurement cannot be interpreted or understood."

확성을 과장해서 믿게 된다.[8 9 10]

국가가 실제 알코올 농도가 얼마인지에 대한 진지한 이해와 검토 기회를 차단하면서, 측정치만으로 처벌하도록 유도하는 정책을 취할 수 있다.

이 제도에서는 음주 측정치의 정확성 분석을 기본 원칙으로 하지 않는다. 단지 측정 대상자가 문제 삼은 때에만 사안에 따라 측정치에 어느 정도의 신빙성을 부여할지를 결정하도록 한다.

모든 음주 측정치에는 불확도가 있으므로 기본으로 음주 측정 결과서에 이를 기재하도록 해야 함에도, 이를 기재하지 않고, 피고인이 다투는 경우에만 정확성을 따지도록 하는 시스템이다.

이러한 시스템은 제도 차원에서 무죄 추정에 어긋난다. 결국 측

---

8) 측정 관련 원리를 교육받지 못하면, 측정의 문제점을 이해하지 못하고, 지나치게 단순하게 평가하여 범죄사실을 정하게 된다. 그 결과 국민은 불필요한 수사, 재판 및 처벌의 대상이 될 수 있다.

9) 만일 의도적으로 불확도를 표시하지 않는 방법으로 정확성의 환상을 가지도록 한다면 이는 비윤리적이기도 하다. 형벌을 다루는 법과학에서는 특히 정확성에 대한 의심과 불확도는 반드시 존중되어야만 하는 개념이다. 불확도가 기재되지 않은 음주 측정치를 확실하다고 잘못 판단하면, 측정기가 표시한 수치에 의한 재판이 된다. 만일 그 수치가 정확하지 않다면, 국민의 자유가 부당하게 제한된다. 실제로 처벌받지 않는다고 하더라도 처벌 가능성만으로도 음주 및 운전의 자유가 정당한 근거 없이 축소된다.

10) 측정 불확도의 평가는 단지 수학의 결론이거나 혹은 일상 작업이 아니다. 측정 불확도의 질과 효용은 궁극적으로 충분한 이해, 비평적 분석, 그 값을 부여하는 자의 염결성에 의해 결정된다. 그러므로 '측정에 있어 불확도 표현 지침' 못지 않게 측정 불확도를 평가하고 기재하는 실행자의 비평적 숙고, 지적 정직성, 직업 기술이 본질적으로 중요하다. Joint Committee For Guides in Metrology (JCGM), Evaluation of Measurement Data-Guide to the Expression of Uncertainty in Measurement (GUM) § 3.4.8

정의 정확성을 피고인이 주장하고 입증해야 하기 때문이다.[11]

2) 음주 측정 불확도의 기재

측정학에 의하면, 측정 결과인 수치를 사용하기 전에 측정의 불확도를 특정해야 한다.[12][13]

측정에 있어 불확도 표현 지침(ISO/IEC 17025)에 따르면 측정 결과에는 불확도를 기재할 수 있다.

형사재판에서는 측정 결과가 가지는 진정한 의미를 이해하고, 범죄혐의가 합리적 의심을 넘는 수준으로 입증되는지를 결정해야 한다. 따라서 반드시 측정 불확도가 기재되고, 제출되어야 한다.[14] 기재된 측정 불확도의 의미를 이해하는지에 따라 유무죄나 형벌

---

11) 음주 운전자에 대한 일반 감정은 좋지 않다. 그러나 형벌은 감정을 초월해서 판단해야 한다. 정확하다는 신화를 근거로 측정 결과를 맹목적으로 받들고, 검증하지 않는 일이 지속되면 될수록, 오판으로 무고한 국민이 부당하게 처벌받는 일이 발생할 수 있다. 과학적으로 보이지만 사실은 과학이 아닌 것을 분별하고 검증하지 않는다면 증거의 참된 의미를 오해한 기소와 판결이 지속된다. 잘못된 과학은 법의 좋은 받침대가 될 수 없다.

12) (the specification of the uncertainty of measurement before one uses a result that is a quantity.)

13) 미국 국립 과학원(National Academy of Science)에서 발간한 『미국의 법과학 강화: 장래의 길』에는, 측정 결과를 읽는 비전문가로 하여금 측정에 있어서 어떤 행위를 한 것인지와 그 결과로 얻은 측정치를, 편향되지 않고 정보에 근거해서 점검할 수 있도록, 측정 결과에 불확도를 기재하여야 한다는 내용이 있다. National Academy of Science, 「Strengthening Forensic Science in the United States: A Path Forward」, (2009), 184~186; https://hojp.gov/pdffiles1/nij/grants/228091.pdf

14) National Research Council, "Strengthening Forensic Science in the United States: A Path Forward; The Principle of Science and Interpreting Scientific Data", 117

과 행정 제재의 수준이 달라지기 때문이다.

측정 불확도를 기재하더라도 단지 측정 결과가 추정치라는 정도로는 부족하다. 왜냐하면 여전히 상당한 정도로 믿을 만하다고 수치를 과장되게 평가할 수 있기 때문이다. 따라서 추정치라는 표현에서 더 나아가 측정 불확도가 가지는 의미를 느낄 수 있게 해야 한다.[15]

예를 들면 '혈중 알코올 농도 0.031 g/100 ㎖'라는 문구와 함께 '99%의 신뢰 수준에 의할 때 추정되는 불확도는 기재하지 않은 하위수를 삭제하지 않은 수치의 ± 4%'라고 기재해야 한다.[16]

가령 측정치가 '0.1 g/100 ㎖'이고, 불확도가 '95%의 신뢰 수준(k=2)에서 ± 0.005 g/100 ㎖'라고 하자. 이때는 '0.1 g/100 ㎖'와 함께 '95%의 신뢰 수준(k=2)에서 ± 0.005 g/100 ㎖'라고 불확도를 기재해야 한다.[17]

신뢰 수준을 높이려면 신뢰 구간의 범위를 넓혀야 한다. 그러면 측정 오차의 폭이 커지므로 그 하한 수치가 더 낮아진다. 알코올 농도의 하한 수치가 낮아지면 하한을 적용할 경우 피고인에게 유리하다.

---

15) Edward Imwinkelried, "The Importance of Forensic Metrology in Preventing Miscarriages of Justice: Intellectual Honesty about Uncertainty of Measurement in Scientific Analysis", 7 J. Marshall L.J. 333 (2014), 369

16) Christopher Boscia, "Strengthening Forensic Alcohol Analysis in California DUI Cases: A Prosecutor's Perspective", 53 Santa CLARA L. REV. 733 (2013), 748; (the result is subject to an estimated uncertainty of ± 4% of the untruncated result, using a confidence level of 99.7%)

17) 불확도에 있어 신뢰 구간 대신 안전 마진(safety margin)의 개념을 사용할 수도 있다. 이는 신뢰 구간을 기재하지 않고 '측정 결과 0.081 g/100 ㎖, 오차 범위 ± 0.002 g/100 ㎖'라고 기재하는 방식이다.

반대로 신뢰 수준을 낮추려면 참값이 존재할 가능성이 있는 측정 결과의 범위, 즉 신뢰 구간의 폭을 줄여야 한다. 그러면 알코올 농도의 하한 수치는 높아진다. 따라서 하한을 적용할 경우 피고인에게 불리하다.

신뢰 수준이나 신뢰 구간의 축소나 확대는 측정 수치가 혈중 알코올 농도 0.03 g/100 ㎖, 0.08 g/100 ㎖와 같이 처벌 및 양형 기준에 근접할 때는 중요한 의미가 있다.[18]

일정한 신뢰 수준, 예를 들어 95% 또는 99%에서 호흡 측정기의 불확도를 반영하여 피고인에게 유리하게 최하한의 알코올 농도의 수치를 출력하도록 프로그램을 조정해 둘 수 있다. 그러나 이러한 때에도 반드시 불확도를 표시해야 한다.[19]

3) 미국의 실제 사례

미국 워싱턴 주에서는 인터넷으로 호흡 측정기의 불확도를 제공한다.[20] 측정기의 시리얼 번호를 입력하고, 검색 기간을 정하여 입력하면 호흡 측정기 별로, 관련 통계 데이터를 확인할 수 있다. 호흡 측정기로 얼마 동안 내쉬었는지 등 다양한 정보를 알 수 있

---

18) Christopher Boscia, "Strengthening Forensic Alcohol Analysis in California DUI Cases: A Prosecutor's Perspective", 53 Santa CLARA L. REV. 733 (2013), 749

19) Fitzgerald, Intoxication Test Evidence, "§ 56:17. The Safety margin approach to uncertainty"

20) 「Dradger」호흡 측정기에 대하여 99%의 신뢰 수준에서 0.020~0.33 g/ 210ℓ 까지 불확도를 표로 제공한다.
https://wsp.wa.gov/breathtest/docs/webdms/Notifications/drop_down_notifications/measurement_uncertainty_tables_notification_update.pdf (2022. 12. 8. 접속)

다.[21] 그 외에 교정에 사용하는 가스, 액체 등도 시리얼 번호를 넣어 확인할 수 있다.

미국 워싱턴 주의 호흡 측정기를 교정하면서 나온 인증 결과서를 분석한 해설 내용이 있다.

이를 보면 ① 단순한 표준편차만의 분석 → ② 그 외의 계통 오차를 반영한 종합 불확도 분석 → ③ 우연 오차까지 고려한 확장 불확도 분석 → ④ 신뢰 수준을 고려한 확장된 불확도 분석에 따라 측정치에 대한 이해가 달라질 수 있음을 알 수 있다.[22]

가령 형벌의 입증 기준인 합리적 의심을 넘는 수준이 신뢰 수준 95%가 아닌 99%라고 하고, 불확도의 요인을 생리적 특성 및 샘플링 등을 고려하여 확장 불확도를 넓힐수록 넓은 폭의 신뢰 구간을 만들게 된다.

신뢰 구간의 범위가 넓어져 가령 ± 0.0215가 되면, ± 0.0016일 때보다 하한 수치가 낮아진다. 측청치가 0.1일 때 앞의 경우에는 0.0785(= 0.1 - 0.0215)이지만, 후자는 0.0984(= 0.1 - 0.0016)가 된다. 0.08 기준에 따라 처벌하거나 양형을 달리 경우 불확도 분석에 따라 결론이 달라진다.[23]

---

21) https://fortress.wa.gov/wsp/webdms/Breath Test 2022. 12. 8 접속; Alex I. Uskoski, "The Analytical Limitations of Modern Breath Alcohol Testing: A Call for Reform to Per Se Mandatory Sentencing Enhancement Schemes", 52 GONZ. L. REV. 357 (2016), 436 각주 195

22) 각 불확도의 도출 과정에 대한 설명은 생략되어 있다.

23) Fitzgerald, Intoxication Test Evidence, "§ 56:26. Example: estimating uncertainty"

3 혈액 측정의 불확도

1) 불확도의 원인

혈액에서 고체인 혈액 세포를 뺀 액체 부분이 혈장(plasma)이다. 여기에서 응고 요소를 빼면 혈청이다.

혈장과 혈청은 전체 혈액보다 높은 퍼센티지의 수분을 포함한다. 알코올은 물에만 녹으므로 혈장과 혈청 안의 알코올 농도 수치는 전체 혈액 샘플의 수치보다 높다. 혈장 대 전체 혈액의 비율은 1.09:1에서 1.17:1이고, 혈청 대 전체 혈액의 비율은 1.09:1에서 1.18:1이다.[24] 혈청만으로 측정하면 전체 혈액보다 약 20%가 높게 측정치가 나온다.[25] 혈장과 혈청의 알코올 농도는 때로는 전체 혈액의 알코올 농도보다 평균 11% 높다.

따라서 채취한 혈액을 처리하는 방법을 확인하고, 그 샘플이 혈장인지 혈청인지 혹은 전체 혈액인지를 구별할 필요가 있다. 형벌 조항에서 '혈중'의 의미는 전체 혈액(whole blood)이라고 해석해야 한다. 따라서 혈장이나 혈청만을 분석한 수치라면, 전체 혈액으로 전환해서 계산해야 한다.[26][27][28]

---

24) Barry T. Simons, Ron Moore, "Challenging the Blood Test for Alcohol", 33-May Champion 54 (2009)

25) Alex Lane, "attacking forensic blood testing in DUI cases: strategies that win", 2014 WL 5465780 (2014), 8

26) Jerry H. Summers, "Creatively Representing and Defending Your Clients in Alcohol-Related Cases", 2015 WL7300478 (2015), 8

27) 수분이 많은 조직은 알코올 농도가 높다. 그러므로 거의 100% w/w의 물로 구성된 땀, 침, 소변, 뇌척수 액(cerebrospinal fluid)의 알코올 농도는 80% w/w 물로 구성된 혈액의 농도보다 높다. 92%의 w/w 수분을 포함하는 플라스마와 혈청의 알코올 농도는 같은 용량의 전체 혈액보다 높다. 플라즈마/혈액(plasma/

헤마토크릿(hematocrit)은 혈액 중에서 적혈구가 차지하는 용적률이다. 즉 혈액 중 액체가 아닌 비율이다. 이는 혈액의 수분 양과 관련이 있다. 헤마토크릿이 높으면, 혈액 중 수분의 비율이 낮다. 헤마토크릿이 높으면, 그만큼 혈액 중 수분에서의 알코올 농도가 높다. 헤마토크릿은 건강한 남성의 경우 평균 46%(40~54%), 건강한 여성의 경우 평균 42%(36~47%)이다.[29] 헤마토크릿이 낮은 때에는 호흡 측정치에 약 - 2%에서 + 5%의 영향을 준다.[30]

호흡 알코올을 혈중 알코올로 전환할 때, 헤마토크릿을 45%로 한다. 알코올은 혈액의 액체 부분에 녹아 있다. 호흡 측정으로는 내쉰 숨의 액체만에 있는 알코올을 측정한다. 혈액의 고체 부분을 내쉴 수는 없기 때문이다. 그런데 혈중 알코올 농도가 전체 혈액의 알코올 농도를 의미한다고 해석한다면, 혈액은 액체와 고체로 구성되어 있으므로, 고체 부분을 반영해야 한다.

이 경우 헤마토크릿이 45%보다 높은 사람이 불리하다. 이 사람

---

blood)의 분배 비율은 95%의 신뢰 구간에서 1.10~1.20이고 평균은 1.15 이다. A. W. Jones, "Pharmacokinetics of Ethanol-Issues of Forensic Importance", Forensic Science Review NO. 2 (2011), 101

28) 무게로 측정한 때, 혈액 중 80%가 물이다. 부피로 할 때는 혈액의 84.4%가 물 이다. 피의 무게는 1.055 g/ ㎖이다. R. Iffland & A. W. Jones, "Evaluating Alleged Drinking After Driving - the Hip-Flask Defense", Med. Sci. Law (2002) Vol. 42, No. 3, 210. 실제 혈중 알코올 농도 2.26 g/ℓ 는 전체 피에는 1.83 g/kg에 상응한다.

29) Leonard R. Stamm, "The Top 20 Myths of Breath, Blood, and Urine Tests- Part 2", 29-OCT Champion 44, (2005), Myths # 12. 개인에 따라 약 15%의 차이가 있다.

30) Jonatan Vukovic, Darko Modun, Domagoj Morkovic & Davorka Sutiovic, "Comparison of Breath and Blood Alcohol Contractions in a Controlled Drinking Study", J Subst Abuse Alcohol 3(2): 1029 (2015), 2/5

은 전체 혈액에서 알코올이 없는 부분이 45%보다 크기 때문이다. 만일 헤마토크릿이 54%이라고 하자. 이때는 수치에 45/54를 곱해 평균치 45%로 환산해야 한다. 가령 측정 수치가 0.11라고 할 때 이를 환산해 주면 0.09(= 0.11 × 45/54)가 된다.[31]

정맥(venous)과 동맥(arterial)의 혈중 알코올 농도는 다르다. 흡수기에는 동맥의 알코올 농도가 정맥보다 높다. 흡수기 이후에는 정맥의 알코올 농도가 동맥의 알코올 농도보다 약 1~2 ㎎/100 ㎖ 높다.[32]

뇌에 전달되는 피는 폐동맥을 통해 나온다. 따라서 동맥의 알코올이 뇌의 알코올을 결정하기 때문에 정맥의 알코올보다 더 정확한 가치를 가진다.[33] 동맥은 정맥보다 깊이 있고 근육에 쌓여 있어 찾기 어려우므로 훈련된 전문가가 채취해야 한다.[34]

상승기에 있어서는 정맥 혈액과 동맥 혈액이 혈중 알코올 농도에 상당한 차이가 있다는 실험 결과가 있다. 반면에 하강기에 있어서는 차이가 없다는 실험 결과가 있다. 이에 의하면 상승기에는 동맥 혈액과 정맥 혈액을 모두 채취하여 측정 결과치를 평가해야

---

31) https://www.duicentral.com/evidence/blood-hematocrit/ (2023. 2. 16. 접속)

32) Alan Wayne Jones & Johnny Mack Cowan, "Reflections on variability in the Blood-Breath Ratio of ethanol and its importance when evidential Breath-Alcohol instruments are used in law enforcement", Forensic Science Research, 2020. Vol 5, No4, 300

33) 호흡 측정기가 정맥 혈액의 알코올을 측정한다는 기존 이론에 의하면, 흡수기 이후 호흡으로 측정한 알코올 농도는 뇌에 영향을 주는 동맥의 알코올 농도보다 더 높다고 할 수 있다.

34) Michael Hlastala & Joseph Anderson, "Alcohol Breath Tests: Correcting for Bias", The Champion (March 2020), 38

음주단속, 과속 측정의 허상

한다.[35] [36]

가스 크로마토그래피에 있어서도 다양한 불확실성의 원인이
있다.[37]

---

35) Edward F. Filzgerald & David N. Hume, "The Single Chemical Test for
Intoxication: A Challenge to Admissibility", 66 Mass. L. Rev. 23 (1981),
36

36) 상승기가 지나면서 정점 부근에서는 혈액의 알코올 농도는 전체적으로 같다고 보
기 때문에 이때에는 정맥에서 채취한 혈액의 알코올 농도를 혈중 알코올 농도라
고 할 수 있다는 견해로는 Sung-Yup Cho, Hye Kyung Han, Kwang-Hee
Shin, Hyungmi An, Kyung-Sang Yu, Byoung-Joon Song, Seong Ho Yoo,
"A Detailed Analysis of Alcohol Pharmacokinetics in Healthy Korean
Men", Korean J Leg Med 2015; 39:27-35, 28; Kelly At, Mozzyan A. "An
overview of alcohol testing and interpretation in the 21st century", J
Pharm Pract 2012,15:30-6

37) 분석의 반복성(analysis repeatability), 온도 효과, 습도 효과, 기업 효과, 내부/외
부 분석가(analyst) 변수 효과, 내부/외부 도구 변수 효과, 혈액 혼합 효과(blood
matrix effect), 소변 혼합 효과, 플루오린나트륨 효과(sodium fluoride effect),
옥살산칼륨 효과(potasium oxalate effect), 혈액 샘플에서 크로마토그래프
의 용기 안에 옮길 때의 불확도(100 μL Hamilton Pipettor/Dilutor syringe
uncertainty, 1400 μL Hamilton Pipettor/Dilutor syringe uncertainty), 적
정(滴定) 반복성(titration repeatability), 적정(滴定)에 대한 온도 효과, 적정(滴
定)에 대한 습도 효과, 적정(滴定) 에 대한 내부/외부 분석가(analyst) 변수 효
과, 온도계 불확도, 물의 밀도, 균형 불확도(balance uncertainty), 여러 측정
기기의 불확도(500 μL pipet uncertainty, 5 mL buret uncertainty, 5 mL
volumetric pipet, 1 L volumetric flask), 다이크로뮴산칼륨 순수성 불확도
(potassium dichromate purity uncertainty), 에탄올의 순수성 불확도(ethanol
purity uncertainty) 등이다. Christopher Boscia, "Strengthening Forensic
Alcohol Analysis in California DUI Cases: A Prosecutor's Perspective",
53 Santa CLARA L. REV. 733 (2013), 742

2) 불확도

적정하게 교정이 되더라도 실제 측정 결과에 있어서는 우연한 변수(random variation)에 노출된다. 채취, 보관, 샘플링, 분석에서 발생하는 오류나 변화 때문에 발생한다. 이러한 오차의 원인을 분석하고, 그 가능한 크기를 결정해야 한다.[38]

측정 불확도를 평가하기 위해 반드시 불확도의 원인을 확인해야 한다.[39] 측정을 모델화(model the measurement)해야 한다.[40]

우연(random)[41] 및 계통 표준 불확도(systematic standard uncertainty)를[42] 평가하고, 결합 표준 불확도(combined standard uncertainty)를

---

38) 이러한 불확도를 종합한 것을 오차 범위(margin of error)라고 한다. 오차 범위는 평등하게 분산되어야 하므로 참값이 측정값보다 크거나 작아야 한다. 만일 참값이 일관되게 측정값보다 계속 크거나 혹은 작다면 이는 계통 오차가 있다는 의미이므로 이를 고쳐야 한다. 보고된 측정값에서 불확도의 측정치를 빼서 최종값이 합리적 의심이 없을 정도로 정확한 값 또는 그 이상이 되게 하여야 하고, 그보다 낮게 해서는 안 된다는 주장이 있다. Barry T. Simons, Ron Moore, "Challenging the Blood Test for Alcohol", 33-May Champion 54 (2009), Standards and Calibration

39) Joint Committee For Guides in Metrology (JCGM), Evaluation of Measurement Data-Guide to the Expression of Uncertainty in Measurement (GUM) § 3.3.2

40) Joint Committee For Guides in Metrology (JCGM), Evaluation of Measurement Data-Guide to the Expression of Uncertainty in Measurement (GUM) § 4.1

41) Joint Committee For Guides in Metrology (JCGM), Evaluation of Measurement Data-Guide to the Expression of Uncertainty in Measurement (GUM) § 4.2.1

42) Joint Committee For Guides in Metrology (JCGM), Evaluation of Measurement Data-Guide to the Expression of Uncertainty in Measurement (GUM) § 4.3.1

결정해야 한다.[43]

상관성 없는 투입량과[44] 상관성 있는 투입량을 고려해서[45] 확장 불확도(expanded uncertainty)를 결정하고,[46] 포함 요소(coverage factor)를 선택해야[47] 한다.[48 49 50]

---

43) Joint Committee For Guides in Metrology (JCGM), Evaluation of Measurement Data-Guide to the Expression of Uncertainty in Measurement (GUM) § 5

44) Joint Committee For Guides in Metrology (JCGM), Evaluation of Measurement Data-Guide to the Expression of Uncertainty in Measurement (GUM) § 5.1

45) Joint Committee For Guides in Metrology (JCGM), Evaluation of Measurement Data-Guide to the Expression of Uncertainty in Measurement (GUM) § 5.2

46) Joint Committee For Guides in Metrology (JCGM), Evaluation of Measurement Data-Guide to the Expression of Uncertainty in Measurement (GUM) § 6.2.

47) Joint Committee For Guides in Metrology (JCGM), Evaluation of Measurement Data-Guide to the Expression of Uncertainty in Measurement (GUM) § 6.3

48) 실험실에서 주는 측정 결과 보고서만 보는 것은 양파의 바깥 면만 보는 것과 같다. 가스 크로마토그래피 분석에 있어서는 대상자 샘플의 크로마토그램의 출력물이 필요하므로 제시 요구가 필요하다. 또한 교정 표준 물질, 정확성 검사를 위한 표준 물질(quality control standards), 선형성 점검(linearity check), 분리를 보여주기 위한 복합물의 합성으로 된 샘플(any sample composed of a mixture of compounds designed to show separation)을 요구해야 한다. 그리고 어떤 종류의 분리관이 사용되었는지를 확인하고, 유사한 머무름 시간을 가진 복합물에서 발견되는 공동 용리의 문제가 있는지를 확인하기 위해 원천 데이터를 검토해야 한다. 실험 결과가 이러한 복합물에 노출되었는지를 확인해야 한다. Barry T. Simons, Ron Moore, "Challenging the Blood Test for Alcohol", 33-May Champion 54 (2009), Issues With Gas Chromatography

4 불확도의 미기재와 증거능력

미국 법원에서는 측정 수치에서 오차의 범위(margin of error)를 빼야 한다는 판결이 있었다.[51]

---

49) 실험실의 분석가는 일련의 샘플 검사 후(after a group of samples is run) 그 검사가 유효하다고 하기 전에(before accepting the run as valid) 점검할 기준의 목록을 가지고 있어야만 한다. 따라서 이러한 기준이 기재된 리스트를 확보하여 모든 기준이 충족되었는지를 점검해야 한다. 피고인의 샘플을 포함한, 기준에 미달하여 수용 불가능한 샘플 검사 결과(data for any unacceptable run of samples)를 요구해야 한다. Barry T. Simons, Ron Moore, "Challenging the Blood Test for Alcohol", 33-May Champion 54 (2009), Post-Analytical Issues

50) 측정 결과 보고서 외에도 교정, 교정 관련 표준 물질 및 실험의 질 점검(quality control check)과 같은 실험 운영(run) 결과 보고서가 있다. 가스 크로마토그래피, 가스 생성기(gas generator), 가스 희석 장치(dilutor), 피펫(pipettes) 같은 장치의 유지 보수에 대한 기록이 있다. 단계별로 지켜야 할 절차가 있고, 그 결과의 기록 자료(log)가 있다. 분석관 훈련 기록이 있다. 다양한 명칭의 준수해야 할 절차가 있고, 그 안에 원용하고 있는 문서도 있다. 이를 모두 검토해야 한다. 대부분의 포렌식 연구소는 "기록되지 않으면, 없었던 것이다(if it isn't written down, it didn't happen)."라는 격언에 따라 운용된다. 따라서 절차와 결과가 기록되었는지를 묻고, 그 사본을 얻어야 한다. Freedom if Information 혹은 Open Records Act에 따라 공개를 요청할 수 있다. Barry T. Simons, Ron Moore, "Challenging the Blood Test for Alcohol", 33-May Champion 54 (2009), Discovery Plus

51) Edward Imwinkelried, "The Importance of Forensic Metrology in Preventing Miscarriages of Justice: Intellectual Honesty about Uncertainty of Measurement in Scientific Analysis", 7 J. Marshall L.J. 333 (2014), 354. 1940년대 스웨덴 대법원은 혈중 알코올 농도 측정에서 오차 또는 불확도를 반드시 특정해야 한다고 판결했다.

예를 들어 측정기의 혈중 알코올 농도 측정 결과가 0.081 g/100 ㎖이고, 측정기의 오차의 범위가 혈중 알코올 농도 ± 0.002 g/100 ㎖라면 진정한 혈중 알코올 농도는 0.079 g/100 ㎖ 일 수 있다. 이 경우 0.08 g/100 ㎖ 이상을 처벌할 때 피고인은 무죄이다.[52]

형벌조항의 혈중 알코올 농도의 의미는 실제의 혈중 알코올 농도이지, 단지 측정기가 표시하는 값을 의미하지 않기 때문이다.[53]

측정치와 함께, 불확도 예산(uncertainty budget)이나 오차율을 계산하여 기재하지 않는 한 혈중 알코올 농도 수치는 신뢰할 수 없다는 판결이[54] 있다.[55]

미국 워싱턴 주에서는 두 번 측정해서 그 측정 결과의 수학적 평균값을 기재했다. 이에 대해 원심 법원은 측정 결과의 불확도를 표현하기 위해서는 평균값 이외에 신뢰 구간(confidence interval for the mean)을 설명해야 한다고 했다. 그 이유는 측정 수치 하나만을

---

52) Edward Imwinkelried, "The Importance of Forensic Metrology in Preventing Miscarriages of Justice: Intellectual Honesty about Uncertainty of Measurement in Scientific Analysis", 7 J. Marshall L.J. 333 (2014), 354

53) Hawaii v. Boehmer, 613 P.2d 916 (Haw. Ct. App. 1980), 917

54) Michigan v. Jabrocki, No. 08-5461-FD (Dist. Ct., Mason Cnty., Mich. May 6, 2011), 이 판결에는 미국 범죄 실험 감독 학회의 인증 위원회(American Society of Crime Laboratory Director's Accreditation Board)가 혈중 알코올 농도 분석에 있어 불확도 예산(uncertainty budget)을 개발할 것을 요구한 점이 지적되어 있다.

55) Edward Imwinkelried, "The Importance of Forensic Metrology in Preventing Miscarriages of Justice: Intellectual Honesty about Uncertainty of Measurement in Scientific Analysis", 7 J. Marshall L.J. 333 (2014), 356

제시하면, 배심원이 그 값을 정확하다고 보고 지나치게 신뢰하기 때문이라고 했다.[56] 따라서 호흡 측정 결과에 대한 신뢰 구간을 제시하지 않으면 증거능력을 배제한다고 판결했다.[57]

이에 대해 워싱턴 주 항소심은 호흡 측정 결과는 증거능력이 아닌, 신빙성의 문제라고 했다. 그러나 측정 결과가 처벌 여부를 좌우하는 수치에 근접하고, 신뢰 구간이 넓으면, 그 측정치의 증거능력을 배제할 수도 있다고 했다.[58]

56) Edward Imwinkelried, "The Importance of Forensic Metrology in Preventing Miscarriages of Justice: Intellectual Honesty about Uncertainty of Measurement in Scientific Analysis", 7 J. Marshall L.J. 333 (2014), 358; Washington v. Fausto. No. C076949 & No. 9Y6231062 (King City. Dist. Ct. Wash. Sep. 21., 2010)

57) Edward Imwinkelried, "The Importance of Forensic Metrology in Preventing Miscarriages of Justice: Intellectual Honesty about Uncertainty of Measurement in Scientific Analysis", 7 J. Marshall L.J. 333 (2014), 362; Washington v. King County. Dist. Court W. Div., 307 P.3d 765 (Wash. Ct. App. 2013), 766

58) Washington v. King County. Dist. Court W. Div., 307 P.3d 765 (Wash. Ct. App. 2013), 770

음주단속, 과속 측정의 허상

XI

위드마크 공식과 역추산

1 내용과 한계

1920년대 위드마크(Widmark)는 마신 술의 양으로 혈중 알코올 농도 최고치를 계산하는 공식을 만들었다.

1) 최고치 혈중 알코올 농도의 계산 공식

위드마크 공식은 다음과 같다.[1]

$$C_0 = (m\ell \times 도수 \times 0.7894) / (kg \times \rho \times 10)$$

여기서 C_0는 혈중 알코올 농도 최고치이다.[2]

$m\ell$는 음주량이다.

도수는 가령 술의 도수가 40%일 경우 0.4와 같이 소수점을 대입한다.

0.7894는 단위 부피 $m\ell$당 들어 있는 알코올 무게 g의 비율, 즉 비중(density)이다.[3]

(음주량 $m\ell$, × 술의 도수 × 0.7894)는 결국 섭취한 알코올의 무게 g의 총량이다.[4]

---

1) 인터넷에는 자동으로 계산하는 혈중 알코올 농도 계산기가 있다. 예로는 calculator.net/bac-calculator.html 등이 있다.

2) 이는 섭취한 알코올 전체가 즉시 체내에 흡수된다고 가정할 때, 즉 정점의 혈중 알코올 농도이다.

3) 술의 알코올 농도 %는 부피 (v/v = $m\ell$/ $m\ell$)로 표기되므로 여기에 비중 0.7894를 곱해 무게(w/v = g/ $m\ell$)로 바꾸어 알코올의 무게 'g'을 구한다. A. W. Jones, "Pharmacokinetics of Ethanol-Issues of Forensic Importance", Forensic Science Review NO. 2 (2011), 112

4) 여기서 ($m\ell$ × 도수 × 0.7894)를 A라고 하면

kg은 체중이다.

ρ는 위드마크 인수이다. 알코올이 뼈와 지방을 제외한 인체의 내 수분에만 섞이기 때문에 몸무게에서 뼈와 지방을 제외한 질량을 계산하기 위해 고안되었다. 따라서 ρ는 몸 전체에 알코올의 농도와 혈액 속의 알코올의 농도의 차이를 보정하기 위한 상수이다.[5]

10으로 나누는 이유는 혈중 알코올 질량 농도 %는 혈액 100 ㎖당 알코올의 g을 표시하기 때문이다. 1 kg은 1,000 g이므로 10으로 나누어 100 g으로 맞춘 것이다.

알코올은 혈액을 통해 전체 신체 수분(total body water: TBW)에

$$C_0 = A / (kg \times \rho \times 10)$$
$$A = C_0 \times (kg \times \rho \times 10) \text{ 이다.}$$

[5] 알코올은 인체의 수분 분자 사이에 끼어든다. 그러므로 수분이 많으면 알코올 농도는 낮다. 따라서 혈액 중 알코올 농도는 수분에 반비례한다. 체중이 무거우면 인체 내 수분도 많아 알코올을 흡수할 영역이 크다. 그러므로 같은 양의 알코올을 섭취하면, 체중이 무거운 사람이 가벼운 사람보다 알코올 농도가 낮다.

위드마크는 같은 양을 알코올을 물에 섞은 때와 사람이 먹었을 때를 비교했다. 물에 섞인 알코올 농도보다 혈중 알코올 농도가 항상 더 높다는 것을 발견했다. 즉 체중 M kg의 사람에게 알코올 m g을 섭취하게 했을 때 혈액 중 알코올 농도는 m/M보다 더 높다는 것을 알아냈다.

위드마크는 그 이유를 혈액 속에 있는 수분의 비율이 신체 전체에 있는 수분의 비율보다 높기 때문이라고 했다. 즉 뼈나 지방은 체중 일부이지만, 알코올을 흡수하지 않는다. 그러므로 체중에 뼈나 지방이 많으면 수분이 적어진다. 그러면 수분이 있는 혈액 속의 알코올 농도를 높인다. 또 인체 내에는 혈액 이외에도 수분이 존재한다. 따라서 그는 체중보다 적은 혈액에 알코올이 존재한다는 점을 고려해 'ρ (rho factor)'라는 위드마크 인수(Widmark factor)를 만들었다. John Searle, "Alcohol Calculations and their Uncertainty", 55 MED. Sci. & L. 58 (2015), 58. ρ는 전체 신체의 체중과 혈액 사이 알코올의 배분 인수(distribution factor)다. ρ는 '신체의 알코올/혈액의 알코올' 혹은 '신체의 수분/혈액의 수분'이다.

전달된다. 따라서 수분이 많은 사람일수록 더욱 많은 양의 알코올이 체내 수분에 희석되어 알코올 농도가 낮다. 즉 체내 수분이 많은 사람이 적은 사람보다 혈중 알코올 농도가 낮다.[6]

여자는 남자보다 체지방이 많다. 따라서 남성이 kg당 수분이 더 많다. 체중이 같은 남자와 여자를 비교하면 여자의 몸에 알코올이 흡수될 수분의 영역이 적다. 그래서 상대적으로 남자보다 혈액 중 알코올 농도가 높다. 전체 수분량 때문에 여성이 남성보다 높은 혈중 알코올 농도에 이른다.[7]

위드마크는 ρ 값을 남자는 평균 0.68(범위는 0.52~0.86), 여자는 평균 0.55(범위는 0.47~0.67)로 보았다.

한국도로공사는 남자 0.52~0.86, 여자 0.47~0.64로서 판례에 따라 피고인에게 유리하게 남자 0.86, 여자 0.64를 적용한다고 한다.[8]

그러나 일률적으로 적용할 수는 없다. 0.86 대신에 남자 피고인에게 유리한 0.52를 적용한 판례[9]가 있다.

---

6) James G. Wigmore, "The Forensic Toxicology of Alcohol and Best Practices for Alcohol Testing in the Workplace", Canadian Nuclear Safety Commission, (2014), 6

7) A. W. Jones, "Pharmacokinetics of Ethanol-Issues of Forensic Importance", Forensic Science Review NO. 2 (2011), 102. 사람은 체중의 50~60%가 수분이다. 혈액은 성별과 상관없이 70~80 ㎖/kg이다. 70 kg인 사람은 4.9~5.6 ℓ가 혈액이다. 알코올은 물에 녹기 때문에 혈중 알코올 농도는 전체 수분의 인체 내 분배 비율과 밀접한 관련이 있다.

8) https://www.koroad.or.kr/kp_web/drunkDriveInfo5.do (2022. 8. 20. 접속)

9) 대법원 2008. 8. 21. 선고 2008도5531 판결; 서울중앙지방법원 2018. 5. 3. 선고 2017노3918

2) 한계

가) 섭취한 알코올은 일시에 전부 혈액에 흡수되지 않는다.

위드마크는 술을 마시면 모든 알코올이 즉시 신체에 흡수되어 몸 전체에 전파되어 제거기에 이른다고 가정한 후 혈중 알코올 농도를 추산한 공식을 만들었다.[10]

그러나 알코올이 신체 전체에 전파되는 데는 시간이 필요하다. 가령 알코올을 마신 후 90분이 지나야 알코올 전부가 혈액에 전파된다면, 위드마크 공식은 음주 종료 후 90분이 지나야 활용할 수 있다.

또 일부 알코올은 혈액에 흡수되기 전에 위와 간에서 바로 분해된다. 위드마크 공식은 이러한 전체계적 대사(presystematic metabolism)를 고려하지 않았다.[11]

이 점을 고려하지 않은 위드마크 공식에 의한 계산 수치는 실제보다 높을 수 있다.[12]

---

10) 위드마크는 알코올을 섭취한 후 알코올이 신체 전체에 전파되기 전까지는, 혈액 샘플 속에서 채취한 알코올의 농도로 신체 전체의 알코올 농도를 추산할 수 없다는 점을 알아냈다. 또 어느 정도의 알코올은 혈액에 흡수되어 정점에 도달하기 전에 대사된다는 점을 파악했다. 이러한 현상을 해결하기 위해 위드마크는 혈액 알코올 농도 곡선의 정점을 왼쪽으로 옮겨 곡선이 y축의 한 점에서 만나게 했는데 이 것이 y-intercept이다. 여기서 y-intercept의 값은 모든 알코올을 순간적으로 한꺼번에 흡수하였고, 그것이 즉시 몸 전체에 분포된다고 가정하였을 때의 이론적인 혈중 알코올 농도이다. A. W. Jones, "Pharmacokinetics of Ethanol-Issues of Forensic Importance", Forensic Science Review NO. 2 (2011), 93

11) A. W. Jones, "Pharmacokinetics of Ethanol-Issues of Forensic Importance", Forensic Science Review NO. 2 (2011), 112

12) 위에 남아 혈액으로 흡수되지 않은 알코올은 혈액 알코올 농도에 영향을 주지 않는다. 소화 점막(gastric mucosa)이나 간에서 바로 분해되는(first-pass metabolism) 알코올도 혈중 알코올 농도에 영향을 주지 않는다. A. W. Jones,

음식과 함께 혹은 음식을 먹은 후에는 ρ가 0.82라는 실험 결과가 있다. 그렇다면 0.68로 계산하면 혈중 알코올 농도는 실제보다 훨씬 높게 된다.[13]

따라서 이때에는 10~20%의 알코올이 혈액에 흡수되지 않은 점을 감안하여 공식을 수정한다.

$$C_0 = (m\ell \times 도수 \times 0.7894) \times f / (kg \times \rho \times 10)$$

여기서 f는 알코올이 혈액으로 흡수되는 비율이다. 10~20%의 알코올이 혈액에 흡수되지 않는다면, 0.8~0.9가 된다.[14]

대한민국 판례는 섭취한 알코올 양의 10~30%가 혈액에 도달하지 않는다고 보아 피고인에게 유리하게 f를 0.7로 보았다.[15]

"Pharmacokinetics of Ethanol-Issues of Forensic Importance", Forensic Science Review NO. 2 (2011), 111

13) 따라서 음식을 섭취하지 않은 상태에서 계산된 위드마크 인수 0.68은 음식을 먹었을 때는 높은 수치로 알코올 농도를 계산하게 한다. ρ는 개인의 나이, 성별, 체지방, 음식물에 따른 신체적 변수에 따라 다르다. 음식물을 섭취했을 때는 소화 점막이나 간 효소에 의한 일차 통과 대사(first-pass metabolism)가 이루어져 혈관으로 흡수되는 알코올 양이 적어지기 때문에 차이가 발생한다. 알코올의 일부가 음식물에 접착되어 느리게 흡수되는 것도 원인이다. A. W. Jones, "Pharmacokinetics of Ethanol-Issues of Forensic Importance", Forensic Science Review NO. 2 (2011), 115

14) A. W. Jones, "Pharmacokinetics of Ethanol-Issues of Forensic Importance", Forensic Science Review NO. 2 (2011), 116. 가령 식사를 마친 직후 0.80 g/kg의 알코올을 섭취한 경우 90분 후의 혈중 알코올 농도는 남성 ρ 0.68, 시간당 제거율 0.015 g/100 mℓ로 할 때 위드마크 공식에 의하면, 0.095 g/100 mℓ이다. 여기서 f를 0.80으로 한다면 0.072 g/100 mℓ가 된다.

15) 대법원 2022. 5. 12. 선고 2021도14074 판결

나) 신체 부위별로 알코올 농도가 다르다.

알코올을 마시면 신체 속에 있는 수분 전체에 전파된다. 그런데 신체 기관이나 조직마다 수분의 구성이 다르다. 따라서 각각의 신체 조직이나 체액의 알코올의 농도는 다르다.[16][17]

알코올의 전파는 인체 전체에 거쳐 동일하게 진행되지는 않는다. 특정 시점의 특정 기관이나 체액의 알코올 농도는 서로 다르다. 따라서 혈액 샘플이 혈액 전체를 대표하지는 않는다.[18]

위드마크 인수도 개인별로 다르다.

개인의 나이, 성별, 체지방, 음식물 섭취 등에 따라 위드마크 인수는 다르다. 예를 들어 노화하면 체내 수분 비율이 감소한다. 따라서 나이가 많을수록 같은 양의 알코올을 섭취했을 때 혈중 알코올 농도가 높다.[19]

---

16) 흡수와 제거가 균형 상태에 있을 때의 혈중 알코올 농도는 주로 체액 및 섬유 조직의 수분량에 따라 결정된다. Le Roux Adria, "Medico-Legal Aspects Regarding Drunk Driving", 20 S. AFR. J. CRIM. Just. 220 (2007), 225

17) 수분이 많은 뇌, 간, 신장은 수분이 적은 뼈나 지방과 같은 조직보다 많은 양의 알코올을 흡수한다. James G. Wigmore, "The Forensic Toxicology of Alcohol and Best Practices for Alcohol Testing in the Workplace", Canadian Nuclear Safety Commission, (2014), 6

18) 그러므로 남아프리카 공화국 법원은 알코올이 피고인의 혈액에 동일하게 확산되어 전체 혈액에 일정 수준의 알코올 농도가 있음을 검사가 입증해야 한다고 판결했다. 이러한 입증이 쉽지 않음을 쉽게 알 수 있다. 이에 따라 남아프리카 공화국 입법부는 특정한 부위에서 혈액을 채취할 수 있고, 전체 혈액에 알코올이 똑같이 확산되어 있음을 요건으로 하지 않도록 법을 개정했다. Le Roux Adria, "Medico-Legal Aspects Regarding Drunk Driving", 20 S. AFR. J. CRIM. Just. 220 (2007), 223~224

19) A. W. Jones, "Pharmacokinetics of Ethanol-Issues of Forensic Importance", Forensic Science Review NO. 2 (2011), 102

그러나 이는 위드마크 공식에 반영되어 있지 않다.[20]

비만이면 체내 수분의 양이 상대적으로 적으므로 ρ가 낮다. 따라서 알코올이 전달될 체중 당 단위 면적이 작으므로 혈중 알코올 농도가 높을 가능성이 크다.[21] 이러한 점도 반영되어 있지 않다.

1930년대 신체를 근거로 한 위드마크 공식에 대해 그간 신체 구조의 변경 등을 반영하여 수정된 사항이 있다.[22][23][24][25][26][27][28]

---

20) Annette Thierauf, Jurgen Kempf, Jorg Eschbach, Volker Auwarte, Wolfgang Weinmann and Heike Gnann, "A Case of a distinct difference between the measured blood ethanol concentration and the concentration estimated by Widmark's equation", Medicine, Science and the Law 2013; 53:96-99, 97

21) A. W. Jones, "Pharmacokinetics of Ethanol-Issues of Forensic Importance", Forensic Science Review NO. 2 (2011), 102

22) Watson 등에 의하면, 남자의 경우 전체 체내 수분양(TBW) = 2.447 - 0.09516 × 나이(년) + 0.1074 × 신장(cm) + 0.3362 × 체중(kg)이다. Annette Thierauf, Jurgen Kempf, Jorg Eschbach, Volker Auwarte, Wolfgang Weinmann and Heike Gnann, "A Case of a distinct difference between the measured blood ethanol concentration and the concentration estimated by Wdimark's equation", Medicine, Science and the Law 2013; 53:96-99, 97

23) Seidl 등은 신장, 몸무게를 고려해 수정했다. 남성 rm = 0.31608 - 0.004821 × 몸무게(kg) + 0.004632 × 신장(cm); 여성 rw = 0.31223 - 0.006446 × 체중(kg) + 0.004466 × 신장(cm)이다. A. W. Jones, "Pharmacokinetics of Ethanol-Issues of Forensic Importance", Forensic Science Review NO. 2 (2011), 113

24) ρ, 즉 Vd도 업데이트하였다.
Vd= (% 신체의 수분) / (% 혈액의 수분)
남성 Vd= (TBW/kg)/0.839
여성 Vd= (TBW/kg)/0.823이다.
A. W. Jones, "Pharmacokinetics of Ethanol-Issues of Forensic

음주단속, 과속 측정의 허상

2 역추산

1) 내용

음주 운전을 처벌하려면 운전 시점의 혈중 알코올 농도를 입증해야 한다.

문제는 운전 직후 바로 측정하지 못한 때이다. 사람의 혈액 중알코올 농도는 일정하지 않다. 시간에 따라 변한다.

Importance", Forensic Science Review NO. 2 (2011), 113

25) Ulrich에 의한 수정은 오직 남성에 가능하다. R = 0.715 - 0.00462 × 체중 (kg) + 0.0022 × 신장(cm)이다. Annette Thierauf, Jurgen Kempf, Jorg Eschbach, Volker Auwarte, Wolfgang Weinmann and Heike Gnann, "A Case of a distinct difference between the measured blood ethanol concentration and the concentration estimated by Widmark's equation", Medicine, Science and the Law 2013; 53:96-99, 96

26) Watson 등에 의한 수정은 남자는 V = 2.447 + 0.3362 체중(kg) + 10.74 × 신장(cm) - 0.09516 × 나이, 여자는 V = 2.097 + 0.2466 × 체중(kg) + 10.69 × 신장(cm)이다. C = m × P / V 이다. P는 혈액 속 수분의 비율(v/v)이다. John Searle, "Alcohol Calculations and their Uncertainty", 55 MED. Sci. & L. 58 (2015), 59

27) Watson 등에 의한 계산식은 C = 0.80 × A/TBW이다. Annette Thierauf, Jurgen Kempf, Jorg Eschbach, Volker Auwarte, Wolfgang Weinmann and Heike Gnann, "A Case of a distinct difference between the measured blood ethanol concentration and the concentration estimated by Widmark's equation", Medicine, Science and the Law 2013; 53:96-99, 96

28) Forrest에 의한 수치는 남자는 r = 1.0181 - 0.01213 × BMI(체질량 지수; Body mass index)이고, 여자는 r = 0.9367 - 0.01240 × BMI(체질량지수; Body mass index)이다. John Searle, "Alcohol Calculations and their Uncertainty", 55 MED. Sci. & L. 58 (2015), 60

예를 들면 아래 그래프와 같다.

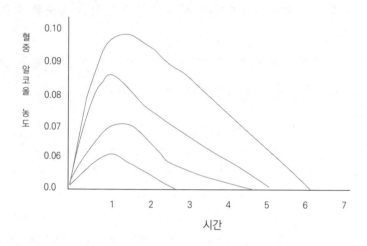

그림 10 | 혈액 알코올 곡선의 예

운전을 마친 다음 일정한 시간이 지난 후 측정하면, 그 시점의 혈중 알코올 농도는 운전 시점의 혈중 알코올 농도가 아니다. 따라서 운전 후 시간이 지나서 측정하면 그 수치를 이용해서 운전할 당시의 혈중 알코올 농도를 계산해야만 한다.

호흡을 측정하고, 시간이 지나 혈액을 측정한 때에도 같다. 호흡 측정 시점과 혈액 채취 시점이 다르면, 시간이 지나면서 혈중 알코올 농도는 변한다. 이때에는 호흡과 혈액 측정이 정확하더라도 가령 상승기라면 혈액 측정치가 높다. 반대로 하강기라면 혈액 측정치가 낮다.

따라서 시간에 따른 혈중 알코올 농도의 변화를 고려해야 두 측정치의 차이를 깊이 있게 이해할 수 있다.[29]

---

29) 호흡 알코올 농도 측정치와 혈액 알코올 농도 측정치에 많은 차이가 있다는 내용

측정 과정에서의 여러 변수나 불확도 등을 알지 못하면, 호흡 측정치와 혈액 측정치 중 어느 것이 더 정확하다고 단정할 수 없다.

이렇게 어느 것이 더 정확하다고 할 수 없을 때는, 피고인에게 유리하게 두 개의 수치 중 낮은 것을 적용해야 한다. 만일 시간 간격을 고려해도 설명하기 어려울 정도로 두 측정치에 큰 차이가 난다면 두 측정치 모두 신뢰할 수 없다.

운전 종료 후 시간이 지난 다음 측정한 수치로 운전 시점의 혈중 알코올 농도를 계산하는 방법을 '역추산'이라고 한다.[30]

역추산에는 일반 역추산(general extrapolation)과 특정 역추산(specific extrapolation)이 있다. 일반 역추산은 일반인의 평균값을

에 대해서는 다음 국민의 힘 2008. 10. 14.자 보도 자료가 있다.

「경기도에서 음주 운전으로 적발된 뒤 호흡을 통한 음주측정(거리측정)에 불복해 채혈(採血)측정을 실시한 운전자 4명 중 1명의 측정 결과가 처음 거리측정 결과보다 낮은 것으로 나타났음. 경기지방경찰청이 제출한 국정감사 자료에 따르면, 2006년부터 지난 9월까지 거리측정 후 채혈측정을 실시한 건수는 2만9,837건이며 이 가운데 28.2%인 8,426건의 채혈측정 결과가 최초 음주측정 결과보다 낮았음. 특히 채혈 측정 후 행정처분이 취소되거나 처벌이 줄어든 경우도 4,177건으로 전체 채혈측정 건수(2만9,837건)의 14%였음. 올해 9월까지 채혈측정 후 최초 거리측정보다 결과가 낮아진 비율은 31%로 지난해 23.2%보다 7.8% 늘었으며, 채혈 후 처벌이 취소되거나 경감된 비율도 18.7%로 작년 9.8%에 비해 두 배 가량(8.9%) 늘었음. 경찰서별로는 군포경찰서가 채혈측정 후 최초 거리측정보다 낮아진 비율과 채혈 후 처벌이 취소되거나 경감된 비율이 각각 51.8%와 37.8%로 가장 높았음.」

https://www.peoplepowerparty.kr/news/lawmaker_inspection_view/69401?page=91& (2023. 1. 8.접속)

30) (retrograde extrapolation, or back-tracking). Ellen J. Abbott, "One for the Road - The Reliability of Retrograde Extrapolation and the implications for Vermont Statutes", 16 VT. L. REV. 395 (1991), 397

사용한다. 특정 역추산은 특정 개인의 흡수율 및 감소율을 알 때 이를 적용하여 추산함을 말한다.[31]

혈중 알코올 농도는 정점에 이른 후 감소한다.

이론적으로는 정점의 혈중 알코올 농도에서 시간당 감소율에 시간을 곱하여 빼주면 특정 시점의 알코올 농도를 계산할 수 있다.

1932년 위드마크는 혈중 알코올 농도를 역추산하는 다음 공식을 만들었다.[32]

$$C_0 - (\beta \times t) = C_t \text{[33]}$$

여기서 C_0는 알코올이 즉시 전부 혈액에 흡수된다고 할 때 정점의 혈중 알코올 농도다. 즉 이 공식은 하강기에서만 사용할 수 있다.

β는 1시간당, kg당 제거되는 알코올 양이다.[34] 위드마크에 의하면, 피실험자 간 시간당 0.010 g/100 ㎖에서 0.020 g/100 ㎖의

---

31) 이는 특정 개인의 흡수율과 감소율을 아는지에 따른 구별이다.

32) 1932년 저서명은 『Die theoretischen Grundlagen und die praktische Verwendbarkeit der gerichtlich-medizinischen Alkoholbestimmung (Principles and Applications of Medicolegal Alcohol Determination』이다.

33)

> $C_t = C_0 - (\beta \times t)$ 이므로
> $C_t = (A \times f) / (kg \times \rho \times 10) - (\beta \times t)$이다.

34) '베타 인수(beta factor)'라고 한다. 혈액 중 알코올의 제거율(elimination rate from blood)이다. 실제로는 개인 간의 편차가 있다는 점에 한계가 있다. 시간당 0.006~0.04에 이르러 개인별 사정을 고려하지 않고 일정한 수치를 인정하는 것이 부적절하다는 견해가 있다.

편차가 있었고, 평균은 0.015 g/100 ㎖$(g/g/h)$이었다.[35]

t는 정점과 특정 시점 간의 시간이다.

C_t는 특정 시점의 혈중 알코올 농도이다.

2) 응용

가) 운전 시점의 알코올 농도를 역추산한다.

운전 및 음주 측정 시점이 혈중 알코올 농도의 정점 이후인 때, 즉 하강기인 경우 운전 시점의 혈중 알코올 농도를 역추산할 수 있다.

$$C_1 = C_2 + (\beta \times td)$$

여기서 C_1은 음주 운전 시점의 혈중 알코올 농도이다.

C_2는 음주 측정 시점의 혈중 알코올 농도이다.

td는 그 시간 차이다.

이에 의하면 하강기에서, 시간당 감소율에 시간 차이를 곱한 값에 음주 측정 시점의 혈중 알코올 농도를 더하면 운전 시점의 혈중 알코올 농도를 계산할 수 있다.[36]

---

35) 여성이 남성보다 조금 더 가파르지만, 차이가 미미하므로 성별 차이는 고려하지 않는다. 여성의 낮은 위드마크 인수 ρ는 좀 더 빠른 제거율 β에 의해 상쇄되기 때문이라고 한다. A. W. Jones, "Pharmacokinetics of Ethanol-Issues of Forensic Importance", Forensic Science Review NO. 2 (2011), 112

36)

$$C_1 = C_0 - (\beta \times t_1)$$
$$C_2 = C_0 - (\beta \times t_2)$$

여기서 C_1, C_2는 각각 혈액 알코올 곡선의 하강기에 있는 t_1, t_2 시점에서의 혈중 알코올 농도를 의미한다. 두 식을 빼면 다음과 같은 식을 얻을 수 있다.

나) 정점에서의 알코올 농도를 역추산한다.

$C_0 - (\beta \times t) = C_t$ 이므로 $C_0 = C_t + (\beta \times t)$이다.

정점의 혈중 알코올 농도는, 하강기의 특정 시점의 혈중 알코올 농도 C_t에, 시간당 감소율 β에 정점에 이르는 시간 t를 곱하여 더하면 계산할 수 있다.

다만 C_t는 하강기에 속해야 하므로 먼저 정점에 이르는 시간을 알아야 한다. 즉 C_t는 정점에 이르는 시간 이후의 혈액 알코올 농도이어야 하는데 정점에 이르는 시간을 알지 못하면 하강기에 속하는지도 알 수 없기 때문이다.

다) 특정 시점의 신체 내 알코올 양을 계산한다.

$A = C_t \times (kg \times \rho \times 10)$이다.

특정 시점의 혈중 알코올 농도인 C_t를 알면, 여기에 체중 kg과 위드마크 계수 ρ에 10을 곱하면 그 시점의 신체 내의 알코올 양(g)을 계산할 수 있다.

정점에서의 섭취된 알코올 양을 계산한다.

$A = C_0 \times (kg \times \rho \times 10)$이고, 하강기에서는 $C_0 = C_t + (\beta \times t)$이다.

따라서 하강기에서 $A = (C_t + (\beta \times t)) \times kg \times \rho \times 10$이다.

하강기의 특정 시점의 혈중 알코올 농도 C_t에 시간당 감소율 β에 시간 t를 곱하여 더하고, 이에 체중 kg과 위드마크 계수 ρ에 10을 곱하면, 정점에서의 섭취된 알코올 양(g)을 계산할 수 있다.

다만 하강기에 있어야 하므로 정점에 이르는 시간을 알아야 한다.

$C_1 - C_2 = C_0 - (\beta \times t_1) - C_0 + (\beta \times t_2)$

$C_1 - C_2 = \beta \times (t_2 - t_1)$

3) 예시

위드마크 공식을 활용한 사례를 들어 본다. 물론 이 계산치가 정확하다는 의미는 아니다.

가) 사례 1

남성 X는 79.378 ㎏이다. 그는 24:00에 술을 전부 마셨다.

음주 운전을 하던 X는 01:30경 경찰관에게 단속당했다.

경찰관을 따라 병원으로 간 X는, 03:00경 혈액을 채취했다.

수치는 0.10 g/100 ㎖ (0.10%)로 통보되었다.

ρ는 남자 평균치 0.68을, 감소율 β는 시간당 0.015 g/100 ㎖ (즉 0.015%)을 적용하자. 알코올 흡수율 f는 고려하지 않는다고 하자.

술을 마신 직후에 정점에 이르고, 바로 하강기에 이른다고 가정하자.

이 경우 정점, 즉 24:00경의 혈중 알코올 농도는 0.10 + (0.015 ×3) = 0.145이다.

위드마크 공식 「C_0 = (㎖ × 도수 × 0.7894) / (㎏ × ρ × 10)」을 적용하면

0.145 = (㎖ × 도수 × 0.7894) / (79.378 ㎏ × 0.68 × 10)이다.

(㎖×도수×0.7894)=0.145×79.378×0.68×10 = 78.2667 g

$$(㎖×도수) = \frac{0.145\%×79.378×0.68×10}{(0.7894)} = 99.1470 ㎖$$

(㎖ × 도수 × 0.7894)는 알코올의 무게이다. 여기서 계산치는 78.2667 g(w/w)이다.

(㎖ × 도수)는 알코올의 부피이다. 여기서 계산치는 99.1470 ㎖ (v/v)이다.

술을 마시면 즉시 흡수되어 정점에 이르고, 시간당 감소율이

0.015%일 경우, 정점에서 0.145g/100 ㎖(즉 0.145%)인 A의 3시간 후 혈액 측정치는 0.10g/100 ㎖(즉 0.10%)이 된다.

운전 시점인 01:30경은 정점에서 1시간 30분 후이다.

$C_t = C_0 - (\beta \times t)$이다. 정점의 혈중 알코올 농도가 0.145이고 하강기의 감소율이 0.015일 경우, 운전 시점에는 0.145 - (0.015 × 90/60) = 0.1225 g/ 100 ㎖(즉 0.1225%)이다.

0.1225일 때, 체내 알코올은 다음과 같다.

0.1225 = (㎖ × 도수 × 0.7894) / (79.378 kg × 0.68 × 10)

(㎖ × 도수 × 0.7894) = 0.1225 × 79.378 kg × 0.68 × 10

= 66.1218 g

$$(㎖ \times 도수) = \frac{0.1225 \times 79.378 \ kg \times 0.68 \times 10}{(0.7894)}$$

= 83.7621 ㎖(v/v)

(㎖ × 도수 × 0.7894)는 알코올의 무게로 66.1218 g이다.

(㎖ × 도수)는 알코올의 부피로 83.7621 ㎖(v/v)이다.

나) 사례 2

체중 70 kg인 남성 X는 02:00경부터 03:00경까지 40도의 술 120 ㎖를 마셨다. 그날 03:52경 카니발 차량을 운전했다.

06:07경 호흡 측정치가 0.044 g/210 ℓ (즉 0.044%)이었다.

운전 시점과 측정 시점에 차이가 있으므로 운전 시점인 03:52경의 알코올 농도를 계산해야 한다.

위드마크 인수를 0.86으로 하자. 알코올 흡수율 f는 고려하지 않는다고 하자.

위드마크 공식 「C_0 = (㎖ × 도수 × 0.7894) / (kg × ρ × 10)」에 의하면, X의 최고 알코올 농도 추정치는

(120 ㎖ × 0.4 × 0.7894) / (70 kg × 0.86 × 10) = 0.0629이다.

음주단속, 과속 측정의 허상

A가 운전한 03:52경이 상승기인지, 하강기인지를 알 수 없다. 그러므로 하강기와 상승기로 나누어 본다.

먼저 하강기일 경우 판례에 따라 A에게 유리한 시간당 감소율 0.008%를 적용하여 03:52경의 알코올 농도를 계산하면, 0.044 + (0.008× 135/60) = 0.062이다.[37]

다음 상승기일 경우를 살펴본다.

음주 종료 후 90분에 정점에 이른다면, 그 시간은 04:30분 이다.[38]

음주 시간	운전 종료 시점	정점 시점	측정 시점
02:00~03:00	03:52	04:30	06:07

정점 04:30은 측정 시점과 97분의 간격이 있다. 시간당 제거 율을 0.008%로 한다면, 정점에서의 알코올 농도는 0.0569 {= 0.044 + 0.0129333 (= 0.008% × 97/60)}이다.

흡수율이 일정하고 하자. 이는 음주 종료 시점부터 정점까지 일 정하게 알코올이 혈액으로 흡수된다는 의미이다. 즉 혈액 알코올 곡선은 음주 종료 시점의 0에서부터 정점까지 직선으로 우상향하 는 모양이 된다.

최종 음주부터 정점까지의 시간 간격은 90분이다. 그런데 운전 시점은 최종 음주 시부터 52분 후인 03:52경이다.

운전 종료 시점의 농도는 음주 종료 시점의 0부터 정점인 0.0569까지의 전체 90분 중 52분에 해당한다.

---

37) 06:07에서 03:52의 시간적 간격은 135분이다.

38) 판례는 '최초 음주 시점 후 혹은 종료 후 30~90분에 최고치에 이른 후 시간당 약 0.008~0.03%(평균 약 0.015%)씩 감소한다.'라고 본다.

따라서

0.0569 × 52/90 = 0.032873 g/210 ℓ (즉 0.032873%)이다.

다) 사례 3

65 ㎏인 남성 X는 16:48경 4.5% 맥주 1캔(355 ㎖)을 마신 후 17:00경까지 운전했다.

X는 운전을 마치고 난 다음에, 기분이 울적하여 호숫가에 앉아 맥주 1캔과 16% 소주 1팩(200 ㎖)을 더 마셨다고 주장한다. 현장 있는 X 근처에는 버려진 빈 맥주캔과 소주 팩이 여러 개 있었다.

신고를 받고 출동한 경찰관이 19:58경 호흡을 측정한 수치는 0.226 g/210 ℓ (즉 0.226%)이었다.

음주 후 90분에 정점에 이른다는 판례에 의하면, 호흡 측정 시점 19:58은 음주 시점 16:48보다 3시간 10분, 즉 190분 후이므로 하강기에 속한다.

운전 후 추가로 술을 마셨다고 인정하면[39] 피고인에게 가장 유리하게 섭취한 알코올 전부가 즉시 혈액에 흡수되어 제거되지 않았다고 보고 최대치를 공제해 준다.[40]

운전 후 마셨다는 4.5% 맥주 1캔(355 ㎖)과 16%, 소주 1팩(200 ㎖)의 위드마크 공식에 따른 알코올 농도 계산치는 0.0677이다.

$$[(355 ㎖ × 0.045) + (200 ㎖ × 0.16)] × 0.7894/ (65 × 0.86 × 10)$$
$$= 0.0677$$

위 측정치 0.226에서 위드마크 공식에 의한 최대치 0.0677을 빼면 0.1583이다.

---

39) (hip-flask-defense)

40) R. Iffland & A. W. Jones, "Evaluating Alleged Drinking After Driving - the Hip-Flask Defense", Med. Sci. Law (2002) Vol. 42, No. 3, 211

한편 맥주 1캔의 알코올이 전부 흡수되었을 때 위드마크 공식에 따른 수치는 0.0225 = (355 ㎖ × 0.045 × 0.7894) / (65 × 0.86 × 10)이다.

0.022에 A가 나중에 마셨다는 위 0.067을 더하면 0.089이다.

이 수치는 A가 주장한 모든 알코올이 혈액에 전부 흡수되어 정점에 이르고 전혀 감소되지 않았을 때의 최고치이다. 이는 호흡 측정기 수치 0.226과 큰 차이가 있다.

호흡 측정치 및 위드마크 공식을 신뢰한다면, A의 진술은 신빙성이 없다.

따라서 위드마크 공식으로 계산해 볼 필요가 있다.

A는 16:48에 술을 마시고 17:00경까지 운전했다. 시간 간격이 12분이어서 상승기에 있다고 본다.

판례에 따라 음주 후 90분에 정점에 이른다면, 18:18경이 정점이다.

이 18:18과 측정 시점 19:58의 간격은 100분이다. 정점의 혈중 알코올 농도는 측정 시점에서 판례에 따라 시간당 0.08을 더한다. 피고인이 운전 후 마셨다는 술을 인정하여 계산하면 18:18경의 농도는

0.1716[= 0.1583 + (0.008 × 100/60)]이다.

흡수율이 일정하다면 혈액 알코올 곡선은 음주 종료 시점의 0에서부터 정점까지 직선으로 우상향하는 모양이 된다.

운전 종료 시점 17:00는 음주 시점 16:48과 12분 간격이다. 따라서 0에서부터 정점 18:18까지 일정하게 상승한다면, 17:00경의 혈중 알코올 농도는 0.02288 [= 0.1716 × 12/90]이다. 처벌 기준인 0.03을 넘지 않는다.

4) 역추산의 한계 및 대응 입법

역추산은 ① 정점에 이르는 시간이 개인마다 달라 상승기, 정점, 하강기에 대한 정확한 시점을 알 수 없고 ② 감소율도 개인에 따라 달라 혈액 알코올 감소선의 모양이 직선인지, 직선에 가까운지, 곡선인지를 정확히는 알 수 없으며 ③ 혈액 알코올 곡선의 불규칙성은 예측할 수 없어, 가장 맞는 곡선을 선택하더라도 짧은 기간에도 변동이 있으므로 과학적 혹은 법의학적 유효성이 인정된다고 할 수 없다.[41]

음주 운전 시점과 측정 시점 사이에 1시간 또는 2시간 이상의 차가 있으면, 감소율 등의 큰 영향 때문에 정확성은 더욱 떨어진다.[42]

그렇지만 운전 종료 이후 시간이 지나서 음주 측정을 하는 상황은 불가피하게 발생한다. 이 경우에도 처벌할 필요는 있다.

그런데 혈중 알코올 농도가 특정되어야만 음주 운전으로 처벌할 수 있다. 만일 위드마크 공식에 의한 역추산이 과학적으로 유효하지 않아 사용할 수 없다면, 운전 시점의 혈중 알코올 농도 입증이 불가능하게 된다.[43]

이러한 문제를 해결하기 위해 다음과 같은 대응책이 검토되었다.

먼저 일정한 시간 간격을 두고 3회 혈액을 측정하여 하강기에 있는지를 판단하는 방법이다. 그러나 이는 비용이 많이 드는 문제

---

41) Leonard R. Stamm, "The Top 20 Myths of Breath, Blood, and Urine Tests- Part 2", 29-OCT Champion 44, (2005), Myths # 18

42) 상수인 시간당 감소율은 개인차가 상당하다. 따라서 특히 2시간 이상의 시간이 지난 때에는 운전 시점의 혈중 알코올 농도의 역추산은 증거로서의 증명력이 매우 약하다. Missouri v. McNeely, 569 U.S. 141 (2013), 152

43) (saddle the prosecution with an impossible burden of proof)

가 있다.[44]

독일과 스웨덴에서는 두 번 혈액을 측정하여 개인의 감소율을 계산한 후 이를 특정 역추산에 사용하거나, 운전 후에 추가로 술을 더 마셨는지를 입증하는 데 사용한다. 그러나 운전 후 음주하였는지나 흡수기가 어디에서 끝나는지를 정확히 알 수 없다. 그래서 두 번째 측정치가 첫 번째 측정치보다 낮더라도 하강기에 있다거나, 운전을 마친 후에 술을 더 마시지는 않았다는 점을 과학적으로 입증할 수 없다는 한계가 있다.[45]

가령 운전을 마친 다음에 시간이 지나 측정했다고 하자. 결과는 0.15 g/100 ㎖이다. 그런데 혈중 알코올 농도는 알코올 섭취 후 증가하다가 정점에 이른 후[46] 감소한다. 따라서 0.15 g/100 ㎖는 반드시 혈액 알코올 농도 곡선에서 상승기, 하강기 두 곳에 있다. 그러므로 0.15 g/100 ㎖가 언제나 하강기 수치라고 할 수 없다. 하강기라면 위 수치로 처벌해도 피고인에게 유리하다. 그러나 상승기라면 다르다. 위 측정 수치는 운전 종료 시점의 수치보다 높아 피고인에게 불리하다. 그러므로 상승기인지, 하강기인지를 모

---

44) Ellen J. Abbott, "One for the Road – The Reliability of Retrograde Extrapolation and the implications for Vermont Statutes", 16 VT. L. REV. 395 (1991), 414

45) R. Iffland & A. W. Jones, "Evaluating Alleged Drinking After Driving – the Hip-Flask Defense", Med. Sci. Law (2002) Vol. 42, No. 3, 212

46) Edward F. Filzgerald & David N. Hume, "The Single Chemical Test for Intoxication: A Challenge to Admissibility", 66 Mass. L. Rev. 23 (1981), 36. 운전자들은 음주를 시작하거나 마친 때보다 시간이 지나면 더 취할 수 있음을 알아야 한다. 혈액 알코올 곡선은 일정하지 않고 상승하였다가 감소한다. 따라서 술을 마신 직후 별로 취하지 않았다는 느낌으로 인해 운전해도 좋다고 생각해서는 안 된다. 왜냐하면 점차 혈액 알코올 농도가 높아지기 때문이다.

른다면, 위 수치를 운전 시점의 농도로 처벌할 수 없다.[47 48]

한편 운전을 마친 후 10분 이내에 측정하였다면, 운전 시점과 측정 시점이 가깝다. 이 정도의 시간 간격은 상승기 또는 하강기에 있는지를 불문하고, 수인할 수 있는 오차 범위 내라고 정할 수도 있다.

이같이 근접한 시간 간격을 특정해 그 간격 내에 있을 때는 측정치를 운전 시점의 혈중 알코올 농도로 보아 처벌할 수 있다. 그러나 그 이상의 시간 간격이 있으면 1회 측정으로는 상승기인지, 하강기인지를 알 수 없다.[49]

이 경우 2회 측정하여 두 번째 측정치가 첫 번째 측정치보다 낮으면, 하강기로 보아 운전 시점의 알코올 농도를 역추산하는 방법

---

47) Edward F. Filzgerald & David N. Hume, "The Single Chemical Test for Intoxication: A Challenge to Admissibility", 66 Mass. L. Rev. 23 (1981), 32. 이는 가령 0.15 g/ 210 ℓ 라는 높은 수치에도 예외가 아니다. 운전 시점과 측정 시점 간에 시간 간격이 있다면, 1회 측정 수치는 상승기의 수치일 수 있다. 알코올 흡수율은 개인에 따라 달라 상수로 정할 수 없어 운전 시점에는 처벌 기준 미만일 수 있다. 따라서 운전 시점과 측정 시점 간에 시간 간격이 있다면 1회 측정은 운전 시점에 처벌 기준 이상이라고 단정할 근거가 되지 않는다.

48) 실험 결과에 의하면 흡수율은 변수가 많아 상수가 아니므로 일반적으로 인정되는 특정한 수를 정하여 역추산에 사용할 수 없다. 흡수율을 알 수 없으면 특정 개인에 대해서 어떤 시점에 정점에 이르고, 어느 시점에 하강기에 이르는지도 알 수는 없다. 피고인에게 가장 유리하게 음주를 마친 후 120분에 정점에 도달한다고 한다는 가정을 세워 계산하는 방식은 120분에 정점에 도달한다는 가정 자체 및 흡수율이 120분 내내 일정한지에 관한 과학적 연구 결과가 없고, 실제로 120분 이후에 정점에 도달하는 개인에 대해서는 120분 이후는 하강기라고 보고 계산한 수치는 피고인에게 불리하다는 문제가 있다.

49) Edward F. Filzgerald & David N. Hume, "The Single Chemical Test for Intoxication: A Challenge to Admissibility", 66 Mass. L. Rev. 23 (1981), 36

을 생각할 수 있다.

그러나 두 번째 측정치가 첫 번째 측정치보다 낮더라도 하강기가 아닐 수 있다. 상승기-정점-하강기에 걸쳐 있을 때이다.

가령 첫 번째 측청치가 0.15 g/100 ㎖이고 30분 후, 두 번째 측정치가 0.12 g/100 ㎖일 때 하강기처럼 보인다. 그러나 이때도 0.15에서 10분이 지난 다음 정점 0.16에 이르렀다가 20분 후 0.12가 될 수 있다. 이 경우는 피고인이 상승기에 있었지만, 하강기로 잘못 판단하게 된다.

한편 음주 종료 후 상당한 시간이 흐른 후에는 2회 측정하더라도 역추산의 근본 문제를 해결할 수 없다.[50] 개인의 감소율은 각각 다양하고, 시간에 따라 변할 수 있는데, 종료 이후 상당한 시간이 지나면, 2회 측정 모두 이를 반영하는 데 한계가 있기 때문이다.

이 문제의 해결을 위해, '운전 종료 후 2시간 이내에 측정한 때는 그 측정치로 처벌한다.'라는 내용으로 입법할 수 있다. 즉 운전 종료 후 2시간 이내 측정했을 때는 그 측정치를 그대로 음주 운전 시점의 알코올 농도로 사용하고, 2시간이 넘으면 운전 시점의 수치를 입증해야 하는 내용이다.[51]

이에 의하면 역추산이 필요 없다.[52]

---

50) Edward F. Filzgerald & David N. Hume, "The Single Chemical Test for Intoxication: A Challenge to Admissibility", 66 Mass. L. Rev. 23 (1981), 36

51) 독일에서는 2시간 내의 역추산을 허용한다. 일상 사회생활 중 음주는 1시간 내의 역추산을 허용한다. 역추산에는 많은 변수가 있으므로 미국 몇몇 주에서는 피고인에게 유리하게 하강기에 있을 때 측정 시점의 수치를 사용하게 되어 있다. A. W. Jones, "Pharmacokinetics of Ethanol-Issues of Forensic Importance", Forensic Science Review NO. 2 (2011), 114~115

52) 한 예로 1987년 미국 버몬트(Vermont)주는 운전 종료 후 2시간 이내에 측정하여

그러나 이 입법은 측정 시의 수치가 운전 시의 혈중 알코올 농도가 아님이 과학적으로 명백한 데도 운전 시 수치로 간주하여 처벌한다는 문제가 있다.

마지막으로 주취 상태에 대한 단속 경찰관의 진술을 활용하는 방법을 고려할 수 있다. 그러나 이는 개인 판단에 좌우되므로 이를 근거로 역추산하여 처벌할 수 없다.[53]

혈중 알코올 농도가 0.15 g/100 ㎖ 이상인 때에는 주취 상태로 운전하였다고 추정하는 입법을 제정했다. Title 23 Section 1204(a)(4). 이를 '2시간 원칙(two-hour-rule)'이라고 한다.

53) Ellen J. Abbott, "One for the Road – The Reliability of Retrograde Extrapolation and the implications for Vermont Statutes", 16 VT. L. REV. 395 (1991), 415

XII

대한민국 음주 운전

1 형벌조항

1) 조문

◆ 도로교통법

제148조의2(벌칙)

③ 제44조제1항을 위반하여 술에 취한 상태에서 자동차등 또는 노면전차를 운전한 사람은 다음 각 호의 구분에 따라 처벌한다.

1. 혈중알코올농도가 0.2퍼센트 이상인 사람은 2년 이상 5년 이하의 징역이나 1천만원 이상 2천만원 이하의 벌금

2. 혈중알코올농도가 0.08퍼센트 이상 0.2퍼센트 미만인 사람은 1년 이상 2년 이하의 징역이나 500만원 이상 1천만원 이하의 벌금

3. 혈중알코올농도가 0.03퍼센트 이상 0.08퍼센트 미만인 사람은 1년 이하의 징역이나 500만원 이하의 벌금

제44조(술에 취한 상태에서의 운전 금지)

② 경찰공무원은 교통의 안전과 위험방지를 위하여 필요하다고 인정하거나 제1항을 위반하여 술에 취한 상태에서 자동차등, 노면전차 또는 자전거를 운전하였다고 인정할 만한 상당한 이유가 있는 경우에는 운전자가 술에 취하였는지를 호흡조사로 측정할 수 있다. 이 경우 운전자는 경찰공무원의 측정에 응하여야 한다.

③ 제2항에 따른 측정 결과에 불복하는 운전자에 대하여는 그 운전자의 동의를 받아 혈액 채취 등의 방법으로 다시 측정할 수 있다.

음주단속, 과속 측정의 허상

2) 개정 필요사항

가) 호흡 중 알코올과 혈액 중 알코올의 차이

권력분립에 의하면, 사법부는 입법부가 명확하게 규정한 형벌 조항의 문구에 반하는 해석을 할 수는 없다. 따라서 형벌조항의 문자 의미가 분명하면 그에 따라야 한다.[54]

도로교통법 제148조의2의 제3항의 '혈중 알코올 농도'의 '혈중'은 '혈관 속', 즉 '혈류에 있는'을 의미한다. 그와 달리 '입 안' 또는 '폐 안'으로 해석할 수 없다. 따라서 형벌조항으로 처벌하려는 대상은 '혈중' 알코올 농도이다.

> (나) 죄형 법정주의는 국가형벌권의 자의적인 행사로부터 개인의 자유와 권리를 보호하기 위하여 범죄와 형벌을 법률로 정할 것을 요구한다. 그러한 취지에 비추어 보면 형벌법규의 해석은 엄격하여야 하고, 문언의 가능한 의미를 벗어나 피고인에게 불리한 방향으로 해석하는 것은 죄형 법정주의의 내용인 확장 해석금지에 따라 허용되지 아니한다. 법률을 해석할 때 입법 취지와 목적, 제·개정 연혁, 법질서 전체와의 조화, 다른 법령과의 관계 등을 고려하는 체계적·논리적 해석 방법을 사용할 수 있으나, <u>문언 자체가 비교적 명확한 개념으로 구성되어 있다면 원칙적으로 이러한 해석 방법은 활용할 필요가 없거나 제한될 수밖에 없다. 죄형 법정주의 원칙이 적용되는 형벌법규의 해석에서는 더욱 그러하다.</u>……
>
> 대법원 2017. 12. 21. 선고 2015도8335 전원합의체 판결.

---

54) 자세한 내용은 안성수, 『형벌조항의 해석방법』, 박영사, (2022), 'Ⅵ. 형벌조항의 해석방법, 1. 문자의 분명한 의미' 부분을 참조하기 바란다.

　　그런데 호흡 음주 측정기는 입 안 호흡 샘플의 알코올 증기를 측정한다.

　　이때 '호흡 음주 측정기 안'의 알코올 농도가 '혈중'의 알코올 농도인가가 문제된다.

　　인체의 구조상 심폐호흡이나 혈액 중의 알코올은 그대로 최종 호흡, 즉 입 안의 호흡에 전달되지는 않는다.[55] 호흡 음주 측정기 안의 알코올은 혈중 알코올과 다르다. 호흡 측정으로 혈중 알코올을 직접 또는 간접 측정한다는 이론은 과학에 반한다.

　　그렇다면 호흡 측정기의 측정치를 '혈중' 알코올 농도로 간주할 수 있나? 이는 호흡과 혈중의 알코올 농도 수치가 과학적으로 일치하는지와 무관하게 해결해야 한다.

　　그런데 호흡 중 알코올 농도를 바로 혈중 알코올 농도로 보는

---

55) 호흡 중 알코올 농도는 공복 상태에서 혈액 중 알코올 농도와 동시에 측정할 때 밀접한 상관관계가 있다. 그러나 인체 구조 상 기본적으로 이 둘은 동일할 수 없고, 개별 상황에 따라서는 상당히 일치하지 않을 수 있다. 호흡 측정으로는 혈액의 알코올을 측정할 수 없다. 호흡 알코올 농도를 혈중 알코올 농도로 전환하는 비율도 정확하지 않다. 호흡 측정 후 일정 시간이 지나면 혈액 속의 알코올이 제거되므로 나중에 측정한 혈중 알코올 농도는 그전에 측정한 호흡 알코올 농도와 일치하지 않는다.

것은 '혈중'을 '호흡 중'으로 해석함과 같다. 이런 해석은 문자의 분명한 의미를 넘기 때문에 허용될 수 없다.[56]

도로교통법 제44조 제2항은 알코올 농도를 호흡 조사로 측정하고. 불복이 있을 때 동의를 받아 혈액을 채취할 수 있게 되어 있다. 호흡 알코올을 측정하여 혈중 알코올로 처벌함을 원칙으로 하고, 측정 대상자의 요구가 있는 예외에만 혈액을 측정한다. 현실에서는 호흡 알코올을 처벌하는데 이는 현행 형벌조항에 맞지 않는다. 호흡 알코올과 혈액 알코올이 같다고 보는 것은 과학에 반한다.

따라서 호흡 측정치로 처벌하려면, '호흡 중' 알코올을 처벌 대상으로 형벌조항을 바꾸어야 한다.

나) 법정형의 구별과 적용의 개별화

현행 형벌조항은 0.03, 0.08, 0.20퍼센트를 기준으로 3개의 구간으로 나누어 법정형을 규정한다. 혈중 알코올 농도에 따라 양형을 구체화하기 위한 취지이다.[57]

---

56) 법률과 규칙에 정의한 개념은 그 단어가 수용 가능한 상황에만 적용해야 한다. 그렇지 않으면 법률과 규칙을 무시하고, 자의적으로 판단하여 적용한 결과가 된다. '호흡'은 '혈'이라는 단어가 수용할 수 있는 범위 밖에 있다. '호흡'의 의미에 '혈액'이 포함된다는 해석은 형벌조항의 엄격 해석에 반한다. 형벌조항이나 규칙의 개념이 적용될 상황을 정확하게 정해야 엄격 해석이 실질적으로 유지된다. 형벌조항이 적용될 상황을 임의로 확장하거나 다른 상황에도 적용할 수 있도록 막연하게 정의해서는 안 된다.

57) 유사한 사건을 동일하게 처리함에는 상당한 가치가 있다. 그러나 그것이 유일한 최선의 가치라고 단정할 수는 없다. 정의는 다른 것을 다르게 취급하는 것이기도 하다. 정의의 개념은 다양하다. 고전적으로 정의는 '각자에게 각자의 몫을 주는 것 (To each to his own, Suum Cuique Tribuere)'이라고 한다. 모두가 똑같은 몫을 나누어 가지는 것만을 정의라고 할 수는 없다. 재량 없는 획일적 처리는 구체적 사건에서의 개별적 차이를 감안할 수 없게 하여 정의에 반하는 결과를 낳을 수 있

그런데 왜 0.03, 0.08, 0.20퍼센트가 기준인지 근거가 없다. 이러한 분류는 자의적이라고 할 수 있다.

이 분류가 자의적이지 않으려면 0.08%와 0.079%, 0.09%와 0.10%, 0.20%와 0.19%를 정확히 구별할 수 있어야 한다. 면허 취소나 정지, 법정형을 달리하는 형벌조항의 적용과 직접 관련이 있기 때문이다.

그러나 모든 측정에는 불확실성이 있다. 음주 측정도 예외는 아니다. 제조사도 5%의 편차율을 인정한다. 교통안전관리공단에서 4개월마다 하는 교정도 실질은 측정기가 수용 가능한 오차 한계 내에서 작동하는 지를 확인하는 검증이다. 따라서 검증 후 특정 개인을 측정할 때, 측정치가 절대적으로 정확하다고 보증하지 않는다.

나아가 1회의 측정은 과학적으로 오차를 점검하기 어려운 구조이다. 따라서 측정 수치를 절대화할 수는 없다.

정확도의 문제를 해결하기 위해 호흡 측정치보다 0.01~0.02 낮게 적용하는 방법을 생각해 볼 수 있다.[58]

그런데 증거로 제시된 0.03, 0.08, 0.2 등의 측정치가 있다면, 실무상 현행 제도하에서는 이를 배제하고, 불확도를 감안해 양형을 감경할 수 없다.

다. 평등만이 정의를 지키는 유일한 요소는 아니다.

58) 피고인에게 유리하게 0.01~0.02를 참작해 주는 방법이다. 호흡 측정치만으로 처벌하고, 그 때문에 형벌과 행정 제재를 받는 입법 체계에서 측정 결과의 분석적 불확도를 감안하여 이같이 적용하는 것은 중요한 의미가 있다. Alan Wayne Jones & Johnny Mack Cowan, "Reflections on variability in the Blood-Breath Ratio of ethanol and its importance when evidential Breath-Alcohol instruments are used in law enforcement", Forensic Science Research, 2020. Vol 5, No4, 306

형법 제53조의 정상 참작 감경을 고려해 볼 수는 있다. 그러나 이는 정상 참작을 위한 조항일 뿐이다. 이를 통해 측정 불확도를 해결하는 방법은 조항의 취지에 반한다.

따라서 3개 구간을 정해 형량을 나눈 현 법조항은 개정해야 한다.

다) 0.03퍼센트 처벌 기준

미국에서는 0.08 이상을 처벌 대상으로 한다. 그 이유는 과학자들의 리서치 결과 0.08의 수준에서 인지 조정 능력이 저하된다고 판단했기 때문이다. 즉 손으로 운전대를 조절하거나 발로 브레이크를 밟는 데 필요한 뇌의 신경망은 혈중 알코올 농도 0.08 이상에서 장애를 받는다는 연구에 근거한다.[59]

존 스튜어트 밀은 『자유론(On Liberty)』에서 해악 원칙(harm principle)을 주장했다. 그에 따르면, 범죄화는 오직 다른 사람에게 해악을 초래하는 행위를 막기 위해서만 가능하다. 이때 해악의 개념을 무한 확장한다면, 이 원칙은 무의미해진다.[60]

위험하다는 인상 또는 위험의 가능성만으로 처벌 대상으로 하면, 객관적 상황을 고려하지 않고, 처벌 범위를 확장하게 된다. 정치적 고려, 정책의 편의나 효율성만을 근거로 처벌 대상을 확대하면, 처벌될 가능성을 두려워하는 일반인의 자유가 부당히 제한된다. 적정절차의 원리에도 반한다. 실제로는 위험성이 없는데도 위

---

59) "0.08: Why is This the "Magic" Number?", https://drugabuse.com/blog/08-why-is-this-the-magic-number/;
"Why is 0.08 percent the legal limit for drunk driving?", https://www.holleyrosenbeard.com/blog/2019/03/why-is008-percent-the-legal-limit-for-drunk-driving/ 2023. 4. 12 접속

60) Douglas Husak, "Crimes Outside Core", 39 Tulsa L. REV. 755 (2004), 766

험성이 있다는 추상적 가정만으로는 처벌 대상으로 해서는 안 된다. 그 행위가 실제로 처벌해야 할 해악을 발생시키는지에 대해 신중하게 검토해야 한다.[61]

형벌조항의 내용에도 지켜야 할 한계가 있다.

2 분석과 측정실태

형벌을 정당하게 적용하고, 집행하려면 정확하고 신뢰성 있는 알코올 농도 측정이 꼭 필요하다. 알코올 농도 측정은 교통안전을 위한 수단에 그치지 않고, 개인을 처벌하는 기준이 되기 때문이다.

국민의 인권이 수사 및 법집행의 편의, 장비 구비·검사 비용의 부담 때문에 부당하게 제한되는 실태는 용인되어서는 안 된다.

측정이 믿을 만하고, 정확해야 국민이 음주 처벌의 정당성을 인정한다. 근거가 정당하고, 처벌 수준이 적정할 때, 법을 준수할 존중심이 생긴다. 진정하게 국민의 안전과 복리를 보장한다. 단지 과거부터 해왔다는 관행은 처벌의 근거로 부족하다.

새로운 과학적 이해도 필요하다. 잘못되거나 과중한 처벌로부터 국민의 인권을 보호하기 위해서는 충분한 지식, 훈련과 교육이 필요하다.

불확도가 표시되지 않고, 최소 수준의 질만을 갖추어도 아무런 의심 없이 신빙성을 인정하여 처벌하는 제도에서는 업무 질을 개선할 필요성조차 느끼지 못한다.

측정 불확도를 기재하고, 정확성을 점검하도록 제도화해야 한

---

61) Lawrence Crocker, "A Retributive Theory of Criminal Causation", 5 J. CONTEMP. LEGAL ISSUES 65, (1994), 66

다. 그래야 측정 실태가 개선되고, 업무 수준이 향상된다. 알코올 농도 측정의 불확도 기재, 측정기 및 측정 절차 등에 대한 연구와 실무 개선이 필요하다.

XIII

속도 측정

1 속도 제한

1) 속도 측정에 대한 이해는 운전의 자유와 교통안전에 증진에 도움이 된다.

제한 속도 위반은 그 자체로는 중한 형벌의 대상이 아니다. 20만 원 이하의 벌금이나 구류 또는 과료의 대상이다.[1]

그러나 제한 속도 위반으로 벌점이 부과되면, 운전면허에 영향을 주고, 보험료 인상의 불이익을 받는다.

또 교통사고가 발생하여 사람이 다친 때 종합보험에 가입되어 있더라도 제한 속도를 20 ㎞/h 초과하였을 때는 형사처벌을 받게 된다.[2]

---

1) ・도로교통법

제17조(자동차등과 노면전차의 속도) ① 자동차등(개인형 이동장치는 제외한다. 이하 이 조에서 같다)과 노면전차의 도로 통행 속도는 행정안전부령으로 정한다.

② 경찰청장이나 시·도경찰청장은 도로에서 일어나는 위험을 방지하고 교통의 안전과 원활한 소통을 확보하기 위하여 필요하다고 인정하는 경우에는 다음 각 호의 구분에 따라 구역이나 구간을 지정하여 제1항에 따라 정한 속도를 제한할 수 있다.

③ 자동차등과 노면전차의 운전자는 제1항과 제2항에 따른 최고속도보다 빠르게 운전하거나 최저속도보다 느리게 운전하여서는 아니 된다. 다만, 교통이 밀리거나 그 밖의 부득이한 사유로 최저속도보다 느리게 운전할 수밖에 없는 경우에는 그러하지 아니하다.

1. 경찰청장: 고속도로

2. 시·도경찰청장: 고속도로를 제외한 도로

제156조(벌칙) 다음 각 호의 어느 하나에 해당하는 사람은 20만원 이하의 벌금이나 구류 또는 과료(科料)에 처한다.

1. …… 제17조제3항 ……

2) ・교통사고처리특례법

제3조(처벌의 특례) ① 차의 운전자가 교통사고로 인하여 「형법」 제268조의 죄를 범한 경우에는 5년 이하의 금고 또는 2천만원 이하의 벌금에 처한다.

② 차의 교통으로 제1항의 죄 중 업무상과실치상죄(業務上過失致傷罪) 또는 중과실치상

음주단속, 과속 측정의 허상

제한 속도 위반으로 과료가 부과된 때, 이에 불복하려면 노력이 필요하다. 대개는 얻는 이익보다 다투는 비용이 더 많이 들기 때문에 포기한다. 정당하지 않은 과속 단속에 대해 의문과 분노감을 가지더라도 대부분 그대로 납부한다.

교통법규는 일반 국민이 현실에서 가장 많이 경험하는 법이다.

국민들 대부분은 속도를 준수하려 한다. 그러나 비합리적인 속도 제한에 대해서는 내심으로 동의하지 않는다. 비이성적으로 속도를 제한하고, 불공정하게 단속하면 경멸감과 반감을 품는다.[3]

이런 의미에서 운전의 자유를 위해서도 속도 제한을 바르게 이해해야 한다. 정당하지 않은 단속에 대한 이의 제기는 잘못된 속도 제한과 제재 절차를 고칠 계기가 된다. 이런 노력은 궁극적으로 교통안전 증진에도 도움이 된다.

죄(重過失致傷罪)와 「도로교통법」 제151조의 죄를 범한 운전자에 대하여는 피해자의 명시적인 의사에 반하여 공소(公訴)를 제기할 수 없다. 다만, …… 다음 각 호의 어느 하나에 해당하는 행위로 인하여 같은 죄를 범한 경우에는 그러하지 아니하다.

3. 「도로교통법」 제17조제1항 또는 제2항에 따른 제한속도를 시속 20킬로미터 초과하여 운전한 경우

3) 2015년 미국 시카고에서는 신호 위반 단속 카메라 설치 관련, 공무원이 뇌물을 수수하고, 카메라 설치가 교통안전을 향상한다는 과학적인 증거가 없음에도, 황색 점멸 신호의 시간을 최소 기준보다 짧게 하여 문제가 되었다. 그 결과 약 50개의 신호 위반 단속 장치를 제거했다. 전문가에 의하면 황색 신호가 길어야 사고를 방지하고 적색 신호 위반을 줄일 수 있다. Scott, "From Macks Creek to Ferguson: How Illinois Can Learn from Missouri to Prevent Predatory Enforcement Practices by Municipalities", 40 S. ILL. U. L.J. 513 (2016), 527, 524~525

2) 규정과 한계

가) 근거 규정

◆ 도로교통법

제12조(어린이 보호구역의 지정 및 관리) ① 시장등은 교통사고의 위험으로부터 어린이를 보호하기 위하여 필요하다고 인정하는 경우에는 다음 각 호의 어느 하나에 해당하는 시설이나 장소의 주변도로 가운데 일정 구간을 어린이 보호구역으로 지정하여 자동차등과 노면전차의 통행속도를 시속 30킬로미터 이내로 제한할 수 있다.

1. 「유아교육법」 제2조에 따른 유치원, 「초·중등교육법」 제38조 및 제55조에 따른 초등학교 또는 특수학교

2. 「영유아보육법」 제10조에 따른 어린이집 가운데 행정안전부령으로 정하는 어린이집

3. 「학원의 설립·운영 및 과외교습에 관한 법률」 제2조에 따른 학원 가운데 행정안전부령으로 정하는 학원

4. 「초·중등교육법」 제60조의2 또는 제60조의3에 따른 외국인학교 또는 대안학교, 「제주특별자치도 설치 및 국제자유도시 조성을 위한 특별법」 제223조에 따른 국제학교 및 「경제자유구역 및 제주국제자유도시의 외국교육기관 설립·운영에 관한 특별법」 제2조제2호에 따른 외국교육기관 중 유치원·초등학교 교과과정이 있는 학교

5. 그 밖에 어린이가 자주 왕래하는 곳으로서 조례로 정하는 시설 또는 장소

② 제1항에 따른 어린이 보호구역의 지정절차 및 기준 등에 관하여 필요한 사항은 교육부, 행정안전부 및 국토교통부의 공동부령으로 정한다.

③ 차마 또는 노면전차의 운전자는 어린이 보호구역에서 제1항에 따른 조치를 준수하고 어린이의 안전에 유의하면서 운행하여야 한다.

④ 시·도경찰청장, 경찰서장 또는 시장등은 제3항을 위반하는 행위 등의 단속을 위하여 어린이 보호구역의 도로 중에서 행정안전부령으로 정하는 곳에 우선적으로 제4조의2에 따른 무인 교통단속용 장비를 설치하여야 한다.

음주단속, 과속 측정의 허상

◆ 도로교통법 시행규칙

제19조(자동차등과 노면전차의 속도) ① 법 제17조제1항에 따른 자동차등(개인형 이동장치는 제외한다. 이하 이 조에서 같다)과 노면전차의 도로 통행 속도는 다음 각 호와 같다.

1. 일반도로(고속도로 및 자동차전용도로 외의 모든 도로를 말한다)

가. 「국토의 계획 및 이용에 관한 법률」 제36조제1항제1호가목부터 다목까지의 규정에 따른 주거지역·상업지역 및 공업지역의 일반도로에서는 매시 50킬로미터 이내. 다만, 시·도경찰청장이 원활한 소통을 위하여 특히 필요하다고 인정하여 지정한 노선 또는 구간에서는 매시 60킬로미터 이내

나. 가목 외의 일반도로에서는 매시 60킬로미터 이내. 다만, 편도 2차로 이상의 도로에서는 매시 80킬로미터 이내

2. 자동차전용도로에서의 최고속도는 매시 90킬로미터, 최저속도는 매시 30킬로미터

3. 고속도로

가. 편도 1차로 고속도로에서의 최고속도는 매시 80킬로미터, 최저속도는 매시 50킬로미터

나. 편도 2차로 이상 고속도로에서의 최고속도는 매시 100킬로미터[화물자동차(적재중량 1.5톤을 초과하는 경우에 한한다. 이하 이 호에서 같다)·특수자동차·위험물운반자동차(별표 9 (주) 6에 따른 위험물 등을 운반하는 자동차를 말한다. 이하 이 호에서 같다) 및 건설기계의 최고속도는 매시 80킬로미터], 최저속도는 매시 50킬로미터

다. 나목에 불구하고 편도 2차로 이상의 고속도로로서 경찰청장이 고속도로의 원활한 소통을 위하여 특히 필요하다고 인정하여 지정·고시한 노선 또는 구간의 최고속도는 매시 120킬로미터(화물자동차·특수자동차·위험물운반자동차 및 건설기계의 최고속도는 매시 90킬로미터) 이내, 최저속도는 매시 50킬로미터

② 비·안개·눈 등으로 인한 거친 날씨에는 제1항에도 불구하고 다음 각 호의 기준에 따라 감속 운행해야 한다. 다만, 경찰청장 또는 시·도경찰청장이 별표 6 Ⅰ. 제1호타목에 따른 가변형 속도제한표지로 최고속도를 정한 경우에는 이에 따라야 하며, 가변형 속도제한표지로 정한 최고속도와 그 밖의 안전표지로 정한 최고속도가 다를 때에는 가변형 속도제한표지에 따라야 한다.

1. 최고속도의 100분의 20을 줄인 속도로 운행하여야 하는 경우

   가. 비가 내려 노면이 젖어있는 경우

   나. 눈이 20밀리미터 미만 쌓인 경우

2. 최고속도의 100분의 50을 줄인 속도로 운행하여야 하는 경우

   가. 폭우·폭설·안개 등으로 가시거리가 100미터 이내인 경우

   나. 노면이 얼어 붙은 경우

   다. 눈이 20밀리미터 이상 쌓인 경우

③ 경찰청장 또는 시·도경찰청장이 법 제17조제2항에 따라 구역 또는 구간을 지정하여 자동차등과 노면전차의 속도를 제한하려는 경우에는 「도로의 구조·시설기준에 관한 규칙」제8조에 따른 <u>설계속도, 실제 주행속도, 교통사고 발생 위험성, 도로주변 여건 등을 고려하여야 한다.</u>

◆ 도로의 구조·시설기준에 관한 규칙

제8조(설계속도) ① 설계속도는 도로의 기능별 구분 및 지역별 구분(제2조제16호 및 제17호에 따른 도시지역 및 지방지역의 구분을 말한다)에 따라 다음 표의 속도 이상으로 한다. 다만, 지형 상황 및 경제성 등을 고려하여 필요한 경우에는 다음 표의 속도에서 시속 20킬로미터 이내의 속도를 뺀 속도를 설계속도로 할 수 있다.

② 제1항에도 불구하고 자동차전용도로의 설계속도는 시속 80킬로미터 이상으로 한다. 다만, 자동차전용도로가 도시지역에 있거나 소형차도로일 경우에는 시속 60킬로미터 이상으로 할 수 있다.

음주단속, 과속 측정의 허상

도로의 기능별 구분		설계속도(킬로미터/시간)			
		지방지역			도시지역
		평지	구릉지	산지	
주간선도로	고속국도	120	110	100	100
	그 밖의 도로	80	70	60	80
보조간선도로		70	60	50	60
집산도로		60	50	40	50
국지도로		50	40	40	40

나) 속도 제한에도 한계가 있다.

운전자 대다수는 교통 상황에 맞게 합리적이고 신중하게 운전한다. 운행 속도도 마찬가지다.

운전자가 운전하는 일정 속도가 있다면, 그 속도는 교통 상황에 맞는 합리성이 있다고 볼 수 있다. 다수의 운전자가 특정한 도로에서 일정 속도로 운전해도 아무런 사고도 없었다면 그 속도는 교통안전과 효율적 흐름에 맞는 속도이다.

그런데 일부 부주의하거나 지나친 속도로 운전하는 자가 있으면 규제할 필요가 있다. 이외에도 정치적 동기, 재정 수입, 기타 이유로 제한 속도를 낮춘다.[4]

그러나 속도를 자의적으로 제한해서는 안 된다. 대다수의 합리적인 운전자가 운행하는 속도, 즉 교통안전과 효율적 흐름에 맞는 속도보다 낮게 제한하려면 상당한 이유가 필요하다. 운전은 통행의 자유라는 기본권을 실현하는 행동이다. 적정절차에 위반되게 제한할 수 없다. 그러므로 제한 속도를 정함에서도 기준이 있어야한다.

---

4) 과속 단속은 제한 속도를 준수하게 하고, 정부 수입을 늘리는 역할을 한다.

제한 속도는 교통의 안정적인 흐름을 유도하면서, 합리적이며, 안전에 가장 적합해야 한다. 제한 장소 부근에서 대다수 운전자가 운행하는 실제 속도, 그 장소에서 과속으로 발생한 교통사고 건수, 운전자가 쉽게 알아볼 수 없는 도로 여건 등을 고려해야 한다.

쉽게 알아볼 수 있는 도로 여건은 운전자가 운전하면서 살핀다. 가령 굽은 도로라고 하더라도 운전자가 쉽게 알 수 있다면 그것만으로는 제한 속도를 낮추는 사유가 될 수 없다.

과속으로 인한 교통사고가 전혀 없는 장소라고 하자. 그렇다면 제한 속도 축소는 근거가 없다. 교통사고 방지에 효과가 없는 속도 축소는 무용하기 때문이다. 따라서 가령 운전자가 잘 볼 수 없는 전방 도로라는 이유로 제한한다면, 그 부근에서 발생한 과속으로 인한 사고율을 조사해서 제한이 정당한지 판단해야 한다.

예를 들어 합리적인 일반 운전자의 85%의 차량이 77 km/h로 주행하고, 평균 주행 속도가 69 km/h라고 하자. 그 이하로 속도를 제한하면 원활한 차량흐름에 지장이 생긴다. 이때 56 km/h로 제한하면 약 95%의 운전자가 제한 속도를 초과하게 된다. 납득할 만한 사유나 조건을 설명하지 못한다면 56 km/h로의 제한은 정당화될 수 없다.[5]

또 학교 앞 어린이 보호구역이라면, 학생들이 등교하는 월요일에서 금요일; 오전 6시부터 오후 8시까지와 같이 적용 시간을 한정해야 한다. 또 약 30일간은 계도 기간을 두어야 한다.[6]

아무런 교통 공학 분석 없이, 85%의 운전자가 60 km/h로 주행하고, 과속으로 인한 교통사고가 단 한 건도 없었던 도로의 제

---

5) People v. Goulet, 13 Cal. App. 4t Supp. 1 (1992)

6) Steven A. Glazer, "Those Speed Cameras are Everywhere: Automated Speed Monitoring Law, Enforcement, and Physics in Maryland", 7 J. Bus. & TECH. L. 1 (2012), 5

음주단속, 과속 측정의 허상

한 속도를 50 ㎞/h로 한다면, 효율적인 차량흐름을 저해하고, 비합리적으로 과도하게 범칙금, 벌점 같은 불이익을 주어 법에 대한 반감을 유발한다.

그러므로 제한 속도를 더 낮추려면, 도로 여건이 운전자가 쉽게 알아보기 어렵게 변했거나 혹은 교통사고가 발생한 사유에 대해 공학 분석을 해야 한다. 운전자의 눈에 띄지 않는 도로 여건과 제한이 필요한 상황에 대한 충분한 정보가 분석 결과서에 포함되어야 한다. 그리고 분석보고서는 단속 일을 기준으로 5년 이내에 작성된 것이어야 한다.

이러한 요건은 불필요하면서 과도하게 많은 단속으로 불신을 초래하거나 교통 효율을 저해하지 않도록 하기 위한 장치이다.

특히 단속 장치 설치 장소를 처음으로 가는 외부인은 함정에 빠져 희생당했다고 느낀다.[7] 그 위치를 아는 지역주민에 비하면, 지역주민이 아닌 운전자에게 특별한 불이익을 준다.

이는 같은 도로에서 운전하는 운전자를 단속 장치가 설치된 위치를 아는 운전자와 그렇지 못한 운전자라는 계급을 만들어 불평등하게 취급하는 일이다.[8] 따라서 조례가 단속 장치 설치 안내판을 부착하게 되어 있는데도, 이를 위반해서 설치하지 않았을 때는 이를 알지 못한 운전자에 대해서 헌법상 평등권 침해가 된다.[9]

---

7) Steven A. Glazer, "Those Speed Cameras are Everywhere: Automated Speed Monitoring Law, Enforcement, and Physics in Maryland", 7 J. Bus. & TECH. L. 1 (2012), 2

8) Cleveland Parking Violations Bureau v. Barnes, No. 94502 (Ohio Ct. App. Dec. 16, 2010), 2010 WL 5238601, 5

9) Matthew S. Maisel, "Slave to the Traffic Light: A Road Map to Red Light Camera Legal Issues". 10 Rutgers J. L. & PUB. POL'y 401 (2013), 420

◆ 대한민국 행정기본법

미국은 '과속 단속 함정(speed trap)'을 금지한다. 따라서 제한 속도를 위반했더라도 과속 단속 함정에 해당하는 때에는 체포·처벌할 수 없다.

과속 단속 함정은 ① 고속도로의 특정 구간의 시작과 끝의 구간을 정하여 차량이 지나는 시간을 측정해서 속도를 정하는 구간 단속 및 ② 고속도로의 특정 장소에서 레이더나 기타 전자 장치를 사용한 속도 측정이, 공학 및 교통 조사에 의해 정당화되어 있지 않거나, 그 조사가 속도 위반 행위로부터 5년 이내에 한 것이 아닐 때를 말한다.

다만 이 조항은 시내 도로, 길, 어린이 보호구역에는 적용되지 않는다. 따라서 모든 과속 단속 함정이 제한되거나, 금지된 것은 아니다.

과속 단속 함정을 제한하는 이유는 사람들이 잘 알지 못하게 하는 은밀한 단속을 제한하고, 눈에 띄는 표시로 운전자가 미리 알고 속도를 줄이게 함이, 운전자도 모르는 상태로 단속하는 방법보다 우수하며, 정부 수입을 늘리기 위해 범칙금을 착취하는 단속을 제한함에 있다.[10]

법조문이 '시속 30킬로미터 이내', '50킬로미터 이내로 제한할 수 있다.'라고 되어 있으면, 규제담당자는 시속 5킬로미터, 10킬로미터, 20킬로미터로 제한할 수 있다고 해석한다. 그러면 경찰서장은 교통분석도 없이 아무런 사고도 없는 곳에서 실질적으로는

---

10) People v. Goulet, 13 Cal. App. 4t Supp. 1 (1992)

음주단속, 과속 측정의 허상

자의에 따라 시속 10킬로미터, 20킬로미터로 제한할 수 있다. 실제로 이같이 정한다면, 국민의 운전 속도에 대한 기본권이 부당하게 제한된다. 이러한 제한은 적정절차의 원리에 반한다.

2 속도 측정기기의 원리와 정확성의 한계

속도 측정치에도 불확도가 있다. 속도 측정의 원리를 이해하면 불확도를 파악하는 데 도움이 된다.

속도 측정기는 무인 자동 측정 장치와 휴대용 장치가 있다.

대한민국의 측정 장치는 루프 검지기를 사용하다가 현재는 레이더 방식을 사용한다.

1) 관련 규정

◆ 도로교통법

제4조의2(무인 교통단속용 장비의 설치 및 관리) ① 시·도경찰청장, 경찰서장 또는 시장등은 이 법을 위반한 사실을 기록·증명하기 위하여 무인(無人) 교통단속용 장비를 설치·관리할 수 있다.

② 무인 교통단속용 장비의 설치·관리기준, 그 밖에 필요한 사항은 행정안전부령으로 정한다.

③ 무인 교통단속용 장비의 철거 또는 원상회복 등에 관하여는 제3조제4항부터 제6항까지의 규정을 준용한다. 이 경우 "교통안전시설"은 "무인 교통단속용 장비"로 본다.

◆ 도로교통법 시행규칙

제14조의2(무인 교통단속용 장비의 설치 장소) 법 제12조제4항에서 "행정안전부령으로 정하는 곳"이란 별표 8의2의 무인 교통단속용 장비 설치 기준에 따라 시·도경찰청장, 경찰서장 또는 시장등이 선정하는 곳을 말한다.

◆ 도로교통법 시행규칙 [별표 8의2]

무인 교통단속용 장비 설치 기준(제14조의2 관련)

기준	평가 방법
1. 교통사고 위험지수(ARI: Accident Risk Index)	어린이 보호구역 내 인명피해 사고 건수 및 사망자·중상자 수
2. 사고 유형	차대 사람, 차대 자전거 사고 건수
3. 사고 원인	속도위반, 신호위반, 보행자 보호의무위반 등 교통법규 위반 건수
4. 보행 조건	가. 보도와 차도 구분 여부 나. 횡단보도 보행신호 설치 여부 다. 보행안전을 위한 시설물(보도용 방호울타리, 무단횡단 금지시설 등) 설치 여부
5. 도로 조건	가. 과속방지를 위한 시설물(과속방지시설, 미끄럼방지시설, 고원식 횡단보도 등) 설치 여부 나. 도로구조 상 운전자 시야 확보 유무 다. 불법 주·정차 단속장비 설치 여부 라. 도로 폭, 차로 수 등 도로여건에 따른 위험도

음주단속, 과속 측정의 허상

기준	평가 방법
6. 그 밖의 기준	가. 무인 교통단속용 장비 설치요구 민원의 빈도 나. 지역주민 여론수렴 결과 다. 현장여건에 따른 무인 교통단속용 장비 설치 가능 여부 라. 그 밖의 어린이 교통사고 위험도 등

비고

1. 시 · 도경찰청장, 경찰서장 또는 시장등은 어린이 보호구역에 무인 교통 단속용 장비를 설치하는 경우 위 표의 기준을 종합적으로 고려하여 설치 장소를 선정해야 한다.
2. 위 표 제1호부터 제3호까지의 기준에 따른 사고건수, 사망자 · 중상자 수 및 위반 건수는 최근 3년간(조사 연도는 제외한다) 발생한 어린이 사고를 기준으로 집계한다.
3. 위 표 가목의 교통사고 위험지수(ARI)는 다음의 계산식에 따라 산정한다.

$$\sqrt{KSI^2 + 사고건수^2}/년$$

※ KSI(Killed or Seriously Injured, 사고심각성 대표 지표): 사망자 수+중상자 수
※ 사고 건수: 인명피해사고 건수
4. 시 · 도경찰청장, 경찰서장 또는 시장등은 위 표 제4호부터 제6호까지의 기준을 파악하기 위해 도로교통공단 등 교통안전 유관기관 및 녹색 어머니회 등 어린이 교통안전 봉사 단체와 공동으로 조사를 실시해야 한다.

2) 루프 검지기

가) 원리

루프 검지기(inductive loop detector)는 루프 코일[11], 도입선[12], 검지부[13]로 구성된다.

인덕티브[14] 루프를 도로 바닥 밑에 매설한다. 검지부에 있는 센서가 루프가 설치된 도로 위의 지점에 차량이 진입한 시간과 진출한 시간을 측정한다.

루프 코일은 도로 밑에 매설되어 있다. 그 위에 차량이 있으면, 루프 코일의 자장과 반대되는 유도 자장이 발생한다. 이 인덕턴스의 변화를 센서가 측정해서 차량이 루프 코일 위에 진입한 시간과 빠져나간 시간을 특정한다.

매설한 루프 코일의 거리는 정해져 있으므로, 통과 시간을 알면 속도를 계산할 수 있다.

차량의 속도는 단위 시간 동안 차량이 이동한 거리이다.

속도의 식은 다음과 같다.

$$V \ (km/h) = 3600 \ d/1000(t_2 - t_1)$$

---

11) 루프 코일은 직경 5 mm 내외의 전선을 2~4회 회전시켜 도로 바닥에 매설한다.

12) 도입선(lead-in-cable)은 교통 제어 시스템 내에 있는 검지부 장치(detection device unit)와 루프 코일을 연결하는 케이블이다.

13) 검지부 장치는 도입선을 통해 루프 코일에 10~200 ㎑의 교류 전류를 보낸다.

14) 인덕턴스(inductance)는 전류가 흐르면서 발생하는 변화를 방해하는 전류의 속성이다(the property of a circuit element which tends to oppose any change in current through it.). 루프 코일에 전류가 흐르면 교번 자장(alternative magnetic field)이 형성된다. 이때 그 위로 자동차가 지나가면 전기적 특성인 인덕턴스가 발생하고, 검지부 장치가 이를 측정한다.

음주단속, 과속 측정의 허상

여기서 각 부호의 뜻은 다음과 같다.[15]

① 단일 루프 검지기일 경우

d: 평균 차량 길이(m) (검지기 길이 + 평균 차량 검지 길이)

t_1: 검지 시작 시간(초)

t_2: 검지 끝 시간(초)

② 이중 루프 검지기일[16] 경우

d: 두 검지 기간 간격(m)

t_1: 첫 번째 검지기의 검지 시작 시간(초)

t_2: 두 번째 검지기의 검지 시작 시간(초)

이중 루프 검지기길 경우 계산식은 다음과도 같다.[17]

속도 = $\{l_{dist} + l_{loop}\} / \{(t_{s-on}) - t_{m-on})\}$

l_{loop}: 루프의 길이(m)

l_{dist}: 두 루프간 거리(m)

t_{m-on}: 첫 번째 루프에 진입 시간(초)

t_{s-on}: 두 번째 루프에 진입 시간(초)

---

15) 강정규, "2중 루프검지기 속도측정 정확도 개선 알고리즘 개발", 대한교통학회지 20권 5호, (2002), 165~166

16) (dual loop detector)

17) Ferran Mocholi Belenguer, Antonio Mocholi Salcedo, Antonio Guill Ibanez, Victor Millan Sanchez, "Advantages offered by the double magnetic loops versus the convetional single ones", (2019), 3~4 PLOS ONE https://journals.plos.org/plosone/article?id=10.1371/journal.pone.0211626 (2023. 1. 29. 접속)

이중 검지기는 도로에 일정한 간격으로 루프 코일을 2번 매설한다. 차량이 지나가는 과정에서, 첫 번째(1차) 루프 검지기가 주파수가 기준 이상으로 증가하는 시점인 t_1을 측정하고, 두 번째(2차) 루프 검지기도 같은 방식으로 t_2를 측정한다.

따라서 이중 검지기일 경우에는 첫 번째 루프 검지기와 두 번째 루프 검지기에서 차량의 동일 부분이 통과하는 시점을 정확히 측정해야 한다. 단일 루프 검지기의 경우는 통과하는 차량의 길이 및 진입과 진출 시점을 정확히 측정해야만 한다. 그래야 루프 검지기로 계산한 속도의 정확성도 향상된다.

나) 한계

차량이 루프 코일 위에 있을 때 발생하는 유도 자장은 차량의 길이에 비례하고, 속도에 반비례한다. 유도 자장은 루프 코일의 인덕턴스를 감소시킨다. 루프 검지기는 이 인덕턴스의 변화를 측정한다.

그런데 루프 코일의 인덕턴스는 코일 선의 굵기 및 길이, 몇 번을 감았는지의 회전 수, 선을 감고 있는 절연 양(amount of insulation)에 의해 결정된다.[18]

검지부에서는 인덕턴스 변화에 비례하는 주파수 변화폭을 검지한다. 이를 기초로 차량이 루프 코일 위에 진입해서 진출하는 점유 시간을 검지한다. 따라서 차량의 점유 시간을 판정하는 기준은 인덕턴스의 변화폭이다. 이 변화폭을 어떻게 설정하는지가 컴퓨터가 계산하는 점유 시간을 결정한다. 즉 루프 검지기의 민감도는 인덕턴스 변화 폭을 어떻게 설정하는지에 따라 달라진다.[19]

---

18) Donald L. Woods, Brian P. Cronin, Robert A. Hamm, "Speed Measurement with Inductance Loop Speed Traps", (1994), 3
19) 강정규, "2중 루프검지기 속도측정 정확도 개선 알고리즘 개발", 대한교통학회지

음주단속, 과속 측정의 허상

인덕턴스 변화에 의한 주파수의 모양은 디지털로 된 수치가 아니다. 불규칙한 아날로그 형태의 곡선이다. 그러므로 수치로 전환할 기준점을 어떤 수치로 할지 혹은 어떻게 잡는지에 따라 차이가 발생한다.[20]

센서의 정밀도, 하드웨어의 성능, 계산 알고리즘, 루프 검지기의 설치 및 배치 방식, 시공 방법, 루프 코일의 굵기, 주행 환경, 차량의 주행 궤적, 관리 상태 등이 루프 검지기의 속도 계산에 영향을 준다. 뜨거운 열기나 혹한의 날씨도 영향을 준다.[21]

전기선(electrical wire)의 종류나 시공 방법에 따라 다른 전자 파장(magnetic field)을 생성한다. 이는 인덕턴스 루프 작동의 일관성이나 정확성에 영향을 미친다.[22]

9 m 간격으로 2개의 컨덕터(multi-conductor)를 설치하고, 32~129 km/h에서 4개의 속도를 정해 10개의 차량을 측정한 결과, 4~6 km/h의 편차가 있다는 실험 결과가 있다.[23]

루프 검지기는 검지기 영역 내에 차량이 있는지를 일정 주기로 확인한다. 이 시간 간격을 '주사율(scanning rate)'이라고 한다. 즉 차

20권 5호, (2002), 165

20) Ferran Mocholi Belenguer, Antonio Mocholi Salcedo, Antonio Guill Ibanez, Victor Millan Sanchez, "Advantages offered by the double magnetic loops versus the convetional single ones", (2019), 17, PLOS ONEhttps://journals.plos.org/plosone/article?id=10.1371/journal. pone.0211626 (2023. 1. 29. 접속)

21) 강정규, "2중 루프검지기 속도측정 정확도 개선 알고리즘 개발", 대한교통학회지 20권 5호, (2002), 164

22) Donald L. Woods, Brian P. Cronin, Robert A. Hamm, "Speed Measurement with Inductance Loop Speed Traps", (1994), 23

23) Donald L. Woods, Brian P. Cronin, Robert A. Hamm, "Speed Measurement with Inductance Loop Speed Traps", (1994), 33

량의 존재 여부를 스캔한 다음 시간 간격을 두고 다시 스캔하는데, 이 간격에서 오차가 발생할 수 있다.[24]

예를 들면 10 ㎳ 간격의 스캔은 5 ㎳ 간격보다 이론상 2배의 오차가 있다. 주사율의 간격을 줄이는 데는 기술적으로 한계가 있다.[25]

이론상으로는 2개의 루프의 거리가 멀수록 가까울 때보다 오차가 적다. 그러나 검지 영역 내에 2대 이상의 차량이 동시에 있거나 비정상적으로 주행하는 차량이 많아지면 치명적인 오차가 발생할 수 있다. 예를 들면 차량이 대각선으로 주행하면 주행 거리가 길어지면서 1, 2차 루프에서 점유 시간과 검지기의 주파수 파형이 달라져 측정이 부정확해진다. 또 차량이 1차 루프를 통과해 2차 루프에 진입하기 전에 1차 루프에 다른 차량이 진입하거나, 2차 루프에 진입하였을 때 1차 루프에 다른 차량이 진입하면 오차가 발생한다. 또 검지 영역에 여러 개의 차량이 있어 인접 차로를 통과하는 차량의 영향을 받거나, 트럭, 버스 등 차종별 특성에 따라 루프의 발생 신호가 달라지면 오차가 발생한다.[26]

대한민국은 평균 5%의 오차를 허용한다고 한다.

3) 레이더

가) 원리

전파(radio wave)는 빛의 속도, 즉 초당 299,792,458 m로 이동

---

24) 강정규, "2중 루프검지기 속도측정 정확도 개선 알고리즘 개발", 대한교통학회지 20권 5호, (2002), 166~167

25) 강정규, "2중 루프검지기 속도측정 정확도 개선 알고리즘 개발", 대한교통학회지 20권 5호, (2002), 167

26) 강정규, "2중 루프검지기 속도측정 정확도 개선 알고리즘 개발", 대한교통학회지 20권 5호, (2002), 167

한다.

레이더는[27] 전파를 물체에 쏘아 되돌아온 전파의 주파수를 읽어 거리를 표시하는 장치이다.

전파가 물체에 반사되어 돌아올 때 처음 전송한 주파수와 다른 주파수로 되돌아오는 현상을 이용한다.

기차가 멀리서 경적을 울리며 다가온다고 하자. 기차는 같은 크기의 경적 소리를 낸다. 그러나 기차를 기다리는 사람에게는 기차가 다가오면 소리가 점점 커진다. 그러다가 기차가 지나치면서 멀어지면 소리도 점점 작아진다. 이때 소리의 차이를 주파수의 차이에 비유할 수 있다.

기차가 초당 250의 파장의 일정한 경적 소리를 낸다고 하자. 이 소리를 듣는 사람이 멈추어 서 있고, 기차도 멈추어 있다면, 듣는 사람은 계속 초당 250의 파장을 듣는다. 각각의 파장은 같은 속도로 듣는 사람을 향해 온다. 그런데 기차가 소리를 듣는 사람을 향해 달려오면, 각각의 나중의 파장은 듣는 사람과의 거리가 가까워진다.

그러므로 각각의 파장은 점점 압축되어 나중의 파장은 초당 주파수가 높아진다. 그러다가 듣는 사람을 지나치면서 각각의 나중의 파장은 그 전의 파장보다 듣는 사람에게서 멀어진다. 이때에는 파장이 더 넓게 펼쳐지게 되어 초당 주파수가 낮아진다.

어떤 물체가 멈추어 있을 때는 그 물체에 전송한 주파수와 반사되어 돌아온 주파수가 같다. 물체가 달려오면 거리가 점점 가까워진다. 이때 달려오는 물체에 전파가 부딪쳐 계속 압축되면서 각각의 나중의 주파수는 점점 높아진다. 물체가 지나가면서 점점 거리가 멀어지면, 전파는 느슨하게 부딪쳐 반사되어 돌아온다. 그 때

---

27) 레이더(radar)는 '전파 탐지와 거리 측정(radio detection and raging)'의 약자이다.

문에 각각의 주파수는 점점 감소한다.

따라서 물체가 움직이는 방향과 속도에 따라 처음에 보낸 주파수와 돌아온 주파수에 차이가 발생한다.[28] 이 차이를 '도플러 편이(Doppler shift)' 혹은 '도플러 효과(Doppler effect)'라고 한다.[29][30] 이 차이를 측정하면 움직이는 물체의 속도를 알아낼 수 있다.

주파수 차이로 움직이는 물체의 속도를 알아내는 도플러 효과는 과학적으로 인정되었다. 표로 정리되어 있다.[31][32]

레이더 장치는 주파수를 연속해서 보낸다. 전송한 주파수와 반사되어 온 주파수의 차이를 측정하여 속도를 계산한다.

---

28) 레이더 주파수를 전송하고 반사된 주파수를 측정하는 측정 장치가 고정되어 있는지, 아니면 이동하는지 및 대상 물체와 측정 장치가 각자 어떻게 이동하는지에 따라 주파수의 변화는 다양하다.

29) Ryan V. Cox & Carl Fors, "Admitting Light Detection and Raging (LIDAR) Evidence in Texas: A Call for Statewide Judicial Notice", 42 St. MARY's L.J./ 837 (2011), 842

30) 1842년 도플러(Christian Johann Doppler)는 파장의 주파수는 그 파장의 발신처와 수신처 사이의 상대적인 움직임과 관련이 있다는 이론을 제시했다.

31) 1887년 하인리히 헤르츠(Heinrich Hertz)는 전파를 발송하면서 그 전파가 딱딱한 물체에 반사되어 되돌아온다는 것을 밝혀냈다. 1935년 로버트 왓슨 와트(Robert Watson-Watt)는 이를 이용해 속도 측정 장치를 개발했고, 17마일의 거리에 있는 비행기를 찾아낼 수 있게 되었다. Ryan V. Cox & Carl Fors, "Admitting Light Detection and Raging (LIDAR) Evidence in Texas: A Call for Statewide Judicial Notice", 42 St. MARY's L.J./ 837 (2011), 843

32) 속도 측정 레이더에 사용되는 주파수는 10.525 ㎓의 엑스 대역(X band), 24.150 ㎓의 케이 대역(K band), 33.4-36 ㎓의 카 대역(Ka band)이 있다. 1 ㎓는 초당 10억 주파수에 해당한다. 따라서 엑스 대역은 초당 10,525,000,000 파장의 무선 마이크로파(radio microwave)를 보낸다. 가령 물체의 속도가 시속 1마일일 경우 엑스 대역에서는 31.4 ㎐, 케이 대역에서는 72.0 ㎐의 주파수 차이가 있다. People v. Ferency, 133 Mich. App. 526 (1984). 각주 1

가령 전송한 주파수 f_0가 34.7 ㎓, 즉 34,700,000,000 ㎐이고, 반사되어 돌아온 주파수 fr이 34,700,006,713 ㎐라면 그 차이 Δ f는 6,713 ㎐이다.

이때 km/h 속도를 계산하는 공식은 다음과 같다.

$$(\Delta f/f_0 \times C) \div 2$$

C는 빛의 속도인 초당 299,792,458 m인데, 이를 km/h 단위로 전환하면 1,079,869,842이다.[33]

따라서 $(6,713/34,700,000,000 \times 1,079,869,842) \div 2 = 104.45$ km/h가 된다.

2로 나누는 이유는 각각의 주파수는 전송되었다가 반사되어 돌아오므로 주파수가 이동한 거리는 물체와의 거리의 2배이기 때문이다.

나) 한계

레이더 속도 측정 장치는 마이크로 전파를 전송한다. 이 전파는 약 12°에서 17°의 각도로 퍼져나간다. 거리가 멀수록 폭은 넓어진다. 전파는 폭의 범위 내에 있는 모든 물체에 반사된다. 따라서 위 폭 안에 있는 모든 물체는 측정에 영향을 준다. 이러한 범위를 '간섭 범위(zone of influence)'라고 한다.

레이더 속도 측정 장치는 전파가 지나가는 폭 내에 있는 물체를 구별할 수 없고, 오직 가장 강하게 반사되거나 가장 큰 차량의 주파수를 측정해서 가장 빠른 속도만을 표시한다. 가까이 있는 작은 물체보다 멀리 있는 큰 물체가 강하게 신호를 반사한다. 그러므로 측정 대상 차량의 옆 차로의 차량도 속도 측정에 영향을 준다. 가

---

33) 6.71×10^8 mile per hour

령 앞에 있는 소형 차량보다 그 뒤에 있는 커다란 트레일러가 빠른 속도로 진행하면 그 트레일러의 속도를 앞에 있는 소형 차량의 속도로 표시한다. 또 목표로 한 물체 옆에 빠른 속도로 지나치는 차량이 있다면 그 속도를 표시한다.

따라서 레이더 속도 측정의 정확성에 가장 크게 영향을 미치는 요인은 대상 차량을 정확히 조준하였는지, 간섭 없이 대상 차량의 주파수만을 측정하였는지이다.

전파의 신호 강도는 물체의 크기, 물체와의 거리, 물체의 재질, 레이더 광선과의 위치와 관련이 있다. 콘크리트, 금속, 알루미늄 표면은 강하게 반사한다. 나뭇잎이나 잔디는 에너지를 흡수하므로 덜 반사한다.

레이더 속도 측정 장치나 측정 대상의 근처에 트럭 같은 큰 물체나 도로의 표지 같이 반사하는 물체가 있으면 반향(echo)을 일으킨다. 전파가 측정 대상 차량에 반사되기 전후에, 근처에 있는 물체에 반사되어 레이더로 돌아올 때 반향이 생긴다.

차량의 급격한 가속과 감속은 레이더 속도 측정 장치가 속도를 정확히 측정하는 데 장애를 일으킨다.

변전소, 무전기 안테나, 송수신 겸용 라디오에서 발생하는 무선 주파수 간섭(radio frequency interference)은 오차 발생의 원인이다. 동작 감지 센서, 고급 SUV 차량의 뒷부분에 의한 영향도 오차 발생의 원인이 된다.

굴절(refraction)은 전파가 서로 다른 농도의 매개물을 통과할 때 휘는 현상이다. 더운 여름날 도로가 열기로 어른거릴 때 도로 면의 공기는 위의 공기보다 더욱 뜨겁다. 이때에는 빛이 굴절한다. 자동차 앞 유리창도 굴절을 일으킨다. 측정 대상과의 거리가 멀수록 굴절의 영향이 크다.

경찰차에 레이더 속도 측정 장치를 부착해 이동하면서 측정할

음주단속, 과속 측정의 허상

때는 또 다른 오차의 원인이 있다.

이동 레이더(moving radar)는 경찰차 앞으로 일부 전파를 전송하여 바닥의 속도를 측정한다. 이를 '핫 스팟(hot spot)'이라고 한다. 만일 경찰차 앞에 도로 표지와 같은 커다란 반사 물체가 있거나, 도로가 젖어있거나, 얼음이 있을 때는 '핫 스팟'이 이러한 물체에 고정된다. 그러면 경찰차의 이동 속도를 실제보다 낮게 계산한다.

이동하는 경찰차의 속도를 속도 계산에서 고려한다. 이때 경찰차의 속도를 정확하게 측정하지 못하면 오차가 발생한다.

가령 50 km/h로 달리는 경찰차보다 같은 방향으로 2배 빨리 달리는 자동차가 있다면, 그 속도는 100 km/h이다. 이때 경찰차가 자신의 속도를 10 km/h로 인식한다면, 2배 빨리 달리는 측정 대상 차량의 속도를 20 km/h로 계산한다. 이때는 대상 차량의 속도가 실제 속도보다 낮게 표시된다.

반대로 50 km/h로 달리는 경찰차와 마주 오는 차량이 100 km/h로 측정되었다고 하자. 이 경우에는 그 차량의 속도는 경찰차의 속도 50 km/h를 뺀 50 km/h이다. 그러나 만일 경찰차의 속도를 10 km/h로 인식한다면 100 - 10 = 90 km/h로 계산한다. 이때는 대상 차량의 속도가 실제 속도보다 높게 표시된다.

따라서 경찰관은 측정 대상 차량의 속도를 측정하면서, 단속 경찰차의 속도가 속도계와 일치하는지를 점검해야 한다.

레이더나 라이더 속도 측정 장치는 측정 장치에 정면으로 다가오거나 정면에서 멀어지는 물체를 측정하도록 설계되어 있다. 고정된 레이더 속도 측정 장치에서는 대상 물체가 사각으로 움직이면 실제 속도보다 측정 속도가 느리게 표시된다. 이동 레이더에서는 경찰차의 속도 측정에 영향을 주어 실제보다 높게 측정될 수 있다. 이를 '이동 코사인 오류(moving cosine error)'라고 한다.

무인 측정기의 경우 높은 곳에 고정되어 자동차를 정면에서 측정할 수 없으므로 측정에 영향이 있을 것으로 보인다.

경찰관은 업무 시작 전과 후에 레이더 장치의 기능을 점검해야 한다.[34]

4) 라이다

가) 원리

라이다[35] 속도 측정 장치는 레이저(laser)를[36] 이용한다.

반사되는 공간 안에서 특정 에너지로 일정한 물질을[37] 자극하면, 강하고 응집력 있는 단일 파장의 레이저 광선이 나온다.

---

34) 레이더는 튜닝 포크(tuning fork)로 점검한다. 가령 레이더 속도 측정 장치를 시험 모드에 두고, 튜닝 포크를 두드려 교정된 튜닝 포크가 표시하는 속도와 1 ㎞/h 의 차이 내에 있는지를 확인해야 한다. 이동 속도 측정일 때에는 경찰 차량의 속도도 다른 튜닝 포크로 점검해야 한다. 내부의 자동 진단 장치로 점검하고, 간섭 범위에서의 알려진 속도의 차량과 레이더 장치의 속도가 일치하는지의 확인 등이 필요하다. 이러한 점검은 점검 자체보다 미리 정한 절차에 따라 점검했는지가 중요하다. 따라서 점검 절차는 일반인에게 공개되어 있어야 한다. 튜닝 포크는 독립 기관에서 도플러 주파수에 맞는 주파수를 생성하는지를 확인하는 방법으로 6개월마다 점검한다. 그러나 6개월의 점검으로 정확성이 보장된다고 할 수는 없다. 측정 당일이나 측정 시점의 정확성은 그때마다 다를 수 있기 때문이다. 튜닝 포크는 일정한 오차 범위 내에 있어야 한다. 그러나 어떠한 범위까지 오차를 수용할지가 문제이다.

35) 라이다(lidar)는 '빛 탐지와 거리 측정(Light Detection and Ranging)'을 줄인 표현이다.

36) 레이저(laser)는 '자극된 빛 에너지의 방출에 의한 빛의 증폭(light amplification by stimulated emission of radiation)'의 줄임말이다. 여기서의 'radiation'은 빛 에너지이다. 방사능(radioactivity)이 아니다. 레이저 광선은 단일 파장이므로 색이 단일하다(monochromacity).

37) 레이저 속도 측정 장치는 갈륨비소(gallium arsenide)를 자극 물질로 사용한다. 약 900나노미터 파장의 광선을 방출한다. 이 파장은 인간의 눈에는 보이지 않는 적외선 파장에 가깝다.

음주단속, 과속 측정의 허상

레이저 광선은 좁고, 강하게, 직선으로 방출된다. 레이저는 넓게 퍼지는 레이더와 달리 거리가 멀어지더라도 넓게 퍼지지 않는다.

벽에 손전등을 비추면서 벽으로부터 점점 멀어지면, 손전등의 빛이 넓게 퍼지는 모양은 레이더에 해당한다. 레이저 빔을 벽에 쏠 때 점점 거리가 멀어져도 한 점에 계속 유지되는 모양은 라이다라 할 수 있다. 이처럼 레이저 광선은 거리가 멀더라도 퍼지는 폭의 변화가 작아 여러 대의 차량 중 1대를 정해 측정할 수 있다.[38]

레이더가 주파수 변화를 측정하는 반면, 라이다는 레이저 광선이 되돌아오는 시간을 측정한다.

차량이 이동하면, 차량으로 전송한 레이저 빛이 반사되어 돌아오는 거리가 변한다. 이에 따라 반사되어 오는 시간도 변한다. 빛의 속도는 초당 299,792,458 m이다. 레이저 광선은 빛의 속도로 움직이므로 돌아오는 시간을 측정하면 거리를 계산할 수 있다.[39] 라이다 속도 측정 장치는 짧은 시간에 걸쳐 계속 레이저 광선을 전송하면서 반사되어 오는 시간을 측정해서 거리를 계산하고, 이 거리의 차로 속도를 산정한다.[40][41]

---

38) 레이저 광선은 500피트에서 약 18인치의 폭을 유지한다. 레이더는 150피트의 넓이로 퍼진다. Ryan V. Cox & Carl Fors, "Admitting Light Detection and Raging (LIDAR) Evidence in Texas: A Call for Statewide Judicial Notice", 42 St. MARY's L.J./ 837 (2011), 849

39) 초당 983,571,072 ft의 거리를 이동한다.

40) Ryan V. Cox & Carl Fors, "Admitting Light Detection and Raging (LIDAR) Evidence in Texas: A Call for Statewide Judicial Notice", 42 St. MARY's L.J./ 837 (2011), 848

41) 레이저에는 지속파(continuous wave)와 맥파(pulse wave)가 있다. 지속파 레

가령 첫 번째 레이저 광선을 전송하여 알아낸 물체와의 거리가 1,000 m이고, 1초 후에 레이저 광선으로 알아낸 거리가 900 m 라고 하자. 이 물체는 초당 100 m씩 이동했다. 1시간은 3,600초 이므로, 속도는 360 km/h$_{(=3,600 \times 0.1 \text{ km})}$ 이다.

물체와의 거리는 전송된 시점부터 돌아온 시간에 빛의 속도를 곱해서 2로 나눈다. 레이저가 물체에 갔다가 반사되어 돌아오는 거리는 물체와의 거리의 2배이기 때문에 2로 나눈다.

라이다 속도 측정 장치는 초당 125~238번의 맥파(pulse)를 전 송한다. 따라서 초당 125~238번 측정한다. 장치 내부에는 맥파 의 간격에 따라 시간을 측정하는 시계가 있다.

레이저 광선으로 위치를 알기 위해서는 최소한 75%가 반사되 어 돌아와야 한다.[42] 그러므로 번호판이나 전조등과 같이 반사되 는 표면에 비추어야 한다.

나) 한계

레이저 광선은 전파가 아니라 빛이다. 빛은 날씨에 영향을 받는 다. 비나 눈이 오거나 안개가 끼면 빛이 가는 거리가 줄어든다. 따 라서 이 경우 표시되지 않는 오차가 발생할 수 있다.

흰색, 크롬 색은 레이저 광선을 잘 반사하는 반면, 검은색, 푸른 색, 갈색은 덜 반사한다. 유선형보다 직선의 표면이 더 잘 반사한 다. 측정 대상의 반사 표면의 질, 반사 대상 물체의 크기, 대기의

이저는 레이저 빛이 끊임이 없이 연속된다. 레이저 포인트가 이에 해당한다. 맥 파 레이저는 카메라 플래시와 같이 짧은 순간 지속되지만, 순간적으로 높은 출력 을 낼 수 있다. 경찰이 휴대하는 레이저 건의 광선은 904나노미터의 적외선 레이 저(infrared laser)로서 사람의 눈으로는 볼 수 없다. Ryan V. Cox & Carl Fors, "Admitting Light Detection and Raging (LIDAR) Evidence in Texas: A Call for Statewide Judicial Notice", 42 St. MARY's L.J./ 837 (2011), 849

42) 이 정도로 반사되어 오지 않으면 오류로 표시되어야 한다.

상태, 라이다의 렌즈 상태, 유리창을 통과할 경우 유리창의 질 등이 라이다의 측정 범위에 영향을 준다.[43]

라이다는 여러 개의 맥파를 전송하여 반사되어 돌아오는 시간을 측정하여 그래프를 형성한다. 그런데 이 계산 프로그램이 공개되지 않아 어떻게 작동하는지를 알 수 없다. 이 프로그램을 독립 기관이 검사할 수 없다는 문제도 있다.

만일 차량의 속도가 정확히 일정하다면 속도의 그래프는 직선이어야 한다. 그러나 차량의 속도는 정확히 일정하지는 않다. 그리고 레이저도 정확하게 차량의 같은 부분을 향하지 않는다. 이러한 때 속도의 그래프는 직선이 아님에도 일정 구간만 일정하면 그 속도를 측정값으로 표시하도록 설정될 수 있다. 이 경우 차량의 다른 부분이나 옆 차량을 측정해 잘못된 속도를 표시할 수 있다.

라이다 측정기를 사람이 들고 조절하는 때는 레이저 빔이 하나의 물체에서 다른 물체로 바뀌어 거리 차가 있음에도 마치 하나의 물체를 계속 측정한다고 표시할 수 있다. 처음에 앞 유리창에 레이저 광선을 쏘았다가 나중에 번호판을 향하는 때에도 이러한 현상이 발생한다. 이를 '측정 지점 오차(sweep error)'라고 한다. 이 경우 시속 8.04~14.48 ㎞의 차이가 발생한다. 또 도로 표면과 측정자가 일직선이 아닌 수직의 위치에 있을 때, 가령 언덕이나 둑 위에서 측정할 때도 발생한다.

라이다는 교정 점검을 해야 한다. 그러나 어떤 기간마다 해야 하는지에 대한 합의는 없다. 가령 6개월마다 교정 점검을 해야 한다고 정할 수 있다.

또 각각의 측정 전과 측정 후에는 작동자가 시험을 해서 정확성

---

43) 7° 이상의 사각이 있으면 코사인 오차가 발생한다.

을 점검해야 한다.[44]

측정자는 일정한 교육을 이수하고 수료증을 받아야 한다.

라이다 측정에서도 오차가 있다. 따라서 오차 범위나 불확도가 기재되어야 한다.

5) 속도 측정 카메라

가) 원리

카메라가 예를 들어 10분의 1초 단위로 차량을 연속해서 촬영하고, 촬영된 2개 사진의 이미지로 이동 거리를 확인한 후 속도를 계산한다. 카메라가 일정한 시간 간격으로 찍은 사진으로 차량이 움직인 거리를 알아내는 방법이다. 보통 차로를 구분하는 차선을 함께 촬영하여 차선의 간격과 차량을 동시에 보여 주어 차량이 일정한 시간 동안 이동한 거리를 증명한다.[45]

예를 들어 길이 1 m인 차선이 50 ㎝ 간격으로 그어져 있다고

---

44) 작동자는 라이다 기계의 자동 진단장치로 검사해야 한다. 자동 진단장치는 내부 프로그램이 적정하게 작동하는지를 확인한다. 자동 진단장치의 스위치를 누르면 미리 정해진 수치가 나와야 한다. 다른 수치가 나오면 오류이다. 자동 진단장치는 알려진 속도의 신호를 내부에 보내 그 신호에 맞는 속도 수치가 기계에 표시되는 지를 본다. 실제로 레이저 광선을 전송하고, 이를 받는 과정을 거치지는 않기 때문에 정확성 점검에 한계가 있다. 다음으로 이미 알고 있는 거리를 측정해서 정확히 작동하는지 점검해야 한다. 가령 측정치가 오차 수인 범위인 ± 1 ㎝에 있는지를 확인한다. 그리고 디스플레이가 목표물을 정확하게 조준하는지를 확인해야 한다. 약간의 오조준도 거리가 멀어지면 다른 목표물을 측정하게 된다. 한편 이러한 점검은 거리 정확성의 점검이지 속도 정확성 점검이 아니라는 한계가 있다. 따라서 측정자가 정확히 측정함을 보증하지 않는다.

45) Steven A. Glazer, "Those Speed Cameras are Everywhere: Automated Speed Monitoring Law, Enforcement, and Physics in Maryland", 7 J. Bus. & TECH. L. 1 (2012), 11

하자. 1/5초 간격으로 촬영한 2개의 사진이 있다. 차량의 뒷바퀴가 차선에 위치한 모습을 비교하니 차선 3개를 지나 있다면, 4.5 m를 이동하였다. 이 결과로 속도를 계산한다. 1/5초를 1초로 바꾸려면 5를 곱해야 한다. (4.5 × 5) = 22.5이므로 22.5 m/s이다. 이를 시속으로 계산하면 81 km/h(=22.5×3,600초=81,000)이다.

도로 위의 기둥에 2개의 카메라를 서로 다른 각도로 설치해서 각각 촬영하는 방법도 있다. 1번 카메라로 촬영한 차량 번호판과 2번 카메라로 촬영한 차량의 번호판을 비교하여, 같은 차량을 찾고, 이동 거리와 각각의 촬영 시간을 확인하여 속도를 계산한다.[46]

나) 한계

사진으로 속도를 계산하려면, 두 개의 비교 사진에 정확한 촬영 시점이 기록되어야 한다.

만일 두 사진의 시간이 모두 '12:11:04'와 같이 되어 있다면 1/5초 간격으로 촬영하였다는 점을 증명할 수 없다. 이때에는 1초 간격으로 볼 수 있기 때문이다.[47] 1/5초 간격인지 1초 간격인지에 따라 5배 차이가 발생한다. 시간 간격이 정확하지 않으면 속도도 부정확하다.

다음으로 사진에 거리를 확인할 수 있는 도로의 표시가 있어야한다. 이러한 표시가 촬영되어 있지 않으면 이동 거리를 정확하게 알기 어렵다. 일정 간격으로 그려진 도로의 차선은 차량 이동 거리의 산정 기준이다. 이러한 기준이나, 차량의 바퀴가 어느 정도

---

46) 최경주, "영상처리를 이용한 과속 차량 탐지 시스템", 정보처리학회지 제19권 제3호 (2015. 5), 51

47) Steven A. Glazer, "Those Speed Cameras are Everywhere: Automated Speed Monitoring Law, Enforcement, and Physics in Maryland", 7 J. Bus. & TECH. L. 1 (2012), 13

움직였는지 등을 사진으로 알 수 없다면 정확한 이동 거리 확인이 불가능하다. 특히 차량의 이동을 사선 형태로 촬영하였을 때는 더욱 그렇다.[48]

서로 다른 각도의 2개 카메라로 촬영한 때에는 각각의 사진 이미지에 있는 차량의 위치와 촬영 시간이 정확해야지만 속도의 불확도가 낮아진다.

속도 측정 카메라 장치는 교정·검증해야 하고, 그 증명이 있어야 한다. 작동 담당자는 매일 장치를 점검해야 한다. 그러나 하루에도 그 중간에 오작동을 할 수 있으므로 이러한 점검이 정확성을 보장하지는 않는다. 프로그램에 오류가 있어 실제 이동 거리보다 높은 속도를 표시한 사례도 있다.[49]

48) Steven A. Glazer, "Those Speed Cameras are Everywhere: Automated Speed Monitoring Law, Enforcement, and Physics in Maryland", 7 J. Bus. & TECH. L. 1 (2012), 14~15

49) Steven A. Glazer, "Those Speed Cameras are Everywhere: Automated Speed Monitoring Law, Enforcement, and Physics in Maryland", 7 J. Bus. & TECH. L. 1 (2012), 15~16

XIV

악마는 디테일이 없는 데 있다.

악마는 디테일이 없는 데 있다.

음주 사고의 피해를 고려하면, 음주 운전을 막는 노력을 소홀히 해서는 안 된다.[1] 따라서 강력한 처벌로 응징해야 한다고 생각할 수 있다.

그러나 이에 대해 고려할 점이 있다.

1920년 미국은 음주를 막고자 술의 제조·판매를 처벌했다.[2] 음주가 사라지리라고 기대했다. 그런데 음주는 사라지지 않았다. 산업용 알코올을 마신 사람이 독성으로 사망했다.[3]

주류 제조 및 공급권을 둘러싸고 많은 범죄와 폭력이 발생했다. 감시 사회가 될 정도로 경찰력이 확대되었다. 그러자 공직 부패도 증가했다. 수사·재판 사건이 증가하고, 재소자가 늘었다. 많은 국

---

1) 1990년대 스웨덴은 비전 제로(vision zero)를 시행했다. 교통사고 사망자를 0명으로 만든다는 취지의 계획이다. 도로의 구조나 기술 변화를 반영하는 엔지니어링, 운전자의 경각심을 일깨우고 훈련하는 교육, 경찰의 교통단속과 같은 집행을 주 내용으로 한다. Marco Conner, "Traffic Justice: Achieving Effective and Equitable Traffic Enforcement in the Age of Vision Zero", 44 FORDHAM URB. L. J. 969 (2017), 976

2) 일반적으로 형벌로 인한 범죄 억제 효과는 범죄를 신속하게 적발하고, 범죄로 얻은 이익보다 제재가 더 클 때 효과가 있다. 특별 억제 효과는 처벌 등의 제재를 경험한 개인에 대한 억제이다. 일반 억제 효과는 처벌이나 제재를 받은 경험이 없는 일반인에 대한 억제 효과이다. Marco Conner, "Traffic Justice: Achieving Effective and Equitable Traffic Enforcement in the Age of Vision Zero", 44 FORDHAM URB. L. J. 969 (2017), 989

3) Arielle Goldhammer, "A Case Against Consensual Crimes: Why the Law Should Stay out of Pocketbooks, Bedrooms, and Medicine Cabinets", 41 Brandeis L.J. 237 (2002), 253

음주단속, 과속 측정의 허상

민이 범죄자가 되었다.[4] 법에 대한 경멸감이 높아졌다.[5] 상대적으로 개인의 자유는 잠식되었다.

결국 1933년에 금주법은 폐지되었다.

거친 말을 하거나, 동네를 배회하거나, 음란한 행동을 처벌하는 법도 있었다. 빚을 갚지 않으면 처벌하고, 유전병자는 거세하고, 정신병자를 가두는 법을 만들기도 했다.

그러나 처벌로 그러한 행동을 없앨 수 없었다. 지킬 수 없는 법은 많은 사람이 위반할 수밖에 없다. 위반자 전부를 적발할 수 없으니 일부만 선별적으로 적발하게 되었다. 가혹한 집행은 저항을 불렀다.

이를 통해 함부로 형벌조항을 만들어서는 안 된다는 교훈을 얻게 되었다.[6]

---

4) 일반 억제 효과는 처벌받지 않으려고, 스스로 순종하는 태도를 보이기 때문에 생긴다. 그런데 순종은 존중심이 필수다. 형벌조항이 적정하고 신중하며, 명확하게 비도덕적 행위를 처벌 대상으로 할 때 존중심이 생긴다. 처벌과 제재가 불공정하다고 느끼면, 사람들은 법을 신뢰하지 않고, 지키려고도 하지 않는다(the law is accurate guide to appropriate prudential and moral behavior.). Paul H, Robinson, "Reforming the Federal Criminal Code: A Top Ten List", 1 Buff. Crim. L. Rev. 225 (1997), 264~265

5) 가혹하거나, 처벌할 필요가 없거나, 다른 방법으로 해결할 수 있다고 보는 행위를 처벌하면 형벌에 대한 불신을 낳는다.

6) 17세기 유럽, 러시아, 중국, 일본은 담배의 소비와 판매를 금했다. 위반하면 사형에 처했다. Arielle Goldhammer, "A Case Against Consensual Crimes: Why the Law Should Stay out of Pocketbooks, Bedrooms, and Medicine Cabinets", 41 Brandeis L.J. 237 (2002), 254. 익숙함 자체는 어떤 제도를 유지해야 할 정당한 근거가 되지 않는다. 역사는 사물은 변할 수 있고, 또 변한다는 것을 알려준다. 지금은 납득할 수 없어 보이는 것도, 수년 후에는 완전히 정상이고 불가피한 것이라고 볼 수도 있다.

위험성을 강조하다 보면, 자연히 범죄자를 분리해 가혹하게 처벌해야 한다고 보게 된다. 그러기 위해서는 계속해서 처벌 범위를 넓히고, 적발되면 정상을 참작하지 않고 인정사정 볼 것 없이 처벌해야 한다.

충격적인 사고가 발생하면 언론은 집중 보도한다. 사회적으로 비난받는 행위를 단죄해야 한다는 주장이 호응을 얻는다. 이에 따라 국회의원이나 정부 담당자는 대응책을 마련한다. 이 과정에서 새롭고 적용 폭이 넓은 형벌조항이 계속 제정된다. 형벌조항이 많아지면서 점차 누구라도 처벌할 수 있게 된다. 누구든 처벌 대상이 될 수 있는 상황에서 전부를 처벌할 수는 없으므로 필연적으로 일부만을 선별하여 집행한다. 이렇게 되면 검사나 경찰이 실질적인 입법자가 된다.[7]

가혹한 법을 무수히 만들면 인간이 이를 모두 모두 지키고, 그래서 좋은 세상이 된다는 생각은 키메라(chimera)이다.

냉철히 보면 남들만이 아닌, 나도 그 가혹하고 광범한 형벌의 조항의 적용 대상이 된다. 법은 모든 국민에게 평등하게 적용되게 되어 있다. 그들만이 대상이고, 자신은 아니라는 생각은 환상이다.

누구라도 처벌할 수 있는 법이 많아질수록 세상은 점차 자유 없는 지상 감옥이 된다. 불필요하게 희생당하는 사람만큼, 누군가는 얻어서는 안 될 이익을 얻는다. 형벌조항으로 처벌할 수 있는 인간의 행위에도 한계가 있다. 결코 함부로 입법하고 처벌해서는 안된다.

7) Douglas Husak, "Crimes Outside Core", 39 Tulsa L. REV. 755 (2004), 769

음주단속, 과속 측정의 허상

과학에 근거한 입법, 정확한 측정과 측정에 대한 이해, 구체적 사정과 정상을 참작한 가혹하지 않은 처벌은[8] 법치주의를 실현하는 길이다.[9]

---

8) 굶주린 사촌을 위해 빵 하나를 훔친 장 발장은 실형 5년을 선고받는다. 살기 위해서 빵을 훔치는 행동을 5년의 실형으로 막을 수 있을까? 감옥 생활이 장 발장을 새로운 사람으로 만들었나? 빵 하나 절도로 5년은 가혹하지 않나?

9) 헌법에 따른 한계 이외에도 형벌조항을 제정하는 입법을 제한하는 일정한 원칙도 있다. Douglas Husak, "Crimes Outside Core", 39 Tulsa L. REV. 755 (2004), 766. 대표적으로 존 스튜어트 밀(John Stewart Mill)은 『자유론 (On Liberty)』에서 사회의 힘은 오직 다른 사람에 대한 피해를 막는 목적 이외에는 사용되어서는 안 된다고 했다. 이를 '피해 원칙(harm principle)'이라고 한다. 이에 의하면 오직 다른 사람에게 피해를 주는 행위를 막기 위해서만 범죄로 할 수 있다. Asaf Harduf, "How Crimes Should Be Created: A Practical Theory of Criminalization", 49 No. 1 Crim. Law Bulletin ART 2, (2013), I. B.

XV

음주 운전 관련 대한민국 판례

1 혈중 알코올 농도의 특정

> 원심은, 도로교통법에 의하여 처벌되는 주취운전이란 같은 법 제107조의2 제1호, 제41조 제1항, 제4항, 같은 법 시행령 제31조에 의하여 혈중알코올농도가 0.05% 이상인 상태에서 운전하는 경우를 말하는 것이어서 <u>그 혈중알코올농도가 특정되어야만 주취운전으로 처벌할 수 있는데,</u> 피고인이 이 사건 교통사고 당시 혈중알코올농도 0.18%의 주취상태로 운전하였다는 점에 부합하는 증거들은 믿기 어렵고, 달리 범죄의 증명이 없다고 하여 이 점에 관하여 피고인에게 무죄를 선고하였는바, ……원심의 이러한 판단은 옳고, ……위법은 없다.
>
> 대법원 1999. 12. 28. 선고 98도138 판결.

2 호흡 음주 측정기

1) 음주 측정기의 측정 원리 및 정확성의 한계

> 피고인은 2004. 8. 12. 충북 괴산군 청천면에서 친구들과 맥주 3잔 정도를 마시고 1시간 30분 정도 지난 후에 자신의 차량을 운전하여 피고인의 집으로 가다가 같은 날 19:30경 괴산군 청천면 후영리 앞 노상에서 청천특수파출소 소속 경찰관들이 시행하는 음주단속에 적발되어 음주측정을 하였고 그 결과 피고인의 음주수치가 0.056%로 측정된 사실, 그런데 단속경찰관은 위 음주측정 당시 음주감지기로 피고인을 감지해 보니 감지기 표시판에 경미하게 한 칸 밖에 불이 들어오지 않았고, 피고인이 술을 마신 기미도 느껴지지 않아 피고인의 음주수치가 0.05%가 넘지 않을 것으로 판단하여 피고인에게 입안을 물로 입을 헹구어 낼 기회를 주지 않았던 사실, 피고인은 음주수치가 높게 나오자 물로 입안을 헹구고 다시 측정을 하겠다고 말하였으나 <u>단속경찰관은 음주측정에서 측정횟수는 1회로 제한되어 있기 때문에 안 된다며 거절한 사실,</u> 경찰청의 교통단속처리지침에 의하면 '음주측정자는 음주측정시에 운전자에게 최종음주시간 및

음주단속, 과속 측정의 허상

구강청정제등 유사알코올 사용여부를 확인하여 구강내 잔류알코올(음주시부터 구강내 잔류 알코올 소거에 20분소요)에 의한 과대 측정을 방지하여야 한다.'고 규정되어 있으며 잔류알코올 제거방법에 대한 구체적인 지침은 없는 사실, 당심에서 피고인이 이 사건 당시 먹었다고 주장하는 맥주1병 등을 마신 후 1시간 30분이 경과한 후 측정한 결과 입안을 헹구기 전에는 1차, 2차 모두 0.005%, 입안을 헹군 후에는 1차 0.005%, 2차 0.004%가 나왔으나, 그 측정수치가 낮아 다시 맥주 1병을 마시고 50분이 경과한 후에 측정한 결과 입안을 헹구기 전에는 1차 0.040%, 2차 0.039%, 입안을 헹군 후에는 1차 0.033%, 2차 0.035%가 나온 사실을 인정할 수 있다.

위 인정사실에 다음과 같은 사정, 단속경찰관도 피고인이 별로 취해 보이지 않았으며 음주측정기를 불더라도 낮은 수치가 나올 것으로 생각되어 물로 헹구라는 사실을 말하지 않았다고 진술하고 있는 점, 피고인에 대한 주취운전자 정황진술보고서에는 음주측정요구 당시 피고인의 언행상태, 보행상태가 정상이었고, 혈색이 붉게 상기되었다고 기재되어 있는 점, 피고인의 혈중알코올농도가 법이 허용하는 혈중알코올농도를 상당히 초과하는 것이 아니고 근소하게 초과하는 정도에 불과한 점, 당심의 검증결과 최종음주시점으로부터 50분후(최초음주시점으로부터는 2시간 20분후) 음주측정을 하면서 입안을 물로 헹군 경우 측정치가 최고 0.007%까지 낮게 나타나는 점, 혈중알코올농도는 개인의 체질, 섭취된 음식물의 종류, 술의 종류 등에 따라 차이가 있는 점 등에 비추어 볼 때, <u>호흡측정기에 의한 측정방법은 혈중알코올농도에 대한 간접적인 측정방법으로서 그 기계 자체에 내재적인 측정오차가 있고</u>, 그 성질상 입안의 잔류 알코올 등으로 인하여 실제 혈중알코올농도 보다 측정 수치가 높게 나올 가능성이 있으며, 이와 같이 음주측정 당시 물로 입안을 헹구었는지 여부에 따라서 차이가 있는 상황 하에서 이를 근거로 한 이 사건 측정치를 믿을 수 없다.

그럼에도 원심은 피고인에 대한 도로교통법위반(음주 운전)의 공소사실을 유죄로 인정하였으니, 이는 사실을 오인하여 판결 결과에 영향을 미친 위법이 있다.

청주지방법원 2005. 9. 14. 선고 2005노416 판결.

호흡측정기에 의한 혈중알코올 농도의 측정은 장에서 흡수되어 혈액 중에 용해되어 있는 알코올이 폐를 통과하면서 증발되어 호흡공기로 배출되는 것을 측정하는 것이므로, 최종 음주시로부터 상당한 시간이 경과하지 아니하였거나 또는 트림, 구토, 치아보철, 구강청정제 사용 등으로 인하여 입안에 남아 있는 알코올, 알코올 성분이 있는 구강 내 타액, 상처부위의 혈액 등이 폐에서 배출된 호흡공기와 함께 측정될 경우에는 실제 혈중알코올의 농도보다 수치가 높게 나타나는 수가 있어, 피측정자가 물로 입안 헹구기를 하지 아니한 상태에서 한 호흡측정기에 의한 혈중알코올 농도의 측정 결과만으로는 혈중알코올 농도가 반드시 그와 같다고 단정할 수 없거나 호흡측정기에 의한 측정수치가 혈중알코올 농도보다 높을 수 있다는 의심을 배제할 수 없다.

기록에 나타난 여러 사정에 비추어 살펴보면, 호흡측정기에 의한 측정수치가 0.05%로 나타난 이 사건에 있어, 물로 입안을 헹굴 기회를 달라는 피고인의 요구를 무시한 채로 한 이 사건 호흡측정기에 의한 혈중알코올 농도 측정 결과만으로는 피고인이 당시 혈중알코올 농도 0.05% 이상의 술에 취한 상태에서 운전하였다고 단정할 수 없고 달리 아무런 증거가 없으므로, 같은 취지에서 이 사건 공소사실에 대하여 무죄를 선고한 원심은 정당하다.

대법원 2006. 11. 23. 선고 2005도7034 판결.

2) 음주 측정기의 측정 원리 및 편차율

원심은 피고인이 2000. 7. 15. 00:14경 혈중알코올농도 0.05%의 주취상태로 승용차량을 운전하였다는 이 사건 공소사실에 대하여, 공소사실에 부합하는 듯한 증거로는 주취운전자 적발보고서의 '음주측정기에 의한 혈중알코올농도 측정치 0.05%'라는 취지의 기재가 있으나, ① 이 사건과 같은 음주측정기에 의한 측정방법은 혈중알코올농도에 대한 간접적인 측정방법으로서 그 기계 자체에 내재적인 측정오차가 있고, 사람마다의 체질에 따라 측정치가 달리 나올 가능성이 있으며, 기계의 오작동 내지 고장의 가능성도 전적으로 배제하기 어려운데다가, ② 원심에서의 강남경찰서장 및 주식회사 아세아통상에 대한 사실조회 회보서의 기재에 의하면, 이 사건 음주측정기는 영국 라이온(Lion)사에서 제작한 모델번호 SD-400으로서 5%의 편차율을 가지므로 0.05%의 측정치는 0.048%부터 0.052%까지 될 수 있는 가능성을 가지고 있다는 점을 인정할 수 있는바, 이에 비추어 보면 이 사건 음주측정기에 의한 혈중알코올농도 측정치가 0.05%라는 사실만으로는 피고인이 음주 운전의 법정 최저 기준치인 혈중알코올농도 0.05%에서 이 사건 승용차량을 운전하였다고 단정하기 어렵고, 달리 피고인의 음주 운전 사실을 인정할 증거가 없으므로 이 사건 공소사실은 범죄의 증명이 없는 경우에 해당한다는 이유로 형사소송법 제325조 후단의 범죄사실의 증명이 없는 때에 해당한다고 하여 피고인에 대하여 무죄를 선고하였다. 기록에 의하여 살펴보면, 원심의 사실인정 및 판단은 수긍이 가고, 거기에 주장과 같은 채증법칙을 어긴 위법이 없다.

대법원 2002. 1. 11. 선고 2001도6119 판결.

3) 분할 비율, 체온, 호흡 측정의 오차

◆ 이 사건 공소사실의 요지

가. 주위적 공소사실

피고인은 2012. 07. 08. 02:31경 혈중알코올농도 0.201%의 주취 상태로 서울 성북구 삼선동 이하 번지를 모르는 도로에서부터 서울 성북구 정릉동 484 앞 도로까지 (차량번호 생략) 차량을 약 1km 운전하였다.

나. 예비적 공소사실

피고인은 2012. 07. 08. 02:31경 혈중알코올농도 0.080%의 주취 상태로 서울 성북구 삼선동 이하 번지를 모르는 도로에서부터 서울 성북구 정릉동 484 앞 도로까지 (차량번호 생략) 차량을 약 1km 운전하였다.

3. 원심의 판단

가. 주위적 공소사실에 대한 판단

원심은 기록에 의해 인정되는 다음의 사정들, 즉 ① 혈중알코올농도는 음주 후 시간 경과에 따라 상승 또는 하강하는 등 변동하고, 이 사건 채혈측정에 의한 혈중알코올농도 0.201%는 채혈측정시(02:43)의 수치에 불과할 뿐 범행시인 음주 운전(02:08) 당시의 수치가 아닌 점, ② 음주 후 혈중알코올농도가 최고치에 도달할 때까지 시간당 어느 정도의 비율로 증가하는지에 대해서 아직까지 과학적으로 알려진 신빙성 있는 통계자료 등은 없고, 만일 혈중알코올농도의 하강기간이라면 위드마크 공식에 의한 역추산 방식이 적용가능하나, 최고치를 향하여 상승하고 있는 시기라면 혈중알코올농도의 분해소멸에 관한 위드마크 공식을 사용하여 혈중알코올농도를 확인할 수 없는 점, ③ 이 사건에서 검사는 채혈측정 수치 그대로를 적용하여 기소하였을 뿐 위드마크 공식을 적용한 수치를 계산한 것은 아니고, 피고인의 이 사건 음주종료, 운전종료, 채혈측정 시점만으로는 혈중알코올농도가 최고치를 향하여 상승하고 있는 기간인지 아니면 최고치에 이른 후 하강하고 있는 기간인지도 확정할 수 없는 상황이며, 오히려 일반적 견해에 따를 경우 음주종료시부터 채혈측정시까지는 총 58분이 경과하여 상승기간에 해당한다고 볼 수 있어 위드마크 공식 사용에 의한 음주 운전 당시의 혈중알코올농도를 계산, 추정하기 어려운 점, ④ 피고인은 최초 호흡측정 결과 0.080% 수치를 받게 되자 마신 술의 양에 비추어 측정수치가 높게 나왔다는 이의를 제기하여 채혈요구를 한 것이고, 채혈측정 결과 수치는 0.201%로 측정되었는바, 이 사건과 같이 단시간 내에 순차 실시된 호흡측정치와 채혈측정치의 농도편차가 0.121%에 이르는 것은 정상적인 편차로 보기 어렵고, 일반적으로 발생하는 경우도 아니며, 이 사건 단속경찰 공소외인의 원심 법정진술에 의하더라도, 당시 이 사건 채혈측정 과정과 그 결과에 오류가 있을 가능성을 배제할 수 없는 점, ⑤ 피고인이 호흡측정 수치 0.080%에 이의를 제기하여 채혈이 이루어졌고, 피고인이 마신 술의 양이 소주 4잔 정도이며 그 이상 음주하였다는 점에 관한 아무런 증거가 없는 점 등을 종합하여 볼 때, 피고인이 음주 운전을 한 사실은 인정되지만 실제 운전할 무렵 혈중알코올농도가 0.201%에 이를 정도로 만취한 상태였다고 보기 어렵다는 이유로 이 사건 주위적 공소사실에 대해 무죄를 선고하였다.

나. 예비적 공소사실에 대한 판단

원심은 기록에 의해 인정되는 다음의 사정들, 즉 ① 이 사건 호흡측정에 의한 혈중알코올농도 0.080% 수치는 음주 운전(02:08) 직후에 이루어진 음주측정에 의한 것이 아니라, 그로부터 23분이 경과한 호흡측정시(02:31)의 수치에 불과한 점, ② 피고인의 이 사건 음주종료, 운전종료, 호흡측정 시점만으로는 혈중알코올농도가 최고치를 향하여 상승하고 있는 기간인지 아니면 최고치에 이른 후 하강하고 있는 기간인지 확정할 수 없고, 오히려 음주 후 30분부터 90분 사이에 혈중알코올농도가 최고치에 이른다는 일반적 견해에 따를 경우 음주 후 호흡측정까지 경과시간이 총 46분 내로서 상승기간에 해당한다고 볼 수 있어 위드마크 공식을 사용하여 음주 운전 당시의 혈중알코올농도를 확인할 수 없으며, 위드마크 공식 사용을 위하여 피고인에게 가장 불리하게 음주 후 30분부터 혈중알코올농도가 최고치에 이른 후 하강하고 있는 기간이라고 의제할 수도 없는 점, ③ 음주 후 혈중알코올농도가 최고치에 도달할 때까지 시간당 어느 정도의 비율로 증가하는지에 대해서 아직까지 과학적으로 알려진 신빙성 있는 통계자료가 없고, 호흡측정 수치도 0.080%로서 처벌기준인 0.050%와 비교적 큰 편차라고 보기 어려우므로, 운전 당시 혈중알코올농도가 0.050% 미만으로 낮아질 가능성도 배제할 수 없는 점, ④ 음주측정기에 의한 측정방법은 혈중알코올농도에 대한 간접적인 측정방법으로서 그 기계 자체에 내재적인 측정오차가 있고 사람마다의 체질에 따라 측정치가 달리 나올 가능성이 있으며, 호흡공기 내 알코올의 함유량 비율을 모든 조건에서 모든 개인에 대하여 동일한 것으로 추정하면서 개인의 편차를 무시하고 혈액-호흡 분할 비율을 일률적으로 적용함으로써 그 측정방법의 정확성에 한계가 있을 수 있을 뿐만 아니라, 그 밖에 피측정자의 체온이나 호흡방식 등 개인적, 일시적 사정에 따라 오차가 발생할 여지도 있는 점 등을 종합하여 보면, 피고인이 음주 운전을 한 사실은 인정되지만 실제 운전할 무렵 혈중알코올농도가 0.080%에 이르렀다거나 0.050% 이상이었음을 증명할 만한 증거가 없다는 이유로 이 사건 예비적 공소사실에 대해 무죄를 선고하였다.

4. 당심의 판단

원심이 …… 무죄로 판단한 것은 정당하고, … 위법은 없다.

서울고등법원 2013. 5. 9. 선고 2013노387 판결.

4) 음주 측정기의 기계적 오차 가능성

원심판결 이유에 의하면, 원심은, 이 사건 공소사실 중 피고인이 2002. 5. 15. 02:20경 혈중알코올농도 0.066%의 술에 취한 상태에서 승용차를 운전하였다는 점에 대한 증거로는 주취운전자적발보고서(수사기록 19쪽) 및 주취운전자정황진술보고서(수사기록 20쪽)가 있는데, 주취운전자적발보고서의 내용은 같은 날 07:45 호흡 측정기로 피고인의 혈중알코올농도를 측정한 결과 0.007%로 나왔다는 것이고, 주취운전자정황진술보고서의 내용은 측정 당시 피고인의 안색이 붉고 눈이 충혈 되어 있었으며, 위드마크 공식을 적용하면 운전 후 5시간 25분이 경과한 점을 고려할 때, 운전 당시 피고인의 혈중알코올농도가 0.066%로 추정된다는 것이나, 위드마크 공식은 사람의 혈중알코올농도가 일반적으로 시간당 최저 0.008%에서 최고 0.03%까지 감소한다는 것을 전제로 하여 술의 종류와 농도, 사람의 체중 및 음주측정시까지 경과된 시간 등을 가지고 측정하고자 하는 시각의 혈중알코올농도를 추정하는 방식인데, 이 사건의 경우 피고인이 마신 술의 농도, 피고인의 체중 등에 관한 아무런 증거가 없고, 다만 사후에 호흡측정기로 측정한 피고인의 혈중알코올농도 0.007%에 피고인에게 가장 유리한 시간당 감소치인 0.008%를 적용하면 운전 당시 피고인의 혈중알코올농도가 0.0503%(0.007% + 0.008% × 325/60)로 추정되어 처벌기준인 0.05%를 근소하게 상회할 뿐인데, 이 경우 호흡측정기 자체의 기계적 오차

음주단속, 과속 측정의 허상

가능성까지 감안한다면 피고인의 운전 당시 혈중알코올농도가 반드시 0.05%를 상회한다고 단정할 수 없다는 이유로, 이 부분 공소사실에 대하여 피고인을 유죄로 인정한 제1심판결을 파기하고 피고인에게 무죄를 선고하였다.

음주 운전에 있어서 운전 직후에 운전자의 혈액이나 호흡 등 표본을 검사하여 혈중알코올농도를 측정할 수 있는 경우가 아니라면 소위 위드마크 공식을 사용하여 수학적 방법에 따른 계산결과로 운전 당시의 혈중알코올농도를 추정할 수 있으나, 범죄구성요건 사실의 존부를 알아내기 위해 과학공식 등의 경험칙을 이용하는 경우에는 그 법칙 적용의 전제가 되는 개별적이고 구체적인 사실에 대하여는 엄격한 증명을 요한다고 할 것이고, 한편 위드마크 공식에 의한 역추산 방식을 이용하여 특정 운전시점으로부터 일정한 시간이 지난 후에 측정한 혈중알코올농도를 기초로 하고 여기에 시간당 혈중알코올의 분해소멸에 따른 감소치에 따라 계산된 운전시점 이후의 혈중알코올분해량을 가산하여 운전시점의 혈중알코올농도를 추정함에 있어서는, 피검사자의 평소 음주정도, 체질, 음주속도, 음주 후 신체활동의 정도 등의 다양한 요소들이 시간당 혈중알코올의 감소치에 영향을 미칠 수 있는바, 형사재판에 있어서 유죄의 인정은 법관으로 하여금 합리적인 의심을 할 여지가 없을 정도로 공소사실이 진실한 것이라는 확신을 가지게 할 수 있는 증명이 필요하므로, 위 영향요소들을 적용함에 있어 피고인이 평균인이라고 쉽게 단정하여 평균적인 감소치를 적용하여서는 아니되고, 필요하다면 전문적인 학식이나 경험이 있는 자의 도움을 받아 객관적이고 합리적으로 혈중알코올농도에 영향을 줄 수 있는 요소들을 확정하여야 할 것이고 (대법원 2000. 10. 24. 선고 2000도3307 판결, 2000. 11. 10. 선고 99도5541 판결 등 참조), 위드마크 공식에 의하여 산출한 혈중알코올농도가 법이 허용하는 혈중알코올농도를 상당히 초과하는 것이 아니고 근소하게 초과하는 정도에 불과한 경우라면 위 공식에 의하여 산출된 수치에 따라 범죄의 구성요건 사실을 인정함에 있어서 더욱 신중하게 판단하여야 할 것이다. (대법원 2001. 7. 13. 선고 2001도1929 판결 참조)

일반적으로 확인된 시간당 혈중알코올농도 감소치의 최소한이 검사의 상고 이유에서도 나타나 있듯이 0.008%라고 할 때, 이 수치는 곧 피고인에게 가장 유리한 수치가 된다고 할 것인데, 이와 같이 피고인에게 가장 유리한 감소치를 적용하여 위드마크 공식에 따라 사고시점인 02:20경의 혈중알코올농도를 계산하더라도 0.0503%가 되어 도로교통법상 처벌기준인 0.05%를 넘는 결과가 됨은 상고이유의 주장과 같다.

그러나 그 초과 정도가 0.0003%에 불과하고, 혈중알코올농도의 시간당 감소치를 0.008%로 볼 때, 이는 약 2분 30초간의 감소치에 불과한바, 수사기관에서 사건발생시각을 특정함에 있어서 그 이상의 정확성을 기하기는 어렵다는 점에서 대략 10분 단위로 끊어서 특정하고 있는 점에 비추어 볼 때(이 사건 사고발생시각도 02:20경으로 특정되어 있다), 원심과 같이 호흡측정기 자체의 기계적 오차가능성을 감안하지 않는다 하더라도 사건발생시각을 특정하는 과정에서 발생하는 오차가능성만으로도 피고인의 사고 당시 혈중알코올농도가 처벌기준치를 초과하였으리라고 단정할 수는 없다.

그렇다면 원심이 피고인의 운전 당시 혈중알코올농도가 0.05%를 상회한다고 단정할 수 없다는 취지에서 도로교통법위반(음주 운전)의 점에 대하여 무죄를 선고한 결론은 정당하므로, 이 점에 관한 상고이유의 주장은 받아들일 수 없다.

대법원 2003. 4. 25. 선고 2002도6762 판결.

음주단속, 과속 측정의 허상

이 사건 도로교통법위반(음주 운전)의 점의 요지는 '피고인이 2002. 5. 15. 02:20경 혈중알코올농도 0.066%의 술에 취한 상태로 승용차를 운전하여 서울 관악구 봉천본동 961-1 소재 온천삼거리 노상을 원당사거리쪽에서 당곡사거리 쪽으로 운행하였다.'라고 함에 있는바, 위 공소사실에 부합하는 증거로는 주취운전자 적발보고서(수사기록 19면), 주취운전자정황진술보고서(수사기록 20면)이 제출되어 있다. 그런데 위 주취운전자 적발보고서의 내용은 2002. 5. 15. 07:45 호흡측정기를 통하여 피고인의 혈중알코올농도를 1회 측정한 결과 0.007%로 측정되었다는 것이고, 위 주취운전자정황진술보고서의 내용은 위 적발 당시 피고인의 안색이 붉고 눈이 충혈되어 있었으며, 위드마크공식을 적용하면 운전 후 325분이 경과한 것을 고려할 때 운전을 하고 있었을 당시의 피고인의 혈중알코올농도는 0.066%로 추정된다는 것이다.

그러나, 위드마크공식은 사람의 혈중알코올농도가 일반적으로 시간당 최저 0.008%에서 최고 0.03%까지 감소한다는 것을 전제로 하여 술의 종류와 농도, 사람의 체중 및 음주측정시까지 경과된 시간을 가지고 측정하고자 하는 시각의 혈중알코올농도를 측정하는 방식인바, 이 사건에서는 그 전제가 될 만한 피고인이 마신 술의 농도, 원고의 체중 등을 검사하였다는 아무런 증거가 없고, 다만 당초 호흡측정기로 1회 측정한 피고인의 혈중알코올농도가 0.007%로서 피고인에게 가장 유리한 시간당 감소치인 0.008%를 적용하면 0.0503%{=0.007 + (0.008 x 325/60)}로 처벌기준인 0.05%를 근소하게 상회할 뿐인데, 이 경우 호흡측정기 자체의 기계적 오차가능성까지 감안한다면 피고인의 운전당시 혈중알코올농도가 반드시 0.05%를 상회한다고 단정할 수는 없는 것으로 보이고, 사고 당시 피고인이 술에 취하여 있었다는 점을 입증할 만한 증거도 달리 없는바, 위와 같은 점을 감안하여 볼 때 때 위에서 열거한 증거만으로는 피고인이 이 사건 교통사고 당시 혈중알코올농도가 0.05% 이상이었다고 단정할 수 없고, 피고인의 변소와 달리 사고 당시 피고인이 술에 취하여 있었다는 점을 입증할 만한 증거도 없다.

서울지법 2002. 11. 13. 선고 2002노8526 판결.

5) 음주 측정기의 표시값 조정과 정확성

1. 항소이유의 요지

음주측정기 교정표준업무 지침 등에 의하면, 수사기관에서는 호흡기에 의한 음주측정기에 대하여 음주측정기의 지시값을 표준치보다 5% 낮게 표시하고 있으므로, 기계의 오작동 내지 고장의 가능성에 따른 오차 범위를 고려한다 하더라도 이 사건 음주측정기에 의한 음주측정치 0.05%는 도로교통법에서 정한 혈중알코올농도 0.05% 이상에 해당한다고 봄이 상당하다. 그럼에도 불구하고 이 사건 공소사실 중 도로교통법위반(음주 운전)죄에 대하여 무죄, 교통사고처리특례법위반죄에 대하여 공소기각을 각 선고한 원심판결에는 심리미진 및 사실오인에 기인한 위법이 있다.

2. 판단

가. 이 사건 공소사실의 요지

피고인은 본인 소유의 62누9431호 쏘나타 승용차량을 운전하는 사람인 바,

(1) 2010. 11. 7. 22:00경 청주시 흥덕구 분평동 소재 현대자동차영업소 사거리 교차로상을 혈중알코올농도 0.050%(퍼센트) 주취상태로 분평사거리 쪽에서 산남사거리 방면으로 위 차량을 운전하였다.

(2) 전항과 같은 일시, 장소에서 편도 3차로상 2차로로 시속 약 40-50킬로미터의 속력으로 진행하다가 계룡리슈빌아파트 방면으로 우회전하기 위하여 우측으로 진로를 변경하게 되었으면 우회전하기에 앞서 진로 전방 좌우를 잘 살펴 진로가 안전함을 확인한 후 우회전하여야 할 업무상의 주의의무가 있음에도 이를 게을리 한 채 그대로 우회전한 과실로 때마침 같은 방면 3차로로 시속 약 60킬로미터의 속력으로 직진 중이던 피해자 김○식(50세)이 운전 중인 11마****호 무쏘 승용차량 좌측면 부분을 피의차량 우측면 부분에 충돌케 하여 그 충격으로 피해자 및 피해차량 탑승자 이○남(46세)에게 각 전치 2주간의 경추부염좌 등의 상해를 입힌 것이다.

나. 원심의 판단

(1) 이 사건 공소사실 중 도로교통법위반(음주 운전)의 점에 관한 판단

기록에 의하면, 피고인은 2010. 11. 7. 19:00경부터 같은 날 21:10경까지 청주시 상당구 율량동에 있는 상호불상의 치킨집에서 직장동료들과 함께 1,000CC 정도의 맥주를 마신 후 여자 친구를 회사로 데려다 주기 위해 운전하던 중 음주단속에 적발되어 같은 날 22:32경 호흡식 음주측정기에 의하여 혈중알코올농도를 측정한 결과 그 수치가 0.050%로 나온 사실이 인정된다.

살피건대, ① 통상 혈중알코올농도는 피검사자의 체질, 음주한 술의 종류, 음주 속도, 음주시 위장에 있는 음식의 정도 등에 따라 개인마다 차이가 있고, 음주 후 30분~90분 사이에 최고치에 이른 후 시간당 약 0.008%~0.03%(평균 약 0.015%)씩 감소하는바, 피고인이 평균인이라고 확정할 만한 객관적 자료가 없으므로, 피고인에게 가장 유리한 전제사실, 즉 음주 후 90분이 경과하였을 때 혈중알코올농도가 최고치에 이르며 최고치에 이른 후 시간당 약 0.008%씩 감소하는 것을 기초로 하여 보건대, 피고인이 호흡식 음주측정기에 의해 혈중알코올농도를 측정한 2010. 11. 7. 22:32경은 음주를 종료 한 같은 날 21:10경부터 82분이 경과한 때여서 이는 혈중알코올농도가 최고치로 상승하고 있는 기간으로 봄이 상당한 점, ② 음주측정기에 의한 측정방법은 혈중알코올농도에 대한 간접적인 측정방법으로서 그 기계 자체에 내재적인 측정오차가 있고, 사람마다의 체질에 따라 측정치가 달리 나올 가능성이 있는 점, ③ 음주측정기에 의한 측정방법은 호흡공기 내 알코올의 함유량 비율을 모든 조건에서 모든 개인에 대하여 동일한 것으로 추정하면서 개인의 편차를 무시하고 혈액-호흡 분할비율을 1:2100으로 일률적으로 적용함으로써 그 측정방법의 정확성에 한계가 있는 점, ④ 피측정자의 체온이나 호흡방식에 따라 오차가 발생할 수 있으며, 호흡검사시마다 불대를 교체하지 않으면 알코올 미립자가 불대에 묻어 있다가 재사용시 검출되어 영향을 미칠 수 있는 점, ⑤ 이 사건 당시 피고인의 언행, 보행상태가 정상이었던 점 등에 비추어 보면, 피고인에 대하여 '단 1회' 호흡측정을 한 결과 0.05%로 음주 측정된 것으로는 피고인이 혈중알코올농도 0.05% 이상인 상태에서 차량을 운전하였다고 단정하기 어렵다.

다. 당심의 판단

　　기록에 비추어 살펴보면, 원심이 이 사건 공소사실에 대하여 무죄 등으로 판단한 조치는 정당한 것으로 수긍이 가고, 원심판결에 검사가 주장하는 바와 같은 심리미진 및 사실오인의 위법이 있다고 할 수 없으므로, 검사의 주장은 받아들이지 아니한다(한편, 검사는 당심에서 2007. 2. 26.자 경찰청 교통관리관실의 음주측정기 교정표준업무 지침을 추가 증거로 제출한 바 있으나, 당시 피고인의 혈중알코올농도를 측정하는데 사용된 음주측정기가 실제로 그 지시값을 표준치보다 낮게 표시하였다고 볼 만한 증거 등이 없는 이 사건에서, 위 업무지침만으로는 이 사건 공소사실을 인정하기 부족하다).

　　　　　　　　　　　　　　　　　　　　　　청주지방법원 2011노354 판결,

　　　　　　　　　　　　　　대법원 2012. 2. 23. 선고 2011도9788 판결 확정.

6) 음주 측정기의 오차와 음주 측정기 표시값 조정

　　기록에 의하면, 피고인은 2005. 8. 29. 21:00경부터 같은 날 22:30경까지 대전 유성구 궁동에 있는 상호불상의 호프집에서 소주 4~5잔을 마신 후 자신의 승용차를 운전하여 집으로 귀가하다가 음주단속에 적발되어 같은 날 23:26경 호흡식 음주측정기에 의하여 혈중알코올농도를 측정한 결과 그 수치가 0.053%로 나왔고, 이에 피고인이 혈액채취에 의한 혈중알코올농도측정을 요구하여 같은 날 23:57경 대전 소재 성심병원에서 혈액을 채취하여 혈중알코올농도를 측정한 결과 그 수치가 0.046%로 나온 사실이 인정된다.

　　원심판결 이유에 의하면, 원심은, 혈액채취결과를 가지고 위드마크 공식에 따라 피고인의 음주 운전 적발시점인 2005. 8. 29. 23:26경의 혈중알코올농도를 계산하면 0.05%로서 처벌기준치의 최소한도에 해당할 뿐만 아니라, 피고인의 이 사건 음주시각과 혈액채취시각과의 시간적 간격이 87분에 불과한 등의 사정으로 인하여 이 사건 음주 운전 당시의 시각이 혈중알코올농도 상승기에속하는지 아니면 하강기에 속하는지 확정할 수 없는 등의 사유로 위드마크 공식에 의한 역추산 방식에도 상당 정도의 불확실성이 내재할 수밖에 없는 점 등을 고려할 때, 혈액채취방식으로 사후측정된 혈중알코올농도에 그 사이의 감소치를 가산하여 나온 수치가 처벌기준치인 0.05%에 해당한다는 점만으로는 이 사건 공소사실을 유죄로 인정하기에 부족하다는 것은 제1심의 판단과 같다고 하면서도, 한편 이 사건의 경우에는 위 혈액채취 방식에 의한 측정수치 외에 음주단속 현장에서 호흡측정 방식에 의하여 측정된 혈중알코올농도 0.053%의 측정수치가 존재하는 사실, <u>이 사건 음주측정기는 주식회사 삼안전자의 SA-2000(일련번호 002485) 제품으로서 2005. 6. 22. 그 오차를 반영하여 0.100%의 알코올표준가스를 사용하여 그 프로그램의 교정이 이루어졌고 그 유효기간은 교정일로부터 4개월인 사실, 이에 따라 이 사건 음주측정기에서는 모든 경우에 실제 혈중알코올농도 수치보다 0.005% 정도 낮게 음주수치가 측정되게 된 사실, 2005. 8. 29. 이 사건 음주측정기로 측정된 피고인의 혈중알코올농도는 0.053%인 사실을 인정한 다음</u>, 이러한 인정 사실과 혈액채취 방식에 의하여 측정된 혈중알코올농도에 피고인에게 가장 유리한 수치를 적용하여 위드마크 공식에 의하여 산출된 혈중알코올농도가 위 수치에 근접한 0.050%인 점을 종합하여 보면, 피고인이 혈중알코올농도 0.053%의 술에 취한 상태에서 음주 운전을 하였다는 취지로 원심에서 변경된 공소사실을 그대로 인정할 수 있다고 판단하여 피고인에 대하여 유죄를 선고하였다.

그러나 원심도 인정한 바와 같이, 이 사건 음주시각과 혈액채취에 의한 혈중알코올농도를 측정한 시각과의 시간적 간격이 87분에 불과하여, 그 도중에 있는 적발시점과 혈액채취시점 사이에 혈중알코올농도가 상승기였는지 하강기였는지를 알 수 없는 등의 사유로 위드마크 공식에 의한 역추산 방식에 상당한 의문과 불확실성이 내재할 수밖에 없고, 위드마크 공식에 의한 혈중알코올농도가 겨우 0.05%에 불과한 점 등을 고려할 때 혈액채취결과를 가지고 역산한 수치는 유죄의 증거가 될 수 없다면, <u>처벌기준치를 겨우 0.003% 넘는 0.053%의 호흡측정 결과 수치만으로는 합리적 의심을 넘는 충분한 정도로 음주 운전의 입증이 있다고 볼 수는 없다</u>고 할 것이다.

대법원 2006. 10. 26. 선고 2006도5683 판결.

7) 1, 2, 3차 측정치의 차이

음주단속, 과속 측정의 허상

하여 제기한 항소에 의하여 진행된 항소심에서는, 위 최초 측정수치와 2차, 3차 측정수치의 하강률 등에 비추어 보면, 위 최초의 측정 결과는 그 측정한 음주측정기의 성능에 하자가 있거나 그 측정방법이 정확하지 못한 상태에서 계측된 것일 가능성이 높아 신빙성이 없다는 이유로 무죄의 판결을 선고받았고(당원 1994. 6. 28. 선고 94노188 판결), 위 판결은 1994. 7. 6. 확정되었으며, 이에 따라 위 경찰서는 같은 달 18. 이 사건 처분을 취소함으로써 원고는 같은 해 8. 31. 운전면허증을 재교부받았다.

나. 위 인정 사실에 의하면, 위 2차, 3차 측정 결과에 비추어 보면 위 최초의 측정 결과는 잘못된 것이었을 개연성이 높았다고 할 것이고, 따라서 원고를 음주 운전자로 적발한 공무원인 위 소외인들로서는 위 최초 측정 결과에 대하여 의심을 품고 최초 측정에 사용하였던 음주측정기가 정상적으로 작동되는 것인지 여부를 확인하거나 원고가 요구했던 대로 채혈검사를 시행하여 보는 등으로 그 측정수치가 올바른 것인지의 여부를 확인하기 위한 필요조치를 취하였어야 함이 마땅함에도, 이러한 조치를 취하지 아니한 채 위 최초 측정수치만을 경신한 나머지 이를 기초로 이 사건 처분을 내린 잘못이 있다고 할 것이고, 따라서 피고는 소속공무원인 위 소외인들의 잘못으로 인하여 원고가 입은 손해를 배상할 책임이 있다 할 것이다.

서울지방법원 1995. 11. 17. 선고 94가단151823 판결.

1) 인정

1. 무죄 부분 공소사실의 요지

피고인은 1999. 6. 27. 00:10경부터 03:30경까지 혈중알코올농도 0.469%의 술에 취한 상태에서 원주시 학성 1동 소재 영빈여인숙 앞길에서 원주시 명륜 2동 소재 명륜2차아파트 부근까지 50cc 텍트 오토바이를 운전하였다.

2. 원심의 판단

원심판결 이유에 의하면, 원심은 직권으로 다음과 같이 판단하면서 위 공소사실을 유죄로 인정한 제1심판결을 파기하고 이에 대하여 무죄를 선고하였다.

(1) 수사기록에 의하면 피고인이 강간상해 혐의로 수사를 받던 중 술을 먹고 오토바이를 운전한 사실이 밝혀지자 경찰관은 피고인이 소주 2홉들이 2병 반 (900 ㎖)을 마셨다는 피고인의 진술과 피고인의 체중이 54㎏이라는 사실에 기초하여 소위 위드마크 공식을 적용하여 산출된 0.469%를 피고인의 운전 당시 혈중알코올농도로 추정하였고 이에 따라 검사는 피고인이 혈중알코올농도 0.469%의 술에 취한 상태에서 오토바이를 운전하였다고 기소하였다.

(2) 사람이 술을 마신 경우 소화기관이 알코올을 흡수하면서 일정기간 동안 혈중알코올농도가 상승하다가 간의 분해작용이 이를 상쇄해 나가면서 혈중알코올농도가 감소하게 되는바, 섭취한 알코올의 양과 혈중알코올농도의 상관관계에 관하여 1930년대 독일의 위드마크에 의하여 제안된 소위 위드마크 공식은 "$C = a/(p \times r)$"로 표시되는데, 여기서 C는 혈중알코올농도, a는 섭취한 알코올의 양, p는 체중, r은 위드마크 상수로서 그 중 r은 우리 몸이 알코올을 흡수하는 혈액만으로 이루어져 있는 것이 아니고 그렇지 않은 고형물질이나 체지방으로도 이루어져 있기 때문에 이러한 요소를 고려한 계수인데, 위드마크의 1932년 연구결과에 의하면 r의 값이 남자의 경우 0.52부터 0.86까지 분포되어 그 평균치가 0.68이고 여자의 경우 0.47부터 0.64까지 분포되어 그 평균치가 0.55이다.

(3) 한편 위드마크 공식에 시간 개념을 도입하여 음주 후 일정시간이 지난 뒤의 혈중알코올농도를 산출할 경우 "$Ct = \{a/(p \times r\} - b \times t$"라는 등식이 성립하고, 여기서 b는 시간당 알코올분해량을 표시하고 t는 음주 후 경과된 시간을 표시하는데 b의 값 또한 개인에 따라 시간당 0.008%부터 0.030%까지 분포되어 있고 그 평균치는 0.015%인 것으로 알려져 있다.

(4) 위 공식의 전제조건은 피실험자가 다른 음식물과 함께 술을 마시는 것이 아니라 오직 술만을 마시되 그것도 시간간격을 두지 않고 일시에 마시는 것으로 되어 있어 이는 일반적으로 평균인이 술을 마시는 습관과 상이하고, 실제로 술을 마시는 속도나 음주 전 혹은 음주와 함께 섭취한 음식물의 종류와 양은 소화기관이 알코올을 흡수하는 데 상당한 영향을 미치는 것으로 알려져 있고, 또한 술의 종류, 음주자의 신체적 조건, 평소 술을 마시는 빈도와 양 등도 혈중알코올농도를 결정하는 중요한 요소가 된다.

(5) 그럼에도 위드마크 공식은 이러한 개인적 특성과 구체적 상황의 차이를 고려하지 않은 채 단지 일정 수의 성인남녀를 대상으로 실시한 실험결과를 통계적으로 분석하여 그 수치를 단순화한 자료에 불과할 뿐 아니라, 동일한 조건에서 시행한 위 실험결과에 의하더라도 개인에 따라 위드마크 공식에서 r의 값은 50% 이상, b의 값은 4배 가까이 차이가 나는 등 개인에 따라 엄청난 오차를 허용하고 있으므로, 위 공식에 따라 산출된 혈중알코올농도를 엄격한 증명을 요하는 형사재판에서 특정한 피고인에 대한 유죄의 자료로 삼을 수는 없는바, 위 공소사실에 대하여 달리 이를 인정할 증거가 없는데도 제1심이 이를 유죄로 인정하였음은 채증법칙에 위배하여 사실을 오인한 것이다.

3. 대법원의 판단

(1) 음주 운전에 있어서 운전 직후에 운전자의 혈액이나 호흡 등 표본을 검사하여 혈중알코올농도를 측정할 수 있는 경우가 아니라면 소위 위드마크 공식을 사용하여 수학적 방법에 따른 계산결과로 운전 당시의 혈중알코올농도를 추정할 수 있으나, 범죄구성요건사실의 존부를 알아내기 위해 과학공식 등의 경험칙을 이용하는 경우에는 그 법칙 적용의 전제가 되는 개별적이고 구체적인 사실에 대하여는 엄격한 증명을 요한다 할 것이고, 위드마크 공식의 경우 그 적용을 위한 자료로는 섭취한 알코올의 양, 음주시각, 체중 등이 필요하므로 그런 전제사실을 인정하기 위해서는 엄격한 증명이 필요하다 할 것이며(대법원 2000. 6. 27. 선고 99도128 판결 참조), 나아가 위드마크 공식에 따른 혈중알코올농도의 추정방식에는 알코올의 흡수분배로 인한 최고 혈중알코올농도에 관한 부분과 시간경과에 따른 분해소멸에 관한 부분이 있고 그 중 최고 혈중알코올농도의 계산에 있어서는 섭취한 알코올의 체내흡수율과 성, 비만도, 나이, 신장, 체중 등이 그 결과에 영향을 미칠 수 있으며 개인마다의 체질, 음주한 술의 종류, 음주속도, 음주시 위장에 있는 음식의 정도 등에 따라 최고 혈중알코올농도에 이르는 시간이 달라질 수 있고, 알코올의 분해소멸에 있어서는 평소의 음주정도, 체질, 음주속도, 음주 후 신체활동의 정도 등이 시간당 알코올분해량에 영향을 미칠 수 있는 등 음주 후 특정 시점에서의 혈중알코올농도에 영향을 줄 수 있는 다양한 요소들이 있는바, 형사재판에 있어서 유죄의 인정은 법관으로 하여금 합리적인 의심을 할 여지가 없을 정도로 공소사실이 진실한 것이라는 확신을 가지게 할 수 있는 증명이 필요하므로, 위 각 영향요소들을 적용함에 있어 피고인이 평균인이라고 쉽게 단정하여서는 아니되고 필요하다면 전문적인 학식이나 경험이 있는 자의 도움을 받아 객관적이고 합리적으로 혈중알코올농도에 영향을 줄 수 있는 요소들을 확정하여야 할 것이다.

(2) 그런데 기록에 의하면, 피고인은 경찰에서 1999. 6. 26. 19:00경부터 22:00경까지 공소외 1의 부와 소주 2홉들이 5병을 나누어 마셨는데 피고인이 마신 술의 양은 소주 2홉들이 2병 반(900ml)이고 몸무게가 54kg이라고 진술하였고(수사기록 제31, 39, 68 내지 69쪽), 검찰에서도 음주량, 음주시각에 관하여 같은 내용의 진술을 하였으며(수사기록 제79쪽), 또한 당시 피고인으로부터 강간상해의 피해를 당한 공소외 2는 경찰에서 피고인으로부터 술냄새가 많이 났으며 취한 상태이었다고 진술한(수사기록 20쪽) 사실을 알 수 있는바, 사정이 이러하다면 이 사건의 경우에는 위드마크 공식을 적용하기 위한 전제사실인 음주량, 음주시각, 체중에 대한 엄격한 증명이 있었다고 보아야 할 것이고, 위에서 본 혈중알코올농도에 영향을 줄 수 있는 다른 요소들에 대하여는 이미 알려진 신빙성 있는 통계자료 중 피고인에게 가장 유리한 것을 대입하여 위드마크 공식에 따라 피고인의 위 운전 당시 혈중알코올농도를 추정할 경우, 즉 성, 비만도, 나이, 신장, 체중 등에 의한 영향을 받는 위드마크 상수를 0.86으로, 섭취한 알코올의 양계산에 있어서는 가장 낮은 수치인 70%만이 체내에 흡수되며, 음주개시시각부터 곧바로 생리작용에 의하여 분해소멸이 시작되는 것으로 보고, 평소의 음주정도, 체질, 음주속도, 음주 후 신체활동의 정도 등에 좌우되는 시간당 알코올분해량을 0.03%로 하여 계산하더라도 그 결과가 0.1177%[= {900 ㎖×0.7894g/ ㎖(알코올의 비중)×0.25(소주의 알코올도수)×0.7(체내흡수율)}/{54kg×0.86×10} − 0.03%×5시간]가 되어 피고인은 위 운전 당시 혈중알코올농도 0.05%를 상당히 초과하는 정도의 술에 취한 상태에 있었음이 인정되므로, 위 공소사실은 충분한 증명에 이르렀다고 볼 여지가 있다고 할 것이다.

대법원 2000. 11. 10. 선고 99도5541 판결.

2) 불인정

가) 객관적·합리적 방법이라는 증거 부재

◆ 피고의 위드마크 공식에 의한 음주 정도 주장에 대한 판단

　　피고는, 가사 원고에 대한 음주측정에 문제가 있었다고 하더라도 원고의 주장에 따라 소주 6잔을 마시고 2시간이 경과한 것을 기준으로 위드마크 공식에 따라 음주 정도를 계산하면 운전 당시 원고의 혈중 알코올농도는 0.104%로 운전면허취소사유에 해당하므로 이 사건 처분은 적법하다는 취지로 주장하므로 살피건대 피고가 당시 원고의 음주 정도를 계산하는 데 사용한 위드마크 공식이 음주 정도를 정확히 측정할 수 있는 객관적이고도 합리적인 검증방법임을 뒷받침할 증거가 없을 뿐만 아니라 피고가 위 공식에 따라 원고의 음주 정도를 계산한 근거인 당시 원고의 음주 정도, 신체조건 및 술에 대한 내성 정도 등이 모두 정확하다는 증거도 없고, 만일 이러한 방식에 의한 측정 결과를 쉽사리 인정한다면 정확도가 확실하지도 아니한 산술결과에 따라 사후에 소급적으로 처벌 또는 단속될 수 있어 그 남용의 위험성도 배제할 수 없다고 할 것이어서 이를 자동차운전면허의 취소기준으로 삼을 수도 없다고 할 것이므로 피고의 위 주장은 받아들이지 아니한다.

　　　　　　　　　　서울행정법원 1998. 9. 24. 선고 98구9300 판결: 항소취하.

나) 피고인에게 불이익한 적용과 계산의 부적정

　　이 사건 공소사실 중 도로교통법위반(음주 운전)의 점의 요지는, 피고인이 1999. 4. 19. 24:00경 혈중알코올농도 0.09%의 술에 취한 상태에서 강원 철원군 철원읍에 있는 '황제' 스탠드바 앞길에서 불상의 장소까지 엘란트라 승용차를 운전하였다는 것이다.

음주단속, 과속 측정의 허상

음주하고 운전한 직후에 운전자의 혈액이나 호흡 등 표본을 검사하여 혈중알코올농도를 측정할 수 있는 경우가 아니라면 이른바 위드마크(Widmark) 공식을 사용하여 수학적 방법에 따른 계산결과로 운전 당시의 혈중알코올농도를 추정할 수 있으나, 범죄구성요건사실의 존부를 알아내기 위해 위와 같은 과학공식 등의 경험칙을 이용하려면 그 법칙 적용의 전제가 되는 개별적이고 구체적인 사실은 엄격한 증명을 요하는데, 위드마크 공식의 경우 그 적용을 위한 자료로는 섭취한 알코올의 양, 음주시각, 체중 등이 필요하므로 그런 전제사실을 인정하기 위해서는 역시 엄격한 증명이 필요하며, 한편 위드마크 공식에 따른 혈중알코올농도의 추정방식에는 알코올의 흡수분배로 인한 최고 혈중알코올농도에 관한 부분과 시간경과에 따른 분해소멸에 관한 부분이 있고, 그중 최고 혈중알코올농도에 있어서는 섭취한 알코올의 체내흡수율과 성, 비만도, 나이, 신장, 체중, 체질은 물론 인종, 지역, 풍습, 시대 등도 그 결과에 영향을 미칠 수 있으며 또 음주한 술의 종류, 음주속도, 음주시 위장에 있는 음식의 정도 등에 따라 그 최고치에 이르는 시간이 달라질 수 있고, 알코올의 분해소멸에 있어서는 평소의 음주정도, 체질, 음주속도, 음주 후 신체활동의 정도 등이 시간당 알코올 분해량에 영향을 미칠 수 있는 등 위 공식의 적용에 필요한 기본자료들 이외에도 음주 후 특정 시점에서의 혈중알코올농도에 영향을 줄 수 있는 다양한 요소들이 있으므로, 특별한 사정이 없는 한 당해 운전자인 피고인이 평균인과 마찬가지로 위와 같은 요소들을 갖추고 있다고 쉽게 단정할 것이 아니라 이 역시 증거에 의하여 명확히 밝혀져야 한다. 위 모든 증명을 위하여 필요하다면 전문적인 학식이나 경험이 있는 사람들의 도움 등을 받아야 하고, 만일 그 공식의 적용에 있어 불확실한 점이 남아 있고 그것이 피고인에게 불이익하게 작용한다면 그 계산결과는 합리적인 의심을 품게 하지 않을 정도의 증명력이 있다고 할 수 없다.

이 사건에서 보건대, 위 공소사실에 부합하는 증거로 제출된 사법경찰리가 작성한 수사보고서의 기재 내용은, 체중이 72.2kg인 피고인이 1999. 4. 19. 20:00경부터 23:00경까지 사이에 소주 60ml들이 3잔을, 같은 날 23:30경 맥주 180ml들이 3잔을 각 마셨다는 것을 기초로 위드마크 공식을 사용하여 그 각 섭취알코올량을 피고인의 체중과 0.7로 나눈 수치인 0.070%와 0.042%에서 1시간 동안의 알코올 분해량으로 0.015%를 뺀 나머지인 0.097%가 피고인의 운전 당시 혈중알코올농도라고 계산한 것인바, 그 계산과정을 보면 피고인이 섭취한 알코올의 체내 흡수율에 대한 고려가 없고, 체중과 관련한 0.7이란 수치나 시간당 알코올 분해량으로 본 0.015%란 수치는 위드마크 인수로서 남자의 경우에 적용할 수 있는 통계자료의 수치 중 평균치에 근사한 것으로 보이지만 피고인의 신체적 조건 등이 그러한 평균치를 적용하기에 적합하다고 볼 만한 아무런 자료가 없으며, 나아가 시간경과에 따른 알코올 분해량의 계산에 있어서도 운전시보다 4시간 전부터 소주를 마셨음을 전제로 하면서도 별다른 근거 없이 1시간 동안의 알코올 분해량만을 공제하였고 뿐만 아니라, 피고인이 마신 맥주가 불과 30분도 지나기 전에 체내에 전부 흡수되었다고 볼 근거도 없으니, 그 계산결과로는 피고인이 1999. 4. 19. 24:00경 자동차를 운전할 당시 혈중알코올농도가 0.05% 이상이었다고 인정할 수 없다.

대법원 2000. 10. 24. 선고 2000도3307 판결.

4 역추산

1) 하강기의 역추산

가) 감소율

원심판결 이유에 의하면, 원심은, 피고인이 2003. 12. 11. 15:05경 혈중 알코올농도 0.051%의 주취상태에서 승용차를 운전하였다는 이 사건 공소사실에 대하여, 그 채택 증거를 종합하여, 피고인이 2003. 12. 11. 새벽에 소주 2병 반 정도를 마시고(차량등록번호 및 차종 생략)승용차를 운전하던 중 경찰의 요구로 2003. 12. 11. 15:07경 음주측정기에 의하여 혈중 알코올농도를 측정한 결과, 그 수치가 0.058%로 나왔던 사실, 당시 피고인의 언행상태 및 보행상태는

음주단속, 과속 측정의 허상

정상이었으나 눈동자가 충혈되어 있었고, 눈주변이 붉었던 사실, 피고인이 음주 측정기에 의한 측정에 불복하며 혈액채취를 요구하여 같은 날 15:37 성심병원에서 혈액을 채취하여 혈중 알코올농도를 측정한 결과 그 수치가 0.047%이었던 사실, 혈중 알코올농도는 일반적으로 음주 후 30~90분 사이에 상승하여 혈중 최고농도에 이른 후 시간당 0.008~0.03%(평균 0.015%)씩 감소하는 사실을 인정한 다음, 피고인의 운전 시점은 음주 후 상당 시간이 지난 후로서 혈중 알코올농도의 하강시점이었음이 명백하므로, 일반적인 혈중 알코올농도의 감소수치에 근거하여 운전시점부터 일정 시간 경과 후 혈액 또는 음주측정기로 측정한 혈중 알코올농도 수치에 따라 운전 당시의 혈중 알코올농도 수치에 따라 운전 당시의 혈중 알코올농도를 역추산하는 방식인 위드마크 공식의 적용이 가능한 시점이었고, 나아가 <u>피고인이 음주측정기에 의하여 최초로 혈중 알코올농도를 측정할 당시부터 30분 후 혈액채취방법에 의해 혈중 알코올농도를 측정할 때까지의 혈중 알코올농도의 감소치 역시 위드마크 공식의 전제가 되는 일반적인 감소치의 범주에 속하는 시간당 0.022%{= (0.058 − 0.047) × 2}로 나타났으므로, 이미 혈중 알코올농도의 하강시점에 있던 피고인에게 가장 유리한 수치인 시간당 혈중 알코올농도 감소치인 0.008%를 적용하면, 피고인의 운전 당시 혈중 알코올농도는 적어도 0.051%{= 0.047 + (0.008 × 30/60)}가 된다는 이유로 이 사건 공소사실을 모두 유죄로 인정하여,</u> 이 사건 공소사실을 무죄로 본 제1심판결을 파기하고 피고인에 대하여 그 판시의 형을 선고하였다.

　음주 운전에 있어서 운전 직후에 운전자의 혈액이나 호흡 등 표본을 검사하여 혈중 알코올농도를 측정할 수 있는 경우가 아니라면 소위 위드마크 공식을 사용하여 수학적 방법에 따른 계산 결과로 운전 당시의 혈중 알코올농도를 추정할 수 있으나, 범죄구성요건 사실의 존부를 알아내기 위해 과학 공식 등의 경험칙을 이용하는 경우에는 그 법칙 적용의 전제가 되는 개별적이고 구체적인 사실에 대하여는 엄격한 증명을 요한다고 할 것이고, 한편 위드마크 공식에 의한 역추산 방식을 이용하여 특정 운전시점으로부터 일정한 시간이 지난 후에 측정한 혈중 알코올농도를 기초로 하고 여기에 시간당 혈중 알코올의 분해소멸에 따른 감소치에 따라 계산된 운전시점 이후의 혈중 알코올분해량을 가산하여 운전시점의 혈중 알코올농도를 추정함에 있어서는, 피검사자의 평소 음주정도, 체질, 음주속도, 음주 후 신체활동의 정도 등의 다양한 요소들이 시간당 혈중 알코올의 감소치에 영향을 미칠 수 있는바, 형사재판에 있어서 유죄의 인정은 법관으로 하여금 합리적인 의심을 할 여지가 없을 정도로 공소사실이 진실한 것이라는 확신을 가지게 할 수 있는 증명이 필요하므로, 위 영향요소들을 적용함에 있어 피고인이 평균인이라고 쉽게 단정하여 평균적인 감소치를 적용하여서는 아니되고, 필요하다면 전문적인 학식이나 경험이 있는 자의 도움을 받아 객관적이고 합리적으로 혈중 알코올농도에 영향을 줄 수 있는 요소들을 확정하여야 할 것이고(대법원 2000. 10. 24. 선고 2000도3307 판결, 2000. 11. 10. 선고 99도5541 판결 등 참조), 위드마크 공식에 의하여 산출한 혈중 알코올농도가 법이 허용하는 혈중 알코올농도를 상당히 초과하는 것이 아니고 근소하게 초과하는 정도에 불과한 경우라면 위 공식에 의하여 산출된 수치에 따라 범죄의 구성요건 사실을 인정함에 있어서 더욱 신중하게 판단하여야 할 것이다(대법원 2001. 7. 13. 선고 2001도1929 판결 참조).

일반적으로 확인된 시간당 혈중 알코올농도 감소치의 최소한이 원심이 인정한 바와 같이 0.008%라고 할 때, 이 수치는 곧 피고인에게 가장 유리한 수치가 된다고 할 것인데, 이와 같이 피고인에게 가장 유리한 감소치를 적용하여 위드마크 공식에 따라 피고인의 음주 운전 적발시점인 15:05경의 혈중 알코올농도를 계산하더라도 0.051%가 되어 도로교통법상 처벌기준인 0.05%를 넘는 결과가 됨은 원심의 판단과 같다.

그러나 <u>그 초과 정도가 0.001%에 불과하고, 혈중 알코올농도의 시간당 감소치를 0.008%로 볼 때, 이는 약 7분 30초간의 감소치에 불과한바, 수사기관에서 사건발생시각을 특정함에 있어서 그 이상의 정확성을 기하기는 어렵다는 점에서 대략 10분 단위로 끊어서 특정하고 있는 점을 감안하면(이 사건의 경우는 주취운전자 적발보고서상 주취운전측정 일시가 1분단위로 기재되어 있지만 사정은 마찬가지라고 할 것이다), 이와 같은 사건발생시각을 특정하는 과정에서</u>

음주단속, 과속 측정의 허상

발생하는 오차가능성과 위에서 살펴본 바와 같이 개인의 특성과 그 밖의 다양한 요소가 시간당 혈중 알코올의 감소치에 영향을 미칠 수 있어 위드마크 공식에 의한 역추산 방식에도 상당 정도의 불확실성이 내재할 수밖에 없는 점 등을 종합적으로 고려할 때 피고인의 운전 당시 혈중 알코올농도가 처벌기준치를 초과하였으리라고 단정할 수는 없다.

대법원 2005. 7. 28. 선고 2005도3904 판결.

나) 알코올의 제거 - 음주 시작 시점

가. 범죄구성요건사실을 인정하기 위하여 과학공식 등의 경험칙을 이용하는 경우에 그 법칙 적용의 전제가 되는 개별적·구체적 사실에 대하여는 엄격한 증명을 요한다. 위드마크 공식은 알코올을 섭취하면 최고 혈중알코올농도가 높아지고, 흡수된 알코올은 시간의 경과에 따라 일정하게 분해된다는 과학적 사실에 근거한 수학적인 방법에 따른 계산결과를 통해 운전 당시 혈중알코올농도를 추정하는 경험칙의 하나이므로, 그 적용을 위한 자료로 섭취한 알코올의 양·음주시각·체중 등이 필요하고 이에 관하여는 엄격한 증명이 필요하다. 나아가 위드마크 공식에 따른 혈중알코올농도의 추정방식에는 알코올의 흡수분배로 인한 최고 혈중알코올농도에 관한 부분과 시간경과에 따른 분해소멸에 관한 부분이 있고, 그중 최고 혈중알코올농도의 계산에 관하여는 섭취한 알코올의 체내흡수율과 성별·비만도·나이·신장·체중 등이 결과에 영향을 미칠 수 있으며, 개인의 체질, 술의 종류, 음주속도, 음주 시 위장에 있는 음식의 정도 등에 따라 최고 혈중알코올농도에 이르는 시간이 달라질 수 있고, 알코올의 분해소멸에 관하여도 평소의 음주정도, 체질, 음주속도, 음주 후 신체활동의 정도 등이 시간당 알코올 분해량에 영향을 미칠 수 있는 등 음주 후 특정 시점의 혈중알코올농도에 영향을 줄 수 있는 다양한 요소가 존재한다. 한편 형사재판에서 유죄의 인정은 법관으로 하여금 합리적인 의심을 할 여지가 없을 정도로 공소사실이 진실한 것이라는

확신을 가지게 할 수 있는 증명이 필요하므로, 위 영향요소를 적용할 때 피고인이 평균인이라고 쉽게 단정하여서는 아니 되고, 필요하다면 전문적인 학식이나 경험이 있는 자의 도움을 받아 객관적이고 합리적으로 혈중알코올농도에 영향을 줄 수 있는 요소를 확정하여야 한다. 만일 위드마크 공식의 적용에 관해서 불확실한 점이 남아 있고 그것이 피고인에게 불이익하게 작용한다면, 그 계산결과는 합리적인 의심을 품게 하지 않을 정도의 증명력이 있다고 할 수 없다(대법원 2000. 11. 24. 선고 2000도2900 판결 등 참조).

나. 원심은, '실제 몸무게는 74kg이고, 이 사건 당시 공소외 1·공소외 2와 소주 6병을 나누어 마셨으나 자신의 음주량은 소주 2병보다 적은 668.57ml이며, 음주를 종료한 시점은 2021. 1. 1. 12:47이다.'라는 피고인의 주장을 기초로 하여, 피고인이 경찰에서 운전을 시작한 시점으로 진술한 같은 날 14:30경 혈중알코올농도에 관하여 체내흡수율을 70%, 체중과 관련한 위드마크 상수를 0.86, 음주 후부터 운전시점까지 경과한 시간을 103/60시간(같은 날 12:47경부터 14:30경까지)으로 적용한 위드마크 공식에 따라 계산하면 운전 시작 시점의 혈중알코올농도는 0.0515%가 되고, 피고인이 운전한 차에 설치된 블랙박스 영상을 통해 운전 사실이 분명하게 확인되는 같은 날 15:00경 운전한 것으로 보아 음주 후부터 운전 시점까지 경과한 시간을 133/60시간(같은 날 12:47경부터 15:00경까지)으로 계산하더라도 운전 시작 시점의 혈중알코올농도는 0.0365%가 되어 처벌기준인 0.03%를 초과한다고 판단하였다.

다. 그러나 원심의 판단은 다음과 같은 이유로 그대로 수긍하기 어렵다.

이 사건과 같이 혈중알코올농도 측정 없이 위드마크 공식을 사용해 피고인이 마신 술의 양을 기초로 피고인의 운전 당시 혈중알코올농도를 추산하는 경우로서 알코올의 분해소멸에 따른 혈중알코올농도의 감소기(위드마크 제2공식, 하강기)에 운전이 이루어진 것으로 인정되는 경우 에는 피고인에게 가장 유리한 음주 시작 시점부터 곧바로 생리작용에 의하여 분해소멸이 시작되는 것으로 보아야 한다. 이와 다르게 음주 개시 후 특정 시점부터 알코올의 분해소멸이 시작된다고 인정하려면 알코올의 분해소멸이 시작되는 시점이 다르다는 점에 관한 과학적 증명 또는 객관적인 반대 증거가 있거나, 음주 시작 시점부터 알코올의 분해소 멸이 시작된다고 보는 것이 그렇지 않은 경우보다 피고인에게 불이익하게 작용 되는 특별한 사정이 있어야 한다.

기록에 따르면, 피고인은 공소외 1·공소외 2와 2021. 1. 1. 11:10경 소주 6병 등을 구입한 후 공소외 2의 집에서 술을 마셨는데, 음주 시작 시점과 관련 하여 공소외 2는 경찰과의 전화통화에서 "피고인과 같은 날 12:00경부터 술자 리를 하였다."라고 진술하고, 피고인은 원심에서 "자신은 같은 날 11:30경 이전 부터 술을 마셨다."라고 주장한 사실이 인정되고, 한편 피고인이 음주 종료 시 점이라고 주장하는 같은 날 12:47경 대부분의 술을 일시에 마셨다고 인정할 증 거는 없다.

그렇다면 피고인이 주장하는 체중, 음주 시작 및 종료 시점, 음주량에 관하 여 엄격한 증명이 있다고 보아 이를 기초로 혈중알코올농도에 영향을 줄 수 있 는 이미 알려진 신빙성 있는 통계자료 중 피고인에게 가장 유리한 것을 대입하 여 위드마크 공식에 따라 그로부터 30분에서 90분 사이의 혈중알코올농도 최 고 시점을 경과한 후의 운전 시작 시점의 혈중알코올농도를 추정하는 경우, 즉 섭취한 알코올 중 70%만이 체내에 흡수되고, 음주 시작 시점부터 곧바로 생리 작용에 의하여 분해소멸이 시작되며, 성별, 비만도, 나이, 신장, 체중 등에 의한 영향을 받는 위드마크 상수를 0.86, 평소의 음주정도, 체질, 음주속도, 음주 후 신체활동의 정도 등에 좌우되는 시간당 알코올 분해량을 0.03%로 하여 계산하 면, 피고인의 음주 시작 시점을 2021. 1. 1. 12:00경으로 보고 피고인이 운전 을 시작한 시각을 같은 날 14:30경으로 볼 경우 운전 시작 시점의 혈중알코올 농도는 0.028%가 되고, 음주 시작 시점을 같은 날 11:30경으로 하거나 운전 시작 시점을 같은 날 15:00경으로 하여 위드마크 공식에 대입하면 운전 시작 당시 혈중알코올농도는 0.028%에 미치지 못하게 되므로, 결국 위드마크 공식 의 적용결과로는 피고인이 1차 음주 운전 당시 혈중알코올농도가 0.03% 이상 이었다고 단정할 수 없다.

그런데도 원심은 피고인이 2021. 1. 1. 14:30경 또는 15:00경 운전 시작 당시에 혈중알코올농도 0.03% 이상의 술에 취한 상태에 있었다고 단정함으로써, 피고인에 대한 1차 음주 운전 부분을 유죄로 인정한 제1심판결을 그대로 유지하였다. 이러한 원심판결에는 위드마크 공식의 적용에 관한 법리를 오해하여 판결에 영향을 미친 잘못이 있다.

대법원 2022. 5. 12. 선고 2021도14074 판결.

2) 상승기의 역추산

가) 불가능

(1) 음주 종료 40분 후 단속, 단속 30분 후 혈액 측정

가. 공소사실의 요지

피고인은 2003. 10. 4. 02:00경 부천시 원미구 상동에 있는 드림모아 앞길에서 혈중알코올농도 0.051%의 술에 취한 상태로 약 200m 떨어진 같은 동 531-9 앞길까지 인천 32더3470호 그랜져 차량을 운전한 것이다.

나. 판단

이 사건 기록에 의하면, 피고인은 2003. 10. 4. 01:00경부터 01:20경까지 청하 3~4잔 정도를 마신 후 자신의 승용차를 약 200m 정도 운전하고 가던 중 위 드림모아 앞길에서 같은 날 02:00경 음주 운전 단속이 된 사실, 피고인은 음주 운전 당시 호흡에 의한 음주측정 결과에 불복하여 02:30경 혈액을 채취하였고 그 감정 결과 혈중알코올농도가 0.047%로 확인된 사실, 수사기관은 단속시간과 채혈시간의 차이인 30분에 대하여 위드마크 공식(피고인에게 가장 유리한 혈중알코올농도 감소 수치인 시간당 0.008%를 적용)을 적용하여 피고인의 음주 운전 단속 당시 혈중알코올농도를 0.051%로 판단한 사실을 각 인정할 수 있다.

음주단속, 과속 측정의 허상

살피건대, 피고인에게 가장 유리한 감소치를 적용하여 위드마크 공식에 따라 사후 측정수치에 혈중알코올농도의 감소치를 가산하는 방법으로 산출한 혈중알코올농도가 처벌기준치를 근소하게 초과하는 것에 그치고 있을 뿐만 아니라, 음주 운전 시점이 혈중알코올농도의 상승시점인지 하강시점인지 확정할 수 없는 상황에서 사후 측정수치에 혈중알코올농도 감소치를 가산하는 방법으로 산출한 혈중알코올농도가 처벌기준치를 약간 넘는다고 하여 음주 운전시점의 혈중알코올농도가 처벌기준치를 초과한 것이라고 단정할 수 없다(대법원 2001. 7. 13. 선고 2001도1929 판결 등 참조).

그런데, 위드마크 공식에 의하여 산출된 피고인의 이 사건 혈중알코올농도 (0.051%)가 처벌기준치인 0.05%를 근소하게 초과(0.001%)하는 것에 그치고 있을 뿐만 아니라, 섭취한 알코올이 체내에 흡수분배되어 최고 혈중알코올농도에 이르기까지는 피고인의 체질, 음주한 술의 종류, 음주속도, 음주시 위장에 있는 음식의 정도 등에 따라 개인마다 차이가 있겠지만 어느 정도의 시간이 걸리는 것인데, 이 사건 기록에 나타난 음주시각(01:20경)과 음주단속된 시각 (02:00경)과의 시간적 간격(40분)만으로는 사고발생 시각이 혈중알코올농도가 최고치를 향하여 상승하고 있는 기간인지 아니면 최고치에 이른 후 하강하고 있는 기간인지 확정할 수 없는 상황이라고 할 것인바, 위드마크 공식은 음주측정시 혈중알코올농도를 기준으로 음주 운전시의 혈중알코올농도를 역추산하는 공식으로 운전자의 혈중알코올농도가 하강기간이라면 위드마크공식에 의해 음주 운전시의 혈중알코올농도를 역추산하는 것이 가능하나 만일 상승기간이라면 위 방식은 허용될 수 없다는 점에 비추어 보면, 이 사건과 같이 사후 측정된 혈중알코올농도에 음주단속 후 혈중알코올농도 감소치를 가산하여 나온 수치 (0.051%)가 0.05%를 약간 넘는다고 하여 음주 운전 단속시점의 혈중알코올농도가 처벌기준치를 초과한 것이라고 단정할 수는 없는 것이다.

인천지방법원 2004. 9. 1.선고 2004노1090 판결;

대법원 2004. 12. 9. 선고 2004도6181 판결 확정.

(2) 음주 종료 40분 후 단속, 단속 42분 후 혈액 측정

가. 이 부분 공소사실의 요지

피고인은 2008. 4. 30. 광주지방법원에서 도로교통법위반(음주 운전)죄로 벌금 150만 원의 약식명령을 발령받았다.

피고인은 2020. 5. 22. 16:40경 혈중알코올 농도 0.045%의 술에 취한 상태로 광주 서구 농성동 299에 있는 서구청 주차장 중앙통로에 주차해 둔 85모****호 암롤트럭을 이동하기 위해 약 10m 구간에서 위 트럭을 운전하였다.

이로써 피고인은 도로교통법 제44조 제1항을 2회 이상 위반하였다.

나. 관련 법리

1) 형사재판에서 공소가 제기된 범죄사실에 대한 입증책임은 검사에게 있는 것이고, 유죄의 인정은 법관으로 하여금 합리적인 의심을 할 여지가 없을 정도로 공소사실이 진실한 것이라는 확신을 가지게 하는 증명력을 가진 증거에 의하여야 하므로, 그와 같은 증거가 없다면 설령 피고인에게 유죄의 의심이 간다 하더라도 피고인의 이익으로 판단할 수밖에 없다(대법원 2001. 8. 21. 선고 2001도2823 판결 등 참조).

2) 운전 시점이 혈중알코올농도가 최고치를 향하여 상승하고 있는 상황에 속하는지 아니면 최고치에 이른 후 하강하고 있는 상황에 속하는지 확정할 수 없고 오히려 상승하는 상황에 있을 가능성이 농후한 경우에는, 그 음주 운전 시점으로부터 상당한 시간이 경과한 후 측정한 혈중알코올농도를 기초로 이른바 위드마크 공식 중 시간경과에 따른 분해소멸에 관한 부분만을 적용하여 혈중알코올농도 측정시점으로부터 역추산하여 음주 운전 시점의 혈중알코올농도를 확인할 수 없다(대법원 2007. 1. 11. 선고 2006두15035 판결 등 참조).

3) 음주 운전 시점이 혈중알코올농도의 상승시점인지 하강시점인지 확정할 수 없는 상황에서는 운전을 종료한 때부터 상당한 시간이 경과한 시점에서 측정된 혈중알코올농도가 처벌기준치를 약간 넘었다고 하더라도, 실제 운전 시점의 혈중알코올농도가 처벌기준치를 초과하였다고 단정할 수는 없다. 개인마다 차이는

있지만 음주 후 30분~90분 사이에 혈중알코올농도가 최고치에 이르고 그 후 시간당 약 0.008%~0.03%(평균 약 0.015%)씩 감소하는 것으로 일반적으로 알려져 있는데, 만약 운전을 종료한 때가 상승기에 속해 있다면 실제 측정된 혈중알코올농도보다 운전 당시의 혈중알코올농도가 더 낮을 가능성이 있기 때문이다.

4) 다만 비록 운전 시점과 혈중알코올농도의 측정 시점 사이에 시간 간격이 있고 그 때가 혈중알코올농도의 상승기로 보이는 경우라 하더라도, 그러한 사정만으로 언제나 실제 운전 시점의 혈중알코올농도가 처벌기준치를 초과한다는 점에 대한 증명이 불가능하다고 볼 수는 없다. 이러한 경우 운전 당시에도 처벌기준치 이상이었다고 볼 수 있는지는 운전과 측정 사이의 시간 간격, 측정된 혈중알코올농도의 수치와 처벌기준치의 차이, 음주를 지속한 시간 및 음주량, 단속 및 측정 당시 운전자의 행동 양상, 교통사고가 있었다면 그 사고의 경위 및 정황 등 증거에 의하여 인정되는 여러 사정을 종합적으로 고려하여 논리와 경험칙에 따라 합리적으로 판단하여야 한다(대법원 2014. 6. 12. 선고 2014도3360 판결, 2013. 10. 24. 선고 2013도6285 판결 등 참조).

다. 구체적인 판단

1) 원심이 적법하게 채택하여 조사한 증거들에 의하여 인정되는 다음과 같은 사정들을 위와 같은 법리에 비추어 보면, 이 사건에서 검사가 제출한 증거만으로는 피고인의 운전 당시 혈중알코올농도가 0.03% 이상이었다고 단정하기 어렵다.

(가) 피고인은 2020. 5. 22. 17:22 음주측정을 하였고, 혈중알코올농도는 0.045%로 측정되었다. 피고인은 2020. 5. 22. 16:00경 소주 1병을 마셨던 것으로 보이는데, 2020. 5. 22. 16:40경 음주 운전 당시 피고인의 혈중알코올농도가 상승기였는지, 하강기였는지 불분명하나, 통상 최종 음주 후 30분~90분까지 혈중알코올농도가 상승하는 점에 비춰보면, 위 운전 당시 피고인의 혈중알코올농도가 상승기에 있었을 가능성이 높아 보인다.

(나) 혈중알코올농도가 하강기라면 위드마크 공식에 의한 역추산 방식을 적용할 수 있을 것이나, 상승기의 경우 위 방식은 허용될 수 없다. 그리고 무엇보다도 음주 후 혈중알코올농도 수치가 최고치에 도달할 때까지 시간당 어느 정도의 비율로 증가하는지에 대해서는 아직까지 과학적으로 알려진 바가 없으며, 달리 이 사건에서 피고인의 혈중알코올농도 수치의 상승 정도를 추단할 만한 자료도 제출되어 있지 않다.

(다) 주취운전자 정황보고에 의하면, 피고인의 언행상태 및 보행상태는 모두 '정상'으로 기재되어 있고, 피고인이 술에 취해 정상적으로 운전을 하지 못한 것으로 보이지 않는다. 여기에 알코올에 대한 반응이 사람의 체질, 평소 주량, 음주 습관 등에 따라 다르다는 점까지 고려하면, 피고인이 운전할 당시 혈중알코올농도 0.03% 이상의 상태에 있지 않았을 가능성도 있어 보인다.

2) 결국 이 부분 공소사실을 유죄로 판단한 원심에는 사실을 오인하거나 법리를 오해하여 판결에 영향을 미친 위법이 있다.

광주지방법원 2021. 8. 25. 선고 2020노2305 판결;

대법원 2021. 11. 25. 선고 2021도12445 판결 확정.

(3) 음주 종료 20분 후 단속, 단속 195분 후 혈액 측정

음주 운전 시각이 혈중알코올농도가 최고치를 향하여 상승하고 있는 상황에 속하는지 아니면 최고치에 이른 후 하강하고 있는 상황에 속하는지 확정할 수 없고 오히려 상승하는 상황에 있을 가능성이 농후한 경우에는, 그 음주 운전 시점으로부터 상당한 시간이 경과한 후 측정한 혈중알코올농도를 기초로 이른바 위드마크 공식 중 시간경과에 따른 분해소멸에 관한 부분만을 적용하여 혈중알코올농도 측정시점으로부터 역추산하여 음주 운전 시점의 혈중알코올농도를 확인할 수는 없다 할 것이므로, 위와 같은 경우 그러한 위드마크 공식만을 적용한

음주단속, 과속 측정의 허상

역추산 방식에 의하여 산출해 낸 혈중알코올농도 수치는 해당 운전자에 대한 운전면허취소 등 행정처분의 기준이 될 수 없다.

원심판결 이유에 의하면, 원고는 2005. 1. 29. 19:10 내지 19:50경 사이에 술을 마신 상태에서 같은 날 20:10경 자신의 자동차를 운전하였고, 같은 날 21:50경 호흡측정기에 의해 측정한 원고의 혈중알코올농도는 0.111%, 같은 날 23:25경 채취한 혈액을 감정 의뢰하여 측정한 원고의 혈중알코올농도는 0.114%이었으며, 약간의 개인차가 있기는 하나 통상 음주 후 30~90분이 경과하면 혈중알코올농도가 최고치에 이르는 사실, 피고가 혈액감정에 의해 측정한 위 혈중알코올농도 0.114% 및 위 혈액채취 시로부터 호흡측정기에 의한 측정시까지의 95분을 기초로 이른바 위드마크 공식 중 시간경과에 따른 분해소멸에 관한 부분만에 의해 역추산하여 원고의 혈중알코올농도를 0.126%{=0.114%+0.012%(=0.008%×95분/60분)}로 인정하고 이를 기준으로 2005. 3. 9. 원고의 제1종 자동차운전면허를 취소하는 이 사건 처분을 한 사실 등을 알 수 있다.

위에서 본 법리 및 여러 사실에 비추어 보면, 달리 볼 자료가 없으므로 원고에게 가장 유리한 전제사실, 즉 최종 음주 후 90분이 경과한 다음 혈중알코올농도가 최고치에 이른다는 것을 기초로 계산할 경우, 원고의 혈중알코올농도가 최고치에 이르는 시점은 원고의 최종 음주시각인 위 같은 날 19:50경으로부터 90분이 경과한 위 같은 날 21:20경이라고 할 것이고 원고의 위 운전시점은 그로부터 70분 전이어서 혈중알코올농도가 상승하는 상황에 있었다고 할 것인데, 피고가 이 사건 처분의 기준으로 삼은 원고의 위 혈중알코올농도 0.126%는 원고의 위 운전시점으로부터 195분이 경과한 후에 측정한 혈중알코올농도를 기초로 이른바 위드마크 공식 중 시간경과에 따른 분해소멸에 관한 부분만을 적용하여 역추산한 것이고, 더구나 원고의 위 운전시점의 혈중알코올농도를 역추산한 것도 아니어서 이 사건 처분의 기준이 될 수 없고, 달리 원고가 위 운전시점에 혈중알코올농도 0.1% 이상의 주취상태에 있었음을 인정할 증거가 없으므로, 피고의 이 사건 처분은 부적법하여 취소를 면할 수 없다.

대법원 2007. 1. 11. 선고 2006두15035 판결.

(4) 음주 종료 75분 후 단속, 단속 9분 후 호흡 측정

1. 공소사실

피고인은 2020. 3. 30. 23:35경 광주 북구 저불로 73번길 7 앞길에서부터 같은 구 설죽로 167 앞길까지 약 1km의 구간에서 혈중알코올 농도 0.033% 의 술에 취한 상태로 43저9148호 체어맨 승용차를 운전하였다.

2. 판단

가. 관련 법리

1) 음주 운전 시점이 혈중알코올농도의 상승시점인지 하강시점인지 확정할 수 없는 상황에서는 운전을 종료한 때로부터 상당한 시간이 경과한 시점에서 측정된 혈중알코올농도가 처벌기준치를 약간 넘었다고 하더라도, 실제 운전 시점의 혈중알코올농도가 처벌기준치를 초과하였다고 단정할 수는 없다. 개인마다 차이는 있지만 음주 후 30분~90분 사이에 혈중알코올농도가 최고치에 이르고 그 후 시간당 약 0.008%~0.03%(평균 약 0.015%)씩 감소하는 것으로 일반적으로 알려져 있는데, 만약 운전을 종료한 때가 혈중알코올농도의 상승기에 속하여 있다면 실제 측정된 혈중알코올농도보다 운전 당시의 혈중알코올농도가 더 낮을 가능성이 있기 때문이다. 그러나 비록 운전 시점과 혈중알코올농도의 측정 시점 사이에 시간 간격이 있고 그 때가 혈중알코올농도의 상승기로 보이는 경우라고 하더라도, 그러한 사정만으로 언제나 실제 운전 시점의 혈중알코올농도가 처벌기준치를 초과한다는 점에 대한 증명이 불가능하다고 볼 수는 없다. 이러한 경우 운전 당시에도 처벌기준치 이상이었다고 볼 수 있는지는 운전과 측정 사이의 시간 간격, 측정된 혈중알코올농도의 수치와 처벌기준치의 차이, 음주를 지속한 시간 및 음주량, 단속 및 측정 당시 운전자의 행동 양상, 교통사고가 있었다면 그 사고의 경위 및 정황 등 증거에 의하여 인정되는 여러 사정을 종합적으로 고려하여 논리와 경험칙에 따라 합리적으로 판단하여야 한다(대법원 2019. 7. 25. 선고 2018도6477 판결, 2013. 10. 24. 선고 2013도6285 판결 등 참조)

음주단속, 과속 측정의 허상

2) 형사재판에서 공소된 범죄사실에 대한 입증책임은 검사에게 있는 것이고, 유죄의 인정은 법관으로 하여금 합리적인 의심을 할 여지가 없을 정도로 공소사실이 진실한 것이라는 확신을 가지게 하는 증명력을 가진 증거에 의하여야 하므로, 그와 같은 증거가 없다면 설령 피고인에게 유죄의 의심이 간다 하더라도 피고인의 이익으로 판단할 수밖에 없다(대법원 2001. 8. 21. 선고 2001도2823 판결).

나. 구체적인 판단

1) 피고인은 2020. 3. 30. 23:23경 식당을 떠날 때 손 소독제를 사용하였고, 운전을 하고 가다가 다시 차량 안에서 23:33경 손소독제 및 구강 탈취제를 사용하였는바, 이러한 점이 피고인의 혈중알코올농도 수치에 영향을 미쳤다고 주장한다. 그러나 피고인은 2020. 4. 1.경 경찰 피의자신문조서 작성 당시에는 구강청정제를 사용하지 않았고, 단속경찰관이 제공하는 물로 입안을 헹군 뒤 음주측정을 하였다고 진술하였고, 음주측정 전 식당 및 차량 안에서 손소독제나 구강 탈취제를 사용하였다고 진술한 바도 없으며, 달리 피고인이 이 사건 당일 손 소독제 및 구강탈취제를 사용하였다고 볼만한 객관적인 자료도 없다. 따라서 피고인의 위 주장은 받아들일 수 없다.

2) 한편, 위 2.의 가.항에서 살펴 본 관련 법리에 비추어 이 사건에 관하여 보건대, 원심 및 당심이 채택하여 조사한 증거들에 의하여 인정되는 다음의 사정들을 종합하면, 검사가 제출한 증거들만으로는 피고인이 처벌기준치 0.03%을 초과하여 음주 운전을 하였다는 이 사건 공소사실이 합리적인 의심을 할 여지가 없을 정도로 증명되었다고 보기 부족하고, 달리 이를 인정할 증거가 없다. 따라서 이 부분 피고인의 주장은 이유 있다.

① 피고인은 2020. 4. 1.경 경찰 피의자신문조서 작성 당시에는 2020. 3. 30. 22:30경부터 같은 날 23:10경까지 맥주 2잔을 마셨다고 진술하였고, 원심 및 당심 법정에서는 2020. 3. 30. 22:20경 맥주 한잔 반을 마셔 최종 음주 시간이 22:20경이라고 주장하였다.

② 피고인이 마지막으로 운전한 시각은 음주 운전이 단속된 시점인 2020. 3. 30. 23:35경이고, 음주측정이 이루어진 시점은 같은 날 23:44경이다. 음주 후 30분~90분 사이에 혈중알코올농도가 최고치에 이르고 그 후 시간당 약 0.008%~0.03%(평균 약 0.015%)씩 감소하는 것으로 일반적으로 알려져 있는데, 이에 의할 때 피고인의 최종 음주일시가 2020. 3. 30. 22:20경 또는 23:10경인 경우 모두 피고인의 운전종료 및 호흡측정 시점은 모두 혈중알코올농도의 상승기에 있었다고 볼 수 있다.

③ <u>운전종료 시점과 호흡측정 시점 사이의 시차가 9분 정도로 크지 않기는 하나</u>, 음주 후 혈중알코올농도가 최고치에 도달할 때까지 시간당 어느 정도의 비율로 증가하는지는 과학적으로 알려진 바가 없고, 호흡측정에 의한 혈중알코올농도가 처벌기준치인 0.03%를 근소하게 초과한 0.033%인 것을 고려하면, 운전종료 시점과 호흡측정 시점 사이의 혈중알코올농도 상승분이 0.003% 이상이었을 가능성을 배제할 수 없다.

④ 주취운전자 정황보고 기재에 의하면 음주단속 당시 피고인의 언행 및 보행상태가 양호했던 것으로 보인다. 위 정황보고에 <u>운전자 혈색이 '약간 붉음'이라고 기재되어 있으나, 위 사정만으로 피고인의 운전 당시 혈중 알코올농도가 0.03% 이상이었다고 보기는 어렵다.</u>

광주지방법원 2022. 2. 16. 선고 2020노2804 판결; 2022. 2. 24. 확정.

(5) 음주 시작 60분, 종료 20분 후 사고, 사고 100, 195분 후 각 호흡, 혈액 측정

2. 이 사건 처분의 적법 여부

가. 원고의 주장

(1) 사고시로부터 100분이 지난 후 호흡측정에 의한 혈중알코올농도가 0.111%인 반면 사고시로부터 195분이 지난 후 혈액채취에 의한 혈중알코올

음주단속, 과속 측정의 허상

농도는 0.114%로서 사고시간에 근접한 호흡측정에 의한 혈중알코올 농도가 더 정확한 것임에도 혈액채취에 의한 혈중알코올농도를 채택하여 이를 기준으로 원고의 운전 당시 혈중알코올농도를 인정한 피고의 이 사건 처분은 위법하다.

(2) 원고가 3년 전에 시행 받은 위암절제술로 인해 원고의 음주량에 비해 혈중알코올농도가 과다하게 측정되었다.

(3) 원고는 개인택시기사로서 최근 수년간 음주 운전 전력이 없고, 이 사건 운전면허가 취소되면 가족의 생계가 어렵게 되는 점, 이 사건 음주 운전으로 인적피해를 야기하지는 않은 점, 운전한 거리가 700m에 불과한 점 등에 비추어 이 사건 처분은 재량권을 일탈, 남용하여 위법한 처분이다.

나. 판단

(1) 음주 운전에 있어서 운전 직후에 운전자의 혈액이나 호흡 등 표본을 검사하여 혈중알코올농도를 측정할 수 있는 경우가 아니라면 소위 위드마크 공식을 사용하여 수학적 방법에 따른 결과로 운전 당시의 혈중알코올농도를 추정할 수 있으나, 자동차운전면허취소처분과 같이 침해적 행정처분에 있어 그 성립의 요건사실의 존부를 알아내기 위해 과학 공식 등의 경험칙을 이용하는 경우에는 그 법칙 적용의 전제가 되는 개별적이고 구체적인 사실에 대하여 행정청에게 엄격한 증명책임이 있다고 할 것이다. 한편, 위드마크 공식에 의한 역추산 방식을 이용하여 특정 운전시점으로부터 일정한 시간이 지난 후에 측정한 혈중알코올농도를 기초로 하고 여기에 시간당 혈중알코올의 분해소멸로 인한 감소치에 따라 계산된 운전시점 이후의 혈중알코올분해량을 가산하여 운전시점의 혈중알코올농도를 추정함에 있어서는 운전자의 평소 음주 정도, 체질, 음주속도, 음주 후 신체활동의 정도 등 다양한 요소들이 시간당 혈중알코올의 감소치에 영향을 미칠 수 있으므로 위 요소들을 적용함에 있어 운전자가 평균인이라고 쉽게 단정하여 평균적인 감소치를 적용하여서는 안 되고(대법원 2005. 7. 28. 선고 2005도3904 판결 등 참조), 특히 위드마크 공식에 의하여 산출한 혈중 알코올농도가 행정처분의 기준이 되는 혈중알코올농도를 상당히 초과하는 것이 아니고

근소하게 초과하는 정도에 불과한 경우라면 위 공식에 의하여 산출된 수치에 따라 운전면허취소처분 성립의 요건사실을 인정함에 있어서 더욱 신중하게 판단하여야 할 것이다.

(2) 갑 제17호증(을 제6호증과 같다.)의 기재에 의하면 약간의 개인차가 있으나 통상 음주 후 30~90분 사이에 혈중알코올농도가 최고치에 이르렀다가 그 후로는 시간당 약 0.008%~0.03%(평균 약 0.015%)씩 점차 감소하는 사실을 알 수 있는바, 원고에 대한 호흡측정 및 혈액채취는 사고시로부터 기산하더라도 100분 또는 195분이 경과한 후에 이루어진 것이므로 각각 혈중알코올농도가 최고치로부터 하강 중인 상태였을 것으로 보이고, 따라서 특별한 사정이 없는 한 호흡측정 당시의 혈중알코올농도보다 혈액채취 당시 혈중알코올농도가 더 낮았을 것이다.

그런데 이 사건에서는 위와 같은 시간의 경과에도 불구하고 원고에 대한 호흡측정에 의한 혈중알코올농도보다 채혈측정에 의한 혈중알코올농도가 오히려 0.003% 높게 나왔는바, 두 가지 측정방법 중 채혈에 의한 측정방식이 상대적으로 정확하고 음주측정기는 사용방법 및 기기관리상태에 따라 오차가 발생할 수 있는 점을 고려하면, 원고에 대한 호흡측정 당시 실제 혈중알코올농도는 측정된 수치 0.111%보다는 더 높았을 것으로 봄이 상당하다. 원고가 평균인이라고 확정할 만한 객관적 자료가 없는 이상 위와 같은 역추산 방식에 의하여 운전시점 이후의 혈중 알코올분해량을 가산함에 있어서 시간당 0.008% 감소치는 원고에게 가장 유리한 수치이므로 위 수치를 적용하여 95분간에 해당하는 위드마크 수치 0.012%(= 0.008 × 95/60)를 채혈측정에 의한 수치 0.114%에 더한 0.126%를 호흡측정 당시의 혈중알코올농도로 추정할 수 있을 것이다.

(3) 한편, 이 사건과 같이 사고시로부터 상당한 시간이 경과한 후 측정이 이루어진 경우 호흡측정 시각의 혈중알코올농도가 바로 자동차 운전 당시의 혈중알코올농도라고 단정할 수는 없다. 만일 운전자가 음주행위 후 90분이 경과한 시점에서 운전한 경우라면, 사고시각 이전에 이미 혈중알코올농도가 최고치에 도달한 후 점차 감소하고 있는 상태에 있었을 것이므로 사고시각의 혈중알코올농도는 호흡측정 시각보다 높았을 것이다. 반면에 운전자가 음주행위 후 30분

음주단속, 과속 측정의 허상

~90분 사이에 운전한 경우라면 체질에 따라 사고시각 이후에 혈중알코올농도는 최고치에 달하였다가 점차 감소하는 경우도 있을 수 있고, 혈중알코올농도의 상승속도가 감소속도와 같다고 볼 수 없으므로, 사고 당시의 혈중알코올농도는 호흡측정시보다 높을 수도 있지만, 반대로 낮을 수도 있는 것이다.

갑 제6호증, 을 제5호증, 을 제11호증의 각 기재에 변론 전체의 취지를 종합하면 원고는 사고시각으로부터 60분 전인 2005. 1. 29. 19:10경부터 술을 마시기 시작하여 19:50경까지 마신 사실이 인정되는바, 마찬가지로 원고가 평균인이라고 확정할 만한 객관적인 자료가 없으므로 원고에게 가장 유리한 전제사실, 즉 음주 시작 90분 후에 혈중알코올농도가 최고치에 이른 후 시간당 약 0.008%씩 감소하는 것을 기초로 하여 혈중알코올농도가 최고치에 이르는 20:40경(사고시각으로부터는 30분 후, 혈액채취 시각인 23:25로부터는 2시간 45분 전) 원고의 혈중알코올농도를 계산하면 0.136%(= 0.114 + 0.008 × 165/60)가 된다{만일 원고가 그날 마신 술의 대부분을 최종음주시각 직전에 마셨다고 한다면 혈중알코올농도가 최고치에 이르는 시각은 21:20경이고, 그 수치는 0.130%(= 0.114 + 0.008 × 125/60)가 될 것이다.}.

그런데 위 최고치에 도달할 때까지 원고의 혈중알코올농도가 어떤 비율로 증가하는지는 과학적으로 알려진 바 없으므로 위 최고치에 도달하기 30분 전인 이 사건 사고시각에 원고의 혈중알코올농도가 자동차운전면허취소 기준인 0.1%를 넘는다고 단정할 아무런 근거가 없고, 만일 시간에 따라 일정한 비율로 증가하는 경우를 가정하더라도 사고 당시의 원고의 혈중알코올농도는 약 0.090%(= 0.136 × 60/90)가 되어 운전면허취소처분 기준에 미달하게 된다(혈중알코올농도가 21:20경에 최고치에 이르게 되는 경우라면 사고시각의 혈중알코올농도는 더욱 낮은 수치가 될 것이다).

(4) 그렇다면, 달리 이 사건 사고 당시 원고의 혈중알코올농도가 0.1% 이상이었음을 인정할 아무런 증거 없는 이상{원고는 2005. 4. 14. 의정부지방법원(사건번호 생략) 도로교통법위반(음주 운전) 사건에서 벌금 1,000,000원의 약식명령을 고지받고 다투지 아니하여 위 약식 명령이 2005. 5. 25. 확정되었는바,

그 범죄사실은 원고가 2005. 1. 29. 21:50경 혈중알코올농도 0.126%(위드마크합산치)의 상태에서 자동차를 운전하였다는 내용이다. 위 범죄사실 중의 범행시각은 20:10경의 오류임이 분명하다. 그런데 위 약식명령 사건에서는 혈중알코올농도가 0.05% 이상이기만 하면 음주 운전의 범죄사실이 유죄가 되고 그것을 초과하는 구체적인 혈중알코올농도는 양형인자에 불과한바, 위 약식명령이 확정되었다고 하여 음주 운전의 점 외에 그 범죄사실에 나타난 혈중알코올농도의 구체적인 수치까지 행정소송인 이 사건에서의 사실인정을 기속하는 것이라고 볼 것은 아니다.}, 피고의 이 사건 처분은 나머지 점에 대하여 나아가 살필 것 없이 위법하다.

 3. 결론

 그렇다면, 이 사건 처분의 취소를 구하는 원고의 이 사건 청구는 이유 있어 이를 인용할 것인 바, 제1심 판결은 이와 결론을 달리하여 부당하므로 이를 취소하고 이 사건 처분을 취소하기로 하여 주문과 같이 판결한다.

서울고등법원 2006. 8. 10. 선고 2005누27132 판결.

(6) 음주 종료 87분 후 혈액 측정

 기록에 의하면, 피고인은 2005. 8. 29. 21:00경부터 같은 날 22:30경까지 대전 유성구 궁동에 있는 상호불상의 호프집에서 소주 4~5잔을 마신 후 자신의 승용차를 운전하여 집으로 귀가하다가 음주단속에 적발되어 같은 날 23:26경 호흡식 음주측정기에 의하여 혈중알코올농도를 측정한 결과 그 수치가 0.053%로 나왔고, 이에 피고인이 혈액채취에 의한 혈중알코올농도측정을 요구하여 같은 날 23:57경 대전 소재 성심병원에서 혈액을 채취하여 혈중알코올농도를 측정한 결과 그 수치가 0.046%로 나온 사실이 인정된다.

음주단속, 과속 측정의 허상

원심판결 이유에 의하면, 원심은, 혈액채취결과를 가지고 위드마크 공식에 따라 피고인의 음주 운전 적발시점인 2005. 8. 29. 23:26경의 혈중알코올농도를 계산하면 0.05%로서 처벌기준치의 최소한도에 해당할 뿐만 아니라, 피고인의 이 사건 음주시각과 혈액채취시각과의 시간적 간격이 87분에 불과한 등의 사정으로 인하여 이 사건 음주 운전 당시의 시각이 혈중알코올농도 상승기에 속하는지 아니면 하강기에 속하는지 확정할 수 없는 등의 사유로 위드마크 공식에 의한 역추산 방식에도 상당 정도의 불확실성이 내재할 수밖에 없는 점 등을 고려할 때, 혈액채취방식으로 사후측정된 혈중알코올농도에 그 사이의 감소치를 가산하여 나온 수치가 처벌기준치인 0.05%에 해당한다는 점만으로는 이 사건 공소사실을 유죄로 인정하기에 부족하다는 것은 제1심의 판단과 같다고 하면서도, 한편 이 사건의 경우에는 위 혈액채취 방식에 의한 측정수치 외에 음주단속 현장에서 호흡측정 방식에 의하여 측정된 혈중알코올농도 0.053%의 측정수치가 존재하는 사실, 이 사건 음주측정기는 주식회사 삼안전자의 SA-2000(일련번호 002485) 제품으로서 2005. 6. 22. 그 오차를 반영하여 0.100%의 알코올표준가스를 사용하여 그 프로그램의 교정이 이루어졌고 그 유효기간은 교정일로부터 4개월인 사실, 이에 따라 이 사건 음주측정기에서는 모든 경우에 실제 혈중알코올농도 수치보다 0.005% 정도 낮게 음주수치가 측정되게 된 사실, 2005. 8. 29. 이 사건 음주측정기로 측정된 피고인의 혈중알코올농도는 0.053%인 사실을 인정한 다음, 이러한 인정 사실과 혈액채취 방식에 의하여 측정된 혈중알코올농도에 피고인에게 가장 유리한 수치를 적용하여 위드마크 공식에 의하여 산출된 혈중알코올농도가 위 수치에 근접한 0.050%인 점을 종합하여 보면, 피고인이 혈중알코올농도 0.053%의 술에 취한 상태에서 음주 운전을 하였다는 취지로 원심에서 변경된 공소사실을 그대로 인정할 수 있다고 판단하여 피고인에 대하여 유죄를 선고하였다.

그러나 원심도 인정한 바와 같이, 이 사건 음주시각과 혈액채취에 의한 혈중알코올농도를 측정한 시각과의 시간적 간격이 87분에 불과하여, 그 도중에 있는 적발시점과 혈액채취시점 사이에 혈중알코올농도가 상승기였는지 하강기였는지를 알 수 없는 등의 사유로 위드마크 공식에 의한 역추산 방식에 상당한 의문과 불확실성이 내재할 수밖에 없고, 위드마크 공식에 의한 혈중알코올농도가 겨우 0.05%에 불과한 점 등을 고려할 때 혈액채취결과를 가지고 역산한 수치는 유죄의 증거가 될 수 없다면, 처벌기준치를 겨우 0.003% 넘는 0.053%의 호흡측정 결과 수치만으로는 합리적 의심을 넘는 충분한 정도로 음주 운전의 입증이 있다고 볼 수는 없다고 할 것이다.

대법원 2006. 10. 26. 선고 2006도5683 판결.

나) 가능

(1) 제반 사정 고려

1. 이 사건 공소사실의 요지 및 원심의 판단

가. 이 사건 공소사실의 요지는 '피고인은 2012. 9. 22. 08:30경 대구 북구 산격동에 있는 ○○○ 감자탕 음식점 앞 도로에서부터 △△ 상가 앞 도로까지 약 200m의 구간에서 혈중알코올농도 0.158%의 술에 취한 상태로 승용차를 운전하였다'는 것이고, 그 적용법조는 도로교통법 제148조의2 제2항 제2호, 제44조 제1항(혈중알코올농도가 0.1% 이상 0.2% 미만인 경우)이다.

나. 원심은 그 판시와 같은 이유를 들어 피고인의 최종 음주 시점은 주취운전자 정황진술 보고서에 기재되어 있는 2012. 9. 22. 04:30경으로 단정할 수 없고 오히려 2012. 9. 22. 08:00경 혹은 그 이후일 가능성을 배제할 수 없다고 전제한 다음, 다음과 같은 이유를 들어 피고인이 2012. 9. 22. 08:30경 음주 운전을 한 시각의 혈중알코올농도가 음주측정을 한 시각인 2012. 9. 22. 09:48경의 혈중알코올농도 0.158%와 같다고 볼 수 없고 달리 피고인의 운전 당시의 혈중알코올농도가 0.1% 이상이었다고 단정할 수 없다고 판단하여 이 사건 공소사실에 대하여 무죄를 선고한 제1심판결을 그대로 유지하였다.

음주단속, 과속 측정의 허상

① 음주로 인한 혈중알코올농도는 피검사자의 체질, 음주한 술의 종류, 음주 속도, 음주 시 위장에 있는 음식의 정도 등에 따라 개인차가 있기는 하지만 통상 음주 후 30분 내지 90분 사이에 최고치에 이르렀다가 그 후로 시간당 약 0.008%~0.03%씩 점차 감소하는 것으로 알려져 있다.

② 음주 후 혈중알코올농도가 최고치에 도달할 때까지 시간당 어느 정도의 비율로 증가하는지에 대해서는 아직까지 과학적으로 알려진 신빙성 있는 통계자료가 없고, 음주측정기에 의하여 호흡측정을 한 혈중알코올농도 측정치로는 혈중알코올농도가 최고치에 도달한 이후 하강기에 해당하는 구간의 혈중알코올농도를 역추산할 수 있을 뿐 상승기에 해당하는 구간의 혈중알코올농도는 산정할 수 없다.

③ 따라서 피고인에게 가장 유리한 전제사실에 따라 최종음주 후 90분이 경과한 시점에서 혈중알코올농도가 최고치에 이른다는 것을 기초로 할 경우, 피고인이 차량을 운전한 시점인 2012. 9. 22. 08:30경은 피고인의 최종음주 시점일 가능성이 있는 2012. 9. 22. 08:00경 혹은 그 이후로부터 90분 이내로서 혈중알코올농도의 상승기에 해당할 가능성이 높다.

2. 이 법원의 판단

가. 우선 음주 종료 시점에 관한 상고이유를 살펴본다.

기록에 비추어 살펴보면, 음주 종료 시점에 관한 원심의 위와 같은 판단은 수긍할 수 있다. 거기에 상고이유의 주장과 같이 논리와 경험칙을 위반하여 사실을 잘못 인정하는 등의 위법이 있다고 할 수 없다.

나. 다음으로 음주 운전에 있어서 혈중알코올농도의 입증에 관한 상고이유에 대하여 보면, 원심의 판단은 다음과 같은 이유로 그대로 수긍하기 어렵다.

(1) 음주 운전 시점이 혈중알코올농도의 상승시점인지 하강시점인지 확정할 수 없는 상황에서는 운전을 종료한 때로부터 상당한 시간이 경과한 시점에서 측정된 혈중알코올농도가 처벌기준치를 약간 넘었다고 하더라도, 실제 운전 시점의 혈중알코올농도가 처벌기준치를 초과하였다고 단정할 수는 없다. 개인마다 차이는 있지만 음주 후 30분~90분 사이에 혈중알코올 농도가 최고치에 이르고 그

후 시간당 약 0.008%~0.03%(평균 약 0.015%)씩 감소하는 것으로 일반적으로 알려져 있는데, 만약 운전을 종료한 때가 혈중알코올농도의 상승기에 속하여 있다면 실제 측정된 혈중알코올농도보다 운전 당시의 혈중알코올농도가 더 낮을 가능성이 있기 때문이다.

그러나 비록 운전 시점과 혈중알코올농도의 측정 시점 사이에 시간 간격이 있고 그때가 혈중알코올농도의 상승기로 보이는 경우라 하더라도, 그러한 사정만으로 실제 운전 시점의 혈중알코올농도가 처벌기준치를 초과한다는 점에 대한 입증이 불가능하다고 볼 수는 없다. 이러한 경우 운전 당시에도 처벌기준치 이상이었다고 볼 수 있는지 여부는 운전과 측정 사이의 시간 간격, 측정된 혈중알코올농도의 수치와 처벌기준치의 차이, 음주를 지속한 시간 및 음주량, 단속 및 측정 당시 운전자의 행동 양상, 교통사고가 있었다면 그 사고의 경위 및 정황 등 증거에 의하여 인정되는 여러 사정을 종합적으로 고려하여 논리와 경험칙에 따라 합리적으로 판단하여야 한다(대법원 2013. 10. 24. 선고 2013도6285 판결 등 참조).

(2) 기록에 의하면 다음의 각 사정들이 인정된다.

① 피고인이 마지막으로 술을 마신 시각이라고 주장하는 2012. 9. 22. 08:10경으로부터 약 98분이 경과한 같은 날 09:48경 측정한 혈중알코올농도는 처벌기준치인 0.1%를 크게 상회하는 0.158%로 나타났다.

② 비록 '음주 후 30분~90분 사이에 혈중알코올농도가 최고치에 이른다.'는 일반적인 기준을 피고인에게 유리하게 적용할 경우 운전 당시는 혈중알코올농도의 상승기라고 볼 여지가 있기는 하다. 그러나 피고인의 진술에 의하면 피고인은 2012. 9. 22. 06:40경부터 지인들과 식사 겸 술을 마셨다는 것이므로 처음으로 음주를 한 시각을 기준으로 하면 1시간 50분이나 뒤에 운전이 이루어진 것이어서 운전 당시에 반드시 혈중알코올농도의 상승기에 있었다고 단정하기 어렵다.

③ 피고인은 차량을 운전하다가 2012. 9. 22. 08:30경 진행방향 오른쪽에 주차되어 있는 차량을 충돌하고도 사고 사실을 전혀 인식 하지 못하고 그대로 진행하여 갔는데, 사고가 음주를 마친 후 얼마 되지 아니한 시각에 발생한 점을 감안하면 피고인은 상당히 술에 취한 것으로 인하여 반응 능력이 떨어진 상태에 있었다고 볼 수 있다.

④ 피고인은 사고 후 사고지점에서 약 50m 정도 떨어져 있는 피고인이 운영하는 '□□점'에서 잠을 자고 있다가 경찰관에게 검거되었고, 당시 그곳 테이블에는 뚜껑이 열려져 있으나 마시지 아니한 맥주 1병과 뚜껑이 닫혀 있는 맥주 1병이 놓여 있기는 하였으나 피고인이 사고 후 '□□점'으로 가서 술을 더 마셨다고 보이지 아니한다. 피고인이 검거된 후인 2012. 9. 22. 09:48경 작성된 '주취운전자 정황진술 보고서'에는 '언행은 술 냄새가 나고 약간 어눌함, 보행은 약간 비틀거림, 혈색은 얼굴과 눈동자에 충혈'이라고 기재되어 있고, 피고인을 발견한 경찰관도 피고인이 만취 상태에 있었다고 진술하고 있다.

(3) 이러한 사정들을 앞서 본 법리에 비추어 보면, 피고인은 이 사건 차량을 운전할 당시 적어도 혈중알코올농도 0.1% 이상의 술에 취한 상태에 있었다고 봄이 상당하다.

대법원 2014. 6. 12. 선고 2014도3360 판결.

원심 판결

(1) 피고인은 위 공소사실 기재와 같이 승용차를 운전한 뒤 피고인이 검거된 곳인 '□□점'에서 술을 추가로 마셨다고 주장하나, 당시 피고인을 검거한 경찰관 공소외 1은 당심 법정에서 '테이블에 병맥주 2병이 있었는데 1병은 따져 있었지만 먹지 않았던 것 같고 1병은 아예 따져 있지 않았다.'고 진술하고 있고, 목격자 공소외 2도 당심 법정에서 '1병이 따져 있었는지 정확히 모르겠는데 따져 있는 1병은 다 마신 것 같아 보이지는 않았다.'고 진술하고 있는 점에 비추어 보면, 피고인의 위 주장은 받아들일 수 없다.

(2) 피고인은 이 사건 당일 공소외 3, 4와 함께 피고인이 운영하는 '□□점'에서 05:30경부터 06:30경까지 매장운영방안을 논의한 후 06:40부터 위 □□점으로부터 가까운 거리에 있는 '○○○감자탕' 식당으로 이동하여 반주로 소주 1병을 주문하여 08:10경까지 나누어 마신 후 공소외 4에게 매장운영방안에 대해 좀 더 상의해볼 것을 제안하여 위 □□점으로 다시 이동하기 전 대로변에 주차하여 두었던 차량을 이동주차하는 과정에서 이 사건 운전을 하게 된 것이라고 주장한다.

원심 및 당심이 적법하게 채택·조사한 증거들에 의하여 원심이 적절하게 설시하고 있는 사정들에, '피고인에게 언제 술을 최종적으로 마셨느냐고 물었더니 ○○○감자탕에서 술을 마시고 차를 옮기기 위해 운전을 했다고 하였기 때문에 사고 나기 전까지 술을 마신 것으로 기억된다.'는 공소외 1의 당심 법정진술 등을 더하여 보면, 피고인의 최종음주시점은 주취운전자정황진술보고서에 기재되어 있는 04:30분으로 단정할 수 없고, 오히려 피고인이 운전을 하여 공소외 5의 차량을 충격하는 사고가 발생하였던 시점에 근접한 08:00경 혹은 그 이후일 가능성을 배제할 수 없다.

그런데 음주로 인한 혈중알코올농도는 피검사자의 체질, 음주한 술의 종류, 음주 속도, 음주 시 위장에 있는 음식의 정도 등에 따라 개인차가 있기는 하지만 통상 음주 후 30분 내지 90분 사이에 최고치에 이르렀다가 그 후로 시간당 약 0.008%~0.03%씩 점차 감소하는 것으로 알려져 있다. 그러나 음주 후 혈중

알코올농도가 최고치에 도달할 때까지 시간당 어느 정도의 비율로 증가하는지에 대해서는 아직까지 과학적으로 알려진 신빙성 있는 통계자료가 없고, 음주측정기에 의해 호흡측정을 한 혈중알코올농도 측정치로는 혈중알코올농도가 최고치에 도달한 이후 하강기에 해당하는 구간의 혈중알코올농도를 역추산할 수 있을 뿐 상승기에 해당하는 구간의 혈중알코올농도는 산정할 수 없다.

위 법리에 비추어 피고인에게 가장 유리한 전제사실에 따라 최종음주 후 90분이 경과한 시점에서 혈중알코올농도가 최고치에 이른다는 것을 기초로 할 경우, 피고인이 이 사건 차량을 운전한 시점인 2012. 9. 22. 08:30경은 피고인의 최종음주시점일 가능성이 있는 08:00경 혹은 그 이후로부터 90분 이내로서 혈중알코올농도의 상승기에 해당할 가능성이 높다. 그러므로 검사의 주장과 같이 피고인이 2012. 9. 22. 08:30경 음주 운전을 한 시각의 혈중알코올농도가 음주측정을 한 시각인 2012. 9. 22. 09:48경의 혈중알코올농도 0.158%와 같다고 볼 수 없고, 달리 피고인의 음주 운전 당시 혈중알코올농도를 추산할 방법이 없으므로, 검사가 제출한 증거들만으로는 이 사건 운전 당시 피고인의 혈중알코올농도가 0.1% 이상이었다고 단정할 수 없다.

따라서 원심이 이 사건 공소사실을 무죄로 판단한 것은 정당한 것으로 수긍이 가고 검사가 주장하는 바와 같은 사실오인의 위법이 없다.

대구지방법원 2014. 2. 13. 선고 2013노2309 판결.

(2) 음주 종료 35~40분 후 단속, 단속 5분 후 호흡 측정

1) 원심 및 당심이 적법하게 채택하여 조사한 증거들에 의하면, 피고인이 2017. 3. 29.(이하 같다) 밤에 직장 동료 등 2명과 함께 서울 강남구 역삼동에 있는 '모던통닭'에서 맥주를 마셨고, 일행 중 한 명이 22:43경 술값 계산을 마친 사실, 그 후 피고인이 공소사실과 같이 차량을 운전하여 귀가하다가 22:53경 서울 서초구 양재동 교육개발원사거리에서 서울서초경찰서 소속 순경 유○두에게 음주 운전으로 단속된 사실, 피고인이 물로 입을 헹구고 22:58경 호흡측정기를 통하여 혈중알코올농도를 측정한 결과 혈중알코올농도 수치가 0.052%로 측정된 사실이 인정된다.

피고인은 22:40경 마지막으로 술을 마셨다고 주장하고 있는데, 그 주장대로라면 피고인이 운전을 종료한 22:53경과 혈중알코올농도를 측정한 22:58경이 혈중알코올농도의 상승기에 있었을 가능성이 있기는 하다.

2) 그러나 원심 및 당심이 적법하게 채택하여 조사한 증거들에 의하여 인정되는 다음과 같은 사정들을 앞서 본 법리에 비추어 보면, 비록 피고인의 음주운전 시점이 혈중알코올농도의 상승기에 속하여 있을 가능성이 있다는 점을 감안하더라도, 그 운전 당시 피고인의 혈중알코올농도 수치는 적어도 0.05% 이상은 된다고 봄이 타당하다.

① 피고인에 대한 혈중알코올농도 측정은 피고인이 운전을 종료한 시점으로부터 불과 5분 후에 이루어졌다.

② 피고인은 음주 단속 당시인 2017. 3. 29.에는 맥주 500CC 1잔을 마셨다고 진술하였는데(증거기록 7면), 2017. 4. 3. 경찰 조사 시에는 맥주 350CC 1잔을 마셨다고 진술하였다가(증거기록 21면), 원심 법정에서는 맥주 500CC 1잔을 받아서 그 중 350CC 정도를 마셨다고 진술하였다. 그리고 당심에서는 피고인이 증거로 제출한 증 제1호증(영수증)의 기재에 의하면 피고인과 일행이 맥주 500CC 3잔과 맥주 500CC 2잔을 차례로 주문해 마신 것으로 보인다는 지적을 받고, 첫 번째 3잔 주문시 피고인이 그중 1잔을 마셨

음주단속, 과속 측정의 허상

으나 두 번째 주문한 맥주는 일행들이 1잔씩 마셨고, 피고인은 마시지 않았다고 진술하였다. 피고인의 진술을 토대로 피고인이 마신 맥주의 양이 생맥주 500 ㎖라고 전제하고 위드마크 공식을 적용하여 피고인이 위 생맥주의 섭취로 도달 가능한 혈중알코올농도 최고치를 계산해 보면 0.0518%[= (술의 양 500 ㎖ × 생맥주의 알코올 도수 0.045 × 알코올 비중 0.7894 × 체내흡수율 0.9) ÷ (피고인의 체중 60kg × 위드마크 상수 0.52 × 10), 소수점 다섯째 자리 이하 버림]가 된다(통계적으로 위장의 포화 정도에 따라 10% 내지 30%의 알코올이 체내에 흡수되지 않는다고 알려져 있으므로, 알코올의 체내흡수율은 70% 내지 90%로 보아야 하고, 성인 남자의 위드마크 상수는 0.52 내지 0.86이다. 일반적으로 위드마크 공식을 적용하여 혈중알코올농도를 추정할 때는 피고인에게 유리하게, 즉 혈중알코올농도 수치가 높지 않게 산정되도록 체내흡수율을 0.7로 적용하고, 위드마크 상수를 0.86으로 적용한다. 그러나 일반적인 경우와는 달리 피고인이 위 음주로 도달 가능한 혈중알코올농도 최고치를 추정해 보는 이 사건에서는 수치가 가장 높게 나오도록 체내흡수율 0.9와 위드마크 상수 0.52를 적용한다. 그리고 피고인의 진술에 의하면 피고인의 체중은 70kg 정도이나, 여기서는 피고인의 체중을 60kg으로 계산한다). 따라서 피고인이 운전을 종료한 시점과 혈중알코올농도 측정 시점이 혈중알코올농도의 상승기에 있었다고 하더라도 피고인의 마신 술의 종류나 양을 감안할 때 불과 5분 사이에 혈중알코올농도가 0.002% 이상 상승하였을 것으로 보이지 않는다.

③ 피고인은 2017. 4. 3. 경찰 조사에서 "당시에 저는 직원들과 가볍게 맥주 350CC를 1잔 마셨고 이후 시간도 40분 정도 흘렀고, 집도 근거리여서 운전을 해도 괜찮을 줄 알았다."고 진술한 후 피의자신문조서 말미에 자필로 "맥주 한 잔 정도를 마셨고, 일행과 30~40분 이상 대화를 하면서 수치가 떨어진 것으로 생각하였고,..."라고 기재하였고, 당심 법정에서는 "동료들과 10시쯤 술집에 들어갔으며, 첫 번째 주문시 피고인은 맥주를 마셨으나 두 번째 주문한 맥주는 일행들이 각 한 잔씩 마셨고, 피고인은 먹지 않았다."고 진술하였다. 피고인의 위와 같은 진술에 비추어 보면 피고인은 혈중알코올농도 측정 시점으로부터 40~

50분 전에 맥주를 마셨던 것으로 보인다. 따라서 혈중알코올농도를 측정할 당시 피고인이 입을 물로 1회 헹군 후에도 피고인의 입속에 측정 결과에 영향을 미칠 정도의 알코올이 남아 있었을 것이라고 보기 어렵다. 그리고 위와 같은 음주시점에 비추어 보면, 이 사건 음주 측정 당시에는 피고인의 혈중알코올농도는 이미 상승기를 지나 하강기에 접어들었을 가능성도 전혀 배제할 수 없다.

④ 피고인에 대한 혈중알코올농도 측정에 사용된 측정기는 2017. 3. 14. 교정을 거쳤고, 달리 위 측정기의 성능을 의심할 만한 사정은 보이지 않는다.

3) 따라서 이 사건 공소사실을 유죄로 인정한 원심의 판단은 정당하고,……

서울중앙지방법원 2018. 5. 3. 선고 2017노3918 판결.

3) 상승기인지 하강기인지 불명확한 경우 역추산

가) 불가능

음주 운전에 있어서 운전 직후에 운전자의 혈액이나 호흡 등 표본을 검사하여 혈중알코올농도를 측정할 수 있는 경우가 아니라면 소위 위드마크 공식을 사용하여 수학적 방법에 따른 계산결과로 운전 당시의 혈중알코올농도를 추정할 수 있으나, 범죄구성요건 사실의 존부를 알아내기 위해 과학공식 등의 경험칙을 이용하는 경우에는 그 법칙 적용의 전제가 되는 개별적이고 구체적인 사실에 대하여는 엄격한 증명을 요한다고 할 것이고, 한편 위드마크 공식에 의한 역추산 방식을 이용하여 특정 운전시점으로부터 일정한 시간이 지난 후에 측정한 혈중알코올농도를 기초로 하고 여기에 시간당 혈중알코올의 분해소멸에 따른 감소치에 따라 계산된 운전시점 이후의 혈중알코올분해량을 가산하여 운전시점의 혈중알코올농도를 추정함에 있어서는 피검사자의 평소 음주정도, 체질, 음주속도, 음주 후 신체활동의 정도 등의 다양한 요소들이 시간당 혈중알코올의 감소치에 영향을 미칠 수 있는바, 형사재판에 있어서 유죄의 인정은 법관으로 하여금 합리적인 의심을 할 여지가 없을 정도로 공소사실이 진실한 것이라는 확신을 가지게 할 수 있는 증명이 필요하므로, 위 영향요소들을 적용함에 있어 피고인이 평균인이라고 쉽게 단정하여 평균적인 감소치를 적용하여서는 아니되고, 필요하다면 전문적인 학식이나 경험이 있는 자의 도움을 받아 객관적이고 합리적으로 혈중알코올농도에 영향을 줄 수 있는 요소들을 확정하여야 할 것이다(대법원 2000. 10. 24. 선고 2000도3307 판결, 2000. 11. 10. 선고 99도5541 판결 참조). 그리고 위드마크 공식에 의하여 산출한 혈중알코올농도가 법이 허용하는 혈중알코올농도를 상당히 초과하는 것이 아니고 근소하게 초과하는 정도에 불과한 경우라면 위 공식에 의하여 산출된 수치에 따라 범죄의 구성요건 사실을 인정함에 있어서 더욱 신중하게 판단하여야 할 것이다.

이러한 법리에서 보면, 피고인의 혈중알코올농도의 시간당 감소치가 평균인의 시간당 감소치인 0.015%/h이라고 보고 피고인의 사고발생 당시 혈중알코올농도를 계산하는 방식은 사고발생 당시의 혈중알코올농도에 대한 적법한 입증이 될 수 없다고 할 것이다.

한편, 기록에 의하면 사고발생 시각이 01:30이고 음주 측정 시각이 02:38이라는 점에 대하여는 엄격한 증명이 있었다고 보이고, 일반적으로 확인된 시간당 혈중알코올농도 감소치의 최소한이 상고이유에서 주장하는 바와 같은 0.008%/h라고 할 때 이 수치는 곧 피고인에게 가장 유리한 수치가 된다고 할 것인데, 이와 같이 피고인에게 가장 유리한 감소치를 적용하여 위드마크 공식에 따라 사고시점인 01:30경의 혈중알코올농도를 계산하더라도 0.054%{≒ 0.045% + (0.008% × 68/60)}가 되어 도로교통법상 처벌기준인 0.05%를 넘는 결과가 됨은 상고이유의 주장과 같다.

그러나 이와 같은 방식으로 산출되는 혈중알코올농도가 처벌기준치인 0.05%를 근소하게 초과하는 것에 그치고 있을 뿐만 아니라, 섭취한 알코올이 체내에 흡수분배되어 최고 혈중알코올농도에 이르기까지는 피검사자의 체질,

음주한 술의 종류, 음주속도, 음주시 위장에 있는 음식의 정도 등에 따라 개인마다의 차이가 있겠지만 어느 정도의 시간이 걸리는 것인데, 이 사건 기록에 나타난 음주시각(00:00경)과 사고발생 시각과의 시간적 간격(1시간 30분)만으로는 사고발생 시각이 혈중알코올농도가 최고치를 향하여 상승하고 있는 기간인지 아니면 최고치에 이른 후 하강하고 있는 기간인지도 확정할 수 없는 상황이라고 할 것인바(혈중알코올농도의 하강기간이라면 위드마크 공식에 의한 역추산 방식이 적용가능하나 만일 혈중알코올농도의 상승기간이라면 위 방식은 허용될 수 없음이 명백하다), 이러한 조건에서 사후 측정된 혈중알코올농도에 사고 후 혈중알코올농도 감소치를 가산하여 나온 수치가 0.05%를 약간 넘는다고 하여 사고시점의 혈중알코올농도가 처벌기준치를 초과한 것이라고 단정할 수는 없는 것이다.

대법원 2001. 7. 13. 선고 2001도1929 판결.

나) 가능 - 음주 종료 50분 후 단속, 단속 40분 후 호흡 측정

원심기록에 의하면, 피고인은 2010년 오후 8시부터 9시까지 소주를 마셨고(피고인은 경찰서에서 소주 2잔을 마셨다고 진술하였으나 호흡측정 결과 0.164%라는 수치가 나온 점에 비추어 위 진술을 믿을 수 없다), 최종 음주 시점으로부터 약 50분 후인 오후 9시 50분경(피해자의 교통사고신고가 112에 접수된 때가 오후 10시 4분이고 신고 전 피해자와 피고인 사이에 10~15 정도 실랑이가 있었으므로 교통사고가 발생한 시점은 오후 10시 4분으로부터 10~15분 앞선다) 전방에서 신호 대기로 정차중인 피해자의 차량을 충격하였으며, 사고 후 약 40분 후인 오후 10시 30분경 경찰서에서 호흡측정기로 음주측정을 받았는데 음주수치가 0.164%로 측정된 사실을 알 수 있다.

음주단속, 과속 측정의 허상

위 인정 사실에 의할 때 이 사건 음주수치 0.164%는 피고인의 운전 시점 또는 그 직후에 측정된 것은 아니지만 피고인의 자발적인 협조에 의하여 운전 시점으로부터는 40여분, 적발시로부터는 약 25분만에 측정된 것으로 위드마크공식의 역추산 방법을 동원하여 일정 알코올량을 가산할 것도 없이 이미 법정 기준치의 3배 이상을 초과하였는바, 측정된 수치가 법정 기준치의 경계선상에 있다면 모를까 만취상태로 측정되었고 단속 실무상 정상적인 시간의 범위 내에서 측정이 이루어진 이상 운전 당시의 혈중알코올농도 수치는 최소한 실제 측정된 수치인 0.164% 만큼은 된다고 보는 것이 합리적이라고 할 것이고, 이는 음주 후 일정시간 동안 알코올이 지속적으로 체내에 흡수되면서 혈중알코올농도가 상승할 수 있는 것은 사실이지만 다른 한편으로 체내 신진대사에 의한 알코올의 분해작용에 따라 혈중알코올농도가 감소할 여지가 있고 음주속도, 음주량, 섭취한 음식물 등에 따라 혈중알코올농도의 추이는 크게 달라질 수 있는데 음주 후 혈중알코올농도가 상승한다고 할 때 이를 산술적으로 계산할 수 있는 방법이 마련되어 있지 않다는 점에서 더욱 그러하다.

또한, 위 인정 사실 및 기록에 의하면, 피고인은 오후 8시부터 음주를 시작하여 오후 9시에 종료하였는바 음주사고가 발생한 때는 음주시작 시점으로부터 1시간 50여분, 최종 음주시점으로부터는 50여분이 각 지난 때였으므로 음주 후 초기상태는 아니어서 이미 알코올의 상당 부분이 흡수되면서 분해 과정도 복합적으로 일어나고 있었을 것으로 보이고, 이는 사고 및 단속 당시 피고인이 비틀거리고 얼굴이 붉었으며 발음이 부정확하고 횡설수설하는 상태에 있었던 점, 운전 및 단속 시점 후 불과 25~40여분 만에 측정한 수치가 0.164%로 매우 높았다는 점에 비추어 더욱 그러하므로, 피고인이 운전 및 단속 당시 이미 단속 기준인 0.05%를 훨씬 초과하는 상태에 있었다고 봄이 상당하다. 가정적으로, 피고인에게 가장 유리한 상황, 즉 피고인이 음주 최종 시점에 집중적으로 음주를 한 경우로서 최종 음주시로부터 90분 후 혈중알코올농도 가 최고치에 이른다고 보고 운전 당시 혈중알코올농도를 추산하여 보건대, 혈중알코올농도가 상승하는 구간에서 그 상승률은 섭취한 알코올량, 알코올의 종류, 함께 섭취한 음식량,

음주속도 등에 따라 그 편차가 매우 크므로 이를 객관적으로 산정한다는 것은 거의 불가능에 가까우므로 시간 당 동일한 비율로 증가한다고 가정하는 것이 가장 합리적인바, 최종 음주시로부터 90분 후로서 혈중알코올농도가 최고치에 이르는 오후 10시 30분경 측정된 음주수치가 0.164%이므로 운전 당시인 오후 9시 50분경 음주수치는 약 0.091%(0.164%×50/90)로서 여전히 피고인은 운전 당시에도 법정 기준치를 훨씬 도과하는 주취상태에 있었다고 할 것이다.

서울동부지방법원 2010. 7. 6. 선고 2010노1811 판결, 2011. 3. 18. 확정.

5 측정 절차

1) 음주 측정 요구를 위한 요건

도로교통법 제107조의2 제2호의 음주측정불응죄는 술에 취한 상태에 있다고 인정할 만한 상당한 이유가 있는 사람이 같은 법 제41조 제2항의 규정에 의한 경찰공무원의 측정에 응하지 아니한 경우에 성립하는 것인바, 여기서 '술에 취한 상태'라 함은 음주 운전죄로 처벌되는 음주수치인 혈중알코올농도 0.05% 이상의 음주상태를 말한다고 보아야 할 것이므로, 음주측정불응죄가 성립하기 위하여서는 음주측정요구 당시 운전자가 반드시 혈중알코올농도 0.05% 이상의 상태에 있어야 하는 것은 아니지만 적어도 혈중알코올농도 0.05% 이상의 상태에 있다고 인정할 만한 상당한 이유가 있어야 하는 것이고, 나아가 술에 취한 상태에 있다고 인정할 만한 상당한 이유가 있는지 여부는 음주측정 요구 당시 개별 운전자마다 그의 외관·태도·운전 행태 등 객관적 사정을 종합하여 판단하여야 할 것이다(대법원 1999. 12. 28. 선고 99도2899 판결, 2001. 8. 24. 선고 2000도6026 판결 참고).

음주단속, 과속 측정의 허상

따라서 호흡측정기에 의한 음주측정을 요구하기 전에 사용되는 음주감지기 시험에서 음주반응이 나왔다고 할지라도 현재 사용되는 음주감지기가 혈중알코올농도 0.02%인 상태에서부터 반응하게 되어 있는 점을 감안하면 그것만으로 바로 운전자가 혈중알코올농도 0.05% 이상의 술에 취한 상태에 있다고 인정할 만한 상당한 이유가 있다고 볼 수는 없고, 거기에다가 운전자의 외관·태도·운전 행태 등의 객관적 사정을 종합하여 술에 취한 상태에 있다고 인정할 만한 상당한 이유가 있는지 여부를 판단하여야 할 것이다.

기록에 의하면, 피고인은 이 사건 당일 22:48경 음주 운전 일제단속과정의 음주감지기에 의한 시험에서 음주반응이 나타났음에도 경찰관의 호흡측정기에 의한 음주측정 요구에 불응한 사실이 인정되나, 피고인은 당일 14시에서 15시 사이에 소주 2잔 정도를 마셨다고 주장하였고, 단속경찰관도 피고인이 별로 취해 보이지 않았으며 음주측정기를 불더라도 낮은 수치가 나올 것으로 생각되어 음주측정거부스티커를 발부하면서 안타까운 마음이 들었다고 진술하고 있는 점, 피고인에 대한 주취운전자 정황진술보고서에는 음주측정요구 당시 피고인의 언행상태, 보행상태, 혈색이 모두 정상이었다고 기재되어 있는 점 등을 종합하여 볼 때, 이 사건에서 음주감지기 시험에서 음주반응이 나왔다고 하여 피고인이 음주측정을 요구받을 당시 술에 취한 상태에 있다고 인정할 만한 상당한 이유가 있었다고 보기는 어려우므로, 원심이 같은 취지에서 음주측정불응죄가 성립하지 않는다고 판단한 것은 정당하고, 거기에 상고이유로 주장하는 바와 같은 음주측정불응죄에 대한 법리오해 등의 위법이 있다고 할 수 없다.

대법원 2002. 6. 14. 선고 2001도5987 판결.

2) 폐활량, 혈액 채취에 의한 측정 거부와 음주 측정 거부

구 도로교통법(2009. 4. 1. 법률 제9580호로 개정되기 전의 것, 이하 같다) 제44조 제2항에 의하면, 술에 취한 상태에서 자동차 등을 운전하였다고 인정할 만한 상당한 이유가 있는 경우에 경찰공무원은 운전자가 술에 취하였는지 여부를 호흡측정기에 의하여 측정할 수 있고 운전자는 그 측정에 응할 의무가 있으나, 운전자의 신체 이상 등의 사유로 호흡측정기에 의한 측정이 불가능 내지 심히 곤란한 경우에까지 그와 같은 방식의 측정을 요구할 수는 없으며, 이와 같은 경우 경찰공무원이 운전자의 신체 이상에도 불구하고 호흡측정기에 의한 음주측정을 요구하여 운전자가 음주측정수치가 나타날 정도로 숨을 불어넣지 못한 결과 호흡측정기에 의한 음주측정이 제대로 되지 아니하였다고 하더라도 음주측정에 불응한 것으로 볼 수는 없다(대법원 2006. 1. 13. 선고 2005도7125 판결 참조).

또한, 구 도로교통법 제150조 제2호는 "술에 취한 상태에 있다고 인정할 만한 상당한 이유가 있는 사람으로서 제44조 제2항의 규정에 의한 경찰공무원의 측정에 응하지 아니한 사람은 2년 이하의 징역이나 500만 원 이하의 벌금에 처한다"라고 규정하고 있으므로, 위 조항에서 규정한 경찰공무원의 측정은 같은 법 제44조 제2항 소정의 호흡조사에 의한 측정만을 의미하는 것으로서 같은 법 제44조 제3항 소정의 혈액채취에 의한 측정을 포함하는 것으로 볼 수 없음은 법문상 명백하다. 따라서, 신체 이상 등의 사유로 인하여 호흡조사에 의한 측정에 응할 수 없는 운전자가 혈액채취에 의한 측정을 거부하거나 이를 불가능하게 하였다고 하더라도 이를 들어 음주측정에 불응한 것으로 볼 수는 없다.

원심은, 피고인이 척추장애로 인하여 지체장애 3급의 장애인으로 등록되어 있는 점, 정상인에 비하여 피고인의 폐활량은 약 26.9%에 불과하고 1초간 노력성 호기량은 약 33.5%에 불과한 점, 경찰공무원이 피고인에게 제시한 음주측정기가 작동하기 위하여는 최소 1.251ℓ의 호흡유량이 필요하나 피고인의 폐활량은 0.71ℓ에 불과하여 그 조건을 충족하지 못하는 점 등에 비추어 볼 때 피고인이 음주측정기에 숨을 불다가 끊는 방법으로 음주측정에 응하지 아니하였다고 볼 수는 없다고 판단하는 한편, 구 도로교통법 제150조 제2호 소정의 '경찰공무원의 측정'은 같은 법 제44조 제2항에 의한 '호흡조사에 의한 측정'에 한정되는 것이므로 경찰공무원의 혈액채취에 의한 음주측정 요구에 응하지 아니하였다 하더라도 음주측정에 불응한 것으로 볼 수 없다고 판단하여 이 사건 공소사실을 무죄로 인정한 제1심의 조치를 그대로 유지하였다.

앞서 본 법리와 기록에 비추어 살펴보면, 원심의 이와 같은 판단은 정당한 것으로 수긍이 가고, 거기에 상고이유에서 주장하는 바와 같이 채증법칙을 위반하거나 음주측정불응죄에 관한 법리를 오해한 위법이 있다고 할 수 없다.

대법원 2010. 7. 15. 선고 2010도2935 판결.

3) 구강 내 잔류 알코올 제거 및 위드마크 인수

도로교통법 제44조 제2항의 규정에 의하여 실시한 음주측정 결과는 그 결과에 따라서는 운전면허를 취소하거나 정지하는 등 당해 운전자에게 불이익한 처분을 내리게 되는 근거가 될 수 있고 향후 수사와 재판에 있어 중요한 증거로 사용될 수 있으므로, 음주측정을 함에 있어서는 음주측정 기계나 운전자의 구강 내에 남아 있는 잔류 알코올로 인하여 잘못된 결과가 나오지 않도록 미리 필요한 조치를 취하는 등 그 측정 결과의 정확성과 객관성이 담보될 수 있는 공정한 방법과 절차에 따라 이루어져야 하고, 만약 당해 음주측정 결과가 이러한 방법과 절차에 의하여 얻어진 것이 아니라면 이를 쉽사리 유죄의 증거로 삼아서는 아니 된다(대법원 2006. 5. 26. 선고 2005도7528 판결 참조).

한편, 범죄구성요건사실의 존부를 알아내기 위해 과학공식 등의 경험칙을 이용하는 경우에는 그 법칙 적용의 전제가 되는 개별적이고 구체적인 사실에 대하여는 엄격한 증명을 요하는바, 위드마크 공식의 경우 그 적용을 위한 자료로 섭취한 알코올의 양, 음주 시각, 체중 등이 필요하므로 그런 전제사실에 대한 엄격한 증명이 요구된다. 나아가 위드마크 공식에 따른 혈중알코올농도의 추정방식에는 알코올의 흡수분배로 인한 최고 혈중알코올농도에 관한 부분과 시간경과에 따른 분해소멸에 관한 부분이 있고, 그 중 최고 혈중알코올농도의 계산에 있어서는 섭취한 알코올의 체내흡수율과 성, 비만도, 나이, 신장, 체중 등이 그 결과에 영향을 미칠 수 있으며 개인마다의 체질, 음주한 술의 종류, 음주 속도, 음주시 위장에 있는 음식의 정도 등에 따라 최고 혈중알코올농도에 이르는 시간이 달라질 수 있고, 알코올의 분해소멸에 있어서는 평소의 음주 정도, 체질, 음주 속도, 음주 후 신체활동의 정도 등이 시간당 알코올 분해량에 영향을 미칠 수 있는 등 음주 후 특정 시점에서의 혈중알코올농도에 영향을 줄 수 있는 다양한 요소들이 있는바, 형사재판에 있어서 유죄의 인정은 법관으로 하여금 합리적인 의심을 할 여지가 없을 정도로 공소사실이 진실한 것이라는 확신을 가지게 할 수 있는 증명이 필요하므로, 위 각 영향요소들을 적용함에 있어 <u>피고인이 평균인이라고 쉽게 단정하여서는 아니 되고 필요하다면 전문적인 학식이나 경험이 있는 자의 도움을 받아 객관적이고 합리적으로 혈중알코올농도에 영향을 줄 수 있는 요소들을 확정하여야 한다</u>(대법원 2000. 11. 10. 선고 99도5541 판결 등 참조).

기록에 의하면, 피고인은 2007. 10. 13. 22:15경 술을 마신 상태에서 소나타 승용차를 운전하다가 공소외인 운전의 오토바이를 충격하는 사고를 낸 사실(이하 '이 사건 사고'라 한다), 피고인은 이 사건 사고 직후 인근에 있는 '부부닭한마리'라는 상호의 식당에서 참이슬 소주 1병을 사서, 그중 3분지 2 정도를 마신 사실, 경찰은 같은 날 22:25경 피고인으로 하여금 물로 입안을 헹구게 하지 아니한 채 음주측정기로 피고인의 혈중알코올농도를 측정하였는데, 그 혈중알코올농도가 0.109%로 측정된 사실, 경찰은 피고인이 이 사건 사고 후 알코올도수 0.21%의 소주 260 ㎖를 마셨다는 것을 기초로 하여, 체내흡수율 70%, 피고인의 체중과 관련한 위드마크인수 0.86을 각 적용한 위드마크공식에 의하여 피고인이 이 사건 사고 후 마신 술에 의한 혈중알코올농도를 0.047%로 계산한 다음, 위 측정수치 0.109%에서 위 0.047%를 감한 0.062%를 이 사건 사고 당시 피고인의 혈중알코올농도로 계산한 사실 등을 알 수 있다.

위 법리에 비추어 살펴보면, 피고인에 대한 음주측정은 피고인이 음주한 후 불과 10분도 경과되지 아니한 시기에 피고인으로 하여금 물로 입안을 헹구게 하는 등 구강 내 잔류 알코올 등으로 인한 과다측정을 방지하기 위한 조치를 취하지 않은 상태에서 이루어진 것이므로, 구강 내 잔류 알코올로 인하여 과다측정되었을 가능성을 배제할 수 없어 유죄의 증거로 사용할 수 없고, 또한 경찰은 피고인이 이 사건 사고 후 마신 술에 의한 혈중알코올농도를 추산하기 위하여 위드마크공식을 사용하면서 피고인의 체중과 관련한 위드마크인수로 0.86을 적용하였으나, 기록상 피고인의 신체적 조건 등이 위 수치를 적용하기에 적합하다고 볼 아무런 자료가 없고, 이미 알려진 신빙성 있는 통계자료 중 피고인의 체중과 관련한 위드마크인수로 위 0.86 대신에 이 사건에서 피고인에게 가장 유리한 0.52를 적용하여 피고인이 이 사건 사고 후 마신 술에 의한 혈중알코올농도를 계산해보면 0.077%[={260 ㎖ × 0.21(참이슬 소주의 알코올도수) × 0.7894g/ ㎖(알코올의 비중) × 0.7(체내흡수율)}/{75 kg × 0.52 × 10}]가 되므로, 이 사건 사고 당시 피고인의 혈중알코올농도는 0.032%(=0.109% - 0.077%)에 불과하게 되어, 결국 어느 모로 보나 피고인이 이 사건 사고 당시 혈중알코올농도 0.05% 이상의 주취상태에 있었다고 단정할 수 없고, 달리 이를 인정할 수 있는 어떠한 자료도 보이지 않는다.

대법원 2008. 8. 21. 선고 2008도5531 판결.

4) 음주 측정기의 불대를 막는 방법의 측정, 음주 측정기의 관리, 검증 및 교정

가. 피고인의 경찰 및 이 법정에서의 일부 진술과 증인 공소외 1,2의 경찰 및 이 법정에서의 각 일부 진술, 증인 공소외 3의 이 법정에서의 일부 진술에 피고인 작성의 음주측정시인서 및 공소외 4 작성의 간이세금계산서의 각 기재 등을 종합하여 보면, 피고인은 1989. 12. 28. 19:25경 대전 중구 문화동 소재 대전병무청 뒤 포항회관에서 같은 의사동료인 공소외 3과 함께 저녁식사를 하면서 반주로 맥주 1병을 나누어 마신 다음 다시 자리를 옮겨 그날 20:30경부터 22:30 경까지 그 부근에 있는 솔거카페에서 여종업원 2명 등과 같이 수퍼드라이 9병을 마셨는데 피고인은 그중 맥주 1병 반 가량을 마셨고 이후 1시간 정도 담소하면서 꿀물을 몇컵 마신 후 그날 23:30경 승용차를 운전하여 당시 피고인의 주거지였던 (상세 아파트명 생략)아파트로 귀가하던 중 24:00경 가수원 검문소에서 음주 운전검문을 당한 사실, 당시 음주 운전단속 경찰관이었던 의경 공소외 1은 피고인으로 하여금 장갑 낀 손등에 숨을 내쉬도록 하여 음주 운전임이 의심되자 피고인으로 하여금 그곳 검문소 안으로 들어가게 하였고 음주측정담당 경찰관이었던 <u>경장 공소외 2는 음주감지기에 불대(대롱)를 꽂고 피고인으로 하여금 그 불대를 불게 하였으나 음주측정수치가 제대로 나오지 아니하자 불대 한쪽 끝(배기구쪽)을 손가락으로 단속적으로 막으면서 다시 세게 불게 하여 이를 다투는 피고인과 실랑이를 한 끝에 불었으나 그 수치가 0.07퍼센트로 나옴에 피고인이 이의를 제기하자 공소외 2는 즉시 불대를 갈아 끼우고 다시 불대 한쪽 끝을 손가락으로 단속적으로 막으면서 그대로 불게 한 결과 역시 0.07퍼센트의 수치가 나와서 피고인은 할 수 없이 음주측정시인서에 서명무인한 사실</u> 등을 인정할 수 있고, 위 인정에 일부 반하는 듯한 피고인의 경찰 및 이 법정에서의 진술부분과 증인 공소외 1,2,3의 이 법정에서의 각 진술부분은 앞서 채택한 증거들에 비추어 이를 믿지 아니하며 달리 이를 번복할 만한 증거가 없다.

음주단속, 과속 측정의 허상

나. 그러나 피고인이 다투고 있는 바와 같이 당시 단속경찰관들의 음주감지기에 대한 조작방법과 그 관리상에 어떤 잘못은 없었는지, 그리하여 그로 말미암아 실제의 혈중알코올농도보다 높은 수치가 나왔는지에 관하여 살펴본다.

1990.7.4.자 치안본부장 작성의 사실조회통보서의 기재에 의하면 불대를 꽂고 사용하는 음주감지기의 올바른 사용방법은 우선 "–" 싸인과 "∞" 표시를 음주 운전자에게 확인시킨 후 (set)보턴을 누르고 주입구에 1회용 불대를 끼운 다음 불대를 통하여 심폐호기를 1000cc(1ℓ)가량 불게 하면서 심폐호기가 불대를 지나갈 때 리드(Read)보턴을 누르고 있으면 디지털 수치가 올라가다가 멈추면 최대지시치를 확보하여 음주 운전자(피측정자)에게 확인시키는 것인바, 먼저 단속경찰관이 당시 피고인에게 음주측정을 하면서 <u>불대 한쪽 끝(배개구쪽)을 단속적으로 막으면서 불게 하는 방법으로 음주측정을 한 것은 단위면적당 공기압이 증가하여 단위부피당 공기밀도가 증가함에 따라 공기 중의 알코올성분의 농도도 자연 증가하게 되므로 실제의 혈중알코올농도보다 높은 측정수치가 나올 가능성이 높고,</u> 또한 1990.7.20.자 치안본부장 작성의 음주감지기 사용방법 질의에 관한 회신서에 의하더라도 음주측정기의 리드보턴을 누른 상태에서 배기구쪽을 막으면 음주측정기의 채취입구를 연 상태이므로 측정수치에 영향을 준다는 같은 취지의 내용으로 회신하고 있으니 당시 단속경찰관의 위와 같은 음주측정방법은 그 경위에 불문하고 음주측정방법으로서는 매우 부적절하다고 보여지며(따라서 치안본부장 작성의 1990.6.22.자 음주감지기 사용방법질의에 관한 회신서와 1990.7.4.자 사실조회통보서의 각 기재 중 이와 다른 견해에 선 각 회신내용 부분은 이를 믿지 아니한다), 다음 앞서 판시한 바와 같이 당시 피고인의 혈중알코올농도가 <u>맨 처음의 음주측정시에서도 0.07퍼센트였고 피고인의 이의에 따른 2차 측정시에도 그대로 0.07퍼센트였으나,</u> 당시 단속경찰관이었던 증인 공소외 2는 이 법정에서 일단 나온 수치를 지우지 아니한 채 다시 피고인에게 불게 한 사실이 없다고 진술하고 피고인은 경찰 및 이 법정에서 한결같이 맨 처음의 음주 측정수치가 제대로 소거되기도 전에 다시 불게하여 음주측정하여 그와 같은 잘못된 측정수치

가 나왔다고 상반된 진술을 하고 있어서 혹 이 사건 당시 단속경찰관들이 음주측정기에 채취된 알코올이 자연산화되어 수치가 완전히 소거되지 아니한 상태에서 다시 음주측정을 한 것이 아닌가 의심될 뿐더러 만약 그와 같이 처음의 수치가 제대로 소거되지 아니한 상태에서 그대로 다시 음주측정을 하였다며, 위 치안본부장 작성의 1990.6.22.자 질의에 관한 회신서와 1990.7.4.자 사실조회통보서에는 음주감지기에 표시 혈중농도의 최대수치확보 수초 후에는 5분 내지 10분 이내에 표시된 수치가 완전 소거가 되므로 다음 측정수치에는 영향이 없다고 회신하고 있으나 한편 공판기록에 편철되어 있는 시외자동통화내역 등 변호인측이 제출한 여러 참고자료를 검토하여 보면 일단 표시된 음주감지기의 측정수치를 지우지 아니한 채 다시 음주측정한 경우에 그 음주측정수치가 정확하게 표시되는 가에 관하여 수회에 걸친 질의에도 불구하고 치안본부장이 그 회신을 고의적으로 회피하는 듯한 사정이 엿보이니 그 영향이 없다는 위 각 회신내용은 이를 믿기 어려우므로 결국 그러한 경우에는 경찰관의 이 사건 음주측정방법이 잘못되었다고 아니할 수 없고 (공소외 2도 이 법정에서 일반적으로 불대만 사용하는 음주감지기에 의한 측정에는 위와 같은 여러 문제점이 있다고 시인하고 있는 실정이고 또한 현재 일선 경찰에서도 이러한 문제점을 인식하고 풍선을 불게 하여 음주측정하는 방법이 일반화 되어 있다), 끝으로 이 사건 음주감지기 자체의 관리측면에서 살펴보면, 음주측정은 그 성질상 고도로 정확성이 요구되어 평소 음주감지기에 대한 관리도 관리방법에 따라 철저하게 이루어져야 하는바, 이 사건 공판기록에 편철되어 있는 음주감지기의 사용법에 따르면 이 사건 당시는 한겨울이니 만큼 세트를 눌러놓고 상의 호주머니에 5분 내지 15분 가량 넣었어야 하고 시간당 10회이상 사용하지 않았어야 하며 리드보턴을 누르고 불대끝을 막지 않았어야 하며 밧데리는 3개월에 한번씩 교환했어야 하고 기기는 수시 및 3개월에 한번씩 지정된 곳에서 국가표준시료로 검교정했어야 하는데도 기록상 이 사건 음주감지기에 대하여 3개월에 한번씩 정기검사를 하는 사정만 인정될 뿐 나머지의 그와 같은 엄격한 관리가 이루어지고 있었음을 인정할 만한

음주단속, 과속 측정의 허상

아무런 자료가 없고 더구나 이 사건 당시는 연말연시 음주 운전단속기간 중이어서 시간당 10회이상 사용하였을 것이라는 점은 넉넉히 짐작되니 관리상태가 불량한 그러한 음주감지기에 의한 음주측정 결과는 그 신빙성이 떨어진다 아니할 수 없으며, 한편 피고인의 경우에는 신장 183센티미터 체중 80킬로그램이고 평소 주량이 맥주 큰병 5병 정도인데 한시간 가량 저녁식사를 하면서 맥주 반병을 마신 뒤 자리를 옮겨 두 시간에 걸쳐 수퍼드라이 1병 반쯤을 마신 뒤 또 1시간 사이에 더 이상 술을 마시지 않고 꿀물을 몇 컵씩 들이키고 나서 30분쯤 지나 음주측정에 이르렀으니 이와 같은 정황에 앞서 본 여러 음주측정방법 및 음주감지기의 관리상 문제점을 보태어 보면, 과연 피고인이 음주측정시인서에 시인한 바와 같이 당시 혈중알코올농도 수치가 0.07퍼센트까지의 술에 취한 상태로 음주 운전을 하였을까 심히 의심스럽다 할 것이고, 달리 이 사건 기록을 면밀히 살펴보아도 피고인이 혈중알코올농도 0.07퍼센트의 술에 취한 상태로 음주 운전하였다거나 그 이하 0.05퍼센트까지의 술에 취한 상태로 음주 운전하였다고 인정할 만한 아무런 증거가 없다.

그렇다면 이 사건 공소사실은 결국 범죄의 증명이 없는 때에 해당하므로 형사소송법 제325조 후단에 의하여 피고인에 대하여 무죄를 선고한다.

대전지방법원 1990. 12. 10. 선고 90고단398 판결.

5) 2번 측정한 결과의 현저한 격차, 불대의 미교체

도로교통법 제41조 제2항은 경찰공무원은 교통안전과 위험방지를 위하여 필요하다고 인정하거나 술에 취한 상태에서 자동차 등을 운전하였다고 인정할 만한 상당한 이유가 있는 때에는 운전자가 술에 취하였는지의 여부를 측정할 수 있으며, 운전자는 이러한 경찰공무원의 측정에 응하여야 한다고 규정하고 있는바, 위 규정에 의하여 실시한 음주측정 결과는 그 결과에 따라서는 운전면허를 취소하거나 정지하는 등 당해 운전자에게 불이익한 처분을 내리게 되는 근거가 될 수 있고 향후 수사와 재판에 있어 중요한 증거로 사용될 수 있는 것이므로, 음주측정을 함에 있어서는 음주측정 기계나 운전자의 구강 내에 남아있는 잔류 알코올로 인하여 잘못된 결과가 나오지 않도록 미리 필요한 조치를 취하는 등 음주측정은 그 측정 결과의 정확성과 객관성이 담보될 수 있는 공정한 방법과 절차에 따라 이루어져야 하고, 만약 당해 음주측정 결과가 이러한 방법과 절차에 의하여 얻어진 것이 아니라면 이를 쉽사리 유죄의 증거로 삼아서는 아니 될 것이다.

원심은, 그 채용증거들에 의하여 그 판시와 같은 사실을 인정한 다음, 이 사건 피고인에 대한 음주측정은 사전에 피고인으로 하여금 물로 입을 헹구게 하는 등 구강 내 잔류 알코올 등으로 인한 과다측정을 방지하기 위한 조치를 전혀 취하지 않은 상태에서 이루어졌을 뿐만 아니라, 음주측정용 불대를 교체하지 않은 채 1개의 불대만으로 약 5분 사이에 5회에 걸쳐 연속적으로 음주측정을 실시한 하자가 있으며, 2번에 걸친 측정 결과 사이에 무려 0.021%라는 현저한 차이가 있었던 만큼, 측정자로서는 음주측정기의 기능상 결함을 염두에 두고 측정방법이나 기계에 문제가 없는지를 면밀하게 확인한 후 다시 측정을 실시했어야 마땅함에도, 이러한 조치를 취하지 아니한 채 만연히 위 2번의 측정 결과 중 낮은 수치를 피고인의 음주수치로 간주해 버렸던 사정 등에 비추어 보면, 이 사건 음주측정 결과 피고인의 혈중알코올농도 측정치가 0.058%로 나왔다는 사실만으로는 피고인이 음주 운전의 법정 최저 기준치인 혈중알코올농도 0.05% 이상의 상태에서 자동차를 운전하였다고 단정할 수 없고, 달리 이를 인정할 만한 증거가 없다는 이유로 피고인의 음주 운전 공소사실에 대하여 무죄를 선고하였다.

위 법리 및 기록에 비추어 살펴보면, 원심의 증거취사와 사실인정 및 판단은 수긍할 수 있고, 거기에 상고이유로 주장하는 바와 같은 채증법칙 위배로 인한 사실오인 등의 위법이 있다고 할 수 없다.

대법원 2006. 5. 26. 선고 2005도7528 판결.

음주단속, 과속 측정의 허상

6) 구강 내 잔류 알코올 소거 시간, 입 안 헹굼, 재측정 요구

1. 항소이유의 요지

검찰관의 항소이유의 요지는, 최종 음주시로부터 구강내 잔류알코올 소거에 20분이 소요되기 때문에 교통단속처리지침에서는 20분이 경과한 경우 입을 헹굴 기회를 주지 않는데도 불구하고, 원심이 이를 간과하고 음주시로부터 3시간이상 경과한 이 사건에서 입을 헹굴 기회를 주지 않았다는 이유로 피고인에 대한 공소사실에 대해 무죄를 선고한 것은 심리미진 또는 채증법칙 위배로 인한 사실오인으로 판결에 영향을 미친 위법이 있다는 것이다.

2. 이 사건 공소사실의 요지와 원심의 판단

이 사건 공소사실의 요지는 "피고인은 2006. 4. 12. 22:16경 성남시 금토동 소재 ○○○교육단에서 서울 서초구 서초동 1324번지 서초교앞 도로에 이르기까지 약 10킬로미터의 구간에서 혈중 알코올농도 0.050퍼센트의 술에 취한 상태에서 (차량번호 생략) 옵티마 승용차를 운전하였다."라는 것이다.

이에 대해 원심은 당시 호흡측정기에 의한 음주측정당시 물로 입을 헹구지 않고 음주측정을 한 사실, 피고인이 치아에 보철물을 하고 있어 치아와 보철물 사이에 알코올이 잔존하고 있었을 가능성이 있다는 점을 들어 이 사건 공소사실은 합리적 의심을 피할 수 있을 정도로 입증되었다고 할 수 없다고 하여 공소사실에 대하여 무죄 판결을 하였다.

3. 당심 법원의 판단

가. 대법원의 입장

피고인과 그 변호인이 무죄의 근거로 주장하는 대법원 판결의 요지는 "호흡측정기에 의한 혈중알코올 농도의 측정은 장에서 흡수되어 혈액 중에 용해되어 있는 알코올이 폐를 통과하면서 증발되어 호흡공기로 배출되는 것을 측정하는 것이므로, 최종 음주시로부터 상당한 시간이 경과하지 아니하였거나 또는 트림, 구토, 치아보철, 구강청정제 사용 등으로 인하여 입안에 남아 있는 알코올, 알코올 성분이 있는 구강내 타액, 상처부위의 혈액 등이 폐에서 배출된 호흡공기와 함께 측정될 경우에는 실제 혈중알코올의 농도보다 수치가 높게 나타나는 수가 있어, 피측정자가 물로 입안 헹구기를 하지 아니한 상태에서 한 호흡측정기에 의한 혈중알코올 농도의 측정 결과만으로는 혈중알코올 농도가 반드시 그와 같다고 단정할 수 없거나 호흡측정기에 의한 측정수치가 혈중알코올 농도보다 높을 수 있다는 의심을 배제할 수 없다"고 판시하고 있다 (대법원 2006. 11. 23. 선고 2005도7034 판결 참조).

위 대법원 판결의 취지는 물로 입안 헹구기를 하지 아니한 이상 무조건 호흡측정기에 의한 측정수치를 신뢰할 수 없다는 것이 아니라, "최종 음주시로부터 상당한 시간이 경과하였거나 또는 트림, 구토, 치아보철, 구강청정제 사용 등의 사실이 없는 것이 명백하다고 인정할 수 있는 경우에는 비록 물로 입안을 헹구지 않더라도 호흡측정기의 측정 결과를 신뢰할 수 있다는 취지임이 판결내용상 명확하며, 또한 이와 같이 해석하는 것이 음주 운전 측정방법으로 호흡측정기에 의한 측정방법을 채택한 도로교통법의 입법정책에도 부합한다고 할 것이다."

나. 원심의 사실오인 판단에 대하여

1) 인정되는 사실

이 사건 제반 기록 및 당심에서의 피고인의 진술 등에 비추어 살피건대, ① 피고인이 음주상태에서 운전한 거리는 성남시 금토동 소재 ○○○교육단에서 서울 서초구 서초동 1324번지 서초교 앞까지로, 인터넷 지도 검색 사이트인 콩나물에서 조회한 바에 의하면 최단거리가 약13킬로미터, 최적거리가 16킬로미터이고, 위 도로를 교통상태가 원활한 상태에서 교통법규를 준수하여 운전할 경우 운전 시간은 약 25~30분 정도인 사실, ② 주취운전자 정황진술 보고서의 기재에 의하면, 당시 피고인의 혈색이 안면홍조를 띠고 있었던 점, 피고인이 명시적으로 채혈에 의한 음주측정을 거부하고 호흡측정기의 측정 결과에 동의한다는 의사를 자필로 기재한 사실, ③ 의사 공소외인 작성의 소견서에 의하면, 피고인은 부분적으로 치아보철물을 하였거나 치료했던 사실, ④ 피고인이 음주측정 당시 물로 입을 헹굴 기회를 요구하지 않은 사실, ⑤ 피고인은 최종 음주 시간인 18시 30분으로부터 약 4시간이 경과한 22시 20분경에

음주단속, 과속 측정의 허상

음주측정을 받은 사실, ⑥ 도로교통안전관리공단 이사장 작성의 교정완료통보서의 기재에 의하면 당시 사용되었던 음주측정기에 대하여 2008. 3. 10.에 품질기준에 적합하도록 교정한 사실이 각 인정된다.

2) 판단

의사 공소외인 작성의 소견서에 첨부된 X-레이 사진을 살피건대, 피고인이 하고 있었던 치아보철을 위한 교정물은 치열교정을 위한 고정식 철 구조물이 아닌, 치아를 대신하는 임플란트와 크라운 상태인바, 이는 일반적인 치아구조와 큰 차이가 있다고 볼 수 없고 이 점만으로는 구강내 알코올농도의 잔존가능성이 현저하게 높아졌다고 보기 어렵다.

또한, 김○현 교수의 "음주측정과정상 구강내 잔류알코올의 문제점과 대책에 관한 연구" 논문의 기재에 의하면, 알코올은 술을 마신지 15분 상당이 경과하면 혈중 농도로 변하고, 30~75분이 경과하면 흡수 최고치에 도달하게 되며, 술을 마신 후 2~3시간이 경과하면 모두 흡수되어 혈중에도 알코올이 남아 있지 않게 된다. 그렇다면, 피고인이 맥주 2잔과 소주 1잔의 양을 마신 최종 음주 시간으로부터 약 4시간이 경과한 시점에는 구강내에는 물론 혈중에도 알코올이 잔존하지 않는다고 보는 것이 적절하며, 이 점은 당시 피고인이 임플란트를 하고 있었다고 하여 달라질 수 없다고 할 것이다.

한편, 피고인이 음주 운전 적발당시 혈중 알코올농도가 0.050%이었으나, 피고인은 이미 그 전에 약 30여분간에 걸쳐 운전을 하고 온 점에 비추어 피고인이 음주상태에서 운전을 하였다는 호흡측정기의 측정 결과는 충분히 신빙성이 있다고 볼 것이다.

반면에, 피고인은 음주 운전 적발당시 호흡측정기에 의한 음주측정 수치에 대해 충분히 다툴 여지가 있었고, 입을 헹군 후 재측정 또는 채혈에 의한 재측정을 통하여 측정 결과를 바로 잡을 수 있었음에도 불구하고 이를 다투지 않은 점에 비추어서도 원심 법정에 이르러서야 당시 측정 결과에 불복하는 피고인 진술의 신빙성도 인정하기 어렵다.

3) 소결

위에서 살핀바와 같이 피고인에 대한 음주 측정당시 최종 음주시로부터 4시간이나 지나 피고인의 입안은 물론 혈중에도 알코올이 잔존할 가능성이 전혀 없음에도 불구하고, 단지 물로 입안을 헹구지 않았다는 이유만으로 피고인의 입안에 남아있는 잔존알코올 성분에 의하여 실제 혈중 알코올 농도보다 측정 결과 높게 나왔을 가능성이 있다고 판단하여 피고인에 대하여 무죄를 선고한 원심의 판단은 부당하고, 원심의 사실오인 및 채증법칙위배를 지적하는 검찰관의 항소는 이유 있다.

고등군사법원 2009. 2. 17. 선고 2008노233 판결.

7) 혈액 채취 요구의 기회 박탈

이 사건 공소사실 중 도로교통법위반(음주 운전)의 점의 요지는, 피고인이 혈중알코올농도 0.05%의 술에 취한 상태에서 2002. 7. 14. 16:38경 서울 용산구 A 소재 B 앞길에서 피고인 소유의 승용차를 운전하였다는 것이다.

피고인 및 증인 J의 각 법정진술과 경찰 주취운전자적발보고, 수사보고(수사기록 제44쪽)를 비롯하여 이 사건 기록에 나타난 모든 자료에 의하면, 용산경찰서 소속 경찰관 J는 같은 날 17:05경 피고인에 대하여 호흡측정기에 의하여 음주측정한 결과 <u>혈중알코올농도가 0.047%로 나타나자 아무런 조치 없이 도로교통법위반(음주 운전)죄에 해당하는 기준에 미달한다며 피고인을 귀가시킨 사실</u>, 그 후 J는 2일 후인 같은 달 16. 피고인에 대하여 피의자신문을 하면서 위드마크공식에 의한 역추산 방식이 적용될 수 있음을 처음으로 고지하고 같은 해 8. 1.에 이르러 이 사건 사고 시각을 112신고 접수시각인 16:41으로 보고 시간당 혈중알코올농도 최소 감소치인 0.008%를 적용한 위드마크 계산법에 의하여 이 사건 사고 당시의 혈중알코올농도는 0.05%

(0.047%＋0.008%×24/60분)가 된다는 수사보고서를 작성하였고, 이에 기하여 이 사건 공소제기가 이루어진 사실, 피고인의 주취 정도의 정황에 관한 자료로는, 이 사건 사고 당일 피고인의 입에서 술 냄새가 나서 경찰관에게 음주측정을 하였냐고 물어보았다는 내용의 교통사고 피해자 C의 경찰 진술, 사고 전날 밤에 친구 1명과 함께 소주 2병, 맥주 2병을 나누어 마셨다는 내용의 피고인의 경찰 및 이 법정에서의 진술, 이 사건 사고 당시 피고인의 언행 상태, 보행 상태, 혈색이 양호하였다는 내용의 경찰 주취운전자정황진술보고서가 있는 사실, 이 사건 사고 시각인 16:38은 사고 당시 시계를 보았다는 C의 경찰 진술에 의존한 사실을 알아볼 수 있다.

살피건대, 위드마크 공식에 의하여 산출한 혈중알코올농도가 법이 허용하는 혈중알코올농도를 근소하게 초과하는 정도에 불과한 경우에는 위 공식에 의하여 산출된 수치에 따라 범죄구성요건 사실을 인정함에 있어서 더욱 신중하게 판단하여야 할 것인바(대법원 2001. 7. 13. 선고 2001도1929 판결 참조), 위에서 본 피고인의 주취 정도에 관한 정황을 감안할 때 비록 이 사건 혈중알코올농도가 피고인에게 가장 유리한 수치인 0.008%를 적용하여 산출된 것이라고 하더라도 이 사건 음주측정 시각과 사고 시각의 오차 가능성을 전적으로 배제할 수 있는 뚜렷한 자료를 발견할 수 없는 이 사건에 있어서 위와 같은 경위에 의하여 산출된 이 사건 혈중알코올농도를 가지고 피고인이 이 사건 사고 당시 법이 허용하는 한계를 넘는 주취상태에서 운전하였다고 단정하기 어렵다고 할 것이다.

또한, 운전자가 음주측정기에 의한 측정 결과에 불복하면서 혈액채취 방법에 의한 측정을 요구하여 채취한 혈액이 분실되거나 오염되는 등의 사유로 감정이 불능으로 된 때에는 음주측정기에 의한 측정 결과가 특히, 신빙할 수 있다고 볼 수 있는 때에 한하여 음주측정기에 의한 측정 결과만으로 음주 운전한 사실 및 그 주취 정도를 증명할 수 있다고 할 것인바(대법원 2002. 10. 11. 선고 2002두6330 판결 참조), 이 사건의 경우 피고인의 음주경위나 주취 정도에 관한 정황으로 미루어 볼 때 만약 피고인이 음주측정 당시 위드마크 공식에 의한 역추산 방식에 의하여 음주 운전으로 입건될 수 있음을 알았다면 혈액채취를 요구하였을 가능성이 매우 높다고 보임에도 불구하고, 담당경찰관이 호흡측정 결과가 음주 운전 한계수치에 미달하자 아무런 조치 없이 피고인을 귀가시킴으로써 결과적으로 피고인으로부터 혈액채취 방법에 의한 측정의 기회를 박탈한 것이라고 할 것이고, 이러한 경우에도 채취한 혈액이 감정 불능된 때와 마찬가지로 음주측정기에 의한 측정 결과가 특히, 신빙할 수 있다고 볼 수 있는 때에 한하여 음주측정기에 의한 측정 결과에 대하여 증명력을 인정할 수 있다고 할 것이나, 이 사건에 있어서 음주측정기에 의한 측정 결과가 특히 신빙할 수 있다고 인정할 만한 자료가 없으므로 그 증명력을 긍정할 수 없게 되었고, 그 밖에 위 공소사실을 유죄로 인정할 만한 자료가 없다.

서울지방법원서부지원 2003. 6. 5. 선고 2002고단3245 판결: 확정.

8) 호흡 측정기 작동 방법, 재측정 거부, 측정 횟수

검사의 항소이유의 요지는 이 사건에 나타난 적법한 증거들에 의하면 피고인에 대한 이 사건 공소사실은 그 증명이 충분함에도 불구하고 원심은 채증법칙을 위배한 나머지 피고인에 대한 이 사건 공소사실을 인정할 만한 증거가 없다는 이유로 무죄를 선고하여 판결에 영향을 미친 위법을 범하였다는 데 있다.

그러므로 살피건대 피고인에 대한 이 사건 공소사실의 요지는, 피고인은 회사원으로서 1990.8. 31. 22:05경 혈중알코올농도 0.18퍼센트의 주취상태로 피고인 소유의 승용차를 경기 이천읍에서 이천군 부발읍 아미리 소재 이천 톨게이트 앞까지 약 3킬로미터 상당을 운전한 것이다라고 함에 있고, 이에 대하여 피고인은 수사기관 이래 당심법정에 이르기까지 피고인이 위 일시경 술을 마신 것은 사실이나 그 음주량은 맥주 3분의 1잔 정도에 불과하여 도저히 위 공소사실 기재와 같은 혈중알코올농도에 이를 수는 없는 것이라고 주장하며

음주단속, 과속 측정의 허상

공소범죄사실을 부인하고 있는바, 공소사실에 부합하는 검사 제출의 증거로는 사법경찰리 이○환 작성의 피고인에 대한 음주측정확인서 및 상태확인서, 이○환, 장○식 작성의 각 진술서의 각 기재와 증인 이○환의 원심 및 당심 법정에서의 각 진술이 있으므로 차례로 살펴본다.

우선 장○식 작성의 진술서는 피고인이 이를 증거로 함에 동의하지 않고 있는 터에 원진술자에 의하여 법정에서 그 성립의 진정이 인정되지도 않았으므로 증거능력이 없어 이를 공소사실 인정의 증거로 쓸 수 없으며, 다음으로 사법경찰리 이○환 작성의 상태확인서(그 내용은 피고인이 공소사실 기재 일시경 음주측정을 받을 당시 술에 약간 취한 것 같이 안면에 홍조를 띠고 있었고, 말이 좀 많았으며, 침착성이 없고, 주의력이 산만하였다는 내용이다)의 기재와 동인의 원심 및 당심법정에서의 증언 중 같은 내용의 진술부분은 <u>위 이○환의 주관적 판단결과에 관한 기재 또는 진술로서 위 공소사실 기재의 혈중알코올농도 인정을 위한 증거로는 부족하고,</u> 결국 공소사실에 부합하는 증거로는 위 공소사실 기재 일시경 음주감지측정기에 의하여 피고인의 주취상태를 측정하여 본 결과 공소사실 기재와 같은 혈중알코올농도가 측정되었다는 내용의 위 이○환 작성의 음주측정확인서 및 진술서의 기재와 동인의 원심 및 당심법정에서의 같은 내용의 진술만이 남게 되는데 위 각 증거는 다음에 인정되는 사실관계에 비추어 믿기 어렵다.

즉, 피고인의 수사기관 이래 당심법정에 이르기까지 진술, 증인 심○보의 원심법정에서의, 증인 이○환의 원심 및 당심법정에서의 각 진술, 기록에 편철된 각 책자(음주측정에 관한 연구 및 음주감지기 사용설명서)의 기재 등을 종합하면, 피고인은 1990.8.31. 19:00경 피고인이 근무하는 회사의 직원들과 함께 저녁식사를 하는 자리에서 맥주 3분의 1잔 정도를 마시고 저녁식사 후 귀가하는 도중 음주 운전을 단속중이던 경찰관에게 음주측정을 당한 결과 음주측정기의 측정치가 공소사실 기재와 같은 수치를 나타낸 사실, 일반적으로 호흡주입식 음주측정기(피고인에 대하여 사용한 음주측정기도 같은 방식의 측정기로 판단된다) 의 사용에 있어서는 <u>그 사용 전에 측정기 내의 알코올 감지</u>

장치(풀셀,Fuel Cell)에서 알코올성분을 완전히 제거하여야만 정확한 음주측정이 이루어질 수 있고, 위 알코올성분의 제거를 위하여는 보통은 소거버튼(SET BUTTON)을 누르고 5분 정도가 경과되어야 하고, 알코올성분이 제거되었는지의 확인은 측정버튼(READ BUTTON)을 눌러 주취상태를 표시하는 수치가 "0"이 나오는지를 확인하여야 하지만 위와 같은 확인을 한 경우라도 아직 풀셀에 알코올성분이 남아있을 수 있으므로 30분 이상의 시간이 경과된 후에 사용하는 것이 완전하며, 또 위와 같은 호흡주입식 음주측정기에 의하며 정확한 혈중알코올농도를 측정하기 위하여는 측정대상자인 사람의 폐속 깊숙히 심폐호흡된 공기를 측정하여야 하는데 일반적으로 측정직전에 술을 마신 사람은 측정할 때에는 폐속 깊숙히 호흡된 공기가 아닌 입안에 남아 있는 알코올이나 위에서 토해진 공기를 측정하게 되므로 실제의 혈중알코올농도보다 과대표시된 측정치(소위 "Mouth Alchol")를 얻게 되는바 이러한 경우로 판단되면 약 15분 정도 기다렸다가 재측정을 하여야 정확한 음주상태를 측정할 수 있게 되는 등 사용방법상의 주의사항을 지켜야 하고, 납득할 수 없는 측정치가 나온 경우에는 2-3회 반복하여 측정함으로써 정확한 음주상태를 측정할 필요가 있는데도 당시 음주측정을 한 위 이○환은 피고인이 측정치가 자신의 음주량에 비해 믿을 수 없을 정도로 높은 수치임을 지적하면서 재측정을 요구하였으나 음주측정은 1회만 하고 재측정은 허용하지 아니한다고 하면서 피고인의 재측정 요구를 묵살한 사실, 그러자 피고인은 혈액을 채취하여 정확한 음주상태를 판정하자고 항의함에 따라 경찰관 입회하에 위 이천읍소재 금강병원으로 가 혈액 20씨씨를 채취하여 국립과학수사연구소에 감정의뢰하기로 하였으나 위 병원측의 보관 잘못으로 채취한 위 혈액이 감정불능상태로 되어버린 사실 등이 인정된다.

그렇다면 달리 피고인이 도로교통법 소정의 주취상태에서 자동차를 운전하였다는 증거가 없는 이상 이 사건 공소사실은 범죄의 증명이 없는 경우에 해당되어 무죄의 선고를 하여야 할 것인바, 이와 결론을 같이 한 원심판결은 정당하고 검사의 항소는 이유 없으므로 이를 기각하기로 한다.

수원지방법원 1992. 2. 20. 선고 91노1452 제1형사부판결: 상고기각.

음주단속, 과속 측정의 허상

9) 호흡 재측정 및 혈액 채취 감정

　　도로교통법 제41조 제3항의 규정에 의하면, 술에 취하였는지의 여부를 측정한 결과에 불복하는 운전자에 대하여는 그 운전자의 동의를 얻어 혈액채취 등의 방법으로 다시 측정할 수 있도록 되어 있고, 경찰청의 교통단속처리지침에 의하면, 피측정자가 측정 결과에 불복하는 때에는 즉시 동일한 음주측정기로 재측정토록 하는 등 불신이나 오해의 소지가 없도록 공정성을 확보하여야 하며, 피측정자가 2차 측정 결과나 3차 측정 결과에도 불복하는 때에는 즉시 피측정자의 동의를 얻어 가장 가까운 병원 등 의료기관에서 채혈한 혈액을 반드시 국립과학수사연구소에 감정 의뢰하여야 하고, 그 감정결과는 음주측정기 측정 결과에 우선하도록 되어 있는바, 이와 같은 도로교통법의 관련 규정이나 경찰청 내부지침 등을 종합하면, 운전자가 음주측정기에 의한 측정 결과에 불복하면서 혈액채취 방법에 의한 측정을 요구한 때에는 경찰공무원은 반드시 가까운 병원 등에서 혈액을 채취하여 감정을 의뢰하여야 하고, 이를 위하여 채취한 혈액에 대한 보존 및 관리 등을 철저히 하여야 하는데, 만일 채취한 혈액이 분실되거나 오염되는 등의 사유로 감정이 불능으로 된 때에는 음주측정기에 의한 측정 결과가 특히 신빙할 수 있다고 볼 수 있는 때에 한하여 음주측정기에 의한 측정 결과만으로 음주 운전 사실 및 그 주취 정도를 증명할 수 있다.

　　원심은, 원고가 음주측정기에 의한 측정 직후 그 측정 결과를 모두 시인하여 주취운전자 적발보고서 등에 서명까지 한 다음 "맥주 500cc 3잔밖에 마시지 않았으니 한 번만 봐달라."고 사정하다가 받아들여지지 않자 비로소 혈액채취 방법에 의한 측정을 요구하였고, 혈액 채취 후 혈액 앰플을 감추기까지 하였으며, 이와 같은 음주측정 후의 사정, 음주측정기에 의한 측정 결과가 허용오차범위 ± 0.005%를 감안하더라도 운전면허 취소기준을 넘는 점, 원고가 벌금 70만 원의 약식명령을 고지받고도 이에 불복하지 아니한 점 등에 비추어 볼 때, 음주측정기에 의한 측정 결과가 충분히 신빙성이 있다는 피고의 주장에 대하여, 경찰공무원이 2001. 1. 4. 00:05경 도로 상에서 술에 취한 상태로 운전중이던 원고를 적발하여 음주측정기에 의하여 음주측정을 한 결과, 혈중알코올농도 0.115%의 측정수치가 나오자 이를 원고에게 확인시킨 다음 주취운전자 적발보고서 등에 원고의 서명을 받기까지 하였으나, 그 직후 원고가 혈액채취의 방법에 의한 측정을 요구하자, 원고를 인근 병원으로 데리고 가 혈액을 채취하고도 그 보관을 소홀히 한 나머지 이를 분실하여 그 감정이 불가능하게 된 사실을 인정한 다음, 피고 주장과 같이 원고가 채취한 혈액을 가져가 숨겼다고 볼 증거가 부족하고, 그렇다면 음주측정기에 의한 측정 결과만으로 당시 원고의 혈중알코올농도가 도로교통법시행규칙에 정한 운전면허 취소기준인 혈중알코올농도 0.1%를 초과하였으리라고 단정하기는 어려우므로, 이 사건 운전면허 취소처분은 재량권의 범위를 벗어나 위법한 처분이라고 판단하였다.

기록에 비추어 살펴보면, 위와 같은 원심의 사실인정은 정당한 것으로 수긍이 간다.

나아가 (1) 원고가 경찰공무원의 요구로 주취운전자 적발보고서에 서명을 하였다고 하더라도 그 직후 혈액채취의 방법에 의한 측정을 요구한 이상, 원고가 음주측정기에 의한 측정 결과를 시인한 것이라고 보기는 어렵고, (2) 원고가 음주 운전 사실 자체나 단속기준인 혈중알코올농도 0.05%를 초과한 점에 대하여는 다투고 있지 아니하므로, 벌금 70만 원의 약식명령을 고지받고도 이에 불복하지 않았다고 하여 원고가 그 범죄사실에 기재된 혈중알코올농도 0.115%의 주취 정도를 인정한 것으로 단정할 수는 없다는 점에서 피고 주장과 같은 사정만으로 음주측정기에 의한 측정 결과가 특히 신빙할 수 있다고 보기는 어려우며, 달리 이를 인정할 만한 자료도 없다.

따라서 음주측정기에 의한 측정 결과가 도로교통법시행규칙상의 면허취소기준에 근접한 이 사건의 경우, 원고의 요구에도 불구하고 담당 경찰공무원의 잘못으로 혈액채취 방법에 의한 측정이 이루어지지 않은 이상, 음주측정기에 의한 측정 결과에 기하여 원고의 운전면허를 취소한 이 사건 처분은 재량의 한계를 일탈한 위법한 처분이라고 보지 않을 수 없다.

대법원 2002. 10. 11. 선고 2002두6330 판결.

음주단속, 과속 측정의 허상

저자 소개

안성수 •---

• 약력

서울대학교 국제경제학과, 사법학과 졸업

34회 사법시험 합격, 사법연수원 제24기

미국 뉴욕 주 컬럼비아 법과대학 졸업(LL. M.)

인하대학교 법학박사(형사법전공)

미국 뉴욕 주 변호사시험 합격, 미국 뉴욕 브루클린 검찰청 단기 연수

인천, 안동, 부천, 대구, 서울중앙(대검찰청 중앙수사부 파견), 창원, 대검 검찰연구관,

서울북부 검사

인천 외사부장, 대검 디지털수사담당관, 법무연수원 교수, 인천 형사4부장, 춘천 부장,

법무부 형사사법공통시스템운영단장

제주 차장, 대검찰청 과학수사기획관, 서울서부 차장

서울, 광주고등검찰청 검사, 現 전주지검 중요경제범죄수사단장

• 논문

피의자나 참고인 등의 허위진술·증거조작 등 사법정의실현을 저해하는 죄, 피고인신문
제도와 미국의 피고인증언제도, 미국 증거법상 전문법칙 및 피의자나 참고인 등의 수사
단계에서의 진술이나 조서의 증거능력, 형벌조항 해석의 실무상 문제와 해결방안

• 저서

『형사소송법–쟁점과 미래』, 박영사, (2009)

『형벌조항의 해석방법』, 박영사, (2022)

음주단속 , 과속 측정의 허상

초판발행   2024년 1월 5일

지은이   안성수
펴낸이   안종만·안상준

편 집   장유나
기획/마케팅   조성호
표지디자인   이은지
제 작   고철민·조영환

펴낸곳   ㈜**박영사**
             서울특별시 금천구 가산디지털2로 53, 210호(가산동, 한라시그마밸리)
             등록 1959.3.11. 제300-1959-1호(倫)
전 화   02)733-6771
f a x   02)736-4818
e-mail   pys@pybook.co.kr homepage www.pybook.co.kr
ISBN   979-11-303-4597-0 93360

정 가 27, 000원